[ع] [عـ ـعـ ـع]
ऐन (अ ए)
[غ] [غـ ـغـ ـغ]
ग़ैन (ग़्)
[ف] [فـ ـفـ ـف]
फ़े (फ़्)
[ق] [قـ ـقـ ـق]
क़ाफ़ (क़्)
ک کـ ـکـ ـک
काफ़ (क्)
(گ) (گـ ـگـ ـگ)
गाफ़ (ग्)
ل لـ ـلـ ـل
लाम (ल्)
م مـ ـمـ ـم
मीम (म्)
ن نـ ـنـ ـن
नून (न्)
ں ـں
नून गुन्ना (अनुनासिक)
و
वाओ (व् औ)
ہ ہـ ـہـ ـہ
हे (ह्)

(ھ) (ھـ ـھـ ـھ)
दोचश्मी हे (ह्)
ی یـ ـیـ ـی
छोटी ये (इ ई)
ے
बड़ी ये (ए)

नस्तालीक़ मात्रा चिह्न

ا खड़ा अलिफ़ = 'आ': ़ज़ेर = 'इ';
ی याए मारूफ़ = 'ई'; ُ पेश = 'उ';
ٗ उल्टा पेश = 'ऊ'; ے याए मजहूर = 'ए';
ں नून गुन्ना = 'अं'; ً दोहरा ज़बर = 'अन';
ء हमज़ा = स्वर उच्चारण;
ْ जज़म = संयुक्त व्यंजन; ّ तश्दीद = द्वित्त्व।

٠ ٩ ٨ ٧ ٦ ٥ ٤ ٣ ٢ ١
० ९ ८ ७ ६ ५ ४ ३ २ १

बिहारीदास की

सतसई

०

खंड तीन

संपादन

लक्ष्मीधर मालवीय

आदित्य प्रकाशन
नई दिल्ली

सादर समर्पित

श्री जगन्नाथदास 'रत्नाकर' जी को

जिनके *बिहारी रत्नाकर* के बिना

यह संपादन कल्पनातीत था!

बिहारीदास की सतसई

प्रथम संस्करण २००८

ISBN : 978-81-7742-079-1 (set)
ISBN : 978-81-7742-078-4 (volume 3)

आवरण
भारत कलाभवन, वाराणसी के सौजन्य से

प्रकाशक
आदित्य प्रकाशन
एफ़- 14 / 65, मॉडेल टाउन II, दिल्ली
www.bibliaimpex.com

मुद्रक
D. K. Fine Art Press,
Delhi - 110052

मूल्य (सेट)
१५०० रु०

Biharidasa ki SATASAII
(In Three Volumes)
(Ed :) Lakshmidhar Malaviya
Price (Set) : Rs. 1500

सहायक ग्रंथ सूची तथा संक्षेप चिह्न

आप्टे० : संस्कृत-हिंदी कोश; वामन शिवराम आप्टे, मोतीलाल बनारसीदास पब्लिशर्स, दिल्ली, १९९६।

काव्य० : काव्यरसायन, देव।

घनआनंद : विश्वनाथप्रसाद मिश्र, वाणी वितान, ब्रह्मनाल, बनारस - १; सं० २००९।

चौ०सूची० : राजस्थानी शोध संस्थान, चौपासनी, जोधपुर, के हस्तलिखित ग्रंथों की सूची, भाग १ - ८, सन् १९६७ से सन् १९९९।

जय० : जयसिंहविनोद, देव।

तु० : तुलना करें।

तुलसी० : तुलसी-शब्दसागर, भोलानाथ तिवारी, हिंदुस्तानी एकेडमी, इलाहाबाद, प्रथम संस्करण।

दे० : देखें।

दे०सं०ग्र० : देव संपूर्ण ग्रंथावली; खंड १, २ और ३; लक्ष्मीधर मालवीय; आदित्य प्रकाशन, नई दिल्ली, २००२।

पदमावत : वासुदेवशरण अग्रवाल, साहित्य सदन, झाँसी, १९९८।

पौराणिक कोश : राणाप्रसाद शर्मा, ज्ञानमंडल लिमिटेड, वाराणसी, प्रथम संस्करण, १९७१।

प्रेत० : प्रेमतरंग, देव।

प्रेम० : प्रेमचंद्रिका, देव।

बिहारी : विश्वनाथप्रसाद मिश्र, वाणी वितान, ब्रह्मनाल, बनारस - १; सं० २००७।

बि०र० : बिहारी-रत्नाकर; जगन्नाथदास 'रत्नाकर', नागरीप्रचारिणी सभा, वाराणसी। तृतीय संस्करण १९६०।

भागवत० : श्रीमद्भागवतपुराणम् : आचार्य जगदीशलाल शास्त्री; मोतीलाल बनारसीदास, दिल्ली, १९८८।

भाव० : भावविलास, देव।

मानक० : मानक हिंदी कोश; (सं०) रामचंद्र वर्मा, हिंदी साहित्य सम्मेलन, प्रयाग, प्रथम संस्करण।

हिंदी मुहावरे : प्रतिभा अग्रवाल, कलकत्ता विश्वविद्यालय। १९९२।

रघुवंशम्० : कुमारसम्भवम्, कालिदास ग्रन्थावली, सं० सीताराम चतुर्वेदी, १९६२।

रस० : रसविलास, देव।

राजस्थांनी० : राजस्थांनी सबद कोस, सीताराम लालस, राजस्थानी शोध संस्थान, जोधपुर।

('घ्रोणी' तथा 'प' के बीच के शब्द समान संपादक के **राजस्थानी-हिंदी संक्षिप्त शब्दकोष** से।)

नोइन्देन्त **सुजान०** : सुजानविनोद, देव।

सुमन० : कृषक जीवन संबंधी ब्रजभाषा शब्दावली, भाग १ - २, डॉ० अंबाप्रसाद 'सुमन'; हिंदुस्तानी एकेडेमी, इलाहाबाद। प्रथम संस्करण १९६०।

सुष० : सुषसागरतरंग, देव।

सूर्यो० : सूर्योदयप्रकाश, देव।

हिं० : हिंदी शब्दसागर : (सं०) श्यामसुंदरदास, नागरीप्रचारिणी सभा, वाराणसी - १९७१।

فرہنگ آصفیہ : देहली, १९७४।

مہذّباللغات : सैयद एजाज़ हसन लखनवी, लखनऊ।

فرہنگ آصفیہ : देहली, १९७४।

مہذّباللغات : सैयद एजाज़ हसन लखनवी, लखनऊ।

Fallon : NEW HINDUSTANI ENGLISH DICTIONARY; S.W. Fallon, AES Reprint 1989.

MMW : SAMSKRIT-ENGLISH DICTIONARY; Sir M. Monier-Williams, Oxford 1960.

Platts : A DICTIONARY OF URDU, CLASSSICAL HINDI AND ENGLSIH. John T. Platts, Oxford 1965

Steingass : F. Steingass A COMPARATIVE PERSIAN=ENGLISH DICTIONARY, Asian Educational Services, New Delhi 1992.

Turner : A COMPARATIVE DICTIONARY OF THE INDO-ARYAN LANGUAGES. R. L. Turner, Oxford University Press, London. 1989

? : वर्ण से जुड़ा हुआ '?' उस स्थल के वर्ण अथवा पूर्ववर्ती वर्ण का पाठ संदिग्ध या अस्पष्ट होने का द्योतक है।

'ऊपर' : पाठांतर के बीच 'ऊपर', दो पंक्तियों के बीच के रिक्त स्थान में अथवा उस शब्द के ऊपर या पत्र के शीर्ष पर रिक्त स्थान में।

'त्रुटित' 'लुप्त' : त्रुटित या लुप्त पाठ। उदाहरण, 'वारेई' से 'देव वडी' त्रुटित। इन दो शब्दों सहित बीच का पाठ खंडित है।

संस्कृत के ग्रंथों से दिए गए उद्धरणों में स्थलनिर्देश सर्ग, अध्याय तथा छंद के क्रम से है।

हस्तलेख

प्रति संकेत : विवरण; प्रतिलिपि संवत्। (प्राप्ति स्थान – सूचीपत्र संख्या / स्रोत।)

○ प्रतापसिंह चंद्रिका - मनीराम - टीका दोहा ३५७ तक। (जयपुर १५७० – **सूचीपत्र०** ६-२०।)

○ सतसयानुक्रमेण - पर्वतशर में लिखित; सं० १७७४। (जोधपुर १८६८ (१) – **सूचीपत्र०** १-१४३।)

○ बिहारी सतसई - पत्र० ४४, आरंभिक पुष्पिका महत्वपूर्ण है; १९ वीं शती। (जयपुर १८७२ (२) – **सूचीपत्र०** ६-२०।)

○ राजस्थानी में टीका; सं० १७७४। (जोधपुर २०३२ –)

○ प्रतापसिंह चंद्रिका (खंडित) - मनीराम - टीका दोहा ७३ तक। (जयपुर ११८१७ – **सूचीपत्र०** ६-८०।)

○ क्रम भिन्न - चरण वर्णन जैसे शीर्षक; केवल दोहा; पत्र ९५; तिथि रहित। (२३१३० – जयचंद संग्रह, बीकानेर)

○ कृष्णदत्त - अपूर्ण; पत्र ११८ तिहि रहित पत्र। (२५४४१ – जयचंद संग्रह, बीकानेर)

○ पत्र ५५ - ११९; सं० १८२३। (२६८०७ – जयचंद संग्रह, बीकानेर)

○ अ० : पत्र ३९ – केवल दोहे; सं० १७६५। (उदयपुर ४१५० – **सूचीपत्र०** १०-५८।)

○ आ० : लिपिक आंणदजी; सं० १७२४। उ० के समान क्रम; (७ – अनूप संस्कृत पुस्तकालय, लालगढ़ पैलेस, बीकानेर)

○ उ० : पत्र ३२-८१ – मान०; सं० १७१७। (उदयपुर ३५५०(४) – **सूचीपत्र०** १३-७४।)

○ क० : कवित्तबंध - अपूर्ण पृ० १-१६०; तिथि रहित। कृष्ण० की टीका; क्रम ११३५ के समान (जोधपुर २५२ –**चौ०सूची०**)

○ का० : पत्र २२-८० — केवल दोहा; अषैराम नथमल कायथ द्वारा लिखित, सं० १७७४। (जोधपुर २८३२ (२) – **सूचीपत्र०** १-१४३।)

○ कु० : पत्र ६९ – प्रथम खंड - अकारादिक्रम से - लिपि० कुसला; सं० १७८७। (जोधपुर ४३०७ (१) – **सूचीपत्र०** २-२१७।)

○ को० : पत्र ४८ – कोविद कवि की टीका - सं० १७४२ में बुरहानपुर में रचित, पत्तन में लिखित; सं० १७९३। (जोधपुर २०६८ – **सूचीपत्र०** १-१४४।))

○ गा० : टीका कवित्तबंध; पत्र १७४; सं० १८२२। (२७९१३ – आनंद विनयादि फुटकर संग्रह, बीकानेर)

○ गि० : : 'रत्नाकर' जी के संपादन में (४) संख्यक पोथी, लखनऊ में गिरिधरलाल के निमित्त संवत् १७८९ में लिखित।

○ चि० : संस्कृत टीका, पूरा दोहा पाठ, ७०२ तक; पत्र ९१; सं० १८८०। ३२२३ के समान। (१५८३२ – जिनचरित्र सूरि संग्रह, बीकानेर)

○ चौ० : मान० पृ० २-१६८; १९वीं शती। (८३७(२) –)

○ जि० : राजस्थानी टीका; सं० पत्र ६२; सं० १७९०। (१५६५८ – जिनचरित्र सूरि संग्रह, बीकानेर)

○ जी० : पत्र १०६ – केवल दोहे; लिपिक जीवन; लिपिस्थान अहमदाबाद; सं० १७८८। (उदयपुर ४१४८ – **सूचीपत्र० १०-५८** १०-५८।)

○ टी० : 'रत्नाकर' जी के संपादन में (३) संख्यक पोथी, मानसिंह टीका की संवत् १७७२ की प्रति।

○ दो० : सप्त सत दोधकांन - मिश्र आत्माराम; सं० १८२६ (हार?) ।

○ न० : पत्र ८५ – नरराय की टीका; सं० १७९४। (जोधपुर २३९३६ – **सूचीपत्र०** ११-२६।)

○ नी० : कृष्णदत्त - प्रति अपूर्ण, दोहा ६८१ तक; तिथि रहित। (नीलगाँव; ब्रिटिश लाइब्रेरी।)

○ प० : पत्र ७२; राजस्थानी टीका, सं० १८००। (२७६२२ – आनंद विनयादि फुटकर संग्रह, बीकानेर)

○ पा० : अनवर चंद्रिका (लिपिक संगम पाठक) - पूर्ण - पत्र ७१; १९वीं श०। (उदयपुर ४३१७ ।१ – **सूचीपत्र०** १०-५८।)

○ पु० : राजस्थानी टीका; पत्र ७८; सं० १८३६। (१५६५७ – जिनचरित्र सूरि संग्रह, बीकानेर)

○ पे० : दोहों पर शीर्षक, केवल दोहे; पत्र १२२ - १४४; सं० १७३८। (२७८९२ – आनंद विनयादि फुटकर संग्रह, बीकानेर)

○ पो० : मान० उ० शाखा की प्रति, शब्दार्थ सहित; पत्र ३१; सं० १७४१। (३२०५ – मोतीचंद खजांची संग्रह, बीकानेर)

○ प्र० : प्रतापचंद्रिका - पत्र १७२ – मनीराम, पूर्ण; तिथि रहित। (उदयपुर ३१८४ – **सूचीपत्र०** १३-७६।)

○ बि० : 'रत्नाकर' जी के संपादन में (२) संख्यक पोथी, 'जयपुर के निजी पुस्तकालय में विद्यमान संवत् १८०० की लिखी हुई प्रति। यह पुस्तक बिहारी के किसी शिष्य की संवत् १७३९ की लिखी प्रति की प्रतिलिपि है।'

○ भ० : पत्र ६० – लिपिक भवानीदास – केवल दोहे, पार्श्व पर टिप्पणी; सं० १७४३। (उदयपुर १८५७ – **सूचीपत्र०** १३-७६।)

○ भा० : कृष्णदत्त - नी० के समान; सं० १८८९। (२०८० – भारत कलाभवन, वाराणसी)

○ मि० : पत्र १९२ – कृष्णदत्त (नी० का क्रम); सं० १८२३। (जोधपुर २३६६ – **सूचीपत्र०** १-१४३।)

○ मु० : पत्र ११० – कृष्णदत्त - सत्रहसै द्वै आगरे असावरस रविवार - लिष्यते कुसल विमल मुनिना, सुभटपुर में लिखित; सं० १७९४। (जोधपुर ११३५ – **सूचीपत्र०** १-१४३।)

○ मे० : सतसैया, पृ० १-१५९; सं० १७८६। (जोधपुर २१८ – **चौ०सूची०** १-१५९)

○ मो० : पत्र १६२ – (अनवरचंद्रिका) रसविलास - कच्छ मोरवी में रचित मूल प्रति; सं० १७८८। (जोधपुर ११३४ – **सूचीपत्र०** १-१५०।)

○ र० : 'रत्नाकर' जी के संपादन में (५) संख्यक पोथी, अलवर की राजकुमारी रत्नकुँवरि के पठनार्थ संवत् १७९६ में लिखित।

○ रा० : राधोगढ - दोहा ७२० तक; सं० १८१४। (७७१५ ।४३८१ – सम्मेलन।)

○ रा० : (मान० का क्रम, सटिप्पण) - पत्र १३९-१७३; सं० १७३५। (जोधपुर ९२९६ (६) **सूचीपत्र०** ३-४४५।)

○ रो० : पत्र १५ – लिपिक मुनि मनोहर – दोधक सप्तसती, केवल दोहा; सं० १७६९। (जोधपुर ४४१२ – **सूचीपत्र०** २-२१७।)

○ वा० : मान०; पत्र १३१; सं० १८२३। (३२३५ – मोतीचंद खजांची संग्रह, बीकानेर)

○ वि० : संवत विधु करि नाग करि; पत्र २४; सं० १८८१। (३२३४ – जयचंद संग्रह, बीकानेर)

○ वे० : दोहरा टीका कवित्तबंध - एकाधिक अर्थ - अपूर्ण, वेसर मोती धन [७०१] तक। (२५४४१ – जयचंद संग्रह, बीकानेर)

○ शि० : मान० क्रम – जैन शिष्य परंपरा का कवि - उदयपुर मध्ये, भ० प्रति (केवल दोहे) उदयपुर ग्रं० १८५७ सं० १७४३ के समान क्रम; सं० १७८७। (जोधपुर ३३८२ – **सूचीपत्र०** १-१४३।)

○ शृ० : पत्र ७६ – संस्कृत टीका नान्हा व्यास कृत, केवल दोहा प्रतीक; सं० १८०५। (जोधपुर ८५६ – **सूचीपत्र०** १-१४४।)

○ ष० : आरंभिक भाग में पार्श्व पर टीका - मान० का क्रम; पत्र १९; सं० १७६६। (३२२२ – मोतीचंद खजांची संग्रह, बीकानेर)

○ स० : सटीक। अपूर्ण सके सताई न [६६६] तक पाठ। (२५१४२ – जयचंद संग्रह, बीकानेर)

○ सिं० : 'रत्नाकर' जी के संपादन में (१) संख्यक पोथी, कुँवर रामसिंह के पढ़ने के निमित्त लिखित।

○ सी० : आर्या टीका सहित; संवत् १८५८; ब्रिटिश लाइब्रेरी, लंडन; B-53

○ सु० : नैन, खंडिता आदि विषयों के अनुसार - 'श्लोक संख्या ९५०'। (जयपुर १८७२ –)

○ सू० : पत्र ६ – 'विहारी सतसया सूचि' - मगनीराम - अंग का नाम तथा वर्ण कथन; सं० १९२१। (जोधपुर २२३७ – **सूचीपत्र०** १-१४४।)

○ ह० : पत्र १३४ – त्रिपाठ - अलंकार निर्देश सहित - टीकाकार हरिचरणदास - १८३४ में टीका की रचना - रूपनगर में लिखित; सं० १८३५। (जोधपुर २२८१ – **सूचीपत्र०** १-१४३।)

फ़ारसी प्रतियाँ

○ ज़ा० : पूर्ण। (१२३३ हिजरी, सन् १८१७)। ८३९७ – रामपुर रज़ा लाइब्रेरी; रामपुर।)

○ (ज़ा०) : अपूर्ण। (८३९६ – रामपुर रज़ा लाइब्रेरी; रामपुर।)

○ ब्रि० : बी २७ – ब्रिटिश लाइब्रेरी, लंडन।

विषय सूची

खंड एक

*

खंड दो

*

खंड तीन

*

पाठ ५०१ – ७००

है हिय रहति हई छई। नई जुगति जग जोइ। दीठिहि दीठि लगै दई। देह दूबरी होइ [५०१] [1]

ہے یہ رہت ہي چھئي نئي جکت جک جوئي ۰ ديتھ ديتھ لکي دئي ديہ دوبري ہوئي [ظا۰ ۵۰۱]

अन० : परकीया नाइका की उक्ति, वचन अनुभाव ते त्रास संचारी ते पूर्वानुराग व्यंगि, असंगति अलंकार।

नर० : अद्भुत रस, सषी को वैन सषी सो, हे सषी हौ तो हिय के विषै हई छईही रहति हौं, या नवी सी जुगति देषिवौ सो कैसी, कि लगै तौ डीठि है अरु हे दई देह दूवरी होहि –

> **हो सषी हीय रहे है हई छई वा विध की सव साच लई है। ऐसे असंष नई जुगतै भई देषतही सुधि भूलि गई है। जाको जो आइ अरै सो लहै दुष यो तो सुनी इहि रीति नई है। डीठिहि डीठि लगै तै दई कछु दूवरी देह अछेह भई है** [नर० ५०१]

कृष्ण० : यह नाइका के नेत्र नाइक कौ देषि लगै अरु देह दूवरी होति है, सो नाइका सषी सो कहति है, सषी सषीहू सौ कहै तऊ संभवै, अद्भुतहू होत है –

> **देषत देषतहू न लहै कल प्रेम मरूर उठै अति भारी। देषे विना न सुहाइ कछू पुनि हाइ रटै अति होति दुषारी। व्याकुल ह्वै अकुलाइ महा मुरझाइ रहै निसि नीद विसारी। नैन लगै तन दूवरो होइ अनोषी सनेह की रीति निहारी** [कृष्ण० ५०१]

हरि० : पूर्वानुराग मै नायक की किंवा नायिका की उक्ति, हिय मै हई, आश्चर्ज छई छाई रहत है, जगत मे नई जुगति लछना सों तरह जानिए, जोजना को अर्थ संभवै नहीं, जगत मै जोयकै देषिकै हित की आंषिन सों आंषि लगै देह जो है सो षरी अति दूवरी होय है, आंषि लगै है आसक्त होति है सो नहीं, दूवरी होय देह दूवरी होति है, असंगति अलंकार।

—★—

[1] है – हौ - पा०; हों - मो०वे०गा०; हौं - न०स०। हिय – हीय - शि०गा०; ही - पा०; यह - नी०। रहति – रहत - को०मो०वे०स०मु०नी०; रहित - गा०। हई – दई - वा०; है - स०मि०; इ - मु०। छई – दई - उ०; ठई - को०वा०; ट?ई - न०। नई – नही - वे०गा०स०। जुगति – युगति - को०; जुगत - वे०स०; जुवति - भा०। जग – यह - को०मो०न०वे०गा०स०; परर - मु०। जोइ – जोय - को०मु०ह०; जोई - शि०; जोंई - वा०; जोहि - मो०। दीठिहि – डिठिहि - उ०; दीठहि - को०शि०मि०; डीठिहि - वा०गा०नी०; आषिन - पा०; आंषिन - मो०; डीठिह - न०; डीठह - वे०; डीठहि - स०; आंषनि - मु०; आंषिनि - ह०। दीठि – डीठि - उ०; डीठ - को०शि०वे०स०; आषि - पा०; आंषि - मो०ह०; आंष - मु०। लगै – लगे - उ०पा०; लगें - को०; लगैं - ह०। दई – दै - वा०; दईं - मो०; षरी - ह०। होइ – होय - को०ह०; होई - शि०; हौंइ - वा०; होहि - मो०; होति - मु०। [५०१]

ज्यौं ज्यौं उझकि झांपति वदन। झुकति विहसि सतराइ। त्यौं त्यौं गुलाल मुठी झुठी। झझकावत प्यौ जाइ [५०२] [2]

جیوں جیوں اوجھک جھانپت بدن سنت جھوکت بترات ٠ تیوں تیوں گلال جھوٹھي
موٹھي جھجھکاوت پیہ جات [ظا٠ ٥٠٢]

अन० : सषी की उक्ति सषी सो, नायिका के किलकिंचित हाव षेल मे देषि पति के षेल लालसा होत है, पूर्वानुराग दंपति कै व्यंगि, स्वभावोक्ति अलंकार।

कृष्ण० : यह होरी षेल नाइका की चेष्टा देषि नाइक रीझ्यो है सु नाइक जुक्ति करतु है सु सषी सषी सो कहति है –

> **आजु व्रज देष्यो होरी षेल को समाजु वह सोभा मेरे नैनन मै रही है विहरिकै। राधा वनमाली को विलास लषि आली सची मघवा के कोरिक गुमान जात गरिकै। ज्यों ज्यों प्यारी झुकि झुकि झांपति वदन विहसति सतराति रिस के सो रुष करिकै। त्यो त्यो छवि देषि छक्यो कृष्ण प्रानप्यारो लाल झिझकावत गुलाल मूठी झुठी भरिकै** [कृष्ण० ५०२]

हरि० : सषी सों सषी, ज्यौं ज्यौं उझकिकै वदन, मुष, को झांपति है ढांपति है झुकै है विहसति है सतराति है नायक को चेष्टा आछी लागी तासों त्यों त्यों गुलाल की झूठी मूठी सों पिय वाको झुझकावत जात है, नायक छल करि इष्ट वाकी चेष्टा ताको देषै है, पर्यायोक्ति, स्वभावोक्ति भी जानिए।

— ★ —

लटुवा लों प्रभु कर गहै। निगुनी गुन लपटाइ। वहै गुनी कर तैं छुटै। निगुनीए ह्वै जाइ [५०३] [3]

---

[2] ज्यौं ज्यौं – जज्यौं - उ०; यौं यौं - को०; ज्यों ज्यों - शि०; जित्यो - मो०; ज्यौ ज्यौ - भा०; ज्युज्यौं - ह०। उझकि – उझक - को०; झुकति - भा०; उझकति - मु०; झुकि - नी०। झांपति – ढांपति - को०; वदन - भा०; पिय - मु०; झापति - नी०। वदन – झपति - भा०मु०; वदनु - नी०। झुकति – विहसति - भा०नी०; विहसित - मु०। विहसि – वह - शि०; वीहसी - वा०; अति - भा०मु०नी०। सतराइ – सतराय - को०ह०; सतराई - मो०; सरसाइ - भा०। 'तत्यौ गुलाल मुठी झुठी झझ' रिक्त छूटे हुए स्थान में भिन्न क़लम से - उ०। त्यौं त्यौं – त्यों त्यों - को०; तित्यो - मो०; त्यौ - भा०; त्यौं - नी०; त्युत्यों - ह०। गुलाल – गुलाव - उ०को०शि०नी०। मुठी – झुठी - उ०को०ह०; मौंठी - वा०; मूठी - भा०; मुंठी - मु०। झुठी – मुठी - उ०को०ह०; झुकी - भा०। झझकावत – कावति - उ०; झुझकावत - को०; झझकावतु - भा०नी०; झिझकावत - मु०। प्यौ – पिय - को०ह०; प्यो - मो०। जाइ – आय - को०; जांई - वा०; जाई - मो०; जाय - ह०। दोहा लुप्त - पा०न०वे०गा०स०मि०। [५०२]

[3] लटुवा – लटवा - को०मो०। लों – लो - को०; लौं - वा०न०; लौ - पा०मु०। प्रभु – प्रभू - शि०। गहै – गहैं - उ०न०; ग्रहै - को०वा०; गहें - शि०; गहे - पा०; गहो - वे०स०। निगुनी – निगुन - को०; नीगुनी - वा०। गुन – गुन, 'न' में इकार बाद में - वा०। लपटाइ – लपटाय - को०वा०ह०; लपटाई - मो०। वहै – उहै - शि०; ऊहै - वा०; विहै - वे०। गुनी – गुनि - को०। तैं – तिं - को०; ते - पा०; तें - मो०स०ह०; तै - वे०गा०मु०। छुटै – छुट्यै, 'ट्यै' पर संशोधन चिह्न - उ०; छुटिं - को०; छुटैं - शि०वा०; छुट्यो - मो०वे०; छुट्यौ - न०गा०स०मु०। निगुनीए – निगुनीयें - शि०; नीगुनीयै - वा०न०गा०; निर्गुनियै - पा०; निगुनीयै - वे०ह०। जाइ – जाय - को०ह०; जाई - वा०। दोहा लुप्त - भा०मि०नी०। [५०३]

لتوا لون پربهو کر کہین نکوني کن لپتاي ٠ وہے کني کر تین چهوتین نکوني يے ہوي جاي [ظا٠ ٥٠٣]

अन० : गुरु को वचन मुमुक्ष प्रति सभय, करुना को उद्दीपन करत है, उपमालंकार।

नर० : प्रस्ताविक, कवि विहारीदास कहतु है कि जव लट्टू की परै जु प्रभु हाथ पकरै तै निगुनी ह्वै तेऊ गुन करि लपटत ह्वै अरु तव औगुनी भयौही करतै छूटै तौ भी निगुनीही ह्वै जाइहै –

लै लटुवा लौ प्रभु गहि पाननि मेरो कह्यो कछू नैक न मानै। है निगुनी गुन सो लपटाइ रह्यो मडराय कहा कोऊ जानै। सोई गुनी कर ते जु छुट्यो तव आपने आप भई सव हानै। वाकौ अवै न भरोसो परै पुनि निर्गुन होइ रहै भय भानै [नर० ५०३]

हरि० : नृप स्तुति, लटुवा डोरि लगायकै वालक पटकै है, धरती मै नचावत है प्रभु राजा श्रीजयसिंहजी निगुनी गुनरहित जो है ताको आपनो गुन लपटायकै लटुवा की तरह कर मै गहै है, वह जो गुनी है सो नृप के कर तें छूटै है अर्थ यह जो हजूर में जातो रहै तो निगुनीही होय जात है, लटुवा पच्छ में वालक आपनो गुन डोरि लपटावै है फेरि वालक के कर ते छूटे निगुनी होत है, लटुवा उपमान लों वाचक निगुनी पुरुष उपमेय निगुनी होय जानो धर्म, उपमालंकार।

—⋆—

छिनक छवीले लाल वह। नहि जौ लगु वतराति। ऊष मयूष पियूष की। तौ लग भूष न जाति [५०४] [4]

چهنک چهبيلي بال وہ نہیں جو لون بترات ٠ اوکہ میوکہ پیوکہ کي تو لک بهوکہ نجات [ظا٠ ٥٠٤]

अन० : दूती की उक्ति नायक सो, स्तुति करति है नाइका के मिलाइवे के लिए, व्यतिरेकालंकार, कोमला वृत्ति।

नर० : प्रेम वर्नन, उत्तमा सषी को वैन नायक सो, हो छवीले लाल तुम्हारे तांई वह राधिका जौ लग वतरावै नहीं तौ लगु तुमारी से लरी चंद्रमा की किरन की अमृत की भूषि है, सो जाति नाही है –

[4] छिनक – छनकु, 'छ' में इकार बाद में - उ०; छनकु - पा०गा०; छिनुक - मो०न०; छिनौ - मि०; छिनुकु - मु०; छिनकु - नी०। छवीले – छविले - को०; छवीलैं - वा०; छवी, 'ली' पार्श्व पर - पा०; छवीली - मो०नी०; छव्वीले - वे०। लाल – वाम, 'म' पर 'ल' संशोधन - पा०; वाल - मो०। वह – इह - शि०; उह - वा०; यह - ह०। नहि – जौ - पा०ह०; जो - मो०; नह - गा०। जौ – यों - को०; जव - शि०; जौं - वा०; लो - पा०गा०; लौ - मो०; जो - वे०स०; डोलति - मु०; लगि - ह०। लगु – लगि - को०शि०मि०; नहि - पा०मो०; लौ - न०नी०; लों - वे०गा०स०; (लुप्त) - मु०; नहि - ह०। वतराति – वतरात - को०वे०नी०; वतराइ - पा०गा०स०; वतराय - मो०ह०; वतलाइ - न०। ऊष – उष - मि०। मयूष – महूष - उ०मि०नी०; महुष - को०। पियूष – पियुष - को०; पीयूष - शि०वा०वे०गा०स०मु०; पयूष - पा०नी०। तौ – तो - को०मो०वे०स०मु०नी०; तौं - वा०; तव - मि०। लग – लगु - शि०वा०गा०; लो - पा०; लौं - मो०; लगि - मि०मु०नी०ह०। न – ना - पा०मो०। जाति – जति - उ०; जात - को०शि०नी०; जाइ - पा०न०वे०गा०स०; जाय - मो०ह०। दोहा लुप्त - भा०। [५०४]

नंद के लाल रंगीले छवीले महावन तै अपने घर ऐहै। सो वह सुंदर गात विचच्छन जो लग वात प्रतीछन कैहै। कोरि विचार विचारतही उपवारन के वरसै सषी मै है। ऊष मयूष पियूषन की कछु तो लग भामिनी भूष न जैहै [नर० ५०४]

कृष्ण० : इह नाइका की वानी की मधुराई सषी नायक सो कहति है –

जाकी सुनौ धुनि वीन कहा गहि लाज पिकी वन मागति है। जो सुनिकै कविकृष्ण कहै मुनि की मनसा अनुरागति है। जौ लौ छवीले लला तुमसौ वह वाल न वातन पागति है। तौ लौ महूष पियूष की न भूषन कैसेहू भागति है [कृष्ण० ५०४]

हरि० : पूर्वानुराग में दूती स्तुति करति है, हे छवीले हे सुंदर लाल छन एक वह नाइका जौ लगि जव तांई नहीं वतराति, नहीं वात कहति है ऊषि की मयूष चंद्रकिरन की पियूष अमृत की तौ लगि तव ताई भूष चाह नहीं जाय है, वृत्ति अनुप्रास अनेक वर्ण की आवृत्ति है, नायिका के वदन उपमेय तामे अधिकाई उपमान ऊष आदि।

— ★ —

अंगुरिनु उचि भरु भीति दै। उलमि चितै चष लोल। रुचि सौं दुहू दुहून के। चूमे चारु कपोल [५०५] [5]

انکورن اونچ بہر بہیت دي اولت چتے چکہ لول ۰ روچ سون دہون دہون کي
چومي چار کپول [ظا۰ ٥٠٥]

अन० : जिन लक्षित कियो है सो सषी सषी सो कहति है, दंपति के चुंवन अनुभाव ते औत्सुक्य हर्ष संचारी ते संयोग शृंगार, प्रगट परकीया नायिका है।

नर० : साक्षात परस्पर दर्शन, सषी को वैन सषी सो, हे सषी पगनु की उंगरिनु तै ऊंचे ह्वै अरु भीत पर भार दैकै नेत्र लोल कियै उलसाइकै चितवतु है, सो रुचि सौ रुचि या थक दोउन कै मनोहर कपोलनि को चूंवन करतु है –

---

[5] अंगुरिनु – अंगुरिन - को०शि०मु०; अगुरिन - पा०मि०; अंगुरि - मो०; अगुरिनु - न०; अगरन - वे०; अगुरान - गा०; अंगुरन - स०; अगुरिनु - भा०; अंगुरिनि - ह०। उचि – उच - शि०; उचे - मो०; ओचि - वे०; ओच - गा०; ऊच - स०; अंचरु - मु०। भरु – भर - को०वा०वे०स०; भरि - शि०; (लुप्त) - मु०। भीति – भित - को०; भीत - शि०पा०न०वे०गा०स०ह०; भिति - वा०। दै – दिउ - वा०; दैं - मो०; दे - न०वे०गा०स०; दोउ - मु०। उलमि – उलमि, 'म' पर संशोधन - उ०; उलटि - को०शि०वा०पा०; उझकि - मो०; उलवि - न०; उलव - वे०गा०स०; उलम - मि०; उलिमि - मु०; उलभि - नी०। चितै – चिते - शि०; चितें - मो०; छितैं - मु०। चष – चषु - शि०वा०; लव - वे०। लोल – लौंल - वा०। रुचि – रुच - को०। सौं – सुं - को०; सों - शि०मो०गा०स०ह०; सो - पा०; सौ - न०वे०भा०नी०। दुहू – दुहुं - उ०को०; दुंहुं - शि०; दुहौं - वा०; रुचे - न०वे०गा०; रुचै - स०; दुहुन - भा०; दुहून - मि०; दुहु - मु०; दुहुंनु - नी०; दुहुनि - ह०। दुहून – दुहूनि - पा०मो०ह०; दुहूंन - स०; दूनि - मु०; दुहुनु - नी०। के – कें - शि०वा०; कै - वे०मु०नी०। चूमे – चूवै - उ०; चुमे - को०; चूमै - शि०नी०; चोमे - वा०; चूवे - पा०; चूंवै - न०; चुवै - बे०; चुंवै - गा०स०; चूमै - मु०। चारु – चार, 'र' के नीचे उकार की मात्रा बाद में - उ०; चाह - शि०; चांरु - स०। कपोल – कपोंल - शि०; कपौंल - वा०; क(अपठ) - पा०। [५०५]

पायन की अंगुरीन उचायकै भीत भली विधि भार दियो है। ऊचे परै उझकाय चितैकरि आपस मै चित लोल कियो है। नेह ते नीके भये कछु आतुर दंपति को अति गाढो हियो है। चाह सो दुहुं दुहून के दूर ते चारु कपोलनि चूमि लियो है [नर० ५०५]

कृष्ण० : यह ज़ातिवर्णन दुहून के हित की सरलाई सषी कौ वचनु सषी सौ परकीया –

आजु भटू व्रजनागरि नागर कीनो विलास महारस सान्यौ। चाह की चौंप सौ चाहि चहूंघा वियो जव कोऊ इतौत न जान्यौ। दै भरु अंतर भीति दुवो उलमै उंगरी उचि कौतिगु ठान्यौ। चारु कपोल दुहू के दुहूनि चुंवन कै अतिही सुष मान्यौ [कृष्ण० ५०५]

हरि० : सषी सो सषी वचन, पांव की अंगुरिन सों ऊंची होय भीति वीच मै है भार भीति पै दैकरि उलमि लटकिकै लोल चंचल नेत्र सों चितैकै रुचि सों चाह सों दुहुनि दंपति ने दुहुनि के परस्पर चूमे चारु सुंदर कपोल को, स्वभावोक्ति अलंकार।

—★—

नागरि विविध विलास तजि। वसी गवेलिन मांहि। मूढ्यौ मै गनवी कि तू। हूठ्यौ दे इठलाहि [५०६] [6]

ناکر ببده بلاس تج بسي کنويلن[7] مانہ • مودہن مین کنئیے کہ تون ہوتون دئیے آتہلانہ [ظا• ٥٠٦]

नर० : उराहनो, सषी को वैन नाइका सो, हे नागरि तूं विध विधरा विलास छांडिकै गवारे गांव में वसी है, सो अव तेरीही तांई कि मूरषन में गिनवी कि हूंठ्यौ इठलाइ कै देति है –

नागर भांति अनेक विलासन छांड गवेलन मांझ वसी है। ताकौ सरूप निहारि गवारन दे सव आपने जीय हसी है। मूढन मै गिनवी जसु तौ कछु कैकै टराटरी दूर नसी है। वापरी सोव कहा करै सुंदरि हूठन दै इत लाय वसी है [नर० ५०६]

कृष्ण० : अन्योक्ति जहां सव एक से होहि तिनमै एक और भांति चलै तहां कहियै –

---

[6] नागरि – नागर - को०शि०वे०गा०स०मि०। विविध – विवधि - उ०; विविधि - शि०भा०; विविद्धि - वा०; विघध - वे०; विवध - मि०। विलास – विलाश - भा०। तजि – तज - वे०स०। वसी – वसि - मि०। गवेलिन – गवेलनि - को०; गवेलनु - शि०गा०; गवैंलनु - वा०; गवैलनु - न०; गवेलन - वे०स०; गमैलनु - भा०; गवेलिनु - मि०मु०; गंवेलिनि - ह०। मांहि – मांह - उ०मु०; माह - को०भा०मि०। मूढ्यौ – मुढौ - को०; मौंढ्यौं - वा०; मूंढ्यौ - न०स०; मूढनि - भा०मि०; मूढन - मु०; मूठ्यौ, ऊपर 'ड्यो' बिन्न क़लम से - ह०। मै – मैं - को०वा०; में - गा०मु०। गनवी – गनवा - वा०; गिनवी - न०; गिवदी - गा०; गिनिवी - मि०; गनिवा - मु०; गनिवी - ह०। कि – क - न०वे०गा०स०मि०मु०। तू – हूठ्यौ – हूंठ्यौं - उ०; हुडयौ - को०; हूठ्यौं - वा०; हूंठ्यौ - न०स०; हुठ्यौ - वे०; हूठ्यो - गा०; हूठौ - भा०; हूठ्यौ - ह०। दे – दैं - को०भा०मि०मु०ह०। इठलाहि – इठलांह - उ०; इठिलाइ - शि०; ईठलांहि - वा०न०; इठिलाहि - गा०; इठिलाह - भा०; इठलाह - मि०मु०। दोहा लुप्त - पा०मो०नी०। [५०६]

[7] کنويلن - کنوينن - ظا•

रूप गुनआगरी वे नागरी न होहि इहां आदर लहै तू वहु भांति जिन तीन मै। चारु चतुराई के विलास वै दुराए रहि परगट काहे कौ करति इन तीन मै। अव तो भयो है वास वसु ह्यां गमारनु मै याही ते सिषावति हौ करि विनतीन मै। हूत्यो दैकै इनकी सी भांति इठलाइ ना तौ मूढनि मै अव गनियैगो गन तीन मै [कृष्ण० ५०६]

हरि० : नायिका नायक सो रूठिकै औरि गांव की ऊपरी सषिन मै वैठी, दूती मनावै है लघु मान है हे नागरि चतुरी तूं विविध प्रकार के विलास कौ तजिकै गंवेली गांव की वासी गंवारिन मै वसी है रही है तू तोहि मूढ्यो मै मूर्ष मै क्या गनौगी जव मै कहति हौं तव तूं हूठ्यो दै अठलाहै मूठी वांधि कमर सौं ऐठै है, किंवा नागरि जे है प्रवीन स्त्री तिनकी तरह जो है अनेक तरह को विलास ताको तजि छांडिकै, आगे वही अर्थ, रचना सो वात कहि मनावति है पर्जाजोक्ति।

— ★ —

विथुर्‌यौ जावक सौति पग। निरषि हसी गहि गांस। सलज हसोही लषि लियो। आधी हसी उसांस [५०७] [8]

ہیرو جاوک سوت پک نرکہ ہنسي کہ کانس • سلج ہنسوہي لکہ لیو ادہي ہنسي
اوسانس [ظا• ٥٠٧]

कृष्ण० : इह नाइका आन संभोगदुषिता, सषी वचन सषी सो –

वाल हसी कछु गास गहै लषि फैल्यो महावरु सौति के पाइन। जानि यहै अपने जिय मै यह जानति नाहि सिंगार के भाइन। एते मे मोद भरी मुसिकात लजौनी विलोकनि देषि सुभाइन। आधियै हासी उसास भरी अकुलाति षरी विसरी चितचाइन [कृष्ण० ५०७]

हरि० : सषी सों सषी सौति के पांव में विथुर्‌यो विषर्‌यो अस्तव्यस्त जावक महावर ताको देषिकै गांस अभिप्राय लेकै हसी है, यह फूहरि है ऐसो जावक दिए है, यह गांस वा नायिका को सलज है औ हंसती देषि लियो किंवा नायक को सलज नायिका को हसोही देषि लिये यह नायक ने दियो है, किंवा नायक पांव पर्‌यो है तासौ आधी हंसी में उसास निस्वास लियो, विथुर्‌यो जावक हेतु हंसी हेतुमान हेतु अलंकार आधी हंसी उसास सहित भई, इहां सहोक्ति सो सहोक्ति जहं साथही वरनै रस सरसाय।

— ★ —

[8] विथुर्‌यौ – विथुर्‌यो - को०; विंथुर्‌यौ - शि०; विथुर्‌यौं - वा०; विथुरो - भा०। जावक – जावकु - उ०। सौति – सोति - को०। निरषि – निरष - वा०। हसी – हिसि - वा०; हसौ - भा०; रही - मु०; रसी - नी०; हंसी - ह०। गांस – गांसु - उ०; गास - शि०नी०; गासु - भा०। सलज – जलज - वा०; सहज - नी०। हसोही – हसौंहि - वा०; हसौंही - भा०नी०; हसौंही - मि०मु०; हंसोंही - ह०। लषि – लिषि - को०वा०। लियो – लयौ, 'ल' पर इकार का गोलार्ध - उ०; लषों - शि०; लयों - वा०; लयो - भा०; लियौ - मि०नी०; लयौ - मु०। हसी – हंसी - ह०। उसांस – उसांसु - उ०; सौसास - को०; उसास - शि०मि०मु०नी०ह०; उसासु - भा०। दोहा लुप्त - पा०मो०न०वे०गा०स०। [५०७]

मोसौं मिलवत चातुरी। तू नहि भांनति भेव। कहे देत यह प्रगटही। प्रगट्यौ पूस पसेव [५०८] [9]

موسوں ملوت چاتري تون نہي مانت بہو • کہین دیت یہ پرکت ہین اوپجیو پوس پسیو [10] [ظا• ۵۰۸]

नर० : अन्य संयोगदुःषिता राधिका को वैन सषी सों, हे सषी तू मोसों चातुरी मिलावति है अरु भेद मानति न है, पै उतै जो रति करी सो यह पोस के विषै पसेव उपज्यो है, जोही परतष्य कहे देतु है –

> **मोसो मिलावत है अति चातुरी काहू के कोऊ कहा कछु लैहै। तू नहिं भानति भेद सषी सुन वात कहै कुछ आपनो जैहै। नेह ते नैन षरे झलकै अलकै किलकै कत सोहन षैहै। पोस पसेउ नयो उनयो सुनिये प्रगट्यो प्रगटै कहि दैहै** [नर० ५०८]

कृष्ण० : इह नाइका के प्रस्वेद लषि सुरति भयो जानि सषी कहति है, लच्छिता जानियै -

> **आजु पगी सुषपुंज मै प्यारी निकुंजन केलि करी मन भाई। पीक गई छुटि ओठनु पै प्रगटी मुषमंडल पै अरुनाई। भेद की वात कहै किनि भामिनि मोसौ चलावति क्यौ चतुराई। तो तन देत कहे प्रगटै यह पूस के मास पसेउ मै न्हाई** [कृष्ण० ५०८]

हरि० : सषी वचन लच्छिता सों किंवा अन्यसंभोगदुःषिता को वचन, मोसों तू चतुराई की वातैं चलावै है, तूं नहिं भानति भेव तूं भेद को नहिं भानति है, फोरति है, सांच नहीं कहति है, पूस मै प्रस्वेद सात्विक प्रगट्यो है उपज्यो है सो प्रगटही जाहिर कहि देत है पूस प्रस्वेद को कारन नहीं होत, छ भांति विभावना कारन विनुही काज।

— ★ —

सोहैहू हेर्‌यौ न तै। केती द्याई सौंह। एहो क्यौं वैठी किए। ऐंठी ग्वैंठी भौंह [५०९] [11]

---

[9] मोसौं – मोसों - शि०न०ह०; मौंसों - वा०; मोसो - वे०स०; मोसौ - भा०। मिलवत – मिलियत - शि०; मिलवतु - न०; मिलवति - मु०नी०ह०। तू – तुं - को०वे०; तूं - वा०न०गा०स०मु०नी०ह०। नहि – नहिं - उ०न०; नहीं - मु०। भांनति – भानत - को०; भानुत - वे०; भातिन - गा०; भांनत - स०मि०; मानत - भा०; जांनत - मु०; भानति - ह०। भेव – भेव, 'द' पर 'व' संशोधन - उ०; भेउ - न०गा०स०नी०; भेवौ, 'व' पर काटने का चिह्न - वे०; भेद - भा०। कहे – कहै - को०वा०मि०नी०; कह्यो - वे०गा०; कह्यौ - स०; कहें - मु०ह०। देत – देंत - वा०। यह – इह - शि०मि०। प्रगटही – प्रगटहीं - भा०ह०। प्रगट्यौ – प्रगट्यो - को०; प्रगटो - भा०। पूस – पोस - न०मु०। पसेव – पसेव, 'द' पर 'व' संशोधन - उ०; प्रवस, 'व' 'स' पर क्रमशः २ १ की संख्याएँ - को०; पंसेव - वा०; पसेउ - न०गा०स०नी०; प्रसेउ - वे०; प्रसेद - भा०। दोहा लुप्त - पा०मो०। [५०८]

[10] تہیو - (حاسیہ پر) پسیو - ظا••

[11] सोहैहू – सोंहैहुं - को०; सोंहैहूं - शि०; सौंहैंकौ - वा०; सौहैहूं - पा०नी०; सोंहैंहू - मो०; सोहैहु - वे०; सोहेहूं - गा०; सोहैहों - स०; सौंहैहू - भा०; सौंहैंहू - मि०; सौंहैहू - मु०; सौंहैंहू - ह०। हेर्‌यौ – चाह्यो - को०; हैं - शि०; हेंर्‌यों - वा०; चाहे - पा०; चाह्यो - मो०न०वे०ह०; चाल्यौ - गा०; चाह्यौ - स०मु०; हेरी - भा०। न – सोंउ - शि०। तै – ते - को०; तें - शि०मो०ह०; तैं - वा०स०मि०नी०; 'त' में ऐ तथा ऊ की मात्राएँ - भा०। केती – केति - को०वा०; केती, 'क' में इकार बाद में - पा०। द्याई – षाई - को०पा०भा०; द्याईं -

سوہین ہون ہیرو نہ تین کیتي دیائین سونہ ۰ اي ہو[12] کیون بیتہي کئي اینتہي کوینتہي بہونہ [ظا۰ ۵۰۹]

अन० : द्रती की उक्ति मानिनी नाइका प्रति, गुरुमान, छेकानुप्रास विशेषोक्ति की संसृष्टि –

नर० : सषी को मनाइवो, सषी को वैन श्रीराधिका सों, हे राधे तो कुं श्रीनायकजू के तीही सौंह दिराई सो तैं सौंहैहू जोयो नाहीं, सो एहौ ऐडी अरु ग्वैंढी क० गठीली भौंहां किये वैठी सो क्यौं –

सोहैहूं चाह्यौ न तैं सजनी सुनि वा छिन तै जिय संक सी पैठी। केतिय सोहै दिवाव सषी सव थाकी रही लहुरी अरु जैठी। काहू को नैक न मान्यो कह्यो कछु वात भई तु अकास अमैठी। एहो लजात न आपने रंचक ऐसी सी ग्वैठी कै भोंह को वैठी [नर० ५०९]

कृष्ण० : इह नाइका मानवती, सषी वचन सषी सो –

केती मनुहारि करि हार्‌यो नंदलाल व्रजवनिता निहाल होति जाके नेक चाहे ते। ही तौ तू सयानी परि कहा चित आनी एते रिस के समाज विनु काज अवगाहे ते। सौहे हेरिवे को हम केती द्याई सौहै तऊ तेरो मन ललक्यो न रस के उमाहे ते। कियो कहा चाहति है सोई क्यु न कहै अव ग्वैंठी भौह करि वैठी अव काहे ते [कृष्ण० ५०९] [13]

हरि० : मानिनी सों सषी वचन, तैं नायक के सौंहै सामने नहीं चाह्यो देष्यौ केतनी मैं सौंह सपथ दिआई तूं देष एहो अव ऐंठी भोंह किए क्यों वैठी है, सौंह कारन सो सामने देषिवो कार्ज नहीं भयो, विसेसोक्ति जो हेतु सों कारन उपजै नांहि, छेकानुप्रास।

— ★ —

ही औरै सी ह्वै गई। टरी औधि के नाम। दूजै करि डारी षरी। वौरी वौरै आम [५१०] [14]

मो०; द्योई - नी०। सौंह – सोंह - उ०को०मो०गा०; सोह - शि०; सौह - पा०भा०। एहो – एकी - वा०; एहों - मो०; ए - वे०; एहौ - मु०; येहौ - नी०। क्यौं – क्यो - पा०; क्यों - मो०; सोहै क्यों - वे०। वैठी – वैठी, 'वै' ऊपर रिक्त स्थान अमें - उ०; वेठि - को०; वेठी - शि०मो०। किए – कियें - उ०; किये - को०; कीयैं - शि०; कियैं - वा०न०; कीए - मो०; कियै - वे०स०मि०; कीयै - गा०मु०; कियौ - नी०; किएं - ह०। ऐंठी – ऐंडी - को०; औठी - शि०; ऐठी - वा०पा०वे०स०नी०ह०; एंठी - मो०; ऐठी - भा०। ग्वैंठी – ग्वौंडी - को०; ग्वैठी - शि०वा०मो०वे०गा०स०मु०नी०; गैठी - भा०; वैठी - ह०। भौंह – भोह - उ०; भौह - शि०वा०पा०न०भा०; भोंह - मो०गा०स०; सोह - वे०। [५०९]

12 اي حو - اي ہر - ظا۰

13 भा० प्रति में ऊधोराम कविछाप का निम्नलिखित छंद मिलता है –

आस मान छोडि आसमान चंदु भजि छप्यो भूलो भटकतु फिरै गगन के गौने पै। षंजन मलीन मृग गभीर वन माझ दुरे सौतिनहू छोडी ऐठ सोचै अरी भौन पै। कहै ऊधोराम काम तेरोई भरोसो राषै लेहिगी कहाधौ कहि रूषे मुष मौन पै। हौहू तौ पलोटौ पाइ औडो तेरे औट पाइ अव ऐसो है भौहै जाति कौन पै [भा० ५०९]

14 ही – ही सुं - वा०; हिय - पा०मो०भा०; हिंए - ह०। औरै – और - वा०; ओरों - मो०; औरे - न०; औरैं - नी०; औरि - ह०। सी – ही - वे०। गई – गईं - मो०। टरी – टरे - पा०; टरैं - मो०; टरो - भा०; टली - ह०। औधि – ओधि - को०मो०; औंधि - वा०; अवधि - पा०; ओध - वे०; अधो - गा०; ओध - स०। के – कैं - उ०; को - भा०; कै - मु०नी०। नाम – नांम - को०गा०स०मु०; नांमु - मो०; नाव - ह०। दूजै – दुजै - को०; दूजैं - वा०; दूजे - पा०स०; दूजी - न०; दूजें - ह०। करि – कैं - वा०; कै - न०वे०गा०स०मु०। डारी – डारि - को०; डारा - मु०। षरी – षरि - को०; डरी - मो०। वौरी – वोरी - उ०को०मो०गा०स०मु०; वौंरी - वा०; वोरै - वे०। वौरै – वोंरै - उ०; वोरे - को०; वौरैं - वा०; वौरे - पा०; मोरी - मो०; वोरी - न०; मोरे - न०गा०; मोरै - वे०स०मु०; मौरे - भा०ह०। आम – आंव - मो०ह०। दोहा लुप्त - शि०मि०। [५१०]

ہئي اوري سي ہوي کئي ترين اوده کي نام ٠ دوجين کي داري کہري بوري[15]
ام [ظا٠ ٥١٠

अन० : सषी की उक्ति सषी सों, प्रोषितपतिका नायिका, वसंत ऋतु वर्नन, भेदकातिशयोक्ति अलंकार।

नर० : प्रोषितपतिका, सषी को वैन सषी सो, हे सषी नायक कै चलने की तिथि नसौ तौ और भी ही हुती अरु आम मोरने की औधि टरी के नाम सुनतही दूजी वौरी षरीही करि डारी –

> **आगै जो ही अव औरसी ह्वै गई ऐसो वियोग को दुष है भारी। औधि के नाम टरी अति सुंदर अंग अनंग जरे पर जारी। छीन भई न रही दुति देह मै नेह की रेह लही पनधारी। छोरतही सव आनन के वन वावरीहू जै षरी कर डारी** [नर० ५१०]

कृष्ण० : वसंत ऋतु नाइका की अवस्था सषी नाइक सौ कहति है, वा सषी सषी सौ कहै –

> **मोहन सौ विछुरी जवतै तवतै न लहै कल एक घरी है। नैननु नीर ढरै निसिवासर व्याकुल वाल अचेत षरी है। ऐसी दसा पहिलैहि हुती पुनि औरै भई सुनि औधि टरी है। तापर मौरे रसाल वे देषौ वसंत के मौसर वौरी करी है** [**कृष्ण० ५१०**]

हरि० : सषी सो सषी वाक्य, हिये मन विषै औरि सी औरि तरह की होय गई मानों अति व्याकुल भई, टली वीती जो औधि आइवे को ठेकानो, ताको नाम सुनिकै फलानो दिन टल्यौ, एक तौ यह दूसरौ मेरे जो आवै हैं मंजरि सहित जे आंव हैं, ताने षरी अति वौरी विक्षिप्त करि डारी है औरि सी भई औरिही भई मानौ इह्यां सी मानौ के अर्थ में उत्प्रेक्षालंकार।

— ⋆ —

सही रंगीले रतिजगे। जगी पगी सुष चैन। अलसौंहै सौंहै किये। कहै हसौंहै नैन [५११] [16]

سہي رنکيليں رتجکيں جکي پکي سکہ چين ٠ اليسونہين سو نہئيں کين ہسوہين نين
[ظا٠ ٥١١]

[15] بوري (حاسيه پر) بورائے - ظا٠

[16] सही – रही - भा०। रंगीले – रंगीलैं, ऐं की मात्रा पर संशोधन - उ०; रंगिले - शि०; रंगीलै - वा०; रंगीली - पा०भा०मु०ह०; रगीले - मो०मि०। रतिजगे – रतजगें, 'त' में इकार बाद में - उ०; रतिजगैं - वा०ह०; रतिजगै, ऐ की एक रेखा पर काटने का चिह्न - पा०; रतिजगी - भा०। पगी – (अपठ) - पा०। सुष – सकु - न०स०; सुकु - वे०गा०। चैन – दैन - शि०; देन - वा०; चेंन - मो०। अलसौंहै – अलसौं - को०; अलसोंहें - शि०; अलसौहै - वा०पा०; अलसोंहैं - मो०; अलसौंहे - न०; अलसोहै - वे०गा०; अलसौहे - भा०; अलसौंहैं - नी०; अलसोंहे - ह०। सौंहै – सोहै - उ०वे०गा०; सोंहें - को०शि०; सौंहैं - वा०; सौहै - पा०भा०; सोहें - मो०; सोंहै - स०; सोहे - मु०; सौंहे - ह०। किये – कियें - उ०को०; कीए - शि०वा०मु०; कीयै - मो०; किऐ - न०; कीये - गा०; कियै - भा०; किए - ह०। कहै – कहे - उ०; कहें - शि०; कहैं - वा०मो०ह०। हसौंहै – हसोंहे - उ०गा०; कसौहें - को०; हसोहै - शि०मो०वे०; हसौहै - पा०भा०; हसौहे - न०; हसोहे - स०; हसौहैं - मु०; हसौंहैं - नी०; हसौंहे - ह०; नैन – नयन - को०; नैंन - वा०गा०स०ह०; नेंन - मो०मु०। [५११]

अन० : उक्ति सषी की, नायिका सुरतिलक्षिता है, आलस हर्ष संचारी अकृति अनुभाव, काव्यलिंग जमकालंकार की संसृष्टि।

नर० : षंडिता नयिका को वैन नायक सो, हो कान्ह ए तमारे नेत्र रंगीले वने है सो सही कही रतिजागे हैं सो जागने की पगी क० षोज मिटतु नाही है जो सदा नेह सो है नेत्र सो अलसोहे से कहै देतु हैं –

> **हौ हरि रंग रंगीले जगे रति सो सहि नैन नए उलहै है। पेम पगी सुष चैन जगी अति अंग अनंग तरंग वहै है। काहे को नैन दुराव करो कछु वैन अलीकन देह दहै है। सोहे किए अति ये अलसोहै हसौहे से रावरे नैन कहै है** [नर० ५११]

कृष्ण० : यह नाइका के नेत्रन की सोभा देषि सषी सषी सौ कहति है लच्छिता –

> **मोहि सौ छवीली रसरीति क्यो छिपावति है आनन पै उमगि अरुन ओप जागी है। अंग अंग सिथिल अनंग सुष संग सनै रंग सनी कृष्ण अनुरागी उर लागी है। लसत हसौहै अलसौहै ये चपल चषनि सौ किए कहत सु पेम रस पागी है** [कृष्ण० ५११] [17]

हरि० : सषी वचन लच्छिता सौ, हे रंगीली सही सांच तू रतिजगा मै जागी है विवाहादि में कुलदेवता प्रीतये स्त्री जागरन करति है तामे तू जगी है श्लेष में रति के लिए जागरन जामे जगी है चय शव्द समूह वाचक नकार वहुत वाचक सुष के चयन सों समूहनि सों पगि रही है लपटाय रही है अलसोंहै आलस भरे औ हंसोहैं जे तेरे नैन सों सोहै करि कहत है सपथ करि कहत हैं किंवा सामने किए सौंह सौंहै होत जे हैं नैन ते कहत हैं मानों आकृति सों सो है अनुभाव तासों जानि गई आलस हर्ष संचारी राति के जागरन ठहरायौ, अलसोहैं इत्यादि करि काव्यलिंग।

—★—

कहा कुसुम को कौमुदी। कितक आरसी जोति। जाकी उजराई लषै। आंषि ऊजरी होति [५१२] [18]

[ظا٠ ٥١٢]

---

[17] भा०मि० प्रतियों में यहाँ कविदेव का छंद उद्धृत है –

मोसों छवीली छिपाउ कहा परतिछही छाती सौ छैल लगाई हौ। देव कहै अलसोही लसोही सी आई हसोही हिये उमगाई हौ। प्यारे पिया परजंक मै पारिकै प्रेमपियूष पिवाइ पगाई हौ। कामकलोलनि कामिनि आजु की जामिनि चारिहू जाम जगाई हौ [अष्ट० १-१८]

[18] कुसुम – कुसुमु - उ०; कुम - वा०; कुसम - वे०मि०मु०। को – कहा - शि०वा०; कौ - पा०भा०मु०; कों - गा०; कह - ह०। कौमुदी – कोमुदी - को०मो०न०वे०स०मि०; कौंमुदी - वा०; कौमदी - मु०। कितक – कीतिक - को०; कितकु - मो०; कितिक - भा०ह०; कीतक - नी०। जोति – ज्योति - को०मो०; ज्यौति - शि०; ज्यौंति - वा०। जाकी – जाकै, ऐ की मात्रा पर ईकार का गोलार्ध - उ०; याकी - को०। उजराई – ऊजाई, ऊपर 'रा' - वा०; उजराइं - मो०। लषै – लषैं - वा०न०ह०; लषे - पा०भा०; लषें - मो०। आंषि – आंषिन - न०; देह - वे०; आंष - गा०स०मु०; आषि - मि०; आष - नी०। ऊजरी – उजरी - उ०को०शि०मो०न०वे०मु०; उज्यारी - भा०। [५१२]

अन० : जो नायक की उक्ति होइ तौ स्मृति संचारी गुणकथन दशा वचन अनुभाव ते पूर्वानुराग व्यंगि, जो सषी की उक्ति नायक प्रति होइ तो दूतत्व, ह्या वक्ता की उक्ति अरु अन्यसंनिधि तै व्यंग है, जो सषी प्रति उक्ति होय तो स्तुति प्रतीपालंकार।

नर० : अंग सोभा, गुनकथन दसा, नायका को वैन सषी सो, हे सषी कुसुम सो वा आगै कहा है, और या आगै कौमुदी कहा है, और वा आगै आरसी की केतिक जोति है सो कैसे कहै जाके सरीर की उजराई लषै ते आंषि उजली ह्वैहै –

> **चंदन चंद कहा मुचकुंद कहा अरविंद जुन्हाई नई है। और असेष जे ऊजल भूतल हंसन माल लजाइ गई है। तारन की दुति हीन भई अरु केतक आरसी जोति लई है। जाकी कछू उजराई लषै सुनि आपनी ऊजरी आंषि भई है** [नर० ५१२]

कृष्ण० : इह नाइका की उजराई सषी नाइक सो कहति है, नाइकहू कहै तौ संभवै –

> **वाल वनी वर वानिक वैस दई विधि तै पिय सुंदरताई। फूलन की दुति तूल न होति अतूल प्रभा अंग अंगनि छाई। चैत की चांदनी चारु कितौ अरु आरसीहू इति जोति न पाई। न्याइहि ऊजरी होति है आषिनि हारत वा तन की उजराई** [कृष्ण० ५१२] [19]

हरि० : सषी वचन नायक सो कुसुम कहा कछु नहीं कौमुदी चांदनी कहा कछु नहीं आरसी की तौ केतनी जोति है वाके अंग जोति के आगें जाकी उज्वलता सुद्धता देषि आंषि ऊजरी होति है आंषिन मै प्रकास होत है, किंवा उज्वल नाम शृंगार को है आंषि शृंगार रूप होति है, इहां प्रतीपालंकार उपमेय ते जव पावत उपमान कुसुमादि को अनादर है।

— ⋆ —

पहिरतही गोरे गोरै। यौं दौरी दुति लाल। मनो परसि पुलकित भई। वौलसिरी की माल [५१३] [20]

پہرت ہین کوري کرین یون دوري دوت لال • منون پرس پولکت بہئي بولسري کي مال [ظا• ۵۱۳]

---

[19] भा०मि०मु० प्रतियों में भिन्न उदाहरण यह है –

देषी सुनी होति कहूं रेसम रसम सम कोऊ करौ कैसियौ कमाई मृदु मूजरी। इंदु होहु उदित कहा उजराई पै न पून्यो को सो पूरन प्रकास पावै दूज री। उवटि अन्हाइ औ अगोछनि अगोछति न रह्यौ अच्छ लच्छन अच्वाई आछी गूजरी। लाष करौ कोऊ पटतर वाकी पूजति न जाकी उजराई देषे आषि होति ऊजरी। [भा० ५१२]

[20] पहिरतही – पहिरतही, 'र' ऊपर रिक्त स्थान में - उ०; पहरतही - को०; पहरतहीं - मो०न०; पहरतही - मि०; पहिरतहीं - मु०नी०ह०। गोरे – गोरिहि - उ०; गौंरहि - वा०; गोरी - पा०मि०; गोरैं - न०नी०; गोरै - वे०गा०स०; गोरें - मु०। गरै – गरैं - उ०न०नी०; गिरै - वा०; गरे - पा०; गरें - मो०भा०मु०ह०। यौं – यौ - वा०भा०; यो - पा०गा०; दों - मो०; यों - वे०; ये - नी०। दौरी – दोरति - को०; छवि - पा०; दोरी - मो०वे०गा०। दुति – दुरी - पा०; द्युति - मो०; दुत - वे०। मनो – मनों - उ०मो०गा०स०; मनौं - वा०न०; मानो - वे०; मनौ - भा०मि०नी०ह०; मानौ, आ की मात्रा पर काटने क चिहन - मु०। परसि – परस - को०; परिसि - वा०; पुलकि - न०गा०; पुलक - वे०स०; पसि - भा०; पुलिक - मु०। पुलकित – परसति - न०मु०; परसत - वे०गा०स०; पुलकति - भा०मि०। भई – रही - मु०। वौलसिरी – वौंलसरी - उ०; वोलसरी - को०; वौंलसिरि - वा०; मौलसिरी - पा०भा०; वोलसरी - मो०; वोलसिरी - न०गा०; वौलसरी - मि०मु०ह०। दोहा लुप्त - शि०। [५१३]

अन० : उक्ति जो माल लै गई ताकी, दूतत्व ते रोमांच कहि नायका को प्रेम नायक सो जतावति है, उत्प्रेक्षा।

नर० : सषी को सिंगारिवो, सषी को वैन नायिका सो, हे राधे, वोलसिरी की माल तेरे गोरे गरे के पहिरतै ऐसी लाल दुति दौरी कि मनौ भरतार के परसनै की पुलकति सी भई है –

> **गोरे गरे पहिरी तवही लषिकै जिय आपने मोन लई है। लाल सुनो इह वात अभूतनि वाढि गयो दुति दोरि गई है। या तन की तनकच्छवि ताकत और कछू उपमान दई है। वोलसिरी की जो माल विसाल मनो पुरसी पुलकी सी भई है** [नर० ५१३]

कृष्ण० : सषी कौ वैन नाइक सौ इह नाइक की माला के परसै नाइका कै सात्विक भाव भयो सु सषी नाइक सो कहति है –

> **सौरभ सहित चुनि चुनिकै कुसुम चारु आपने करनु मनमोहन गुही वनाइ। मै तौ जाइ दीनी उनि लीनी अति आदर सौ पहिरि हियै मै प्रानप्यारी हितु सरसाइ। कृष्ण प्रानप्यारे वाके गोरे गरे ताही षन उपजी नवल दुति रही ऐसी छवि छाइ। मेरे जान लाल मौलिसिरी की ललित माल पुलकित भई वाके तन को परस पाइ** [कृष्ण० ५१३]

हरि० : नायक ने माला पठाई है सो हकीकति सषी कहति है, हे लाल मौलसिरी की माल गोरे गरे पहिरतही यौं दुति दौरी सोभा भई यह अर्थ मानौ तुमै परसिकै पुलकित तन भई तुमारो संबंध माला सो है ताके स्पर्ष ते सात्विक भयो यों छवि दौरी किंवा मानो वाके अंग को परसिकै माला पुलकित भई, जहां अहेतु को हेतु करि संभावन तिहि वोर सिद्धासिद्धास्पद तहां है उत्प्रेक्षा और, पहिला अर्थ में माला के स्पर्ष सों उपज्यो है पुलक तामे नायक को स्पर्ष रूप जो हेतु ताको संभावना सिद्धास्पद हेतूत्प्रेक्षा आस्पद संभावना को विषय जामे संभावना करिए।

— ⋆ —

रस भिजए दोऊ दुहून। तौ टिकि रहे टरैं न। छवि सौ छिरकत पेम रंग। भरि पिचकारी नैंन [५१४] [21]

رس بهجي دواو دوہن تو تک رہي ترين نہ • چهب سون چهرکت پيم رنک بهر
پچکاري نين [ظا• ٥١٤]

[21] भिजए – भीज़े - को०; भिजयै - न०; भिजीये - वे०; भिजयें - गा०; भिजये - स०भा०नी०। दोऊ – दोउ - शि०; दौऊं - वा०; दोनुं - वे०गा०स०। दुहून – दहुन - को०; दुहुंन - शि०; दूहौंन - वा०; दुहुनु - न०नी०; दुहुनि - गा०मु०ह०। तौ – तौ, ऊपर भिन्न क़लम से 'उ' - उ०; तोउ - को०; तौउ - शि०वा०; त्यौ - न०; त्यो - वे०; त्यों - गा०स०; त्यौं - मि०; नौ - मु०; तो - नी०। टिकि – कर - को०; टिक - शि०न०वे०गा०स०मि०मु०नी०ह०। रहे – रहै - शि०गा०भा०मु०नी०; रहैं - वा०स०; रहै - वे०; रहें - ह०। टरैं – टरै - को०शि०वा०वे०गा०भा०मि०नी०; टरें - ह०। न – न, हाशिए पर - मि०। छवि – छिवि - उ०; छिरकत - भा०। सौ – (लुप्त) - को०; सों - शि०गा०ह०; सौं - वा०न०स०मि०मु०; सो - वे०; छवि - भा०। छिरकत – छरकत - को०वा०मु०; सौ - भा०; छिरिकत, इकार पर काटने का चिह्न - ह०। पेम – प्रेम - भा०ह०; पेंम - मि०नी०। रंग – रस - मु०। भरि – भर - वे०गा०स०मु०; भरी - नी०। पिचकारी – पीचकारी - वा०; पिचकीरी - न०। नैंन – नेंन - को०मु०ह०; नैन - शि०न०वे०गा०भा०मि०नी०। दोहा लुप्त - पा०मो०; अंतिम यति ऊपर रिक्त स्थान में - मि०। [५१४]

नर० : दंपति चित लगन, सषी को वैन सषी सो, हे सषी आज दोनो जने दोनो चित कौ नैन रूप पिचकारी सै पेम के रंग तै भरिकै छवि सों छरकतु है सो तिन रस करिकै भीने है सो त्यौ टिक कै रहे हैं पै कोऊ टरत नाहीं हैं –

> **दोऊ दुहून के भीज रहे रस एक तै एक अरे रंगराते। यद्यपि क्यौंहू टरै न रहै छकि आपनी ओर षरे मदमाते। ओप अनूपम सों छिरकै अति अंग अनंग सवै अरसाते। पेम के रंग भरी पिचकारिन मारत है पुनि नैन नचाते** [**नर० ५१४**]

कृष्ण० : होरी, दुहुन को परस्पर अवलोकन देषि सषी सषी सो होरी के ष्याल की समता दैकरि कहै है –

> **आजु व्रषभानु की कुवरि मनमोहन ने नैननु मै राषो होरी को सो ष्यालु करिकै। भरे हित चाई कोऊ वूझत न दाइ टिकि रहे टक लाइ कोऊ जाति नहीं टरिकै। भिजये वनाइ अति रस मै परसपर पागे अनुराग के गुलाल रंग ढरिकै। कृष्ण कहै छिरकत छवि सो छवीले दोऊ नैन पिचकारी प्रेम रंग भरि भरिकै** [**कृष्ण० ५१४**]

हरि० : सषी सों सषी वाक्य रस अनुराग सों किंवा गुलाव केसरि जल सों पहिले भिजाये अति अनुराग युत किए दोऊ नायक नायिका ने परस्पर दुहून को अर्थ तौ भी टिक रहे हें टरैं हैं नहीं मोह संचारी कंप सात्विक नहीं होत है छवि सों दायम विसेष करि प्रेम है सो रंग तासों छिरकत हैं पिचिकारी है ताको भरिकै रूपक अलंकार उपमान उपमेय को एक जहां करै तहां रूपक।

— ⋆ —

कारे वरन डरावने। कत आवत इहि गेह। कै वा लषी सषी लषै। लगै थरथरा देह [५१५] [22]

كاري برن دراوني كت اوت اتہ كيہ • كئي بان لكہو سكہين لكہين لكي دہرہرا ديہ
[ظا• ٥١٥]

अन० : उक्ति परकीया नायिका की एकाकी सषी वचनविदग्धा हेतु गुप्ता कंप सात्विक, पर्यायोक्ति।

नर० : सात्विक भाव, सषी को वैन सषी सो, हे सषी आज राधिका की सषी कान्ह प्रतै कह्यौ कै तुम कारे वरन के डरावने से लागते हौ ताते इनके घर क्यो आवते हौ सो हे सषी के वाकौ वोलते लषी सु लषै तो देह को थरथराटी लागीही है –

[22] कारे – कारैं - उ०वा०; (अपठ) - पा०। वरन – (अपठ)रन - पा०; वदन - भा०। डरावने – डरांवने - उ०; डरावनै - शि०मि०; डरावनैं - वा०; डेरावने - नी०। कत – कित - पा०मो०मि०नी०। आवत – आवतु - मो०। इहि – इह - को०शि०वे०गा०स०मु०; यहि - पा०; ईहि - मो०। गेह – गेंह - वा०ह०। कै – कइ - ह०। वा – वां - को०। लषी – लषै - को०; ल(अपठ) - पा०; लष्यो - मो०नी०; लष्यौ, औ की एक रेखा पर काटने का चिह्न - भा०; लषौं - मि०; लष्यौ - ह०। सषी – लषै - मो०; सवी - गा०। लषै – लषी - को०; लषैं - वा०; सवै - पा०मु०; सषी - मो०; लषे - भा०; ल, अगला वर्ष अस्पष्ट - नी०। लगै – लगैं - वा०; लगी - न०वे०गा०स०; लगे - मि०नी०। थरथरा – थरथर, दूसरे 'र' में ईकार बाद में - उ०; थरथरी - शि०पा०न०वे०गा०स०मि०; थरहरी - वा०ह०; घरघरा - मु०। [५१५]

भौर से रंगनि कारे डरावने अं ा अनंग उमंग जगे है। आवत है इह गेह कहौ कत नैन षरे अकुलाइ षगे है। हेरतही हियरा हहरात सु पैडन पैडन पाइ डगे है। कैवा लषी है सवी उनकी लषि देह थराथरी आइ लगे है [नर० ५१५]

कृष्ण० : यह नाइका परकीया है गुप्ता नाइक कौ देषि सात्विक भयो जाको सषी सौ दुराइवे को कहति है –

आपु कारे रंग गरै चिरम को छरा धरे ओढिवे कौ कारी एक कामारी यहै विसाति। सीस पर फेटा एक पीरो सो अमेठि वांधो तापै एक वरही की पषिया फरफराति। मटकि चलत डरपावनो सो स्वांगु किए जव इहि ओर आवत अहीर जाकी जाति। तव तव देषि सषी कैयौ वेर देष्यो याहि देषि डरु लागै देह पुलकि थरहराति [कृष्ण० ५१५]

हरि० : ऊपरि कोई स्त्री वैठी है तहां नायक आयो है नायिका को कंप सात्विक भयो ताकौ छपावति है यह जानि न जाय ऊपर वात रूषी है दूसरे अर्थ में रूषी नहीं है, हे कारे वरन डरावने भयकारी, दूसरो अर्थ कारे जेतने हैं मेघ औ नीलोत्पल अति सी कृष्णता सौं तुम वर हौ श्रेष्ठ हौ, न डरावने तुम आनंदकारी हौ, कत आवत इहि गेह, प्रथम अर्थ क्यौं आवत है यह पुरुष घर में, दूसरो अर्थ यह जो हमारो घर है तहां क्यौं आवत हौ कुंजभौन में चलौ हम आवति है, यह गेह पद सों ध्वनि, प्रथम अर्थ हे सषी मैं कई वार देषी है इन्हें देषे सौं देह मैं थरथरी कंपा लगै है, नायक ने समुझावै है तुम ऐसे सुंदर हौ तुमे देषे हमारे सात्विक होत है, देह मैं श्लेष अलंकार, श्लेष अलंकृत अर्थ वहु जहां सव्द में होय, व्याजोक्ति है व्याजोकति कछु और विधि कहै दुरै आकार अवहित्था संचारी गुप्ता नायिका।

— ★ —

कर के मीडे कुसुम लौं। गई विरह कुमिलाइ। सदा समीपिनि सषिनहूं। नीठि पिछानी जाइ [५१६] [23]

کر کي ميندي کوسم لون کئي بره کوملاي • سدا سمیپن سکھن ہون نیتھ پچہاني جاي
[ظا • ٥١٦]

अन० : सषी की उक्ति सषी सो होइ तौ नाइका प्रोषितपतिका, नायक सो होई तो पूर्वानुराग है, व्याधि दशा अन्यसंनिधि ते व्यंगि उपमान।

---

[23] कर – करि - गा०। के – कैं - वा०। मीडे – मीडत - शि०; मींडैं - वा०; मींडें - न०; मींडे - गा०मु०; मीडै - मि०। कुसुम – कुसम - न०मि०मु०नी०। लौं – लो - को०पा०; लों - शि०वे०गा०ह०; लौ - भा०। कुमिलाइ – कुभिलाइ - उ०; कुमलाय - को०; कुमलाइ - शि०गा०स०; कुमिलाई - मो०; कुम्हिलाइ - भा०; कुमिलाय - मि०; कुंभिलाइ - नी०; कुभिलाय - ह०। सदा – दसा, ‘द’ ‘स’ पर चिह्न - पा०; सदां - भा०। समीपिनि – समीपनि - को०मि०नी०; समीपन - शि०वे०स०; समीपिन - वा०मु०; समीप - पा०मो०; समीपनु - न०; समापन - गा०; समीपी - भा०। सषिनहूं – सषिन सौं - को०; सषिनहौं - वा०; सषीनहू - पा०मि०; सषीनहु - मो०; सषनिहू - न०; सषिनहुं - वे०; सषिनहू - भा०; सषितहूं - नी०। नीठि – नीठ - को०शि०मो०न०वे०गा०स०मु०। पिछानी – पिछांनी - न०नी०। जाइ – जाय - को०मि०ह०; जांई - वा०; जाई - मो०। [५१६]

नर० : मत्त दसा, सषी कौ वैन नायक सो, हे कान्ह, राधिका विरह करिकै कर के मीडे क० मसले कुसम की नांई कुमिलाइ गई है, सो सदा समीप जो सषी रहति हैं तिनही सौं नीठि कै पिछानी जाति है –

हाथ के मीडे मनोहर कंज के फूलन ज्यों कुमलाइ गई है। वाल वियोग दवागिनि ज्वालनि सूकतही अकुलान लई है। ऐसी छवीली की छीन भई छवि देषतही भय भीत भई है। संतत संग समीप सषीनहु नीठही नीठ पिछान लई है [नर० ५१६]

कृष्ण० : यह नाइका प्रोषितपतिका, सषी को वचन नाइक सो सषी सषीहू सो कहै –

प्यारे नंदनंदन तिहारे विछुरे तै मोपै कहत वनै न जैसी भई वाकी गति है। आली जे रहति निसिवासर समीप तिनहू पै पहिचानी वह नीठिही परति है। त्रास देषि पास जैवो छाड़्यो पासवारिनहू एते मान मदन हुतासन वरति है। कोमल कुसुम मानौ मीड़्यो कर वर करि ऐसे कुम्हिलाई मुरझाई गई अति है [कृष्ण० ५१६]

हरि० : सषी की उक्ति सषी सों हाथ के मसले फूल सी ऐसे विरह सों नायिका कुमिलाय गई है, सदा नजीके रहन वाली सषिन सौ कोई तरह सों पहिचानी जाति है, नायिका उपमेय कुसुम उपमान सों वाचक कुमिलानो धर्म पूर्णोपमालंकार।

— ★ —

चितवत जितवत हित हियै। कियै तिरीछे नैन। भीजे तन दोऊ कपै। क्यौंहूं जप निवरै न [५१७] [24]

چتوت جتوت ہت ہین کین تریچھي نین • بهیجین تن دواو کپي کیهوں جپ[25] نبري
نه [ظا• ٥١٧]

अन० : जिन लच्छित किये हैं ताकी उक्ति, दंपति के कटाछ विच्छेप अनुभाव ते अनुराग व्यंगि, परकीया नायिका, जाति वर्णन अलंकार।

नर० : सषी को वैन सषी सो, हे सषी, दोऊ तिरीछे नेत्रां करि चितवत हैं सो हिया के विषै हित कौ जीततु हैं अरु भीने तन सों दोनुं कांपतु हैं, क्यौंहू जपत वेर नाहीं हैं –

[24] चितवत – चिंतवत - वा०; चितवति - पा०गा०स०ह०; चितवित - मु०। जितवत – चितवत - को०शि०; जित तित - पा०; जितबति गा०मि०ह०। हित – हिंत - वा०। हियै – हिये - को०पा०; हिइं - शि०; हियैं - वा०न०; हीयै - वे०गा०; हियें - मु०ह०। कियै – कीयें - उ०; किए - को०; कीऐ - शि०; कीयैं - वा०; किये - पा०नी०; कीयै - मो०वे०; कीये - गा०स०; कियें - मु०; करें - ह०। तिरीछे – तिरछे - उ०; तरीछै - को०शि०गा०; तिरैंछैं - वा०; तेरेछे - पा०; तिरछी, 'छी' पर एकार - मि०; तरीछें - न०; तरीछे - वे०स०नी०। नैन – नैंन - को०वा०न०स०; नेंन - मो०मु०ह०। भीजे – भीजे - उ०शि०वा०; भिंजे - को०; भींजैं - मो०; भाजै - वे०गा०स०। तन – तट - को०। दोऊ – दौऊं - वा०; दोऊं - वे०मु०; दोउं - गा०। कपै – कपैं - को०; कंपे - शि०; कंपैं - वा०न०; (अपठ) - पा०; कंपै - गा०; कपति - मि०; कंपत - मु०नी०ह०। क्यौंहू – क्योहुं - को०; क्यौहूं - शि०; क्यौंह्यौं - वा०; के?हू - पा०; क्योंहू - मो०; क्यौंहु - न०; क्योहुं - वे०; क्यौहू - मि०नी०। जप – जप, 'प' संशोधन द्वारा - उ०; तप - को०; तन - नी०। निवरै – निवरैं - को०वा०ह०; (अपठ) - पा०; निवरें - मो०स०; नवरें - वे०; निपरैं - मु०। न – (अपठ) - पा०। दोहा लुप्त - भा०। [५१७]

[25] جپ - جت - ظا•

देषत है हितवंत हियै हित आतुर होयकै नेह जनावै। चित्त लगायकै भोंह चढाय षरे सतरायकै नैन नचावै। कंपत भीजे सरीर घने सरसात अनंग महा अकुलावै। ऐसे भए चककूर दुहूं जन क्योंहू चितै तृपती नहिं पावै [नर० ५१७]

कृष्ण० : इह दोऊ परस्पर आसक्त है, सु जप करत देषत हैं, सषी सौ सषी कहति है नाइका परकीया –

जमुना के तीर नरनारिन की भारी भीर दंपति निरषि विनु हरषे रहै न है। कहै कविकृष्ण चित चोप सो षगत अनुराग सौ पगत उमगत मन मैन है। यौही दिन वितवत हिय हेत जितवत चितवत चाइ सौ तिरीछे किये नैन है। भीजे पट कपत न काहू सों चपत दोऊ अधिक जपत क्यौहू जप निवरै न है [कृष्ण० ५१७]

हरि० : सषी सों सषी वचन दंपति नदी में स्नान करि तहांई भीजे वस्त्र सों जप करत हैं, परस्पर देषत हैं, हिये में जो हित है ताको जितवत हैं ताको उत्कर्ष करैं हैं वढावत हैं, किंवा सीत भयो है तासों हित को जितावत हैं हित सों सीत कौ दवावत हैं, किंवा हित के हिय मन ताको वढावत हैं तिरछोहैं नैन किए हैं, दोऊ के तन भीजे हैं तासों कांपै हैं, कोई तरह जप निवरै न है, घटै नहीं, आधो दोहा में स्वभावोक्ति कंपा जप छोडिवो को हेतु है तव भी जप नहीं छुटत है विसेषोक्ति विसेसोक्ति जो हेतु सों कारज उपजत नांहि।

—★—

कियो जु चिवुक उठाइकै। कंपित कर भरतार। टेढीये टेढी फिरति। टेढे तिलक लिलार [५१८] [26]

کیو جو چوبک اوٹھاي کي کنپت کر بھرتار • تیدھي تیدھي یئے پھري تیندھي تلک للار
[ظا • ۵۱۸]

अन० : सषी की उक्ति सषी सो नायक के कंप सात्विक नायिका प्रेमगर्विता स्वाधीन पतिका, विभावना।

नर० : प्रेमगर्विता सषी कौ वैन सषी सो, हे सषी राधिका के आजु भरतार नै चिवुक उठाइकै कंपित से हाथ सों तिलक कियो सो उन टेढे तिलक लिलार विषै लियै तै टेढी सौही फिरतु है –

ठोढी उठाय अंगूठन सो निज नेह जनाइकै हीय हरे है। कंपत पानि कियो भरतार भई सुषारासि हुलास भरे है। आपने जीय वढ्यो अभिलाष सषीन मै टेढीही टेढी फिरे है। लै कर आरसी देषति है अति टेढो तिलक्क लिलार धरे है [नर० ५१८]

[26] कियो – कियु - को०; कीयो - शि०गा०स०; कियौं - वा०; दियो - पा०; कियौ - न०मि०नी०; कीयौ - मु०। जु – जू - वा०। उठाइकै – उठायकें - को०मो०; उठाइकैं - वा०नी०; उठायकै - वे०गा०स०मि०; उठाय लै - ह०। कंपित – कंपत - शि०गा०; कंपीत - वा०; कंपि, 'त' ऊपर के रिक्त स्थान में भिन्न क़लम से - मि०; करपित - ह०। टेढीये – टेढीयें - उ०वा०; टेढीइ - शि०; टेढी - पा०वे०स०; टेढीए - मो०गा०मु०ह०; टेढए - न०; टेंढीयै - भा०; टेडीयौं - मि०। टेढी – टेढि - को०; टेढे - न०। फिरति – फिरत - वा०न०गा०; फिरत है - पा०; फिरें - मो०; फिरत ए - वे०स०। टेढे – टेढी - उ०शि०पा०गा०; टेढि - को०; टेढें - वा०मो०। [५१८]

कृष्ण० : इह नाइका प्रेमगर्विता, सषी को वचन सषी सो, सनेह सो नाइक को सात्विक भाउ भयो –

ठोढी उठाइ कर्‌यो चित चाइ सो नंदलला अतिही अनुरागे। भाल लगावतही अंगुरी कर कंप भयो अति हेत सौ पागे। आनै न आनै मनै तवते न गनै कछु प्रेमकलाप के आगे। टेढियै टेढी फिरै मृगलोचनि टेढोई टीको ललाट पै लागे [कृष्ण० ५१८]

हरि० : सषी सो सषी चिवुक ठोडी उठाइकै भरतार जो नायक वाके रूप सों भयो जो कंप सात्विक तासों कंपत कर, ताने नायिका के लिलार में टेढो तिलक कियो तासों टेढी टेढी फिरति, मोहि सी सुंदरी नहीं, दिमाग भरी जानिए, रूपगर्विता जानिए टेढे तिलक सैं लाज चाहिए सो गर्व भयो तातें पांचई विभावना।

— ⋆ —

भौ यह ऐसोई समौ। जहां सुषद दुष देत। चैत चांद की चांदनी। डारति किये अचेत [५१९] [27]

بهو یہ اسوي سمو جہان سوکہد دوکہ دیت • چیت چاند کي چاندني دارت کیئیں اچیت [ظا• ٥١٩]

अन० : विरहनी की उक्ति सषी सो, निर्वेद संचारी, छेकानुप्रास अलंकार। –

नर० : उद्वेग दसा, नायका को वैन सषी सो, हे सषी जहां सुष को देनहार दुष देत है तौ यौ ऐसोही जु समौ भयो है कि चैत की पूरन चांद की चांदनी है सो अचेत किये डारति है –

ए अव ऐसो समोई भयो सषि नाह वियोग हियो हहरै है। जे सुषदाई घनेरे हुते पुनि ते सुषदाइ जहां ह्वै अरै है। निम्मल चैत कै चांद की चांदनी मारवै को मन रोस धरै है। आइ दवावत है चुपचाप निहार षरेई अचेत करै है [नर० ५१९]

कृष्ण० : इह नाइका प्रोषितपतिका, दस अवस्था में उद्वेग, नाइका के वचन सषी सो –

वाल भई अव मालतीमाल समीर तै पीर हिये सरसाई। पावक पुंज सो चंपकु चंदनु चंद्र कुचंद लष्यो न सुहाई। चेतु हरै चित चैत की चांदनी वेधत वाननि काम कसाई। आनि वनो अव ऐसो समो दुष देत सवै जु हुते सुषदाई [कृष्ण० ५१९]

---

27 भौ – भो - को०पा०मो०वे०गा०भा०; सौ - शि०; भौं - वा०नी०; भो - स०। यह – इह - शि०वा०वे०गा०स०भा०। ऐसोई – ऐसौई - को०नी०; ऐंसौई - वा०; ऐसौही - मु०। समौ – समों - उ०; समो - को०वे०नी०; समौं - वा०; समै - पा०। जहां – तहां - शि०; जहा - पा०भा०। सुषद – सुस्षह - शि०; शुषद - न०; सुष - स०। देत – देंत - वा०; दैत - न०। चैत – चैत, संशोधन द्वारा 'त' - शि०गा०; चैंत - वा०मो०। चांद – चैद - शि०; चाद - पा०; चंद - भा०। चांदनी – चादिनी - पा०ह०। डारति – डारत - को०शि०पा०मो०वे०गा०स०; जारति - भा०। किये – कीये - को०स०; कीइं - शि०; कियैं - वा०; कीयै - मो०वे०गा०; कियै - न०; करे - भा०; कियें - मि०मु०; करै - नी०; किए - ह०। अचेत – अचेंत - शि०; अचैंत - वा०; अचैत - नी०। प्रथम चरण, 'भो यह सोई समो सषी जहां सुष दुष देत' - मो०। [५१९]

हरि॰ : नायिका की उक्ति सषी सो किंवा सषी सों सषी, नायक विना यह ऐसोई समो भयो जहां सुषदायक दुषदाई होत है, चैत के चंद्रमा की चांदनी अचेत किए डारति है, अचेत करति है यह अर्थ चैत की चांदनी अचेत करिवे को कारन नहीं है, तासों अचेत होनो कार्ज, विभावना अलंकार।

— ⋆ —

कत कहियत दुष देन कौं। रचि रचि वचन अलीक। सवै कहाउ रह्यौ लषैं। लाल महावर लीक [५२०] [28]

کت کہیت دوکہ دین کون رچ رچ بچن الیک ۰ سبي کہاو رہي لکہین لال مہاور لیک
[ظا۰ ٥٢٠]

अन॰ : अधीरा षंडिता की उक्ति नायक सों, छेकानुप्रास अलंकार।

नर॰ : षंडिता, नायिका को वैन कान्हजू सों, हो लाल ऐसे अलीक क॰ झूठे वैन रचि रचिकै दुष दैन को कत कहतु हौ, तुमसौ और कहा वस वही रह्यौ पै या महावर की लीक लषियै –

> **दैन को दुष्ष कहा कहियै कत या विधि की कछु रीति तिहारै। भांति अनेक अलीक वनाय वनायकै वोलत वोलनिहारै। रावरी रीति निहारि सवैई कहाउ रह्यो अति वुद्धि जु वारै। लाल महाउर लीक लषै पुनि लाल लगी न टरै कछु टारै** [नर॰ ५२०]

कृष्ण॰ : इह नाइका प्रौढा अधीरा षंडिता नाइका कौ वचन नाइक सौ –

> **आजु मया करि मेरे पधारे लसी छवि रैनि विहारि विहारे। क्यो कहियै दुष दाइन वैन वनाइ वनाइ सनेहहि हारे। घूमत लोचन नींद भरे उघरे उर सौ नषचिन्ह तिहारे। और कहा उरझो सव लाल लिलार महाउर लीक निहारे** [कृष्ण॰ ५२०]

हरि॰ : नायिका वाक्य कत काहे को कहियत है सुष देन को वनाय वनायकै वचन अलीक झूठ, हे लाल तुम्हारे उर मै है महावर की लीक, ताहि लषे देषे सवै कहा जो तुम कहत हौ सो कछु नहीं झूठा कोई या तरह कहत है, हे लाल महावर लीक लषे तुम्हारी कही सवै कहा उर है तकलीफ है, महावर लीक देषति है, प्रत्यक्षालंकार इंद्रियजन्य सु ज्ञान जहं प्रत्यक्षालंकार।

— ⋆ —

लोपे कोपे इंद्र लौं। रोपे प्रलै अकाल। गिरिधारी राषे सवैं। गो गोपी

---

[28] कहियत – कहीयत - शि॰मो॰वे॰; कहिइत - मु॰। देन – दैंन - को॰मो॰स॰मु॰नी॰; दैन - शि॰न॰वे॰गा॰मि॰। कौं – कौ - उ॰भा॰; कों - शि॰मो॰वे॰ह॰; को - पा॰मु॰। वचन – वैन - शि॰; व(अपठ) - पा॰। कहाउ – कहाव - को॰पा॰मो॰न॰वे॰गा॰स॰मि॰मु॰; कहांउ - शि॰; कहौ - भा॰। रह्यौ – रह्यो - को॰पा॰मो॰वे॰; रलो - शि॰; रह्यौं - वा॰न॰; उरमै - भा॰; रलौ - नी॰; रह्वै - ह॰। लषैं – लषै - शि॰वे॰गा॰स॰मु॰; लषे - पा॰मो॰; लषो - भा॰। महावर – महाउर - उ॰पा॰। [५२०]

गोपाल [५२१] [29]

لوپے کوپے اندر تي روپے پرلي اکال ٠ کردہاري راکہي سبہے ک کوپي کوپال [ظا٠ [٥٢١

अन० : कवि पुरुषोत्तम को महिमा वषानत है, लाटानुप्रास।

नर० : भयानक रस, कवि विहारीदास कहत है, इंद्र की घटा को लोप कर्‍यौ तव इंद्र कोप कै अकाल को प्रलय की परै करनौ रोप्यौ है, जव भगवान गिरि धरिकै गऊ और गोपी और ग्वाल सवही राषि लिये हैं –

> **कोप कै इंद्र लों लोपे पयोधर घेर घटा चहु ओर धरै है। या विधि रोप्यौ अकाल प्रलै कछु हेरतही हियरा हहरै है। ता समै राषि लिये गिरि हाथ लै आइ अनाथ के नाथ अरै है। धाय सवै गिरिधारी गोपाल गो गोपी समूह अभीत करै है** [नर० ५२१]

कृष्ण० : इह वीररस, श्रीकृष्ण नै गोवर्धन धरिकै व्रजवासी सव राषे –

> **लोप्यो वलिभाग सुनि कोप्यो अति सुरपति प्रभुताके उमगि गुमान मन आयो है। आह करि कह्यो वारिवाह सव एकत ह्वै व्रज को वहावै ऐसो चलन चलायो है। मंडि गोरा धार वरषत विकरार घन मानौ महाप्रलै एक साथ चलि आयो है। ऐसे समै नंद के सुवन कर गिरि धरि गोपी गाइ ग्वाल वछा सिगरो वचायो है** [कृष्ण० ५२१]

हरि० : उद्धव सों गोपी सव श्रीकृष्ण को गुनकथन करै हैं, लो को अर्थ इहां पर्जंत इंद्र लों इंद्र पर्जंत जेते कोपे व्रज पर कोप किए मेघ पवन वीजुरी औ तृनावर्त आदि तिनै सवै लोपे, कोई को भजाए कोई को मारे जिनने अकाल समय में प्रलयकाल रोपो प्रलय करिवे लगो, गिरिधारी राषे सवै सव को राषो गो गोपी गोपाल इनकी रच्छा करी कोई ऊपरी व्रज मै आई है तासौं गोपी कहै तौ सवै कहिए, हे सवै सषि सवय सषी जानिए, इहां परिकरांकुर औ वृत्ति अनुप्रास, साभिप्राय विशेष जहां परिकर अंकुर नाम, गिरिधारी यह नाम साभिप्राय है, कछु आसए लिए है पहारधारन करिकै रच्छा करी आवृत्ति वर्न अनेक की सो है वृत्ति अनुप्रास, फेरि वर्न को पढन सो आवृत्ति पकार लकार आदि जानिए।

—★—

ढोरी लाई सुनन की। कहि गोरी मुसकात। थोरी थोरी सकुच सौं। भोरी

[29] लोपे – लोपें - को०; लौपै - वा०; लोपैं - न०; लोपै - वे०गा०स०मु०; लोपैं - मि०। कोपे – कोपें - को०; कौपै - वा०; कोपै - न०वे०गा०स०मु०; कोपैं - मि०। इंद्र – इँद्र - न०; इंदु - मि०। लौं – लो - को०मु०; लों - शि०वे०गा०स०ह०; लौ - पा०भा०नी०। रोपे – रौपै - उ०; रापें - को०; रौपैं - वा०; रोपै - न०वे०गा०स०मि०; रोपें - मु०। प्रलै – प्रलौं - उ०; प्रलें - को०; पृलय - पा०; प्रलय - ह०। प्रलो - मो०; प्रलय - न०गा०स०भा०; परलै - मि०; प्रलैं - मु०। अकाल – काल - मि०। गिरिधारी – गिरधारी - उ०को०शि०वा०न०वे०गा०स०भा०मि०मु०। राषे – राषै - वा०ह०; राषी - मु०। सवैं – सवे - न०स०। गो – गों - वा०न०। गोपी – गोंपी - वा०। गोपाल – गोंपाल - वा०। [५२१]

भोरी वात [५२२] [30]

دہوري لائي سونن کي کہ کوري مسکات • تہوري تہوري سہوچ سون بہوري
بہوري بات [ظا• ٥٢٢]

अन० : नायक की सषी की उक्ति सषी सो, नाइका मुग्धा स्तुति, अव या नायिका गोरी कहि मुसकात जव जव गोरी कहति है तव मंद हास्य करति है, थोरी थोरी सकुचि सो अति तन कला सो भोरी भोरी अति भोरी वात करति है, अब सुनन की ढोरी ल्याई है अव रस वार्ता सुनिवे को स्वभाव कियो है, स्वभावोक्ति छेकानुप्रास अलंकार।

नर० : श्रवन दर्शन, सषी को वैन सषी सो, हे सषी कान्हजू थोरी थोरी सकुच सौ भोरी भोरी वात मुसकाइकै कहि गए हैं सो अव तिनके सुनवै की ढोरी लाइ रही है –

ढोरी सी लाई है आनि सुनै न की वात अनेक सुनी न सुहावै। आइ अचानक री कहिगो मुसकात सुहात षरे मन भावै। थोरिय थोरी सकोच सो सुंदर मोहनी मूरति मोह लगावै। और सुनौ इतनै पर उत्तम भोरी ओ भोरी सी वात सुनावै [नर० ५२२]

कृष्ण० : इह नाइका प्रौढा है, नाइक की जु चेष्टा देषी है सु सषी सौ कहति है –

जा दिन ते वह सांवरो नैसुक नैन सो नैन मिलै मुसुकाइ गयो है। ता दिन ते कवि कृष्ण कहै मनु वाही के हाथ विकाइ गयो है। थोरी सी लाज गहै हित चीकनी भोरी सी वात सुनाइ गयो है। कानन को अव ये वतिया सुनि वेही की ढौरी लगाइ गयो है [कृष्ण० ५२२]

हरि० : सषी की उक्ति सषी सो मुग्धा नायिका नायक ने सुनिवे की ढोरी, वानि, लगाई है, थोरी थोरी सकुच तें लाज तें भोरी भोरी वात कहिवे को अर्थ कहै है, जानिए गोरी कहै है, नायक मुसकात है कि वा भोरी जो गोरी सो भोरी वात कहति है, स्वभावोक्ति छेकानुप्रास ढोरी गोरी वीच पद दै परै अच्छर समता आय।

— ⋆ —

आज कछ्रु औरै भए। छ्रए नए ठिक ठैन। चित के हित के चुगल ए। नित के होंहि न नैन [५२३] [31]

---

[30] ढोरी – ढोंरी - वा०। लाई – लागी - को०ह०; लाइ - वा०मि०; ल्याई - मो०। सुनन – सुननि - पा०; शुननु - न०; सुननु - गा०; शुनन - भा०। गोरी – गौरी - उ०न०स०। मुसकात – मुसकांत - उ०; मुसुकात - पा०भा०नी०; मुसिक्याति - मो०; मुसकाति - न०गा०; मुसकाइत - स०; मुसिकात - मि०; मुसुक्यात - ह०। थोरी थोरी – थौंरी थौंरी - वा०; थौरी थौरी - मु०। सकुच – सुहुकि - शि०; सकुचि - वा०मो०गा०; संकुचि - न०; सुकुच - वे०स०; सुकच - मि०; सुकुचि - मु०। सौं – सौ - को०भा०; सों - शि०मो०वे०गा०स०; सुं - वा०; सो - पा०; ते - ह०। भोरी भोरी – भौंरी भौंरी - वा०; भौरी भौरी - न०; भोरी कहिगो - मु०। [५२२]

[31] आज – आजि - उ०; आजु - पा०मो०न०नी०ह०। कछ्रु – कछ्रु - को०शि०वा०मो०ह०। औरै – औरैं - को०; औरें - शि०; ओरे - मो०; औरैं - न०; ओरै - वे०; ओरें - मु०; औरें - ह०। भए – भये - पा०मि०; भऐं - न०; भये, बाद में औ की मात्रा - नी०। छ्रए – ठए - को०मो०मि०ह०; ठये - पा०; छ्रऐ - न०; वये - नी०।

اج کچھو اوري بہئے چھئے نئے تہک تہین • چت کي ہت کي چوکل اي نت کے ہونہ نہ نین [ظا• ۵۲۳]

अन० : अधीरा षंडिता की उक्ति नायक प्रति, भेदकातिशयोक्ति।

नर० : लक्षिता, नायक कौ वैन नायक सो, हो कान्ह ए नेत्र आजु नवे छया की परै ठीक ठरत न हैं, सो कछ्छ और से भए हैं, ए सदाई के तो नांही हैं, तमारे चित के विषै काहू सैं हित हैं, तिनके चुगल हैं –

> **आलिन के रस मै विथके रंगि लाल के रंग सुरंग भये है। देत कहै चित के हित की चुगली ठिग ठैन नएइ ठये है। निंदत है अरविंद प्रभा अनुराग पराग मै पागि गए है। होहि न ए नितके सजनी द्रिग आज अपूरव ओप छए है** [नर० ५२३] [32]

कृष्ण० : यह नाइका के नेत्र देषि सषी कहै तौ लछिता होइ, जो नाइक सो कहै तो षंडिता होइ – [33]

हरि० : नायिका की उक्ति नायक सों होइ तौ षंडिता, सषी की उक्ति होइ तौ लच्छिता, नायक की उक्ति सषी सों तौ अन्यसंभोगदुःषिता, नित के होंहि न नैन ए तुमारे नित के सदा के नैन नहीं हैं आजकलु औरही भए हैं, नए ठीकठाकनि सों ठए हैं वने हैं, चित में जो हित किए हौ ताके चुगल हैं, और पद तें भेदकातिशयोक्ति औरि दिन और आजु औरि।

—★—

छुटहि न लाज न लालचौ। प्यौ लषि नेहर गेह। सटपटात लोचन षरे। भरे सकोच सनेह [५२४] [34]

چہوتي نہ لاج نہ لالچو پیہ لکہ نیہر کیہ • ستپتات لوچن کہري بہري سکوچ سنیہ [ظا• ۵۲٤]

नर० : मध्या नायिका, सषी को वचन सषी सो, हे सषी राधिका के नेत्र भरतार को देषिकै नेह सों रंगे हैं, सो इनकौ लाल चष से लाज छुटत नाही है, और संकोच अनै सनेह करकै भरे हैं ताते षरेही सटपटात हैं –

नए – नये - पा०नी०; नऐ - न०। ठैन – ठैंन - उ०को०स०मु०; ठेंन - वा०; ठेंन - मो०; ,थिन - भा०। चित - न०। चुगल – चुलग - वा०; तुगुल - पा०, जुगल - वे०; छुगिल - भा०। ए – हें - शि०; ये - पा०; गल ये - नी०। होंहि – होही - शि०; हौंहि - वा०मि०नी०ह०; होहे - पा०; होय - मो०; होइ - न०गा०स०; होहि - वे०भा०; हो - मु०। न – द्रग - मु०। नैन – नैंन - को०वा०न०स०ह०; नेंन - मो०मु०। [५२३]

[32] कृष्ण० तथा नर० वर्गों की कुछ प्रतियों में द्वितीय चरण का पाठ इस प्रकार है, 'चित के हित ही चुगली उगली टिक टैन नयेइ ठगे है।'

[33] दोहे का उदाहरण नर० के समान - भा०मु०।

[34] छुटहि – छुटैह - उ०; छुटैउ - को०; छुटिहि - वा०; छुटै - वे०स०मु०ह०; छुटत, 'त' में इकार बाद में - भा०; छुटति - मि०; छुटत - नी०। लालचौ – लालचौं - उ०मु०; लालछो - को०; लालची - शि०; लालशौं - वा०; लालच्यौ - भा०। प्यौ – प्यो - को०वे०; प्यौं - वा०। नेहर – गेहरं - उ०; नेहरु - को०; नेंहरि - वा०; नेहरं - वे०; नेहय - स०; नैहर - भा०ह०; नेहरि - मि०; नेहुरु - मु०। गेह – गेहु - को०; गेंह - वा०। सटपटात – सटपटाति - उ०; सटापटात - शि०। सकोच – संकोच - ह०। सनेह – सनोहु - को०। दोहा लुप्त - पा०मो०न०गा०। [५२४]

माइकै गै मनभावन को लषि प्यारी निसंक ह्वै देष सकै ना। देषिवै को तरसै हियरा दिषसाध लगी चित चैन लहै ना। छूटै न लाज हटै नहिं लालच लोक की लीक उलंघ परै ना। ताते सकोच सनेह भरे अकुलात धरै जु लजात से नैना [नर० ५२४]

कृष्ण० : नाइका मध्या है, लाज काम समान है, सषी सषी सौ कहति है –[35]

हरि० : सषी सों सषी वचन लाज नहीं छूटै है औ लालच मिलिवे को नहीं छूटै है प्यौ नायक कौ नैहरि के घर मै, स्त्री के पिता को घर सो नैहर जाकौ प्यौसाल कहत हैं, देषिकै लोचन नायिका के सटपटात हैं, कहा करौं क्यौंकरि मिलै ऐसे षरे सकोच सो षरे सनेह सो भरे हैं, नायिका मध्या भावसंधि है, सभाप्रकास एक हैतु कै भिन्न ते भा भिन्न जुति होय, संधि सराहत कवि कहै उदाहरन रस भोय, नायक कारन लज्जा प्रीति की संधि, विपर्ज्यालंकार द्वै पर जाय अनेक को क्रम तें आश्रय एक नेत्र में व्याकुलता लज्जा प्रीति।

— ★ —

ह्यां ते ह्वां ह्वां ते इहां। नैको धरति न धीर। निस दिन डाढी सी फिरति। वाढी गाढी पीर [५२५] [36]

ہیان تین وہان وہان تین اہان نیکو دہرت نہ دہیر ٠ نس دن دادہي سي پہري بادہي
کادہي پیر [ظا٠ ٥٢٥]

अन० : उक्ति सषी की सषी सो, अथ नायक सो विरह निवेदन, नाइका परकीया उद्वेग चपलता संचारी कृपा अनुभाव ते पूर्वानुराग व्यंगि उत्प्रेक्षालंकार।

नर० : अभिलाष दशा, सषी कौ वैन सषी सौ, हे सषी राधिका इहां तै तौ उहां जाति है अरु उहां तै इहां आवति है, पै नैकुही धीरजु धरत नाहीं है, राति अरु दिन दाढी सी फिरतु है, कोऊ गाढी सी पीर वढी है –

ह्यां ते उहां पुनि ह्वां ते इहां कछु या विधि की जक जीव कढी है। नैको न धीर धरै अपने मन नेह वयार वधू लै चढी है। चैन लहै न विवेक कहूं कछु रैन दिवा अंग अंग डढी है। व्याकुल वाल विहाल फिरै अति गाढी अनंग की पीर वढी है [नर० ५२५]

कृष्ण० : इह नाइका के चित्त मै लगन लगी है सो याकौ मनु कहू कल पावतु नाही, याकी दसा सषी कहति है –

---

35 कृष्ण० वर्ग की पोथियों में यहाँ उदाहरण नर० का सवैया है।

36 ह्यां – ह्या - पा०नी०; इहा - मि०। ते – तें - शि०मो०मु०ह०; तै - न०वे०गा०; तैं - स०। ह्वां – ह्वा - पा०। ह्वां – ह्वा - पा०। ते – तें - शि०मु०; तै - वे०गा०स०। इहां – इहा - पा०मि०नी०। नैको – नैंकौ - उ०स०; नेको - को०पा०; नेंकों - शि०; नैंकौं - वा०; नेकुं - मो०; नैकौ - न०; नेंको - मु०; नेकौ - नी०। धरति – धरती - शि०मो०; धरत - वे०गा०स०ह०। निस दिन – निशि दिन - को०; निसि दिन - वा०मो०गा०नी०; निशि दिनु - पा०; निशि दिन - न०; निस दिनु - मु०। डाढी – ठाढी, 'ठ' पर संशोधन, ऊपर भिन्न क़लम से 'ड' - उ०; दाढी - न०वे०स०; ढाढी - गा०। फिरति – फिरती - शि०; फिरै - पा०; फिरत - मो०न०वे०गा०स०। पीर – पीरि - मो०। दोहा लुप्त - भा०। [५२५]

सोभा मनमोहिनी की परम रसाल चित चुभी व्रजवाल कै न छिन विसरै कहू। वरसत जल तरसत द्रग देषिवे कौ कहौ ऐसी लगन दुराए ते दुरै कहू। घर तै वगर आवै वगर तै घर धावै फिरै ज्यौ विकल कल न लहै कहू। वाडी मनमथ पीर नैसुकौ धरै न धीर डाढी सी फिरति ठाढी छिन न रहै कहू [कृष्ण० ५२५]

हरि० : सषी सों किंवा नायक सों सषी वचन, यहां ते उहां उहां ते इहां फिरति है नैको थोरी भी धीर धैर्य नहीं धरति है, निसदिन डाढी सी जरी सी फिरति है गाढी द्रढ पीडा वाढी है, सी वाचक डाढी क्रिया के आगे है तासों अनुक्तास्पद वस्तूत्प्रेक्षा और वस्तु करि और को संभावन जहं होय उक्तानुक्तास्पद तहां वस्तूत्प्रेक्षा जोय।

— ★ —

प्रलय करन वर्षन लगे। जुरि जलधर इक साथ। सुरपति गरवु हर्‌यौ हरषि। गिरिधर गिरि धर हाथ [५२६] [37]

پرلي کرن برکہن لکيو جُر جلدہر اک ساتہ ٠ سُرپت کرب ہريو ہرکہ کردہر کر دہر ہاتہ
[ظا ٠ ٥٢٦]

अन० : देवरति भाव ध्वनि, काव्यलिंग अलंकार।

नर० : भयानक रस, कवि विहारीदास कहतु है कि सवही जलधर इकसाथ जुरिकै प्रलै सौ करनो वरस लाग्यौ तव हरषिकै गिरि कौ हाथ पर धरिकै श्रीगिरिधर सुरपति कौ गरवु हर्‌यौ है –

लागे है वर्षन कोप कै लोपन काल प्रलौ सम आनि अर्‌यो है। द्वै इक साथ जुरे है पयोधर नीर पयोधि को लै लै भर्‌यो है। आपतै आप सवै समझे मन यों पुरहूत गरूर हर्‌यो है। देषतही वहु धार झले जल गिरिधर नै गिरि हाथ धर्‌यो है [नर० ५२६]

कृष्ण० : वीररस गोवर्धन समै हरषि, या पद तै उत्साह –

प्रलय के घुमडि घन आये व्रजमंडल पै मंडिकै अषंड धार लायो झर अति कौ। निरषि विकल भए गोपी गाइ ग्वाल सव काहू के हियै मै रह्यो धीरज न रतिकौ। ताही समै जसुदा को लाल ऐसो हाल देषि हरषि हरैया भयो ब्रज की विपति कौ। पात लौ उठाइ राषौ गिरिवर पानि पर द्वरि कीने सरव गरव सुरपति कौ [कृष्ण० ५२६]

---

37 प्रलय – प्रलै - पा०नी०। करन – करनु - न०गा०। वर्षन – वरसनु - न०; वरसन - को०वे०गा०स०मि०मु०नी०। लगे – लगें - को०शि०; लगै - वा०; लगौ - न०गा०; लगो - वे०स०। जुरि – जुर - वे०स०। जलधर – जलधरि, इकार पर काटने का संकेत - उ०। इक साथ – यक साथ - पा०मो०; येक साथ - मि०। सुरपति – सुरपत - वे०। गरवु – गरव - को०शि०वा०गा०स०मु०; गर्व - पा०मो०ह०; गरभ - वे०। हर्‌यौ – हर्‌यो - को०शि०मो०वे०; हर्‌यौं - वा०; हर्यै - पा०; हरो - भा०। हरषि – रषि, 'ह' पार्श में, र में इकार बाद में - को०; हरक - वे०; हरष, 'ष' में इकार बाद में - गा०; हरष - स०। गिरिधर – गिरधर - शि०वा०न०वे०गा०स०मि०मु०ह०; गिरि धरि - पा०भा०। गिरि – गिर - शि०वा०पा०न०वे०गा०स०भा०मि०मु०ह०। धर – धरि - उ०; धर, 'र' में इकार बाद में - मो०। [५२६]

हरि॰ : वीरपति नायिका कौ इष्ट है सषी नायक कौ वीर गुन सराहति है, प्रलय कहिए नास किंवा अंग की चेष्टा जाती रहै, प्रलय करिवे को वरसिवे लगे प्रलयकाल को मेह औ सदा वरिसे है सो मेह जुरिकै मिलिकै एक साथही वरसन लगे, प्रलय विना हम नहिं वरसेंगे, यह अपेछा नहीं राषी, जव गिरिधर श्रीकृष्ण हरषिकै राजी ह्वैकै, हरष वीर कौ स्थाई है यासों वीरत्व आयो, गिरि जो गोवर्धन ताकौ हाथ पर धरिकै सुरपति इंद्र को गर्व को हर्‌यौ, इहां काव्यलिंग अलंकार है, काव्यलिंग जहं जुक्ति सों अर्थ समर्थन होय, हाथ पै गिरिधर याते सुरपति को गर्व हरनो समर्थित भयो।

— ⋆ —

समरस समर सकोच वस। विवस न ठिकु ठहराइ। फिरि फिरि उझकति फिरि दुरति। दुरि दुरि उझकति आइ [५२७] [38]

سمرس سمر سکوچ بس ببس نہ ٹہکو ٹہراي ٠ پہر پہر اوجہکت پہر دورت دور دور اوجہکت جاي [ظا٠ ٥٢٧]

अन॰ : उक्ति सषी की सषी सो, चपलता औत्सुक्य त्रपा की संधि, समान लज्जा मदनमध्या जमक लाटा की संसृष्टि।

नर॰ : दंपति चेष्टा, सषी को वैन सषी सौ, हे सषी दोनो के वरावर तो स्मर कौ रस है अरु वरावरही सकोच के वस है सो विना वस थका ठीकु ठहरातु न है, सो नायकहू वार वार उकसतु है अरु फेरि दुरि जातु है और नायकाहू छिप छिपकै पुनि कौ उकसति है –

> **मार संग्राम सकोचन के वसि आपनो जीय षरी सकलावै। वास विना ठहराय नहीं ठिक नैनन मै ढंग ढीठ लगावै। फेरही फेर षरी उझकावत फेरि दुरै अति अंग दुरावै। ह्वैकै दुरादुरी भांति अनेकन फेर दुरै उझकात सी आवै** [नर॰ ५२७]

कृष्ण॰ : यह नाइका मध्या है, लाज काम समान है, सषी सषी सो कहति है –

> **प्राननि माझ वसी प्रियमूरति नैनन माझ सकोच विवेकौ। माझ झरोषा दुरै फिरि झाकै दुरै वहुर्‌यौ ठहराति न एकौ। त्रास इतै गुरु लोगनु कौ उत लालच मोहन के लषिवे कौ। लाज औ काम के वाम दुवीच परी यौं चलाचल हाल हिये कौ** [कृष्ण॰ ५२७]

हरि॰ : व्रजभाषा मै अकारांत सव्द सव उकारांत हैं, सषी सौ सषी वचन समरु काम औ संकोच दोऊ सम अरु को अर्थ मेंरु है, काम औ संकोच वरोवरि है ताके वस मे होयकै विवस भई है, नही

---

[38] समरस – समय - शि॰; समरि - वा॰; समर - वे॰गा॰; सम - स॰; समरु - ह॰। समर – समरि - वा॰; २ - वे॰; समरस - स॰; समरु - ह॰। सकोच – संकोच - शि॰गा॰स॰मु॰ह॰; सकौंच - वा॰। वस – वसि - उ॰गा॰; सव - वा॰स॰। ठिकु – ठिक - को॰वा॰मो॰वे॰स॰मि॰मु॰; ठिह - शि॰। ठहराइ – ठहराय - को॰मि॰ह॰। फिरि फिरि – फिर फिर - वे॰गा॰मि॰। उझकति – उझकत - न॰वे॰स॰मि॰; उझुकति - ह॰। फिरि – फिरति - वा॰; फिर - न॰वे॰गा॰स॰मि॰मु॰। दुरति – दुरि - वा॰; दुरत - वे॰स॰। दुरि दुरि – दुर दुर - को॰वे॰मि॰मु॰; दुरि - वा॰। उझकति – उझकत - वे॰स॰; उझुकति - ह॰। आइ – आय - को॰वा॰; जाइ - भा॰मु॰नी॰; जाय - मि॰ह॰। द्वितीय यति 'विवस भई अकुलाइ' - भा॰नी॰। [५२७]

ठिक टहराति है, एक ठोर नही ठहराति है नायक को देषिवे को फेरि फेरि झुकति है ऊपर उझकति है, नायक देषै है तव फेरि दुरति है छपति है दुरि दुरिकै उझकति जाति है, विवसता ते नहीं ठीक ठहरिवौ दृढ कियो याते काव्यलिंग, पद की आवृति समरु समरु जमक सव्द को फिर फिर श्रवन अर्थ जुदो सो जानि, फिर फिर इत्यादि में लाटानुप्रास, वही अर्थ पद पुनि परै भिन्न भाव कछु होय सो लाटानुप्रास है कहत सयाने लोय काव्यलिंग लाटानुप्रास जमक की संसृष्टि जहां रहै लंकार वहु निरपेछ सुसंसृष्टि, इहां अलंकार एक अलंकार की अपेच्छा नहीं करत है फिर फिर इत्यादि विषै आवृत्ति दीपक को भी संदेह होत है, पद अरु अर्थ दुहूनि की आवृती तीजै लेषि तौ संकर है उपकारक द्वै एक को जहां संदेह लषाय इक पद मै भूषन वहुत संकर सो कहि जाय जहां एक अलंकार एक अलंकार को पुष्ट करै औ जहां संदेह होय यह अलंकार है कै यह अलंकार है औ एक पद मै द्वै तीन अलंकार होय तौ या तरह सों तीनि प्रकार के संकर जानिये औ कारक दीपक भी है।

—★—

फिरत जु अटकत कटनि विनु। रसिक सु रसन षियाल। अनत अनत नित नित हितनु। चित सकुचत कत लाल [५२८] [39]

پھرت جو اٹکت کٹن بن رسک سو رس نہ[40] کہال • انت انت نت نت ؟ چت سکوچت انہ لال [ظا• ٥٢٨]

अन० : अधीरा परकीया षंडिता की उक्ति नायक प्रति, उपालंभ संचारी उपादान लक्षणा, आक्षेपालंकार।

नर० : मध्या अधीरा, नायिका को वैन नायक सो, हो लाल, तुम रसिक भयानक भले रस कै षियाल के वासते अव तक छिनक छिनक गरीब सौ भयो फिरतु हौ और चित के विषै क्यौं सकुचात हौ, तुमारे तौ नित नित अनंत सौ प्रीति है –

> **ठौरही ठौर फिरौ अटकै अति कैसे विना अटकै ललचो हो। है तुमको रस को विषयाल वडे हो रसाल इतै न वचो हो। औरही ओरन सो हित के नित आपनी ओर तै वैन रचो हो। या विधि के जो चरित्र करो पुनि लाल तुमै चित क्यों सकुचो हो [नर० ५२८]**

कृष्ण० : यह नाइका प्रौढा नाइका को उराहनौ, नाइका को वचन नाइक सो –

[39] फिरत जु – फिरत ज - वे०स०। अटकत – अटकतु - मो०मि०; अवहत - वे०; अवकत - गा०स०; अवकतु - मो०; अंटकत - ह०। कटनि – कटवि - को०; कट - शि०; कटिन - मो०न०; कटन - वे०स०मि०; कटिनु - गा०; कठिन - मु०। विनु – नु, एक वर्ण के लिए रिक्त स्थान के आगे - को०; विन - वे०स०भा०ह०। रसिक – रसक - मु०। सु रसन – सु रसुन - उ०मो०; सु रसनि - को०; सु रसिन - वा०; सु रसनु - न०गा०स०; स रसन - मि०; स रसनि - मु०; स रसुन - नी०; सु रसन - ह०। षियाल – षयाल - को०न०वे०गा०स०; षियालु - नी०; षिआल - ह०। अनत अनत – अनंत अनंत - वे०गा०स०; नए नए - ह०। नित नित – नित - को०शि०; नित सु नित - नी०; निति निति - ह०। हितनु – नितनि - को०; हितनि - पा०मो०ह०; हितन - वे०स०भा०; रहित - मु०। चित सकुचत कत – कत सकुचावत - को०मो०ह०; कत चित सकुचत - शि०; चित सुकुचत कत - पा०वे०; चित सकुचत नहि - मि०; चित सकुचित कत - मु०; हित सकुचत नहि - नी०। [५२८]

[40] (نہ) - غائیب - ظا•

कृष्न प्रानप्यारे जग जानत तिहारे गुन गूढन उघारे ऐसी ढरनि ढरत हौ। सवही कौ भावत हौ रसिक कहावत हौ रसिक रसीले लाल ष्याल सौ करत हौ। अटकत फिरत लगनि विनु ठौर ठौर प्रेमपन साचो पै कहूं न उघरत हौ। अनत अनत नित नित की जतन हरि चित कहूं जिय मै न सकुच धरत हौ [कृष्ण० ५२८] [41]

हरि० : नायिका वाक्य हे रसिक रसिक को अर्थ प्रसस्त भी निंदित भी जाको रससागर है सो रसिक तुम कटनि विना कटनि को अर्थ अति आसक्ति ताइ विना इहां लछना जानिए जो कोई कटै है सो तहांई रहत है कटनि चूर चूर शृंगार में कहत है चूर चूर भए विना रंग न चढत है, अटकत स्त्रीनि सों उरझात फिरत है, यह सुरस है शृंगार रस है ष्याल नहीं है नित नित सदा नए नए हित सों नवीन हित करत फिरत है तासों कत क्यों सकुचावत हौ लजावत हौ औरि स्त्री कहैगी इनकी प्रिया हित नहीं करति है किंवा सुंदरी नांही है, तासौं ए फिरत फिरै हैं षियाल नहीं है याते, लोकोक्ति, लोकोकति कछु वचन ज्यौं लीने लोक प्रवाद, कटनि कारन अटकिवे को सो नही है अटकिवो कार्ज है, विभावना अलंकार होति छ भांति विभावना कारन विनही काज मुष्य इहां प्रतिषेधालंकार है ष्यालही मै तुमारी प्रवीनता है सिंगार मै नहीं।

— ⋆ —

अरै परै न करै हियौ। जरै षरै परजार। लावति घोरि गुलाव सों। मिलै मिलै घनसार [५२९] [42]

اري پرين نہ کري ہيو جري کہري پرجار • لاوت کہور کلاب سون ملي ملي کہنسار
[ظا • ٥٢٩]

अन० : प्रोषितपतिका नाइका की उक्ति सषीन प्रति, उद्वेगदशा विषमालंकार को तीजो भेद, उद्यम कीजै भलेन को होत वुरो फल आय भेद तीसरो विषम को भाषत कवि समुदाय।

नर० : प्रोषितपतिका नायिका को वैन सषी सो, हे सषी इन गुलाव के घोर सो मिलाय अरु घनसार मेल कै लावति हौ सो अनै परौ करौ नहीं यातै हियौ जर्यो पर्यो है ताको प्रजारत है –

---

41 भा० प्रति में गंग कविछाप का निम्नलिखित छंद है –

जहां राचे तहां साचे प्रीति तिअ न हूजै काचे तौ लौ प्रीति काचे तौ लौ साचे क्यौ परत हौ। कहै कवि गंग तुम झूठे हौ हमारे जान सोहै आये सौहै षाये कैसे निवरत हौ। या घर तै वा घर मै वागर ते जाय रमे भूले भूले भौर के सी भामरी भरत हौ। इत ते उतै आइ उतते उघरि गए क्वार केसे मेह नेह काहै को करत हौ [भा० ५२८]

42 **अरै – अरैं - उ०वा०न०; अरे - को०शि०; अरी - पा०मो०; अनै - वे०गा०स०। परै – परैं - उ०न०; परे - शि०पा०; परें - मो०। करै – करैं - उ०मो०; करे - शि०; करौ - न०; करो - वे०स०; करौं - गा०; करै - मु०। हियौ – हियो - को०वे०भा०; हियौं - शि०वा०; हिया - पा०; हियै - मो०; हीयौ - गा०स०मु०। जरै – जरैं - उ०वा०; जरे - शि०भा०; वरे - पा०; षरो - मो०। षरै – षरैं - उ०वा०; षरे - शि०भा०नी०; जरे - पा०; जरैं - मो०; परैं - न०; परै - वे०गा०स०। लावति – लावत - शि०पा०वे०गा०स०; लावतु - मो०नी०; लोवति - न०। घोरि – घौर सौं - वा०; घोर - न०वे०गा०स०मु०। सों – सुं - उ०को०न०; सौं - वा०स०; सो - पा०नी०; सौ - वे०; मै - भा०; सौ, 'औ' की खड़ी रेखा मिटाई गई है - मु०। मिलै – मलै - उ०; मलय - शि०वा०; मिलैं - मो०। मिलै – मिले - शि०; मलै - पा०; मलय - मो०; मिलिय - न०गा०; मिली - वे०; मिलीय - स०। दोहा लुप्त - मि०ह०। [५२९]**

और परै न करै हिय जार षरे षर ए परजार करै है। काहे को लावत घोर गुलाव कौ देषत चौगुनो चित्त जरै है। दूर करै न प्रसून समूह को कंजन सीर तै सूल अरै है। चंदन घोर घनो घनसार सुवास लगै नहि प्रान हरै है [नर० ५२९]

कृष्ण० : यह नाइका प्रोषितपतिका, नाइका को वचन सषी सो –

काहे को तू घनसार गुलाव मै घोरि घनो घसि चंदनु लावै। काहे को सीयरो नीर भिगाइ उसीर पषान समीर डुलावै। तोहि कहा जक ऐसी परी पजरी उर आगि षरी पजरावै। ए उपचार परै न करै कल जातै परै किनि ताहि मिलावै [कृष्ण० ५२९]

हरि० : उपचार करती सषी सो नायिका वचन गुलाव सों घोरि करि मलय चंदन मिलाय घनसार कपूर डारति है अरी सषी याको परै न करै दूर नहीं करै है हियो हृदय षरे अति जरे पर विरह सों जरि रह्यो है, उपचार सों फेरि जारै है, किंवा अरी चंदन घनसार को हियो तैं परै नहिं करै है दूर करि, हृदय पर धरै थी षरे जरे पर फेरि तू जारि, सीतलता को उद्यम कियो उष्नता वढी, विषमालंकार भांति लौं उद्यम किये होत वुरो फल आय।

— ⋆ —

दोऊ चोरमिहीचनी। षेल न षेलि अघात। दुरत हियै लपटाइकै। छुवत हियै लपटात [५३०] [43]

دواو چورمہیچني کہیل نہ کہیل اکہات • دورت ہین لپتاي کين چہوت ہين لپتات [ظا۰ ٥٣٠]

अन० : उक्ति सषी की सषी सो, दंपति के कृपा हर्ष संचारी, संयोग शृंगार नाइका लछिता है परकीया, विशेषोक्ति अलंकार।

नर० : जनी के घर को मिलन, सषी को वैन सषी सो, हे सषी दोनू जने चोरमहैचनी षेल के विषै धायकै षेलतु हैं, छिपत हैं तऊ हियै सो लपटायकै छिपत है और जव छुवत है तौउ हियै ते लपटाइकै छुवत है –

---

[43] दोऊ – दोंउ - वा०; दोर - वे०गा०स०; दोऊं - मु०। चोरमिहीचनी – चोरमिहींचनी - उ०; चोरमहिचनी - को०शि०; चोंरमिहीचनी - वा०; चोरमहीचनी - मो०मु०; चोरमहैचनी - न०गा०; दोरमिहचनी - वे०; चोरमहिचनी - स०; चोरमिहाचनी - भा०; चारमिहैचनी - मि०; चोरमिहिचनी - नी०। षेल – षेलु - उ०भा०; षेलि - को०; षेलत - वे०स०; षिलतु - गा०। न – तु - वा०न०; (लुप्त) - वे०गा०स०भा०; नु - मि०मु०नी०। षेलि – षेल - को०मो०न०वे०गा०स०मि०मु०नी०ह०; षेलौ - वा०। अघात – अघान - को०; अघाती - मो०; अघाइ - न०गा०स०भा०नी०; अघाय - वे०; अघांत - मि०। दुरत – दुरति - पा०न०वे०गा०स०मि०। हियै – हियें - उ०मि०मु०; लियै - को०; हीइ - शि०; हियैं - वा०मो०; हिये - पा०भा०; हीयै - वे०गा०; हिएं - ह०। लपटाइकै – लपटाइकैं - उ०शि०नी०; लपटायकैं - को०मो०; लपटाइके - पा०; लपटायकै - वे०ह०; लपिटैकै - भा०। छुवत – छुवति - उ०पा०गा०नी०; छुवतु - न०। हियै – हिये - उ०पा०भा०मि०; हीइ - शि०; हियैं - मो०; हीयैं - वे०; हीयै - गा०; हियें - मु०; हिएं - ह०। लपटात – लपटाति, 'ति' के इकार पर काटने का चिह्न - उ०; लपटाइ - न०गा०स०नी०; लपटाय - वे०; लपिटाइ - भा०। [५३०]

राधिका नंदकुमार दुहूं जन चोरमिहीचनी षेल किये है। षेलत षेल अघात न नैक षरे जिय के अभिलाष लिये है। छोटे वडे लरकान लषै पुनि या विधि के उन दाउ दिये है। दौरि दुरै लपटाइ हियै अरु हेर छुए लपटाइ हिये है [नर० ५३०]

कृष्ण० : चोरमिहीचनी षेलत दोउन को विलास, सषी को वचन सषी सौ कहै है –

ये इनकी पै वनै हित की गति ऐसी कहूं अवलौ न लही है। दोऊ षरे अति चाइ भरे निसिद्यौस रहै उमहौ चितही है। चोरमिहीचनी षेलही षेलत कौनहू भांति अघात नहीं है। ज्योंही दुरै उर सौ लपटाइकै जौ छुवतौ लपटै उरही है [कृष्ण० ५३०] [44]

हरि० : सषी सो सषी थोरी अवस्था है नायिका परकीया है ष्याल के मिस कै मिलि है दोऊ दंपति चोरमिहीचनी कोऊ चोर लुकौवलि कहत है, जो है षेल की क्रीडा ताकौ षेलिकै, लछ्रना सो करिकै न अघात नहीं तृप्त होत है, दुरत है छिपत है, हिये लपटायकै छुवत है, हिये लपटाइवो कारन है भयो हेतु न कारज जहां विसेषोक्ति पहिचानि।

—★—

मिसही मिस आतप दुसह। दई और वहटाइ। चले ललन मनभावती। तन की छांह छिपाइ [५३१] [45]

مس ہین مس اتپ دوسہ دئین سبي بہتاي • چلي للن منہابتي تن کي چھانہ چھپاي

[ظا۰ ۵۳۱]

अन० : सषी की उक्ति सषी सो, नायक सठ कै अवहित्था संचारी ते अति अनुराग व्यंगि, नायिका ज्येष्ठा कहिए।

नर० : दिवाभिसारिका, सषी को वैन सषी सो, नायक सो मिलन के वासते आतप दुसह को मिस करिकै और सषिन कौ फेरि दीनी अरु ललन के मनभावती अपने तन की छांह छिपायकै समै चली –

कै मिसही मिस आतप सी अति दुस्सह दूरि दुराव भले है। और सवै वहटाइ दई कछु कै कै टराटरी क्योंहु टरे है। ऐसे छिपावत गात अघात न लाज अलोक सदेह हले है। लालन यों मन भाव जिते तन की छिन छांह छिपाइ चले है [नर० ५३१]

---

[44] भा० प्रति में केवल उदाहरण लुप्त है; मि० प्रति में केशवदास का छंद उद्धृत है –

वेषु कै गुवारिका कौ व्रज की कुमारिकानि केसौदास मांझ सांझ त्रास पग पेलिकै। काम की लता सी चपला सी प्रेम पासी सी है राधिका कौ वुधिवल कंठ भुज मेलिकै। दौरि दौरि दुरि दुरि पुरि पुरि अभिलाष लाष लाष भांति के अनूप रूप केलि कै। जनी कै अजिर आजु रजनी मै सजनी री साची करी स्याम चोरमिहीचनी षेलिकै [मि० ५३०]

[45] मिसही – मिसहीं - मो०ह०; मिलिही - न०गा०स०; मिलही - वे०। मिस – मिलि - न०; मिसि - गा०। आतप – आतपु - भा०। दई – दईं - मो०। और – सवै - पा०; सवैं - मो०; ओर - वे०। वहटाइ – वहटाय - को०; वहराइ - शि०पा०भा०मु०नी०; वहटाई - वा०मो०; विहटाइ - गा०; वहकाय - ह०। चले – चलै - वा०; चली - न०वे०गा०स०मु०; चलत - भा०नी०। मनभावती – मनभांवतिहि - उ०; मनभावतें - को०; मनभावतहि - वा०; मनभावतिहि - पा०; मनभामती - भा०; मनभांवती - ह०। तन – हि - भा०। छांह – छाह - पा०भा०। छिपाइ – छिपाय - उ०को०; छपाइ - पा०; छपाय - ह०। दोहा लुप्त - मि०। [५३१]

कृष्ण० : जेष्ठा कनिष्ठा के भेद मै सवै सषी को वचन सषी सो –

कान्ह सुजान के मोपै कछू रसरीति के भेद कहे नहिं जाही। आतप को मिस कै वहराइ दई संग और जिती वनिता ही। छैल गही वह गैल भटू जमुना तट केलि निकुंज जहाही। राधिका प्यारी कौ लै चल्यो संगही किये अपने तन की परछाही [कृष्ण० ५३१]

हरि० : सषी सों सषी वाक्य, मिस छल करकै आतप धूप दुसह है या वात कहिकै औरि ऊपरी सषी को वहकाय दीनी तुम सव घर जाहु, चले ललन मनभावती तन की छांह छपाय ललन मनभावती मन को भावै ऐसी जो प्रिया ताको तन की छाया मै छपायकै, दोपहर मै छाया पावही के नजिक होति है तहां ऐसे जानिए ललन मनभावती कव चले सषी पूछै है, तासो सषी कहै है तन की छाया जव ढपि गई दोपहर मै यह अर्थ, किंवा ललन चले मनभावती के तन की जो है छांह छाया कांति को भी छाया अमर मै कह्यो है ताको छपाय कै, ऊपर वस्त्र डारिकै, परकीया है, याते छल करि इष्ट साध्यो याते पर्जयोक्ति अलंकार।

— ⋆ —

लहलहाति तन तरुनई। लचि लग लौ लफि जाइ। लगे लांक लोइन भरी। लोइन लेति लगाइ [५३२] [46]

لہلہات تن ترني لچ لک لوں لپہ جاي ٠ لكي لانک لوين بہري لوين ليت لكي [ظا٠ ٥٣٢]

अन० : उक्ति नायक की, स्मृति भाव, तू लह तन तरुन इंद्र शरीर, शरीर के विषै जोवन लहलहाति जान्यौ जात है सो लह, कैसी तरह लंक लगि लगिलो जैसे एक काल लंका में घर घर उजास भयो हो तैसे जोवन की आमदनी ते अंग अंग ज्योति जगी है, ए नायिका प्रथम लोयन भरी है सोभा सहित है अरु फिरि जौवन नए लोयन जो नेत्र ताको लगाय लेत है या पद में छल है, लोयन बहुत सोभा देषिकै पीछे फिरत नाहीं, उपमालंकार, कोमलावृत्ति लोय लगाइ पद मै लछना है।

नर० : अंग सोभा सषी को वैन नायक सो, हो कान्ह या तरुनई कौ तनु लहलहात सोहै अरु लचि लग क० वेत की परै लफि जात है और याकी कटि लोइन क० रूप करि भरी लगै है सो नेत्रां कौ लगाये लेत है –

---

46 लहलहाति – लहलहात - वे०नी०; लहलहात, 'त' में इकार बाद में - गा०। तन – तनु - उ०शि०वा०न०गा०; मनु - भा०। तरुनई – तरुनईं - मो०। लचि – लफि - पा०; लागि - मो०; चपि - भा०; लच - मु०नी०। लग – लगि - पा०मो०भा०ह०। लौ – लों - उ०मो०गा०स०ह०; लो - शि०मु०; लौं - वा०न०मि०। लफि – लचि - पा०; लफ - वे०; फिरि - नी०। जाइ – जाय - को०वा०मो०ह०। लगे – लगैं - उ०; लगै - वा०पा०न०वे०गा०स०ह०; लगें - मो०। लांक – लाक - पा०भा०; लंक - मो०; वांग - न०; लाकि - मि०; लीक - नी०। लोइन – लौंइन, औ की एक रेखा पर काटने का चिह्न - उ०; (लुप्त) - को०; लौयनि - वा०; लोयन - पा०मो०न०स०ह०; लौयन - गा०। भरी – (लुप्त) - को०। लोइन – लौइन - उ०; लोयन - को०पा०मो०स०ह०; लौंइन - वा०; लोयन ते - वे०। लेति – लेत - को०मो०वे०स०मु०; लात - मि०। लगाइ – लगाय - को०वा०मो०वे०ह०; लगाई - मि०। [५३२]

नीकी लसै तरुनी की तनछवि तारुन की तरुनाई समै है। चार को भार सेवार समूह सो पीन पयोधर भार भये है। क्यों चलिहै सुकुमार षरी लचिकै लग लों फिर कै लफि जैहै। लागी ही लाक ओ लोयन भारी है लोयन को वा लगायकै लैहै [नर० ५३२]

कृष्ण० : इह नाइका की जो सोभा देषी है सो नाइक सषी सो कहत है –

लकलके तन मै लहलहाति तरुनई ताकी नई अरुनई रही छवि छाइकै। कुचनु के भार चपि लग लौ लफति जव चलति गयंदगति सहज सुभाइ कै। कहै कविकृष्ण नषसिष लौ लुनाई भरी मानौ महामोहनी ने देह धरी आइकै। सूछम लसति अति चारि केसौ आंक ऐसे लागे आकवारी लेति लोइन लगाइकै [कृष्ण० ५३२]

हरि० : नायक सों सषी वचन, तन विषे तरुनई जवानी लहलहाति है लहलह करै है, लांक लोयन भरी याको अर्थ लांक कटि लोयन लावण्य भरी है, तासों फेरि कैसी है, चलत कै लचि कहि ए लचकि कै लगी लों वेंत की वांस की ताकी तरह लफि जात है, पसरि जाति है, यह अर्थ लोयन नेत्र वासौं लगै तौ लोयन कौ लगाय लेति, वस करि लेति है, पूर्णोपमा अलंकार है लगी उपमान लांक उपमेय लों वाचक लचि लफि साधारन धर्म।

— ★ —

रही अचल सी ह्वै मनौ। लिषी चित्र की आहि। तजे लाज डर लोक कौ। कहौ विलोकति काहि [५३३] [47]

رہي اچل سي ہوي منون لکہي چتر كي اه • تجين لاج در لوک کو کہو[48] بلوکت كاه [ظا• ٥٣٣]

नर० : अभिलाष दसा सषी को वैन नायका सो, हे राधे आजु मानौ मांडी चित्रां मै की सी पूतरी की परै अचल सी ह्वै रही है, और तैं अपनी लाज अरु लोक को डरु तजकै कहौ कौन को विलोकति हौ –

होइ रही है पहार सी निश्चल चंचल चाल तै छूट गई है। आही लिषी मनौ चित्र की पूतरी ऐसी वियोग व्यथा उनही है। छांडिकै लाज अलोकन को डर आपनी ओर गरूर भई है। मेरी सौ मेरी दुराव करौ जन काहि कहौ न विलोकि गई है [नर० ५३३]

हरि० : नायिका सों सषी वचन, अचल जड तरु लता ताही सरीषी होय रही हो मानौ चित्र की लिषी, आहि को अर्थ है लोकलाज डर कौ तजै छाडै कहौ तुम काहि विलोकति हौ, उत्प्रेक्षा।

[47] ह्वै – ह्वैं - वा०। मनौ – मनौं - उ०न०ह०; मनों - शि०स०; मंनौं - वा०; मनो - गा०। लिषी – लिषित - को०; लषी - वा०। तजे – तजै - शि०मु०ह०; तजैं - वा०; तज्यौ - न०गा०स०; तज्यो - वे०। लाज – लांज - वा०। लोक – लौंक - वा०। कौ – को - को०वे०मु०ह०; कौं - वा०। कहौ – कहो - को०वे०; कहों - स०। विलोकति – विलोकत - को०वे०स०; विलोकित - गा०। काहि – कांहि - को०। दोहा लुप्त - पा०मो०भा०मि०नी०। [५३३]

[48] کہو - کہیو - ظا•

— ⋆ —

पल न चलै जकि सी रही। थकि सी रही उसास। अवही तन रितयो कहौ। मन पठयौ किहि पास [५३४] [49]

پل نہ چلین جک سي رہي تہک سي رہي اوساس ٠ اب ہین تن رتیو کہو من پتہیو کہ پاس [ظا٠ ٥٣٤]

अन० : सषी की उक्ति परकीया नाइका सो होइ तौ स्मृति संचारी स्तंभ सात्विक ते पूर्वानुराग व्यंगि सो लच्छित कियो है, याते हेतु लच्छिता नाइका परिहास करतु है।

नर० : अभिलाष दसा, सषी कौ वैन नायिका सो, हे राधे तेरो पलकां चलती न हैं और जक सी ह्वै रही है, और उसास लेने तै थक सी रही है सो इत मैही मन काहूकै पास मेलिकै तन को रिताई क० षाली दियौ कहति हौ –

> **जा दिन लाल चले मथुरा कौ जकी सी रही कुछ नैन विकासै। और सुनौ जु वियोग व्यथा पुनि आनन लेत षरेई उजासै। ऐसी उदास भई अवही तन कीरति यों कहुं होत है आसै। वूझति है सषी सोंह किए मन तै पठयो सजनी कहि पासै** [नर० ५३४]

कृष्ण० : इह नाइका की प्रीति लगी है सो चित वृत्ति तही जाइ लागो है यह चित्त लगनि है सषी नाइका सो कहति है –

> **सांसनि उसासति है वास की सम्हार है न ऐसी ह्वैकै कौन केधौ हित मै हितै रही। कित है री तेरो मनु रीतौ सो लगतु तनु अवही तू सुधि वुधि कहि क्यौ वितै रही। चित्र की सी लिषी डरी जकित अचेत परी पलकनि गति भूलि चकित चितै रही। कहूं हेरि हेरि मति विसरी सवै सुरति हौं तौ तेरी यह गति देषि थकितै रही** [कृष्ण० ५३४]

हरि० : सषी की उक्ति परिहास परकीया नायिका सों, पलक नहीं चलै है जकि सी जड सी ह्वै रही है, उसासनि सांस सो भी थकि सी रही है, मंद चलै है यह अर्थ अवहीं राति भई नहीं दिन ही मै तन सरीर को रितयो षाली कियो, मन को किसी पास, कौन के पास, पठायो परनायक के पास किंवा पति के पास किंवा कौन ते पति ने किंवा उपपति ने आपनो मन तुमारे पास पठायो है, तुमे इयादि करी है, यह अर्थ जकी सी थकी सी इहां सी मानो के अर्थ में है, अनुक्तास्पदवस्तूत्प्रेक्षा।

— ⋆ —

49 पल – षुल - मु०। न – नि - नी०। चलै – परै - मु०। जकि सी – जक सी - न०वे०गा०स०मि०मु०। थकि सी – थकि स - वा०; थक सी - वे०स०मु०। उसास – उसासु - मि०। अवही – अवहीं - उ०मो०ह०; अवहो - मि०। तन – तनु - उ०वा०न०वे०गा०स०मि०। रितयो – रितयौं - शि०वा०; रितयौ - न०गा०स०; रितयों - वे०मि०; रतियो - मु०; रितुयो - नी०। कहौ – कहां - को०; कहौं - शि०वा०; कहू - पा०मो०मि०मु०; कह्यौ - न०वे०गा०स०; कहै - नी०। मन – मनु - उ०पा०न०नी०। पठयौ – पठयो - को०पा०मो०वे०मु०; पठयौं - शि०वा०। किहि – कहि - को०; किह - वे०गा०; केहि - पा०नी०। दोहा लुप्त - भा०। [५३४]

मै लै दयो लयो सु कर। छुवत छिनक गौ नीर। लाल तुम्हारौ अरगजा। उर ह्वै लग्यौ अवीर [५३५] [50]

مین لي ديو ليو سو کر چھوت چھنک گو نیر ۰ لال تمہارو ارگجا اور ہوي لگیو ابیر
[ظا۰ ٥٣٥]

अन० : नायक सो दूती की उक्ति नाइका विरह निवेदन, व्याधि दशा अत्युक्ति अलंकार।

नर० : व्याधि दशा, सषी कौ वैन नायक सो, हो लाल, मै लै कै दियो सो उन हाथ मै लियो, सो लैतेही जो मांहि नीर हुतो सो छनक गयो, सो तमारो सो अरगजा वाके उर के विषै अवीर ह्वैकै लग्यो है –

> **वैठी ही श्रीवृषभानलली निज मंदिर मै वह जाइ दयो है। देषतही सु लयो अपनै कर या विधि को विरहा उनयो है। ताकी तताई कहा कहियै कछु नीर छुवै छनकाय गयो है। लाल तिहारो अरग्गज वाल के हीय लगे ते अवीर भयो है** [नर० ५३५]

कृष्ण० : इह नाइका प्रोषितपतिका, सषी वचन सषी सौ –

> **कृष्न प्रानप्यारे लाल विछुरै तिहारे व्रजवाल को अनंग दुष दाग्यो है। कौंवरी निपट कुम्हिलाइ गई फूल जिमि दुष अनुकूल भो समूल सुष भाग्यो है। तुम जो पठायो सो मै दीनो जाइ वाहि उन लीनो अति हितु करि चित अनुराग्यो है। कर परसतही छिनकि गयो नीरु अरगजा वाके उर मै अवीर ह्वैकै लाग्यो है** [कृष्ण० ५३५]

हरि० : पूर्वानुराग मै नायिका की दसा सषी नायक सों कहति है, मैं लैकै दयो सुंदर कर में नायिका ने लियो, कर के छुवतही छनकिगो नीर छनछनायकै वाकौ नीर गौ जातौ रह्यौ विरह के ताप सों, हे लाल तिहारो दियो अरगजा की जो अनेक सुगंध डारिकै वनायो है सो उर मै अवीर ह्वैके लाग्यो, अत्युक्ति अलंकार, अत्युक्ति यह वर्नन अतिशय रूप।

— ⋆ —

चलौ चलै छुटि जाइगौ। हठ रावरे सकोच। षरे चढाए हे ते अव। आए लोचन लोच [५३६] [51]

---

[50] मै – मे - को०गा०; में - शि०मो०; मैं - ह०। लै – ले - शि०मो०न०गा०स०; लैं - वा०। दयो – दयौ - को०न०गा०मि०मु०नी०; दयौं - शि०वा०; दियो - पा०; दीयो - मो०। लयो – लयौं - शि०; लयौं - वा०; लियो - पा०मो०; लयौ - गा०मि०मु०नी०ह०। सु – म्यु? - न०। छुवत – छुवति - को०वा०न०गा०मु०। छिनक – छनिक - उ०; छनकि - पा०न०नी०; छनक - गा०मि०ह०; छिनकि - भा०। गौ – गो - को०शि०मो०वे०स०भा०; गौं - वा०; गयो - पा०; लौ - मु०। नीर – नीरु - उ०भा०मि०नी०। तुम्हारौ – तिहारो - को०पा०मो०मु०; तुमारो - शि०स०ह०; तुम्हारौं - वा०; तुमारौ - न०; तुम्हारो - गा०; तिहारे - भा०। अरगजा – ऽरगजा - शि०। ह्वै – ह्वैं - मो०। लग्यौ – लगो - को०भा०; लग्यौं - वा०; लग्यो - पा०मो०; लगौ - न०; लाग्यौ - गा०। अवीर – अवीरु - उ०भा०मि०नी०; (अपठ) - पा०। [५३५]

[51] चलौ – चलो - को०मो०वे०ह०; चलौं - वा०। चलै – चलौं - वा०; चले - पा०भा०। छुटि – छुट - वे०। जाइगौ – जायगौ - उ०मि०; जायगो - को०मो०ह०; जायगौं - वा०; जाइगो - पा०न०वे०भा०। हठ – हठु -

چلو چلين چهوت جايكو ہتہ راوري سكوچ • كهري چدهائي هي تير با ائي لوچن لوچ [ظا• ٥٣٦]

अन० : सषी दूती की उक्ति नायक सो, काव्यलिंग।

नर० : सषी कौ वैन नायक सो, हो कान्ह चलौ चलै रावरे संकोच तै हठु छूटि जाइगो, जो षरे से चढाए हैं तऊ नेत्रां में अव लोच क० नरमाई आयो है –

> **वैठि रहे कहा वेगि चलौ पै चलै छुटि जायगो सहज सुभाई। रावरे स्याम सकोचन वाके सवै हठ छूटत क्यों ठहराई। काजरे कारे ढरारे महा रतनारि निहारि हिये हहराई। मान मरोरि षरेइ चढाए है तै अव लोचन लोचन आई** [नर० ५३६]

कृष्ण० : इह मान छुडाइवे को प्रयोजन नायक कौ लैजाइवौ, सषी वचन नाइक सौ –

> **जानै को काल्हि तिहारी पियारी कहा जिय जानि महारिस ठानी। केती मै वात वनाइ मनाइ करी मनुहारि यै एक न मानी। क्यौहू कै जौ न टरै द्रग भौह कछूक नई जु हुती अति तानी। लाल चलौ अवलोकि तुम्है छुटि जाइगो मानु अवै हम जानी** [कृष्ण० ५३६]

हरि० : नायक सों सषी वचन फेरि नायक वचन सषी कहै है, तुम चलौ नायक वचन चले छुटि जायगो हठ फिर सषी रावरे संकोच तुमारे संकोच सों नायक वचन तवै वा समे में तौ नैन षरे अति चढाए हे चढाए थे, सषी वचन अव लोचन में लोचन चाह आयो हठ छूटि जायगो ताको दृढ कियो, काव्यलिंग।

— ⋆ —

कहे जु वचन वियोगिनी। विरह विकल अकुलाइ। किये न को असुवा सहित। सु वातैं वोल सुनाइ [५३७] [52]

उ०न०गा०नी०। रावरे – रावरें - शि०; रावरैं - वा०; रावरै - मो०। सकोच – संकौंच - वा०; सकोचि - पा०; संकोच - मु०ह०। षरे – षरें - वा०; षरे - वे०मु०। चढाए – चढाये - को०पा०नी०; चढायैं - वा०; चडाऐ - न०; रिसाए - मु०। हे – हो - भा०; 'ले' पर 'हो' संशोधन - नी०। ते – ति - उ०शि०वा०न०वे०मु०; त - को०पा०मो०गा०स०भा०मि०नी०ह०। आए – आये - को०वा०पा०मि०; आ - नी०। लोचन – लौंचन - वा०; लो(अपठ) - पा०। लोच – लौंच - वा०; (अपठ) - पा०। [५३६]

[52] कहे – कहैं, ऐ की एक रेखा पर काटने का चिह्न - उ०; कहै - शि०गा०नी०; कह्यें - वा०। जु – ज - उ०। वचन – वुचनु, उ की मात्रा पर काटने का चिह्न - उ०। वियोगिनी – वियोगनी - उ०वे०मि०मु०; वियौगिनि - वा०। विकल – विकुल - गा०। अकुलाइ – विललाइ - उ०शि०; अकुलाय - को०ह०; विललाई - वा०मो०। किये – कीये - उ०वे०गा०; कीए - शि०मो०; किए - वा०ह०। को – कौ - वा०स०। असुवा – अंसूवा - उ०; असुयां - को०; अंसुंवा - वा०; असुवां - स०; असुया - भा०; असु, 'वा' हाशिए पर - मि०; अंसुवा - मु०; अंसुआ - नी०ह०। सहित – सहत - वे०भा०। सु – (लुप्त) - मो०वे०गा०स०ह०; सू - मि०। वातैं – वाति - उ०शि०वा०मो०; वानि - को०; वाती - मो०; वात - न०; वोलत - वे०गा०स०; वासे - भा०; वा - मि०मु०; चातिक - नी०; सुआति - ह०। वोल – वौल - वा०; वाचन - मो०; वाल - वे०गा०स०; वोलु - नी०। सुनाइ – सुनाय - उ०को०ह०; सुनांइ - वा०; सुनाई - मो०। दोहा लुप्त - पा०। [५३७]

کہي جو بچن بيوکنئي بره بکل اکلاي ٠ کئيے نہ کو انسوا سہت سو با تين بول سناي [ظا٠ ٥٣٧]

अन० : सषी की उक्ति सषी सो होय तो पूर्वानुराग व्यंगि।

नर० : नायक को करुना विरह, सषी को वैन सषी सो, हे सषी जे वचन विरह की विकलानी थकी वियोगिनी अकुलाइकै कहे सो वातन के वोल सुनाइकै इन नायक को असुवा सहित कौ किए है –

> **जे जे वियोगिनि वैन कहे अति लै लै उसास षरी इक मीने। नाह वियोग ते वावरी ह्वै गई सार नही कछु अर्थ विहीने। और सुनो विललाय रहे अरु दीन घने करुनारस भीने। को न किए असुवान समेत सु वात सु वोल सुनाइ नवीने** [नर० ५३७]

कृष्ण० : यह नाइका प्रोषितपतिका विरहिनी सषी कौ वचन सषी सौ –

> **प्रानपती विनु वा तिय कौ इकसाथ सवै दुष आनि परे है। वाकी दसा लषि पास के वासी उसास भरै गहिरे गहिरे है। जे कहे वैन वियोगिनि नै अकुलाइ वियोग विथानि भरे है। ते वतिया अव वोलि सुवा सवही असुवानि समेति करे है** [कृष्ण० ५३७]

हरि० : सषी सौ सषी, एकांत मै जो वचन वियोगिनी ने विरह सौ विकल दुषी होयकै अकुलायकै वियोगिनी ने कहे, कोनको आंसू सहित नहीं किए, यह अर्थ काकु स्वर सों सुवा ने ति वोल सुनाय ताहि वोल को सुनायकै, सुवा को वोल कारन आंसू कारज, हेतु अलंकार।

— ⋆ —

छिप्यौ छवीलो मुष लसै। नीले आंचर चीर। मनौ कलानिधि झलमलै। कालिंदी के नीर [५३८] [53]

چھپيو چھبيلو موکہ لسي نيلي انچر چير ٠ منون کلانده جہلملے کالندي کے تير [ظا٠ ٥٣٨

अन० : जो नाइक की उक्ति होइ तो साक्षात दर्शन में स्तुति व्यंगि, जो दूती की उक्ति है तो नायका को अभिलाष उपजावत है, वक्ता की उक्ति होइ तो व्यंग्य है, वस्तूत्प्रेक्षा अलंकार, अविमृष्ट विक्षेपा दूषण है, प्रथम कह्यो जो जानिये सो पद पीछे होइ सो अवमृष्ट विधेय है जो भाषत कवि लोइ।

[53] छिप्यौ – छिप्यो - को०मो०वे०; छिप्यौं - वा०; छप्यो - पा०; छयौ - मि०; छप्यौ - नी०ह०। छवीलो – छवीलौ - उ०न०गा०मि०नी०; छवीलों - शि०; छवीलौं - वा०। मुष – मुह - को०वा०वे०गा०स०मि०; मुह, 'ष' पर 'ह' संशोधन - शि०; मुहु - मो०न०; मुषु - नी०। लसै – लसैं - उ०शि०वा०; लसें - मो०। नीले – नीलैं - उ०; झीने - को०मि०; नीलें - वा०; नीलै - मि०। आंचर – नीलैं - उ०; झीने - को०मि०; आंचरु - को०मो०; अंचर - वा०न०वे०स०मु०; चंचल - पा०मि०नी०। मनौ – मनौं - को०वा०न०; मनो - शि०पा०वे०मु०; मनों - मो०गा०स०। कलानिधि – कलानिध - वे०। झलमलै – कलमलैं - शि०; झलमिलैं - वा०; झलमलें - मो०; झलहलै - वे०; झिलमिलै - मु०; जलमलैं - ह०। कालिंदी – कालंदी - को०वे०मु०; कांलिंदी - वा०। के – कें - वा०; कै - मि०। नीर – तीर - उ०को०मो०वे०। दोहा लुप्त - भा०। [५३८]

नर० : मुष सोभा,सषी को वैन नायक सौ, हो कान्ह, राधिका कौ छवीलौ मुष लसै नीले चीर के अंचल के विषै छिप्यौ सोभत है कि मनौ कालिंदी के नीर विषै कलानिधि सो झिलमलत है –

चीर निलंवर मै जु छिप्यौ मुष आछो छवीलो लषै ही हर्यो है। ऐसी अनोपम ज्योति जगै सु निहारिवे को जिय जाय अर्यो है। तेज को पुंज षगै तरफै झलकै झल कै सव सोभ भर्यो है। सूरसुता मनौ तुंग तरंगन तीर के नीर मयंक पर्यो है [नर० ५३८]

कृष्ण० : इह नाइका के मुष कौ वरनन सषी नाइक सौ करति है, नाइकहू कहै –

भावती विहारी कौ गई ही लैन गिरिधारी ताहि देषे मेरो मन पर्यौ छवि भीर मै। कृष्ण प्रानप्यारे तरुनाई की लुनाई होत जगर मगर वाके सोने से सरीर मै। षंजन भंवर विंव कीर की प्रभा निदरि वदन दुराइ वैठी झीने नीले चीर मै। मेरे जान पूरन कलानि सौ झिलमिलात सरद सुधानिधि कलिंदजा के नीर मै [कृष्ण० ५३८]

हरि० : सषी वचन नायक सो, नील चीर के अंचर सों छ्प्यौ ढांक्यौ छवीलो सुंदर है जो मुष सो लसै सोभै है मानो कलानिधि जो है चंद्रमा सो कालिंदी श्रीजमुना ताके नीर मै झलमलात है, वस्तूत्प्रेक्षा।

— ⋆ —

मानु तमासो करि रही। विवस वारुनी सेइ। झुकति हसति हसि हसि झुकति। झुकि झुकि हसि हसि देइ [५३९] [54]

مان تماسو کر رہي ببس بارني سيني • جهکت ہنست ہس ہس جهوکت جهوک جهوک
ہنس ہنس ديني [ظا• ٥٣٩]

अन० : सषी की उक्ति नायक सो, मद्यपान वर्णन, जाति वर्णन अलंकार।

नर० : चेष्टा, सषी कौ वैन सषी सौ, हे सषी राधिका वारुनी सेइकै विवस भई तमासौ करि रही है, सो कैसी परै कि झुकि झुकि षिजति है, हसति है और हसि हसिकै भी झुकति है अरु झुकि झुकि कै हसि हसि देति है –

मान तै आछो तमासो करै अति तातै कछू सुषमा मन ऐहै। होइ रही वस वारुनी सेइकै मत्त मनोहर नैन झुकैहै। और सुनो झुकि जात हसै अरु फेर झुकै उझकै विहसैहै। और षरी झुकिकै झुकि झूमत नीकी हसावति पै हसि देहै [नर० ५३९]

कृष्ण० : मदपान नाइका की सोभा सषी नाइक सो कहै वा सषी सषी सो कहै–

---

[54] मानु – मांनु - को०मि०मु०; मान - शि०पा०स०ह०; मांन - वा०वे०; मनो - मो०; वाम - नी०। तमासो – तमासौ - शि०न०गा०मि०मु०नी०; तमांसौं - वा०। करि – कर - वे०स०। रही – रहो - भा०। विवस – वेस - स०; विविस - मु०। वारुनी – वांरूनी - वा०। सेइ – सेय - को०ह०; सेई - नी०। झुकति – झूकति - वा०; झुकत - स०। हसति – हसत - स०; हसिति - मु०; हंसति - नी०ह०। हसि हसि – हसि - शि०; हसि - नी०; झुकि झुकि - ह०। झुकति – झूकति - वा०; झुकत - स०; हसति - नी०; हंसति - ह०। झुकि झुकि – झुक झुक - वे०नी०। हसि हसि – हस हस - वे०; हंसि हंसि - ह०। देइ – देय - को०ह०; देई - नी०। [५३९]

वारुनी विवस मनमोहन सौ मानु ठानि आजु मृगलोचनि तमासे की लसति है। चारु तरुनाइ मै निकाई छवि छाई त्यौ त्यौ गोरे मुष पर अरुनाई सरसति है। कवहू वदन पट घूघट कै ढाकि लेति कवहू उघारि देति रंगु वरसति है। झुकति हसति हसि झुकि झुकिकै हसति पुनि पुनिकै झुकति झुकि हसि देति है [**कृष्ण० ५३९**] [55]

हरि० : सषी सो सषी वचन मानौ तमासो सो करि रही है, विवस भई है वारुनी मदिरा को सेवन करिकै, वाम तमासो सो ऐसो भी है, आगे स्पष्ट उत्प्रेक्षालंकार।

— ★ —

सदन सदन के फिरन की। सद न छुटै हरिराइ। रुचै तितै विहरत फिरौ। कत विहरत उर आइ [५४०] [56]

سدن سدن کي پہرن کي سد نہ چہوتي ہر راي • روچي جيتي بہرت پہرو کت بہرت اور اي [ظا• ٥٤٠]

अन० : अधीरा षंडिता की उक्ति नायक प्रति, लाटानुप्रास जमक आछेपालंकार की संसृष्टि।

नर० : अधीरा नायिका कौ वैन नाइक सो, हो हरिराय तुमारे तांई जो सदन के फिरनै की साध लागी है सो छूटत नाहीं है सो तौ हौहूं कहति हूं कि रुचै तठै विचरतान चीत फिरौ, इहां आनिकै उर के विषै क्यों विहरतु हौ –

भौंर ज्यो भौनन भौनन मै फिरिवे की कुटेव घनेरी धरौ हौ। हे हरिराय छुटै न छिनेक मै घेर घनौ चहुं ओर करौ हौ। आप जितै रुचि होइ तितै विहरौ निरसंक फिरौ न डरौ हौ। और के रंग रंगे हियरा पुनि आय अवै मन क्यौ विहरौ हौ [**नर० ५४०**]

कृष्ण० : इह नाइका प्रौढा कौ उराहनो, नाइका वचन नाइक सो –

डोलत लाल घने घर झाकत प्रेम को आंकु कहूं न उघारो। जानि परे अवतौ वकसौ उरही करिहैं हम ध्यानु तिहारो। वानि परी सो न क्यौहू छुटै मन मानै तहीं रुचि मानि पधारो। भावती सेज विहारि विहारी हियो जु कियो इत आइ विहारो [**कृष्ण० ५४०**]

हरि० : नायक सों धीरा षंडिता को वचन हे हरिराय सदन सदन घर घर फिरिवे को सद स्वभाव तुमारो नहीं छूटै, रुचै तहां विहरत फिरौ, कत क्यौं हमारे उर में आयके स्वप्न में विहार करत हौ,

[55] कृष्ण० वर्ग की पोथियों में उपलब्ध चतुर्थ चरण का पाठ जितना अधिक भरती का है, संपादक द्वारा गढ़ा हुआ पाठ उससे कुछ ही कम कृत्रिम है!

[56] के – कैं - वा०; कै - वे०। सद – सध - न०गा०स०; संध - वे०; सघ - मु०। छुटै – छुटे - को०; छुटैं - न०; छटै - गा०। हरिराइ – हरिराय - को०वा०मो०मि०ह०; जदुराइ - पा०; हसिंरिराइ - स०। रुचै – रुचे - को०; रुचें - मो०। तितै – तिते - को०; तितें - शि०मो०; तितैं - वा०; जितै - पा०। विहरत – विहरति - गा०मि०; विरहत - नी०। फिरौ – फिरो - को०मो०वे०; फिरौं - वा०। कत – कित - पा०; कति - मि०। विहरत – विहरत, 'र' पार्श्व पर - पा०; विहरति - न०मि०; विरहत - नी०। उर – उ - को०वा०; इत - पा०; उरु - गा०। आइ – आय - को०मो०मि०ह०; आंय - वा०। [५४०]

विहरत को अर्थ चीरत भी कोई कहत है, आयकै हमारे उर कौ विहरत हौ चीरत हौ, जहां रुचै तहां विहरौ यह विधि ध्वनि में निषेध करिकै इहां मति जाहु हमारे इहां रहौ, वक्ता नायिका वोधव्य नायक के प्रभाव तें निकरै है, आछेपालंकार दुरै निषेध जु विधि वचन लच्छन तीजौ लेषि।

— ⋆ —

विरह विकल विनुही लिषी। पाती दई पठाइ। आंक विहूनीयों सुचित। सूने वाचत जाइ [५४१] [57]

بره بكل بن ہين لكہي پاتي دئي پٹہاي • انک بہوني يون سو چت سوني بانچت جاي
[ظا• ٥٤١]

अन० : नायक की कहनावति कोऊ कहति है, नायिका प्रोषितपतिका, प्रवास विरह, सूक्ष्म अलंकार।

नर० : प्रवास विरह सषी की पत्री सषी सौ, हे सषी उत ते राधिका विरह ते विकल भई विनही लिषी पाती समेटिकै पठाइ दीवी है, सो इत नाइक नै वैसेई चित कियौ जो आंक विहूनी पाती वाचतु जाते सुने है –

> **होइ रही है वियोग तै व्याकुल वावरी वुद्धि षरी गति हीनी। पाती लिषे विनुही जु पठाइ दई अकुलाइ महा रस भीनी। लै अपनै कर सीस चढाइ लगाइ हियै अषियां रस कीनी। सूने चितै अति अंक विहीनियै आपने आननही पढि लीनी** [नर० ५४१]

कृष्ण० : यह नाइका प्रोषितपतिका, पत्री आई याते दोउन की विरह की अधिकाई ते पुन्यता जानियै –

> **विरह मरूर तै न तन की तनिक सुधि वाल अति व्याकुल अचेत ऐसी ह्वै गई। लिषिवे को लई पाती लिषत वनै न कछू वैसियै लपेटि प्रानपति पै पठै दई। वाकी विकलाई की कहा लौ अधिकाई कहौं एक सी दुहू की गति एकै वेर ह्वै गई। चपरी प्रवीनी वह जऊ अंक हीनी तऊ वाचि सुनि हिये कै लगाइ छाती सौ लई** [कृष्ण० ५४१]

हरि० : सषी सो सषी वाक्य, विरह से विकल नायिका ने नायक को पाती पठाय दई, सून्य चित सों पठाई है याते आंक विहीनी है, वाको चित्त सों हमसों लग्यो है सो या तरह सों वाचत जात है, किंवा दोऊ विरह विकल हैं, नायिका ने विनुही लिषी विनही को अर्थ हृदय मन विना लिषी ऐसी पाती पठाय

[57] विकल – विक, अगले वर्ण पर संशोधन - मु०। विनुही – विलषी - शि०; विनही - वा०वे०स०भा०; विनहीं - ह०। लिषी – लषै - को०; नहीं - शि०; लषी - वा०न०वे०गा०स०; लिषि - नी०। पाती – पाति - वा०। दई – देइ - गा०। पठाइ – पठाई - उ०मो०नी०; पठाय - को०ह०। आंक – आक - गा०भा०मि०नी०। विहूनीयों – विहूनींयों - उ०; विहुनीयौं - को०; विहौंनीऔं - वा०; विहीनीयो - पा०; विहूनियो - मो०; विहूनीयौं - न०स०मि०; विहूनीयौ - गा०; विहीनीजौ - भा०; विहूंनीयै - नी०; विहीनीयों - ह०। सूने – सूनीं - को०; सूनै - शि०मि०; सौंनैं - वा०; सूनी - पा०; सूनें - मो०; शूने - भा०; सूंने - मु०; सूनैं - नी०। वाचत – वांचिततज - को०; वाचतु - न०; वांचतु - गा०; चांचत - भा०नी०; वाची - मि०; वाचति - मु०; वांचत - ह०। जाइ – जाय - को०मि०ह०; जाई - वा०मो०नी०। [५४१]

दीनी, अंक विहीनी जो पाती यों या तरह चित्त करि सून्य जो है, नायक सो वाचतो जाय है, वाको दुष सो कहतो जात है, नायिका सो षवरि नहीं जो विन लिषी पाती है नायक को षवरि नहीं विना आंक की पाती वांचत है, किंवा विरह विकल नायिका ने विना ही विना मन सों पाती लिषी पठाय दीनी, कैसी लिषी है अंक विहीनी वि कहिए दोय अंक अच्छ्रर करिकै हीन है कम है, कागद में पहिले स्वस्ति लिषियै है स्वस्ति को अर्थ कल्यानता करि हम हीन हैं तुम न आवौगे तौ हमारो कल्यान नहीं, यौं सुचित यों या तरह सुचित कियो, लघु गुरु लघु गुर होत है निज इच्छा अनुसार, सूने एकांत में वाचत जात हैं, किंवा औरि वही अर्थ अंक विहीनीयो सुचित अंक कहिए, लच्छन जीवन को लच्छन करि में विहीन हों, यों या तरह सुचित कियो यह सूने वाचत जात है, विना लिषी पाती पठाई ताको विरह विकलता कारन है याते हेतु अलंकार हेतु अलंकृति होय जहं कारन कारज संग।

— ⋆ —

करे चाह सों चुटकि कै। षरे उडोहै मैंन। लाज नवाए तरफरत। करत षूंद सी नैंन [५४२] [58]

كري چاي سون چوتک کے کہري اودوہين مين ٠ لاج نوائي ترپہرت کرت کہوند سي نين [ظا ٠ ٥٤٢]

अन० : सषी की उक्ति सषी सो, समान लज्जा मदन मध्या अभिलाष त्रपा भाव की संधि वा कोप मान, लुप्तोपमा अलंकार।

नर० : सषी को वैन सषी सौ, हे सषी राधा के नेत्रां कौ मैनेही षरे उडौहे करे हैं सो चाह सो सताव से उडनो करतु है पै ए उड सकत न हैं, अरु षूद सी करतु है सो लाज निवाहन के लिए –

> **चाह सों लै चटकाय करै पुनि दुष्ष विथा अटकाय अरी है। मार नमाइ षरे डरपाइ महादुषदाइक रीति धरी है। लाल नचाये घने तरफै अकुलाइ उठै नय भूर भरी है। होइ रहे अनषाइ अचानक षूद सी नार कै नैन करी है** [नर० ५४२]

कृष्ण० : इह नायका के नेत्र लाज अरु चाह दोउन के वस षुदी सी करत है सो सषी नाइका सो कहति है नाइकहू सो कहै सषी सषी सो कहै तो वनै –

> **नैन नवनागरि के तरल तुरंग अंग छवि की तरंग रंग रंगनि धरै धरै। मदन प्रवीन तिन्है फिरवौ सधावतु है घूघट की ओट ऐसो कौतिग करै करै। कीने वाहै आवैगी सो चुटकि**

[58] करे – करै - को०न०वे०गा०स०मु०; करैं - वा०। चाह् – चाहि - न०गा०। सों – सौं - को०वा०मि०नी०ह०; सो - पा०वे०गा०स०; सौ - न०मु०। चुटकि – चटकि - को०वा०स०मु०; चटक - शि०वे०; चटुकि - न०; चटकु - गा०; चुटुकि - ह०। कै – कौ - को०; कैं - शि०वा०; कें - मो०। षरे – षरै - को०मु०; षरैं - वा०। उडोहै – उडोंहें - उ०; उडौहै - शि०; उठाहै - पा०; उडोहे - मो०न०वे०गा०स०; उडौंहै - मि०; उडो - मु०; उडौहैं - नी०; उठौंहै - ह०। मैंन – मेंन - उ०मो०गा०; मैन - को०पा०; नैन - शि०वे०; मेंन - मु०; (लुप्त) - नी०। नवाए – नेवाए - उ०; नवाये - को०नी०; दवाये - पा०; दवाएं - मो०; नचाए - वे०; नवारत - मि०; नवाएं - ह०। तरफरत – तरफरति - उ०; तरफरन - न०गा०स०। षूंद – षौट - वा०; षुरी - पा०; षूद - न०वे०गा०; षुदी - मि०मु०नी०; षूंदि - ह०। सी – लगाये - को०; से - पा०मु०। नैंन – नैन - शि०पा०वे०मि०नी०; नेंन - मो०गा०मु०। दोहा लुप्त - भा०। [५४२]

चपल होति षरेई उडौहे तेहि उमग भरै भरै। लाज वाग वस तै तरफत ताई भरे करत षुदी सी पग धरत हरै हरै [कृष्ण० ५४२]

हरि० : सषी नाइका की चाह देषि सषी सो कहति है, चुट्टकि कै याको अर्थ घोडा को पाव सो छडी सो चुट्टकै है, जलद करै है, मैन चाह रूपी जो छडी तासौं मारिकै अति उठौहों किए, लाज सोई है वाग तासौं षीच्यौ तरफरायकै नैन षूद सी करत है, नाचत से है, षूद क्रिया है जाके आगे सी वाचक है, जहां क्रिया के आगे वाचक तहां अनुक्तास्पद वस्तूत्प्रेक्षालंकार।

—★—

ज्यौं ज्यौं आवति निकट निसि। त्यौं त्यौं षरी उताल। झमकि झमकि टहलैं करै। लगी रहचटै वाल [५४३] [59]

جیون جیون اوت نکت نس تیون تیون کہري اوتال • جہمک جہمک تہلین کري لکي
رہچتین بال [ظا • ۵٤۳]

अन० : सषी की उक्ति सषी सो, रतिप्रिया प्रौढा, चपलता औत्सुक्य संचारी जाति वर्णन अलंकार।

नर० : कुलटा नायिका, सषी कौ वैन सषी सौ, हे सषी वा वाल रहचटें लागी थकी ज्यौं ज्यौं राति नेरी आवति त्यौं त्यौं षरी उतावली ह्वैकै सिताव सिताव घर कौ काज करति है –

ज्यों निकटै अति आवति है निसि अंवर मै अरुनाई जगी है। त्यों त्यों षरीए उताल धरै उठि अंग अनंग दसा उमगी है। कै झनकार झमक्कि करै टहलै अपने मन पेम पगी है। लेन चलै क्यों अवेर करै दई वाल वडे रहचट्ट लगी है [नर० ५४३]

कृष्ण० : इह नाइका प्रौढा है सु सषी सषी सो कहति है –

गौनो भयो दिन कैऊ भये हिय मै पिय पेम की जोति सी जागी। वासर ज्यौं वहरावति नीठि विधी चसकै रस मै अनुरागी। आवति ज्यौं ज्यौं नजीक निसा तिय त्यौं त्यौं उछाह उमंगनि पागी। सत्वर काज करै गृह के रवनी रतिकेलि के लाहक लागी [कृष्ण० ५४३]

हरि० : सषी सों सषी वचन, ज्यौं ज्यौं जैसे जैसे निकट नजीक निसा आवति है त्यों त्यों तैसे तैसे षरी अति जल्द झमकि झमकि टहल को करै है, नायक सों वेगि मिलों या मनोरथ सों वाल रहचटें लालच लगी, यह अर्थ प्रौढा नायिका नायक परदेस सों आयो जानि, स्वभावोक्ति।

—★—

59 ज्यौं ज्यौं – ज्यो ज्यो - पा०; ज्यों ज्यों - मो०वे०गा०स०। आवति – आवत - वा०मो०न०वे०गा०स०मि०। निसि – निशि - वा०; निस - वे०। त्यौं त्यौं – त्यो त्यो - पा०; त्यों त्यों - मो०वे०गा०स०। उताल – उतालि - वा०मो०मि०। टहलैं – कटहलै - को०; टहलै - पा०मि०नी०; टहिलें - मो०; टहलौं - न०; टहलां - वे०; हटलों - गा०; टहलों - स०मु०। करै – करैं - वा०; करे - मो०; करति - न०स०; करत - वे०गा०। रहचटै – रहचटे - को०पा० - ह०; ; रहचटैं - वा०; रहचतें - मो०। दोहा लुप्त - शि०भा०। [५४३]

व्रजवासिन कौ उचित धन। जो धन रुचित न कोइ। सु चित न आयौ सुचितई। कहौ कहां ते होइ [५४४] [60]

برجباسن کو اوچت دہن سو دہن روچت نہ کوي • سوچت نہ اوئي سوچتي کہو کہاں تین ہوي [ظا • ٥٤٤]

अन० : वचन अनुभाव ते सांतरस व्यंगि, कवि की उक्ति मुमुक्ष प्रति सिक्षा मति भगवान के भजन को आधिक्य कह्यो है, विशेषोक्ति अलंकार।

नर० : भक्तजन विहारीदास कहतु है कि वृज के वासिनु कौ उचित धन ऐ श्रीभगवान जो है सो कोऊ कौ भावतु न है ए सव को भावत है अरु जो चिंत के विषै काहू कै न आयो तौ वाके सुचित क० निरपापपनौ चित मै कहौ कहां तै ह्वैहै –

> **है व्रजवासिन कौ धन उच्चित सुंदर श्रीनंदनंदन जो है। आपने जीय विचार धरौ कछु सो धन सो चित जो जन को है। सो चित मै कवहू नहिं आवत वारहि वार कहूं अव तो है। काम मरोरि जंजीरे जर्यो सुचिताई कहां ते कहौ कत होहै** [नर० ५४४]

कृष्ण० : यह भक्त कौ वाक्य, प्रयोजन यह कि विना श्रीकृष्ण के नाम सुचितई नाही –

> **जाकी तनसोभा नवनीरद सी देषियति पीतपट दामिनी दमक छवि छाई है। लोचन ललित लसै रस भरे तामरसु कुटिल अलक अलि अवलि सुहाई है। ऐसे व्रजवासिन को उचित है धनु तामै दोनो तै न मनुमिति विष परचाई है। कौन भाति होति सुचिताई जिय तौ लौ जौ लौ रूप की निकाई वह जिय मै न आई है** [कृष्ण० ५४४]

हरि० : व्रजवासिन को जो धन उचित है जोग्य है श्रीकृष्ण किंवा श्रीकृष्ण विषयक प्रेम सो धन काहू को नहीं रुचै, जो चित्त मै नहीं आयौ जो सुचतई चित्त की स्थिरता किंवा निर्मलता कहौ कहां ते होय सकै आठौ पहर, मन उद्विग्न रहै, धन धन आवृत्ति दीपक।

— ⋆ —

अपने अपने मत लगे। वादि मचावत सोर। ज्यौं त्यौं सवको सेइवौ।

---

[60] व्रजवासिन – व्रजवासिनु - उ०; वृजवासिन - पा०मो०; वृजवासनु - न०; व्रजवासन - वे०स०; व्रजवाश्नु - भा०; व्रजवासिनु - मि०; व्रजवासनि - मु०; व्रजवासिनि - नी०ह०। कौ – को - को०पा०मो०भा०मु०; कौं - वा०; के - न०वे०गा०स०; कों - ह०। उचित – उचितु - उ०न०; उचित्त - को०; अच्युत - मो०; उचिन - गा०। धन – धनु - उ०न०गा०मि०मु०नी०। जो – सो - को०शि०वा०पा०मि०नी०ह०; शो - भा०। धन – चित - मो०; धनु - मु०; धानु - नी०। रुचित – रूचित - वा०; रुचत - ह०। कोइ – कोय - को०ह०; कौंई - वा०; होई - मो०; होइ - वे०गा०स०; कोई - नी०। आयौ – आयो - को०मो०गा०स०भा०मु०ह०; आयौं - वा०; आवै - पा०वे०। सुचितई – सुचितईं - मो०। कहौ – कहो - शि०मो०वे०गा०मु०नी०ह०; कहौं - वा०। कहां – कह - पा०; कहा - गा०भा०। ते – सौ - को०; तें - वा०मु०; तै - न०वे०गा०भा०; तैं - स०; त - नी०। होइ – होय - को०ह०; हौंई - वा०; होई - मो०। [५४४]

एकै नंदकिसोर [५४५] [61]

اپنین اپنین مت لکے باد مچاوت سور ۰ جیون تیون سبہ کو سي بو اکي نند کسور
[ظا۰ ٥٤٥]

अन० : कवि की उक्ति सिद्धांत वचन, परिसंख्या अलंकार।

नर० : भक्तजन कवि विहारीदास कहतु है कि अपने अपने मत के लागे भै थके वृथा अनै सोर मचावत है सो ज्यौं त्यौं परकार करिकै सेवौ, एकही नंदकिसोर कौ सेइवौ है –

> **आपने आपने लागि रहे मत कोऊ न काहू को मर्म लहै है। वाद ककै कछु सोर मचावत कर्म विचारकै वैन कहै है। एक कहै हरि ईस सिवा अरु और अलष अनंत चहै है। त्यों सवको इत सेववो एकही ज्यों प्रभु नंदकिसोर वहै है** [नर० ५४५]

कृष्ण० : यह भक्त कौ वचनु अरु सवकौ अधीश्वर एक श्रीकृष्णजू है यह सिद्धांत –

> **जग मै अपने अपने मत लागि करै वकवादु वृथा भरमै। सवकौ वह सेइवे नंद को नंदन व्यापक है जु चराचर मै। सव कौ वरसौ किनि नीर कहू सव आनि समातु है सागर मै। जिय साच सौ काहू की सेवा करौ परि आनि मिलै नटनागर मै** [कृष्ण० ५४५]

हरि० : आपने आपने मत सों लागिकै द्वैत इत्यादि सों लागिकै वाद करि सोर मचावत हैं, किंवा वाद वृथा सोर मचावत हैं, ज्यौं त्यौं सव तरह करि सवही को एक नंदकिसोर को सेइवो जोग्य है, किंवा वडी संपत्ति होय तौ वडी सामग्री सेइए नहीं तौ भजन कीजिए जो कछु मिलै सो चढाइए तुलसीजी को दल चढाइए वाद को निषेध जताय एकै नंदकिसोर को सेवनो ठहरायो, परिसंष्या अलंकार, परिसंष्या इक थल वरजि दूजे थल ठहराय।

— ⋆ —

सुभर भर्‌यौ तुव गुनकननु। पचयो कपट कुचाल। क्यौं धौं दार्‌यौं ज्यौं हियौ। दरकत नाहि न लाल [५४६] [62]

---

[61] अपने अपने – अपनैं अपनैं - वा०नी०; अपने - वे०; अपनै अपनै - गा०मि०। मत – मन - शि०। लगे – लगैं - वा०। वादि – वाद - को०शि०वा०न०वे०गा०स०मि०मु०ह०। मचावत – मचावति - न०। सोर – सौंर - वा०। ज्यौं त्यौं – ज्यों ज्यों - को०शि०वे०स०; ज्यों त्यों - पा०मो०न०गा०मु०; जिहि तिहि - भा०; ज्यो त्यौ - नी०। सवको – सवकौं - उ०न०गा०मु०; सवकों - वा०; सव, आगे के वर्ण पर संशोधन - पा०; सववकै - मो०; सवकौ - स०भा०मि०नी०; सवही - ह०। सेइवौ – सेयवो - को०वे०; सेईवौं - वा०; सेइवे, ए पर ओ की मात्रा बाद में - पा०; सेइवो - मो०गा०भा०; सेववो - मु०। एकै – एके - शि०; एकैं - वा०; एकहि - मो०न०गा०स०मु०; येकै - नी०। नंदकिसोर – नंदकिशोर - पा०। [५४५]

[62] सुभर – सुभरु - उ०नी०ह०। भर्‌यौ – भर्‌यो - को०पा०मो०वे०भा०; भर्‌यों - वा०। तुव – तुअ - को०; तु - वा०; (लुप्त) - गा०। गुनकननु – गुनकननि - पा०मो०मु०ह०; गुनकनन - वे०गा०; गुनगननु - भा०; गुनगनन - मि०; अगुनकननुं - वा०; गुणकनक - स०। पचयो – पचयौ - वा०न०गा०नी०; पकयो - भा०; परयौ - मि०। कपट – कुवत - को०भा०मि०नी०; 'कपट' मूल में, हाशिए पर 'कुवत' - पा०। क्यौं – क्यो - पा०; क्यों - मो०वे०गा०स०; क्यौ - न०भा०मि०; क्यैं - नी०। धौं – धौ - को०वा०न०भा०; धो - पा०वे०; धों - मो०गा०स०ह०; यौं - मि०; अव - मु०। दार्‌यौं – दार्‌यो - को०पा०; दार्‌यों - मो०वे०; दार्‌यौ - गा०स०मि०;

سو بہر بہرئیو تو او کنن پچیو کوت کوچال • کیون دہون دارون جیون ہیو درکت
نانہ نہ لال [ظا• ٥٤٦]

अन० : अधीरा षंडिता की उक्ति नायक सो, रूपक उपमा को संकर।

नर० : सषी कौ उराहनौ, सषी कौ वैन नाइक सौ, हे लाल राधे कौ हियौ तुमारे गुनन के कन तिन करिकै तौ सुभर भर्‌यौ है और तुमही कपटाई अरु कुचाल करिकै पाकौ है तौ अव दार्‌यौ की परै फाटतु क्यौं धौ नहीं है, ए फाटैही जु –

> **भारी भर्‌यौ कनतौ गुनरासि षरे अविनासी सच्यो मन मान्यो। कै कपटै पचयो है कुचाल न आपनी ओर सवै भय भान्यो। लोभ मृषादिक के कर थापित देषतही सगरी विधि ठान्यो। कैधो हियो इह दारिम ज्यों दरकै नहिं लाल घनो गदरान्यो** [नर० ५४६]

कृष्ण० : प्रौढा नाइका को उराहनो, नाइका को वचन नाइक सो –

> **मो उर मै अनुराग के फूल ते प्रीति प्रतीति कली प्रगटी ज्यौ। रावरे औगुन के कनिका छककै वकुला संग भूरि भरे त्यौ। वंचकताई की वातनि सौ कविकृष्ण कहै परिपक्व भयो प्यौ। आवत मोहि परेषो यहै अव दाडिम ज्यौं दरकै न हियो क्यौ** [कृष्ण० ५४६]

हरि० : अधीरा की उक्ति, तुमरो जो गुन सो सव है कन दाना तिननि सों सुभर सुंदर तरह सों भर्‌यो है पूर्न है, तुमारो कपट औ कुचाल कुचलन तासुं पक्यो है, हे लाल हमारो हियो क्यों कहि धौं दार्‌यौं लौं अनार की तरह दरक फाटत नाहिं न नाही है, गुनकन निरूपक दार्‌यो उपमान हिय उपमेय लों वाचक दरकत धर्म उपमा दरकिवे को कारन है पै दरकै नहीं, विशेषोक्ति, विशेषोक्ति जेहि हेतु सो कारज उपजै नाहि।

— ⋆ —

चित दै देषि चकोर त्यौं। तीजैं भजै न भूष। चिनगी चुगै अंगार की। चुगै कि चंदमयूष [५४७] [63]

چت دي ديکہ چکور تيون تيجي بہجي نہ بہونکہ • چنکي چوکي انکار کي چوکے کے
چندر ميّکہ [ظا• ٥٤٧]

दाडिम - भा०। ज्यौं – लो - को०पा०; लों - मो०वे०गा०स०ह०; लौ - न०भा०; लौं - मु०। हियौ – हियो - को०पा०मो०वे०भा०ह०; हियैं - वा०; हीयो - गा०स०मु०। दरकत – दरकतु - न०गा०भा०; दुरकतु - नी०। नाहि – नांहि - को०मो०न०वे०गा०स०; नीहि - वा०; नहि - पा०। न – नि - वा०; (लुप्त) - पा०; नु - न०; जु - गा०स०; नै - नी०। लाल – नंदलाल - पा०। दोहा लुप्त - शि०। [५४६]

[63] चित – चितु - उ०भा०; चित्त - वे०। दै – दे - शि०मु०; दैं - वा०; मै - वे०। देषि – देंष - वा०; दैषि - स०; देषु - भा०। चकोर – चकौंर - वा०। त्यौं – त्यौ - उ०भा०; त्यो - पा०मो०; त्यों - न०वे०गा०स०। तीजैं – तीजै - को०भा०मि०; तातें - शि०; तीजे - पा०; तीजी - न०वे०गा०स०; भींजै - मु०। भजै – भजैं - वा०मो०; भाजै - मि०। न – (लुप्त) - मि०। चिनगी – चिगगी - न०; चितनी - गा०; चिनिगी - ह०। चुगै – चूगें - शि०; चूगैं - वा०ह०; चुगे - मो०। अंगार – इंगार - मो०; अगार - मि०। चुगै – चूगै - शि०; चुगैं - वा०; चुगे - मो०; पिये - न०; पीयै - वे०स०; पियै - गा०। कि – कै - मो०; (लुप्त) - वे०। दोहा लुप्त - नी०। [५४७]

अन० : सिक्षा मतिभावध्वनि, परिसंष्या अर्थांतरन्यास अन्योक्ति को संकर।

नर० : अन्योक्ति, कवि विहारीदास कहतु है कि रंचको तू आपने चित के विषै विचार कै देषि कि तेरी भूष अंगार की चिनगी चुगै तै भाजैगी कि चंद्रमा की किरन पियै ते भाजैगी पै और तीजी वात तै भाजैगी नांही –

आपनो चित्त दै देषि भली विधि चारु चकोरन त्यो सुष पैहै। ऐसो सुभाव लग्यो इनको ढिग दूजै प्रकारन भूष न जैहै। चाहि अंगारन की चिनगी चुगि और कछू हियरा न धरैहै। सुंदर सीत पियूष भरे अति कै मुष चंदमयूष चुगैहै [नर० ५४७]

कृष्ण० : इह अन्योक्ति कवि की उक्ति –

जाकौ जहा मन लागतु ताहि सवै तजि वाही कौ देषिवो भावै। कृष्ण कहै विनु देषे सहै सु वियोग विथा तौ मोदु वढावै। दै चितु देषि चकोर की ओर न तीजै उपाइ छुधा वहरावै। कै चुगै पावक के कनिका कै निसाकर की किरनै जव पावै [कृष्ण० ५४७]

हरि० : नायिका ने नायक को औरि नायिका सों आसक्त सुनिकै मान कियो है तहां सषी वचन, चित दैकै तूं चकोर त्यौं चकोर की ओर देषो, तीसरी वात सों भूष नही वाकी भाजै यही दोय वाकी वृत्ति है, कै अंगार की चिनगी चुगै है कै चंद्रमा को मयूष किरन ताको चुगै है कै यह विरहाग्नि कौ भोग करैगो कै तुमारो मुषचंद मयूष कौ भोग करैगो, अन्योक्ति मै भी लागै है कै फकीरी लेइगौ कै राज सुष करैगो, पहला अर्थ में दृष्टांत।

— ★ —

तुहूं कहति हौ आपुहूं। समझति सवै सयान। लषि मोहन जौ मन रहै। तौ मन राषौ मान [५४८] [64]

توہون کہت ہون اپہون سمجہت سبے سیان • لکہ موہن جو من رہي تو من راکہون مان [ظا• ٥٤٨]

अन० : नाइका की उक्ति सषी सो, सिक्षा वचन होय तो सषी की उक्ति नाइका प्रति, विशेषोक्ति अलंकार।

---

[64] तुहूं – तूहू - मो०मि०; तूंहि - गा०; तूंही - स०; तूहि - मु०; तुही - नी०। कहति – कहत - को०शि०वे०स०मु०; कहै - पा०ह०; कहि - मो०। हौ – है - को०; हौं - वा०मो०मि०नी०; हों - न०; हो - वे०गा०स०। आपुहूं – आपहुं - को०; आपहू - शि०पा०मि०; आपहौं - वा०स०; आपहों - वे०; आपुहों - गा०; आपुहू - भा०; आपहौ - मु०। समझति – समझत - को०वे०; समुझति - शि०पा०न०गा०ह०; समैझैं - वा०; समुझत - मो०स०। सवै – सवे - को०; सवें - शि०। सयान – सयांनु - उ०गा०; सयानुं - शि०; सयानुं - वा०; सयानु - मो०न०नी०; सयांन - वे०स०मि०। लषि – लिषि - वा०; लष - वे०; (लुप्त) - ह०। मोहन – मौंहन - वा०; मोहनमन - भा०नी०। जौ – जो - को०पा०मो०न०वे०गा०स०मु०; जौं - वा०; मन - मि०; ज्यौं - ह०। मन – मनु - न०गा०; (लुप्त) - भा०नी०; जो - मि०। रहै – रहि - को०। तौ – तो - को०मो०वे०स०भा०; तौं - वा०। मन – मनु - उ०नी०; म - गा०; में - ह०। राषौ – राषो - को०; राषहु - शि०; राषहुं - वा०; राषौं - ह०; राषौं - मो०मि०; राष्यो - न०वे०; राष्यौ - गा०स०; राषै - मु०नी०। मान – मांनु - उ०गा०; मांन - को०स०मु०; मानु - शि०न०नी०; मांनि - वा०। [५४८]

नर० : मनायवौ, सषी कौ वैन नायका सौ, हे राधे, तू मोसौं कहति है कि मैं आपुही तैं सगले सयान समुझति हौं पै जौ मोहनजू कौ देषतै तेरो मनु वौर रहैगो तौ थोरो मान राष्यौ मन क० जानौ ए मेरेही कहे तै उठि चले –

> **तोहि हौ आपतै तातै कहूं पुनि तूही सयान सवै समझै है। स्याम को सुंदर रूप निहारत नैन सवै तजि ह्वां उरझै है। आपनो जोवन वाहि लषै सुनि काइ मनौ वच जो थिर रैहै। तो मन राषिहो मान प्रमान कै योंहि किये ते वृथा श्रम ह्वैहै** [नर० ५४८]

कृष्ण० : इह नाइका प्रौढा सषी कहति है तू मान करि, सो नाइका सषी सौ कहति है – - मि०नी०;

> **मानु कियो रमनी जन के वस प्रीतम होत मतो यह तेरो। हौंहू यहै अपने चित आनति जानति हौ करि स्यान घनेरो। तो करौ मान री मोहन को लषि जो सषि हाथ रहै मन मेरो। रूसिवो जी मै विचारति हौ पै कहा करौ त्यौरु न होतु तरेरो** [कृष्ण० ५४८]

हरि० : नायिका वचन सषी सों, तूं भी कहति है और भी कहाति है हूं मैं आपभी सव सयानी समुझति हौं, मोहन को देषिकै जो मन रहि सकै तौ मैं मान को राषौं मान कौ कार्ज मान है, हौं आपु दोय पद सों यह अर्थ कोई के सिषए विन जानत है, सयान समुझिवौ औ सषी को उपदेस कारन तासों मान रहन कोनो कार्ज नहीं भयो, विसेसोक्ति, विसेसोक्ति जो हेतु सों कारज उपजै नांहि, ज्यौं त्यों पद सों संभावनालंकार।

—★—

धुरवा होंहि न अलि उठे। धुवा धरनि चहुकोद। जारत आवत जगत कौ। पावस प्रथम पयोद [५४९] [65]

دہروا ہونہ نہ ال اوتہي دہوان دہرن چہون کود • جارت اوت جکت کون پاوس پرتہم
پیود [ظا• ٥٤٩]

अन० : नाइका विरहनी को वचन सषी सो, निर्वेद संचारी, अपन्हुति अलंकार।

नर० : प्रोषितपतिका नायिका कौ वैन सषी सौ, हे अलि धरन के विषै धुरवा सौ होइ तै चहूकोद मै ए धुवाधर न उठे है सो जगत कौ जारतु आवत है सो कौन, कि पावस रितु के विषै पहिलो पयोद पै यौ पयोद न है, यौ ही जु है –

---

[65] धुरवा – धुरिवा - गा०। होंहि – होहि - को०शि०पा०भा०नी०; होय - न०वे०; होइ - गा०स०; हौहि - मि०; हौइ - मु०। न – नु - न०। उठे – उठें - वा०; उठै - वे०स०भा०मु०; इहै - ह०। धुवा – धुंवां - उ०ह०; धुंआं - को०; धुंवी - वा०; ध्रुवा - वे०गा०स०; धुवां - नी०। धरनि – धरिनि - उ०; धरन - न०वे०गा०स०। चहुकोद – चहुकौद - उ०; चिहुंकोद - शि०न०; चिहौंकौंद - वा०; चिहुंकोध - वे०गा०; चिहूकोध - स०; चहूंकोद - नी०; चहुंकोद - ह०। जारत – जांरत - वा०; आवत - पा०; जारतु - भा०। आवत – जारत - पा०; आवतु - भा०; आवति - मि०। कौ – कौं - शि०वा०गा०; को - पा०; कों - मो०ह०; कै - वे०। पावस – पावस, ‘प’ में आ की मात्रा बाद में - उ०। प्रथम – पृथम - पा०। पयोद – पयौंद - वा०; पयोधि - वे०गा०। चतुर्थ यति का पाठ लुप्त, हंसपद मात्र - को०। [५४९]

नाहिन ए धुरवा हम जानति अंवर ओर चलै वहु धारै। ऐ धरनी चहुकोद धुआ अलि आय उठे सु विसेष विहारै। देषतही डरपै जियरा अति मारत है अवला डर डारै। पावस के पहिलेई पयोधर आवतही विरहीजन मारै [नर० ५४९]

कृष्ण० : इह वरषा समय नाइका प्रोषितपतिका नाइक को वचन सषी सो –

मेरो कह्यो मानि जिय निहचै कै जानि आली प्रथमही पावस के वल उघरत है। सीतल समीर मिल्यो तैसोई सहाइ करु विरही विचारे कहि कैसे उवरत है। जगहि जरावत ए आवत घुमडि घन ताही त्रास षगकुल सोरु ए करत है। चपला नचत झरपत ज्वाल जालन की तेई धूमधार ए न धुरवा परत है [कृष्ण० ५४९]

हरि० : विरहनी की उक्ति सषी सों हे अलि सषी धुरवा में घनही यह है चहुंकोद चहुंओर धरनी भूमि ताको धुवां है जगत को जारत आवत है पावस वरषा रितु के प्रथम दिन के पयोद मै जरि सौ उठै मेघ सो धुरवा ताको धुआं को आछेप करि छपायो सुद्धापन्हुति, धरम दुरै आरोप तें सुद्धापन्हुति जान।

— ⋆ —

नष रुचि चूरन डारिकै। ठग लगाइ निज साथ। रह्यौ राषि हठि ले गयो। हथाहथी मन हाथ [५५०] [66]

نکہ روچ چورن دار کے ٹھک لکاي نج ساتہ • رہو راکہ ہتہ لے کئے ہتہا ہتین من ہاتہ [ظا۰ ٥٥٠]

अन० : उक्ति उपपति की वचन अनुभाव ते स्मृति संचारी पूर्वनुराग व्यंगि, परकीया नायिका होइ तो नायिका की ही उक्ति होइ, रूपक।

नर० : चित्त लगन, नायिका कौ वैन सषी सौ, हे सषी उन ठग नै नषेक रुचि रूपी चूरन मेरे पर डारिकै अरु अपने साथ लगायकै जो रह्यो है सो राषिकै अरु जोरावरी सो हथाहथी मेरो मन हाथ करिकै लै गयो –

तुंद लसै महंदी के सुरंग उही अरुनाई के रंग रचाइकै। रेष वसी कर मंत्र दिषाइके साथ लगाइ लियो अपनाइकै। चारु नषद्युति चूरन डारि अधीन कियो बहु भांति भुराइकै। राषहु पै न रह्यो मन हाथ हथाहथी हाथ गयो सु मिलाइकै [नर० ५५०]

कृष्ण० : नाइका के हाथ की सोभा देषि नायक को मन वाके हाथ नाही रह्यो सु नायक अपने मन की गति सषी सौ कहत है, नाइकाहू सो कहै –

---

66 **नष – चष - पा०ह०। रुचि – रूचि - वा०। चूरन – चूरणु - उ०नी०। डारिकै – डारिकैं - को०वा०मो०; डारकै - वे०स०। ठग – टगि, 'ट' को बाद में 'ठ' बनाया गया है - उ०; ठगि - वा०न०गा०; रुगु - भा०; ठगु - नी०। लगाइ – लगाय - को०वा०न०मि०ह०; ठगाय - वे०गा०स०; लाई - नी०। निज – निजु - भा०मि०नी०। साथ – हाथ - भा०। रह्यौ – रह्यो - पा०मो०वे०स०; रहो - भा०। राषि – राष - वे०स०। हठि – हठ - को०वा०पा०मो०न०वे०गा०स०मु०ह०; मनु - भा०। ले – लें - वा०; लै - पा०भा०मि०मु०नी०। गयो – गए - उ०वे०गा०; गयौ - शि०भा०मि०मु०नी०; गयौं - वा०; गयो - पा०; गऐ - न०; गये - स०। हथाहथी – हाथहथी - मि०। मन – मनु - उ०भा०मि०नी०। [५५०]**

कंचन के पल्लव पै छोटी वडी लीक मनौ लिषो है उचाट मंत्र विधि मोह सौ मयौ। सुधा कौ श्रवत मनि मानिक लसत सोहै आंगुरी किरिन ज्यौं प्रभाकर उदै भयौ। मिहदी रचित नष किधौ मैन पंचवान धरे षरसान सोने पानी तिनकौ दयौ। अंचरा की ओट तै अचानकही दीठि परो तेरे हाथ देषे मन मेरे हाथ तै गयौ [**कृष्ण० ५५०**]

हरि० : परकीया वचन सषी सौ, काहू पर कोई टोना करै है तव चूर्न कै विभूति इत्यादि मंत्रित कै डारै है, चष नेत्र ताकी रुचि कांति सोई है चूरन ताको डारिकै ठग जो है नायक सो आपने साथ में लगायकै हाथाहाथी, हाथाछोपी कहत हैं, मन हमारो लै गयो औ उहांई राषि रह्यो है, हमारेई हमारे इहां मन को नहीं आइवे देत है, हठ ऐसो अकारांत पाठ होय तौ हमारो जो हठ सो मन को राषि रह्यो तौ भी चष रुचि चूरन इत्यादि वैसेही जानिए, चष रुचि चूरन रूपक।

— ★ —

चलत देत आभारु सुनि उही परोसिहि नाह। लसी तमासै की द्रिगनु। हांसी आंसुनु माह [५५१] [67]

چلت دیت ابہار سن اوہین پروسہ نانہ • لسي تماسي كي دركن ہانسي انسون مانہ [ظا• ٥٥١]

अन० : उक्ति सषी सो सषी की परकीया नायिका हर्षोदय विषादाभास प्रहर्षण।

नर० : प्रवत्सत्भर्तृका सषी को वैन सषी सो, हे सषी राधिका अपने नाह कौ चलनु के समै परोसनि प्रतै आभारु देत सुन्यो सो वा समै असुवनु के माहि हसिकै आंषि तमासै को लषी है –

देत अभार सुने जव प्रीतम वाल तिही परदेस नवीने। वाहि परोसिन को अति आदर कै सव सीष दई रस भीने। आपनी नारि लसी है षरी अनषाइ तमासन के द्रिग कीने। वोलि सकी न कहा करै आकुल हासन मै अंसुवा भरि लीने [**नर० ५५१**]

कृष्ण० : यह नायिका परकीया मुदिता, चाहियत बात भई जानि प्रसन्नता की हासी भई, सषी को वचन सषी सो –

[67] चलत – चलन - वे०गा०स०; प्रथम यति 'सुनि निज चलत अभार दें' - मो०; चलेत, ए की मात्रा पर काटने का चिह्न - भा०। देत – (लुप्त) - पा०। आभारु – आभार - शि०वा०वे०स०मि०मु०ह०। सुनि – मन - शि०; दै - पा०; शुनि - भा०; सुन - मु०। उही – उह, 'ह' में इकार बाद में - शि०; उहि - वा०मु०; वही - पा०ह०; उरी - वे०। परोसिहि – परोसहि - शि०भा०; पारोसिंहि - वा०; परोसी(अपठ) - पा०; परोसन - मो०वे०गा०स०; परोसनि - न०मु०; परौसनि - मि०; परौसिहि - नी०। नाह – नांह - उ०; नाहि - वे०। लसी – लसै - न०; लसत - वे०स०; लसे - गा०। तमासै – समासा - शि०; तमासें - वा०; तमासे - पा०मो०न०गा०स०भा०मि०नी०ह०। की – के - शि०ह०; कौ - न०; कों - वे०गा०स०। द्रिगनु – दृगनु - उ०; द्रगनि - वा०मि०नी०; दृगनि - पा०मो०भा०ह०; द्रगन - वे०स०मु०। हांसी – हासी - शि०पा०मि०; हासि - वा०। आंसुनु – असुवनि - शि०; अंसुवन - वा०; आसुन - पा०मो०न०मि०; असुवन - वे०स०; आसुवन - गा०; आशुन - भा०; आंसुन - मु०ह०; आंसुनि - नी०। माह – मांह - उ०मि०मु०; मांहि - शि०वे०गा०स०; मांहिं - वा०। दोहा लुप्त - को०। [५५१]

देषि परोसी की चीकनी चाहनि प्यारी हियै परी प्रेम की फासी। त्यो पिय जात विदेस लष्यो विलषी विरहातुर स्वास उसासी। वाही परोसी सौ वोलि कह्यो पति है इत तोसौ हमारी निसासी। त्यौं लसी अंवुजनैनी के नैननि आंसुन माझ तमासे की हासी [कृष्ण० ५५१]

हरि० : सषी सो सषी, नायक परदेस जात है चलत कै नाह नायक वह जो परोसी है जासों नायक की प्रीति थी, ताही को आभार वर को अषतिआर देषि सुनिकै तमासा के जे दृग हैं दर्शनीय जे दृग हैं तहां आंसू में हांसी लसी, सो भी परोसी के घर सोंपत कै राजी भई, तमासो किए सो भी पाठ है, तहां तमासे की हांसी आंसुनि माहि लसी, किंवा दृगनि मै जो है आंसू तामे हांसी तमासो करिकै लसी असमै मै जो वस्तु होय सो तमासा किंवा तमासा के जो है दृग तामै जो है आसु तामे जो है हांसी तासो नायिका लसी, सोभी, वही परोसिनि नाह ऐसो भी पाठ है जो परोसिनि अभिसार करावै थी ऐसे जानिए, परोसिनि कौ जो नाह है ऐसे भी लगाइए, गच्छतपतिका है, मुष्य मुदिता जानिए, वात सुनत मनभावती जा तन होय हुलास, मुदिता है सो नायिका चाहत कियो विलास, परपति सों मिलिवो इष्टता की सिद्धि विन जतन, प्रहर्षण अलंकार।

— ⋆ —

सुरति न ताल न तान की। उठ्यो न सुर ठहराइ। ए री राग विगारिगौ। वैरी वोल सुनाइ [५५२] [68]

سرت نہ تان نہ تال کي اوتہت نہ سر تہراي • اي ري راک بکار کو بيري بول سناي
[ظا• ۵۵۲]

अन० : परकीया नायिका की उक्ति वचन अनुभाव ते स्वरभंग सात्विक पूर्वानुराग व्यंगि काव्यलिंग अलंकार।

नर० : सात्विक भाव सषी कौ वैन सषी सौ, हे सषी राधिका के ताल देन की अरु तान की सुरत रही नहीं अरु जो सुर उठ्यौ थौ सौ सुर ठहर्‌यो नहीं पै ए री वेरी जो पपीहा वोल सुनाइकै रागु विगारि गयो है –

तालन की अरु तान की नैक न वुद्धि सवै मन भूलि दयो है। और उठ्यो ठहराय नहीं सुर या विधि को अनुराग भयो है। एकहि वेर सवै छुटिगो कछु हेरन को हियरा उनयो है। वोल सुनाय अरी कोउ चातक वैरी सो राग विगारि गयो है [नर० ५५२]

---

68 सुरति – सुरत - को०शि०मो०न०वे०गा०स०मि०। ताल न – तानरु - उ०; लाल न - शि०; तान न, मध्य वर्ण 'न' 'ल' - पा०; भाल न - गा०; तालरु - ह०। तान – ताल - उ०मु०; तांन - को०वा०मो०न०वे०गा०। उठ्यो – उठौ - उ०मि०; उठ्यौ - शि०न०गा०स०भा०मु०नी०ह०; उठ्यौं - वा०। सुर – शुरु - न०; सुरु - मु०। ठहराइ – ठहराय - को०वे०गा०ह०; ठहरांइ - वा०। ए री – ए रि - को०; ऐ री - शि०; ऐं री - वा०; ये री - नी०। राग – रागु - न०गा०भा०मु०नी०। विगारिगौ – विगारिगो - को०पा०मो०भा०; विगारिगौं - वा०; विगारवौ - वे०स०; विगासगौ - गा०; विगारगौ - मि०। वैरी – वेरि - को०; वैंरी - वा०; वोरी - वे०गा०स०; वेरी - मु०। वोल – राग वोल - वा०; वोलु - नी०। सुनाइ – सुनाय - को०गा०ह०; शुनाइ - न०भा०। [५५२]

कृष्ण० : यह सात्विक भाव, नाइका कौ वचन सषी सौ अरु सषी वचन नाइका सौ नाइक को वचन सषी सो, जौ सषी नाइक सो कहै तो लच्छिता, सषी सो कहै तो परकीया –

लै कर वीन प्रवीन तिया सुर साधिकै गान को ठाठु ठयो है। द्वार पै आइकै ताही समै मनमोहन काहू को नाउ लयो है। तान कहूं अरु ताल कहूं सुर तौ कछु और तै और भयो है। वैरी अचानक वोल सुनाइकै नंद को रागु विगारि गयो है [कृष्ण० ५५२]

हरि० : परकीया वचन सषी सौ, ताल अरु तान की इयादि नहीं रही, उठ्यो अलाप्यो स्वर नहीं ठहराय है, ए री सषी नायक राग को विगारि गयो, स्वरभंग सात्विक भयो वैरी वोल सुनाय वाको वोल राग को वैरी, स्तंभ कंप वाके वोल सुनै भए यातें वैरी कह्यो, किंवा वै कहिए ए द्वै के दोय वात सुनायकै री सषी किंवा प्रत्यच्छ नायक नहीं है याते वैरी जो हमारी सपत्नी ताको वोल सुनायके हमारे कोप ते कंप स्वरभंग भयो, सोत सों वोलत सुनिकै सुर नहीं ठहरात है, राग विगार्यो है किंवा राग प्रेम को भी नाम है, हमसों उनसों जो प्रेम थो ताको विगारि गयो, राग विगारिवे को समर्थन कियो, काव्यलिंग अलंकार।

— ★ —

प्रजर्यौ आगि वियोग की। वह्यौ विलोचन नीर। आठौ जाम हियौ रहै। उड्यौ उसास समीर [५५३] 69

پجریو اک بیوک کي بہیو بلوچن نیر ۰ اتہون جام ہیو رہي اودیو اوساس سمیر [ظا۰ ۵۵۳

अन० : जो सषी की उक्ति सषी सो होइ तौ विषाद संचारी प्रोषितपतिका नाइका जो सषी की उक्ति नायक सो होइ तौ नायिका के पूर्वानुराग ते विरह भयो है ताको निवेदन करति है ऐसेही नायिका की उक्ति ते पर्यायोक्ति अलंकार।

नर० : पत्री नायक प्रतै, सषी के वैन नायक सो, हो कान्ह राधिका के हिया मै जो नीर हुतौ सो तौ नेत्रां कै नीर करि वहि गयौ और भी वियोग की आगि करिकै वर्‌यौ सो अव आठौ जाम हियौ उसास कै समीर साथ उड्यौ रहै है –

आगि वियोगनि की पजर्‌यौ अति या विधि की वहु पीर लहै है। तापर नेह दसा दुषदाइन और विलोचन नीर वहै है। सुष्ष सवै तन छाडि दयो पै कलेवर छांडि न जीव वहै है। आठहु जाम हियो नित तूल उसास समीर उड्योइ रहै है [नर० ५५३]

69 प्रजर्‌यौ – पजर्‌यो - को०; प्रजर्‌यौं - वा०; पृजर्‌यो - पा०; पजरों - मो०; प्रजर्‌यो - वे०; पजरो - भा०; पजर्‌यौ - मि०मु०; जर्‌यौ जु - नी०। आगि – आग - को०वे०स०भा०मि०; आंगि - वा०। वियोग – वियौग - वा०। वह्यौ – वह्यो - को०मो०वे०; वहो - पा०भा०। विलोचन – विलौचन - वा०। आठौ – आठो - को०पा०वे०गा०; आठों - शि०मो०; आठौं - वा०ह०। जाम – जांम - उ०शि०वा०न०वे०गा०; यांम - को०। हियौ – रहै - को०न०वे०गा०स०मु०; हीइ - शि०; हियो - पा०; रहैं - मो०; हिए - भा०; हियौं - मि०; हिंए - ह०। रहै – हीयौ - गा०स०। उड्यौ – उठ्यौ - उ०मि०ह०; उडो - को०भा०; (लुप्त) - वा०; (अपठ) - पा०; उड्यो - मो०वे०; उस्यौ - मु०; उत्यौ - नी०। उसास – उसा - मु०। [५५३]

कृष्ण० : इह विरह की अवस्था नाइक अथवा नाइका अपनी सषी सौ कहै –

सवही ते कठिन सनेह की लगनि यह किनि सुष पायो मन प्रेमपंथ टारिकै। जाके तन लागै सोई जानत है भेद इहे वेदन विषम कौन सकति सम्हारिकै। कहै कवि कृष्ण यहै और अदभुत गति पजर्‌यो वियोग आगि वह्यो दृग वारि कै। तऊ देषौ आठौ जाम उड्‌योई रहतु हियो दीरघ उसासन की प्रवल वयारि कै [कृष्ण० ५५३] [70]

हरि० : सषी की उक्ति सषी सौ विरह में सषी की उक्ति नायक सों होय तो विरह दसा कथन, हियो कैसो है वियोग की आगि में प्रजर्‌यो है प्रज्वलित है वर्‌यो है, जापै विलोचन को नीर अश्रु वरस्यो है ऐसो हियो तामे आठौ पहर निःस्वास कौ समीर पवन उड्‌यो रहत है, वियोग की आगि सों वर्‌यो अत्युक्ति, अद्भुत होय किंवा झूठी वात होय तहां।

— ★ —

उर उरझो चितचोर सौं। गुरु गुरुजन की लाज। चढै हिडोरे से हियै। किये वनै ग्रहकाज [५५४] [71]

اُور اُورجہو چتچور سون گور گورجن کي لاج ۰ چدہي ہندوري سے ہئين کئين بني کره کاج [ظا۰ ٥٥٤]

अन० : परकीया नायिका को हेतु लच्छित कियो है सषी सषी सो कहति है याते अवहित्था संका संचारी पूर्वानुराग व्यंगि त्रपा औत्सुक्य भाव की संधि ते उत्प्रेक्षा।

नर० : चित्त लगन, सषी कौ वैन सषी सौ हे सषी याकौ उर तौ चित कौ चोर सौ उरझ्यौ है अरु गुरु अनै गुरुजन तिनकी लाज है सो हिडोरै चढी की परै हिया के विषै रहत है औ घर कौ कामहू किये वनत है –

आपनो आइ षरो उरझ्यो उर चित्त को चोर सो आन्योउ नेहै। लाज गुरू है गुरूजन की अति भांति भली सव लोक भने है। केतो कह्यो समुझाय भली विधि नैकहू काहू की संक गने है। हीय हिडोर चढ्‌यो सो रहै तऊ गेह को काज कियोहि वने है [नर० ५५४]

---

70 भा० प्रति में इसके स्थान पर 'कविराइ' की छाप सहित निम्नलिखित छंद है –

सरसीरुह चंदन चंपक सीर समीर सुहाइ नही सषि यौ। अव औरौ कहा हौ कहौ ए भटू नहि चंद्रप्रकास सोहात हियौ। कविराइ कहै इन वातनि सौ कै विना जगजीवन जात जियौ। पिय के विछुरे हियरा इहि काम लुहार के हाथ को लोह कियौ [भा० ५५३]

71 उरझो – उरझ्यौ - उ०; उरझ्यौं - शि०वा०; उरझ्यों - वे०; उरझ्यौ - न०गा०स०मु०नी०ह०; उरझौ - मि०। चितचोर – चितचौंर - वा०; चितचार - गा०। सौं – सों - को०शि०ह०; सो - पा०मो०; सुं - वे०; सौ - स०भा०मि०मु०। गुरु – गुर - वा०पा०भा०। गुरुजन – गुरजन - वा०पा०न०स०भा०। चढै – चढै, हाशिए पर 'ड्‌यौ' - उ०; चढ्‌युं - शि०; चढ्‌यु - वा०; चढी - पा०भा०मि०मु०नी०; चढें - मो०; चढे - न०वे०गा०स०ह०। हिडोरे – हिंडोरैं - उ०; हिंडोरै - को०; हिडोरें - शि०; हिंडौरै - वा०; हिडोरी - पा०; हिडोरै - वे०मि०; हिंडोरे - गा०स०ह०; हीडोरे - मु०। से – सैं - को०; सै - शि०वे०मि०; सैं - वा०; सी - पा०; सें - मो०मु०; पे - न०। हियै – हियें - उ०; हियो - को०; हीइं - शि०; हियौं - वा०; रहै, हाशिए पर 'हि' - पा०; हीयै - वे०गा०; हियौ - मि०; हीये - मु०; हिये - नी०; हिए - ह०। किये – कैये - उ०पा०नी०; हीइ - शि०; कीयौं - वा०; हिएं - मो०; कीयें - मो०; कीयै - वे०गा०मु०; कीयैं - मि०; किए - ह०। वनै – वनैं - उ०वा०ह०; वने - शि०मो०; वनत - वे०गा०स०। ग्रहकाज – गृहकाज - शि०वा०पा०भा०मु०ह०। [५५४]

कृष्ण० : नाइका मध्या सषी सषी सो कहति है –

> **नंदकिसोर के रूप लुभ्यो चितु यौ उरझ्यौ सु मुरै नहि मोरै। सांक हियै गुरुलोगन की गृहकाज करै अति लाज निहोरै। मैन मरूरनि सो मुरझाति कछू न विसाति फसी विवि ओरै। वा मृगलोचनि कै दिन द्वैक ते चढौ चित चारु विचारु हिडोरै [कृष्ण० ५५४]** [72]

हरि० : सषी सों सषी वचन, उर जो मन सो चित्तचोर जो है नायक तासों अरुझायो है, गुरु वडी गुरुजन की लाज है हियो मन हिंडोरा पर चढ़्यो है मनो तासों गृहकाज किए वनै है, किंवा गृहकाज किए वनै नहीं वनै है ऐसे जानिए डर नहीं कह्यो याते स्वकीया मध्या लज्जा औत्सुक्य की संधि गुरुजन सों लाज नायक सों औत्सुक्य भिन्न कारन ते भिन्न भाव, एक हेतु कै भिन्न तै भाव भिन्न जुत होय, संधि सराहत ताहि को उदाहरन रस भोय, क्रिया के आगे से वाचक है याते अनुक्तास्पद वस्तूत्प्रेक्षा।

— ⋆ —

पट सौं पोछि परी करौ। षरी भयानक भेष। नागिनि ह्वै लागति दृगनु। नागवेलि रंग रेष [५५५] [73]

پت سون پونچھ پري کرو کهري بهيانک بيکهہ • ناکين هوي لکت درکن ناکبيل رس ريکهہ [ظا • ۵۵۵]

अन० : अधीरा षंडिता की उक्ति नायक सो, उत्प्रेक्षा।

नर० : षंडिता नायिका के वैन नायक सो, हो कान्ह या षरे से भयानक भेष लिये जो नागरवेल के रस की रेष है सो पट सो पोंछिकै परी करौ या मेरे नेत्रां को नागनि समान लागति है –

> **पोछिकै दूर करो पट सों हरि नायक लाग रही जु असेषै। जीय डरै अकुलाय घनी अव रावरी सोंह भयानक भेषै। मेरे कहे की प्रतीति न आवत आपही आरसी लैकरि देषै। नागिन होयकै लागति है दृग नागरवेलि के रंग की रेषै [नर० ५५५]**

कृष्ण० : इह नायिका प्रौढा अधीरा षंडिता, नाइका कौ वचन नाइक सौ –

---

72 मि०मु० प्रतियों में इस दोहे का यह भिन्न उदाहरण है –

हरिमुष जोवति जरूनि सौ भयभीत नीलकंठ मैन की मरूरनि मरति है। वसन की वासन की सुधि परिहरी सव हरै हरै दीरघ उसासनि भरति है। मूरछित होति परति छिति पै परति नाहि सूर लौं सभारि फेरि धीरज धरति है। कहै कवि कृष्ण याके अंग अलसाने जात हिडोरै चढी ग्रहकाजनि करति है [मि० ५५४] चतुर्थ चरण 'उठ वहराइ रीझ तिय वहराइ ठहराइ फिरि लाजिहि वुलाइ ग्रहकाजहि करति है' - मु०।

73 **सौं – सों - शि०मो०वे०गा०ह०; सो - पा०; सौ - न०भा०मु०नी०। पोछि – पौंछि - को०वा०न०मि०; पोंछ - शि०मो०; पोछ - वे०; पोंछि - गा०ह०; पौंछ - स०; पौछि - मु०नी०। परी – परे - भा०। करौ – करो - को०वा०मो०वे०; करौं - शि०नी०; कारौ - गा०; करी - भा०। षरी – सषी - न०वे०गा०स०। भयानक – 'या' अपठ - पा०; भयांनक - न०वे०। भेष – भैंष - वा०; वेष - नी०। नागिनि – नागनि - उ०वा०मो०न०स०मि०; नागन - को०वे०गा०मु०; नागिनी - नी०। ह्वै – सी - पा०वे०गा०स०; सौं - न०। लागति – लागत - शि०; लागी - न०वे०गा०स०मि०मु०नी०। दृगनु – दृगनि - को०पा०मो०ह०; द्रिगनि - शि०मि०; द्रिगनु - न०; दृगन - वे०स०; द्रगनु - मु०नी०। नागवेलि – नागवेल - शि०न०वे०गा०स०मि०। रंग – (लुप्त) - वा०; रस - मो०न०वे०गा०स०मि०मु०नी०; की - भा०ह०। [५५५]**

आजु मया करि मेरे पधारे षुली बडभागिनु की सु घरी है। प्रीतम ए पटछोर सो पोछि परी करौ मो मति हेरि हरी है। लागति है मम नैननु कौ अहिभामिनि सी भय भूरि भरी है। केलि समै अहिवेलि के रंग की रेषनि मेषनि पै उघरी है [कृष्ण० ५५५]

हरि० : नायक सों नायिका वाक्य, पट कपरा सों पोंछिकै परी करौ दूरि करौ षरी अति भयानक भेष है नयिका के मुष की जो नागवेलि पान की रेषा नागिनि होयकै दृगनि मे लागति है, जड रेषा मै सक्ति विसेष याते षरी भयानक है नागवेलि की रेषा उपमेय सों उपमान नागिनि होयकै लागति है डसति है, परिनामालंकार करै क्रिया उपमान ह्वै वर्ननीय परिनाम, कहूं नागनि सी यह भी पाठ है।

— ⋆ —

तो लषि मो मन जो लही। सो गति कही न जाति। ठोडी गाड गड्यौ तऊ। उड्यौ रहै दिनराति [५५६] [74]

تو لکہ مو من جو لہي سو کت کہي نہ جات • تہورہي کاد کنديو تاؤ رہي اوديو دن رات [ظا• ٥٥٦]

अन० : नायका प्रति नायक की उक्ति, निज विरह निवेदन, विभावनालंकार।

नर० : नायक की पत्री, हे राधे तोकौ लषिकै मेरे मन जो गति लीनी है सो तौ गति कही जाति नाही है पै तेरी जो ठोडी ताकी षाड तिनके विषै मेरौ मन गड्यो है तऊ दिन अनै राति उड्योही रहतु है –

तोहि लषै अपने मन जो भई सो हम जानत और लहै है। सो गति नाहिन जाति कही कछु अंग अनंग वयार वहै है। लागि रही अति आतुरता रति वाढतही वहु देह दहै है। ठोडिन गाड गड्यो घन गाढ तऊ दिनरैनि उड्योइ रहै है [नर० ५५६]

कृष्ण० : अद्भुत रस, द्रष्टानुराग नाइक को वचन नाइका सो –

तेरे तन राजै व्रषभान की कुवरि जैसो ऐसो छविपुंज तिहू पुर मै न हतु है। जामै और अदभुत रीति अवरेषी ताहि सुमिरि सुमिरि अचिरजु उमहतु है। एक रसना सौ मोपै कहत वनै न क्योहू तोहि लषि मेरो मनु जो गति लहतु है। जदपि अगम ओडी ठोडी गाड गड्यो मनु तऊ देषौ आठौ जाम उड्योई रहतु है [कृष्ण० ५५६]

हरि० : साभिलाष नायक को वचन नायिका सों, तोहि देषिकै मेरे मन मै जो गति दसा लही है सो काहू सो कही न जाति है, आश्चर्य है ठोडी के गाड षाड मे पर्यो है तौ भी दिनराति उड्यौ

[74] तो – तू - शि०; तों - वा०; तौ - नी०। लषि – लिषि - को०। मो – मों - वा०। मन – मनि - को०; मनु - न०। जो – यो - को०; जों - वा०मो०। सो – सों - वा०। गति – गत - को०वे०स०; मन - मु०। जाति – जति - को०; जात - वे०स०; जात, ‘त’ में इकार बाद में - गा०। ठोडी – ठौढी - उ०न०गा०; ठाडी - को०; ठौडि - वा०; ठोढी - पा०। गाड – गाडि - उ०। गड्यौ – गड्यो - को०पा०मो०वे०; गर्यौ - वा०; गडौ - न०; गडो - भा०। तऊ – तउ - उ०को०। उड्यौ – उड्यो - को०पा०; ऊड्यो - मो०; उठो - भा०। रहै – रहे - को०; रहैं - वा०; रहति - पा०; रहत - मो०। दिनराति – दिनरात - वे०। दोहा लुप्त - मि०। [५५६]

रहत है, विलास करिवे को अनेक मनोरथ रूपी पौन मै पर्‌यो है, विरोधाभास है जहां विरोध सो वहै विरोधाभास, गाड मै पर्‌यो है तौभी उड़्यो रहै यह विरोध सो है।

—★—

मै लषि नारी ज्ञान। करि राष्यौ निरधार यह। वहई रोग निदान। वहै वैद ओषद वहै [५५७] [75]

مین لکہ ناري کیان کر راکہو نردہار یہ • وہي[76] روک ندان وہي بید اوکہد وُہي [ظا•
[٥٥٧

अन० : परकीया नायिका को पूर्वानुराग लच्छिछत कियो है सो सषी सषी सो कहति है याते लच्छिछता कहिये, उभयावर्त दीपक लाटानुप्रास अलंकार।

नर० : व्याधि कौ मिलन सषी कौ वैन नायक सो हे कान्ह मै राधिका की नारी लषिकै यौं ग्यान क० विचार निरधार कियो है कि इन रोग को यौही निदान है कि वोही जु वैद अनै उहीज औषद है, ताते तुम चलौ –

आपने जीय विचारिकै सुंदर नारि लषी पर ग्यान यहै है। चीन्हति चिन्ह सवै तन के कछु या विधि कै निरधार रहै है। पीर पिरात लषी सगरी वहई सव रोग निदान कहै है। सुंदर सूरत वैद वहै पुनि उत्तम औषध सोई वहै है [नर० ५५७]

कृष्ण० : यह लगनि सषी कौ वचन सषी सौ अंतरंग ते सषी कौ कहिवौ है अरु नाइका अथवा नाइक अपनी अवस्था सषी सो कहै तौहू संभवै –

काहे कौ घोरि घनौ घनसार वृथा उपचारनि कै तनु वारो। मै लषि नारी कह्यौ निरधार लहै इह भेदु न वैद विचारो। जाको सरूप चुभ्यो उर मै किनि ताहि दिषाइ विथा यह टारो। औषधि वैद वहै उपचारु वहै पुनि रोग निदान निहारो [कृष्ण० ५५७]

हरि० : विरहाकुल नायिका को देषि सषी सों सषी वाक्य, नारी स्त्री ताको मैं ज्ञान नारी नाडी ताको मैं ज्ञान सों लषिकै देषिकै यह निरधार निश्चै करि राष्यौ, वही जु नायक सो रोग को निदान आदि कारन है वाही के विरह सो रोग उपज्यो है वा नायक मिलै तो रोग छुटै याते वही वैद्य है वही नायक औषद है, दोहा उलटे सोरठा कहत जु सवै प्रवीन, नायक कहे तु रोग निदान आदि कार्ज ताकी एकता करी, हेतु अलंकार।

[75] मै – में - को०शि०वा०मो०; मैं - न०स०मु०ह०; मो - मि०। लषि – लष - न०वे०गा०स०। ज्ञान – यानु, 'य' के पूर्व 'ग्' मिटाया गया है - उ०; ग्यान - शि०मो०मि०; ग्यांन - वा०न०वे०गा०स०मु०; ग्यानु - नी०। करि – कर - वे०स०। राष्यौ – राष्यो - को०पा०मो०वे०; राषौ - स०; राषो - भा०। यह – इह - शि०; यहै - नी०। वहई – वहयी? - पा०; वहिई - मो०; वही जु - ह०। रोग – रोगु - मि०नी०। निदान – निदांनु - उ०; निदांन - वा०न०वे०गा०स०; निदानु - मि०। वहै – वहई - को०मि०; उहै - शि०वा०; वहैं - मो०; वही - ह०। वैद – वैद्रु - उ०; वैंद - मो०; वेद्रु - नी०। ओषद – ओषदि - उ०; उंषध - शि०स०; वोषध - पा०; औषद - मो०न०मि०मु०; उषद - वे०; औदि - भा०; आषदि - नी०। वहै – उहैं - शि०वा०; वहैं - मो०; वह - नी०। [५५७]

[76] وہي - اوہي - ظا•

— ★ —

जो तिय तुम जिय भावती। राषी हियै वसाइ। मोहि झुकावति दृगनि ह्वै। वहई उझकति आइ [५५८] [77]

جو تیہ تم جیہ بہامتي راکہي ہين چہپاي • موہ کہجہاوت درکن ہوي وہي اوجہکت
اي [ظا• ٥٥٨]

अन० : अधीरा षंडिता की उक्ति नायक सो षंडिता उत्प्रेक्षालंकार।

नर० : लक्षिता नायिका कौ वैन नायक सो हो कान्ह जो तुमारे जिय की भावती स्त्री है सो तुम आपने हिया के विषै वसायकै राषी है सो ए नेत्र मोको झुकावत है तो उवाहीज आनिकै उझकति है –

> **जो तिय रावरे जीय की भावती भांति अनेक कियै वरमावै। राषत हौ हिय मै जु वसाइ सदा सुष पाइ तुमै अति भावै। रूप सुलच्छन छाइ रही सव वा तुलना अव को अति पावै। मोहि झुकावति आइ अचानक नैन ह्वै जवई उझकावै** [नर० ५५८]

कृष्ण० : इह मान भ्रम नाइका नाइक की आषिन मै अपनौ प्रतिविंव देषि और स्त्री जानि कहति है –

> **नैक मनै करौ पाइ परौ हरि काहे ते मोसौ दवावति है। राज करौ नित याही लियै रहौ यामै कहा कहनावति है। जो तुम राषी वसाइ हियै पिय प्यारी तिहारी कहावति है। उझकै तिय रावरी आषिनु आनि वहै तिय मोहि झुकावति है** [कृष्ण० ५५८] [78]

हरि० : नायक सों नायिका वाक्य जो स्त्री तुमारी मनभावती है संसार तौ वाने आछी नहीं कहै है हृदय मै वसायकै राषी है तुमारे दृगनि मै होयकै आयकै मोहि षिझावति है ओही आंषिन मै आयकै मानौ उझुकति है वा नायिकामय तुम होय रहे हौ गम्योत्प्रेक्षा मानो ऊपर सों जानि परत है।

— ★ —

दोऊ अधिकाई भरे। एकै गौं गहराइ। कौन मनावै को मनै। मानै मन

[77] जो – यो - को०; जे - वा०। तिय – तीय - उ०शि०मि०; तुम - को०। तुम – तिय - को०; तुम्ह - गा०। जिय भावती – जीय भावती - उ०शि०गा०मि०; मनि भांवती - को०; जिय भावति - वा०; मन भावती - पा०भा०ह०; ही भावती - वे०; हिय भावती - मु०। राषी – (अपठ) - पा०। हियै – हियें - उ०; हिए - को०; हींइं - शि०; हिंयैं - वा०; (अपठ) - पा०; हिएं - मो०; हीयै - न०वे०स०; यै - गा०; हिऐं - ह०। वसाइ – लगाय - को०; वसाई - वा०; (अपठ) - पा०; छिपाईं - मो०; वसाय - वे०स०मि०ह०। मोहि – (अपठ) - पा०; मोह - मु०। झुकावति – झुकावत - को०मो०वे०स०मु०; झूकावति - वा०; (अपठ) - पा०; झुवति - गा०; षिजावति - ह०। दृगनि – द्रगनु - उ०; द्रिगनु - शि०वा०; (अपठ) - पा०; द्रिगन - न०गा०स०मि०; द्रिगत - वे०; द्रगनि - भा०नी०; द्रिगनि - मु०। ह्वै – (अपठ) - पा०; ए - न०वे०गा०स०। वहई – उहई - शि०; ऊहई - वा०; (अपठ) - पा०; वहईं - मो०; वही - वे०; उही - मि०; वह - नीं०; वहिऐं - ह०। उझकति – (अपठ) - पा०; उझकत - मो०वे०स०; उझकती - मि०; ऊझुकति - ह०। आइ – आय - को०स०मि०ह०; आई - वा०मो०; (अपठ) - पा०; फिरि आई - नी०। [५५८]

[78] चरणों का क्रम २ - १ - भा०। द्वितीय चरण का पाठ, 'कृष्णप्रिया भ्रम मान भरी यह वानी तही सौ सुनावति है' - भा०।

ठहराइ [५५९] [79]

دواو ادہکائي بہري ايکي کون کہراي • کون مناوي کو منے مانے مت تہراي [ظا•
[٥٥٩

अन० : सषी की उक्ति सषी सो प्रणव मान, काव्यलिंग अलंकार।

नर० : मान वर्णन, सषी को वैन सषी सो, हे सषी ए दोनो जन अधिकाई तै भरी या थकाएकै गौ कै विषै ठहरायो है सो कौन तो मनावे अरु को मनै, ताते मानही की मति ठहरति है –

> **दोऊ षरे अधिकाई भरे अरु दोऊ सयान समान लहै है। को घट व्याधि लष्यो इनमै कछु एकही रंग हराइ गहै है। कौन मनावैरु मानत को इत गाढ गरूरन वैन कहै है। रीति यहै उनकी हम हेरति मानो हिये ठहराय रहै है** [नर० ५५९]

कृष्ण० : इह परस्पर मान है, दोऊ अधिकाई भरे सु नाइका मानवती नाइका कौ मानु देषिवे की गौं है, सषी को वचन सषी सौ अरु जो दोऊ अन्यासक्ति होंहि तौ यौही कहिवौ संभवै –

> **आजु चली रसही रस मै रस वात दुहूनि सु क्यौं कहि आवै। लै अपनो अपनो रिस मै अरुझायो हियो अव को सुरझावै। दोऊ षरे अधिकाई भरे गहे एकहि गौं कोऊ भेदु न पावै। कौन मनावै मनै कहि को मन मानो दुहून के मानुहि भावै** [कृष्ण० ५५९]

हरि० : सषी सो सषी वचन, क्रीडाकलह सौं उपजै सो प्रनय मान कहावै, रूप गुन संपत्ति की अधिकाई है ष्याल छोडिवे, विछोह हमारो दाव देहु तौ षेलै नहीं तौ कौन षेलै, दोऊ दंपति अधिकाई भरे हैं एकही गौं सो डोर सों गहरात हैं, हमारे कौन मनाइवे जाय आपुही मानैगे ऐसे वंधन सो गहरानो, पूरव में अगरात कहत हैं कौन मनावै औ कौन मानै, मानही मन इष्ट ठहरात है, किंवा मत आसंका विषै मानै मति ठ्हारि जाय मति यह भी कहूं पाठ है किंवा नायिका की आसक्ति औरि नायक सौं है नायक की आसक्ति औरि नायिका सों है, ऐसे भी लगावन है, मान ठहरावने को दृढ कियो, काव्यलिंग।

— ⋆ —

उर लीनै अति चटपटी। सुनि मुरलीधुनि धाइ। हों निकसी हुलसी सु

[79] अधिकाई – ऽधिकाइ - शि०; अधिकाईं - मो०; अधकाई - वे०। भरे – भरै - को०शि०; भरैं - वा०। एकै – एकौ - मु०; येकै - नी०। गौं – गो - को०शि०पा०स०भा०मु०; गों - वा०वे०; घों - मो०; गौ - गा०। गहराइ – गहराय - को०मि०ह०; गहराई - वा०; गहरांइ - मो०; गहिराइ - नी०। कौन – कोंन - उ०मो०स०; कौंन - को०वा०न०मि०मु०; कोन - वे०; कौनु - भा०नी०। मनावै – मनावि - को०; मनावें - शि०; मनावैं - वा०मो०; मनावे - पा०। को – कौं - उ०वा०; कौ - न०। मनै – मने - को०; मनैं - वा०न०मु०नी०। मानै – मान्यैं - उ०; मने - मो०; माने - मो०; मांनै - न०स०; नांमै - वे०; नामै - गा०; मान्यो - भा०; मानौ - मि०; मानें - मु०; मान्वै - नी०। मन – मम, दूसरे ‘म’ के ऊपर ‘न’ - उ०; मत - वा०मि०ह०; मति - मु०नी०। ठहराइ – ठहराय - को०मि०ह०; हठराइ - शि०; वहराई - वा०; ठहरांइ - मो०। [५५९]

तौ। गौ हुल सी हिय लाइ [५६०] [80]

ار لیني ات چتپتي سن مرلي دہن دہاي • ہون نکسي ہولسي سو تو کو ہولسي کہ بہاي [ظا• ٥٦٠]

अन० : उक्ति नाइका की सषी प्रति, वासो दूतत्व करायो चाहति है, वचन अनुभाव ते पूर्वानुराग व्यंगि, दूति विवर्जिता परकीया जानिए, विषमा उत्प्रेक्षा की संसृष्टि।

नर० : सठ नाइक वर्नन, नायिका को वैन सषी सो, हे सषी मुरली की धुनि सुनिकै मेरे उर मै अति चटपटी लियै धायके दौडिकै हौं हरषवंत भई, निकसकै सुनै थी सो नाइक आधे ह्वैकै हिया सो लाइकै गौ –

> **आतुरतारु अचैन सवै उर देहदसा इह रीति धरै है। कान सुनी मुरली धुनि धाइ षरी व्रजवाल उछाह करै है। तू न चलै कत वे हुलसी अति वाहरिही निकसी न डरै है। आइ अचानकही षरकै वहु गो हुल सी हिय लाह हरै है** [नर० ५६०]

कृष्ण० : इह मुरली सुनि सव काम छाडि हुलसि निकसी वह न देष्यो तव जु कछु अवस्था भई सु सषी सषी सौ कहति है –

> **भौन के कोन मै वैठी हुती हौ कछू ग्रहकाज के साज पगी री। वारक कान्ह करी तवही मुरलीधुनि प्राननु आनि षगी री। हौं लषिवे कौ उछाह भरी निकरी वह डीठि पर्‌यौ न ठगी री। नैननु कौ अरु कानन कौ तवते तलवेली सी लागि रही री** [कृष्ण० ५६०]

हरि० : नायक सो मिल्यो चाहति, नायिका ताको वचन, सषी सौ उर मै अति चटपटी आतुरता लिए मुरलीधुनि सुनिकै हौं हुलसी, राजी भई, धायकै निकसी सो जो नायक है तिन तौ हमारे हिय मै हूलसी लगाय गयो, तरवार वरछी सों षोंचा मारै ताको नाम हूल, हुलसी हुलसी जमक, मुरलीधुनि सुनिकै सुष को उद्यम कियो, वह हूल लगाय गयो, विषमालंकार औरि भलौ उद्यम किए होतु वुरो फल आय हूल लगाय गयो, मानों अनुक्तास्पदवस्तूत्प्रेक्षा निरपेछ है याते संसृष्टि, जहां रहै लंकार वहु निरपेछ सु संसृष्टि।

— ⋆ —

रही पैज कीनी जु मै। दीनी तुमहि मिलाइ। राषहु चंपकमाल ज्यौं।

80 उर – ऊर - वा०; उरु - न०गा०। लीनै – लीनी - शि०मो०; लीनैं - वा०; लीने - पा०वे०स०मु०ह०; लीन्हे - नी०। अति – चित - शि०वा०। सुनि – शुनि - वा०; सुन - वे०। मुरलीधुनि – मुरलीधन - वा०; मुरलीधुन - वे०। धाइ – धाई - वा०मो०; आइ - मि०; धाय - ह०। हों – हुं - शि०; है - वा०; हौ - पा०गा०नी०; हौं - न०स०मि०मु०; हो - वे०। निकसी – नकसी - गा०; हुलसी - ह०। हुलसी – विकसी - मो०; निकसी - ह०। सु – स - स०। तौ – नो - मो०; नौ - न०वे०स०। गौ – गो - मो०न०वे०गा०स०मु०नी०; गयो - ह०। हूल – हल - मु०; हूल - ह०। हिय – हीय - वे०गा०; उर - मि०मु०नी०; (लुप्त) - ह०। लाइ – लाय - उ०ह०; लाई - वा०मो०। दोहा लुप्त - को०भा०। [५६०]

लाल हिए लपटाइ [५६१] [81]

رہي پيج کينہي جو مين ديني تومہن ملاي ٠ راکہو چنپک مال لون لال ہين لپٹاي
[ظا٠ ٥٦١]

अन० : दूती की उक्ति उपपति नायक सो, नायिका परकीया उपमालंकार।

नर० : सहेली के घर कौ मिलन, सषी कौ वैन नायक सो हो लाल जो मोको पैज करी हुती सो वही मै तुमकौ आनिकै मिलाइ दीनी है, सो अव याकौ चंपा की माल लौं हिया सो लपटाइकै राषौ –

रावरे आगे जु पैज करी ही रही अव पेम सुधारस चाषौ। ऐसी न कोऊ लषी व्रजमंडल नारि निहारत क्यौं नहिं लाषौ। मै जु मिलाइ दई तुमकौ वह रूप भलै हसिकै मुष भाषौ। चंपकमाल लौ वाल भली विधि लाल हिये लपटाइकै राषौ [नर० ५६१]

कृष्ण० : इह सषी नाइका कौ लै आई है सु नाइक सौ कहति है –

जाकी प्रभानि के पुंजनि सौं जगि जोति रही सव कुंज गली। कोरि उपाइनि दाइनि सो मिलई तुमको व्रषभानलली। मै जु कही सु सही सव पैज मिलौ रसकेलि करौ सफली। चंपकमाल ज्यों लाल लगाइकै राषौ हिए यह रूप रली [कृष्ण० ५६१] [82]

हरि० : दूती को वाक्य, हे लाल जो मै पैज प्रतिज्ञा कीनी वा नायिका को मिलाइवे की सो रही मैं मिलाय दीनी, आगे स्पष्ट, आछिप्त नायिका चंपा की माला उपमान वाचक लपटायिवो धर्म, उपमा अलंकार।

— ⋆ —

हठु न हठीली करि सकै। इह पावस रितु पाइ। आन गांठि ज्यौ छुटति त्यौं। मान गांठि छुटि जाइ [५६२] [83]

---

[81] पैज – पेंज - वा०; पैजु - मो०न०गा०मु०। कीनी – कीती - शि०; कीन्ही - मु०। जु – ज - उ०वे०। मै – मैं - को०वा०न०स०मु०ह०; में - शि०मो०; मे - नी०। दीनी – दीन्ही - पा०मु०। तुमहि – तुम्हे - को०; तुमै - पा०न०स०मु०; तुमे - मो०; तुम्है - गा०मि०; तुह्मै - नी०। मिलाइ – मिलाय - को०वा०ह०; मिलाई - मो०। राषहु – राषो - को०; राषहु - शि०मो०; राषौ - न०वे०गा०मु०ह०; राषों - स०। ज्यौं – सी - उ०; लों - शि०वे०गा०स०; लौं - वा०न०मि०; ज्यो - पा०; ज्यों - मो०; लौ - नी०; ज्यौं - ह०। लाल – लालु - न०गा०। हिए – हिइ - को०; हीइं - शि०; हियैं - वा०; हिये - पा०नी०; हिएं - मो०; हियै - न०स०; हीयै - वे०गा०मु०; हियें - मि०; गरे - ह०। लपटाइ – लपटाय - को०ह०; लपटाई - मो०; लपिटाइ - नी०। दोहा लुप्त - भा०। [५६१]

[82] मि० प्रति में केशवदास का [र०प्रि० ५ -२७] छंद उदाहरण में दिया गया है –

नैननि के तारेनु मै राषौ प्यारे पूतरी कै मुरली ज्यौं लाई राषौ दसन वसन मै। राषौ भुज वीच वनमाली वनमाला करि चंदन ज्यों चतुर चढाइ राषौ तन मै। केसौराइ कलकंठ राषौ वलि कठुला कै करम करम क्यौंहू आनी है भवन मै। चंपककली सी वाल सूघि सूघि देवता सी लेहु प्यारे लाल इनै मेलि राषौ मन मै [मि० ५६१]

[83] हठु – हठ - को०मो०न०वे०गा०स०भा०मु०ह०; हठि - शि०मि०। हठीली – हठिलि - को०। करि – कर - वे०स०। सकै – सकिं - को०; सकैं - न०ह०। इह – यह - को०वा०पा०मो०न०वे०गा०स०भा०नी०ह०। रितु – रतु - को०; ,तुं - मो०; रिति - वे०; रित - स०मि०। पाइ – पाय - को०वा०न०वे०गा०स०ह०। आन – आंनि - उ०वा०मो०; आंन - को०शि०न०वे०गा०मु०नी०ह०; आंनं - स०। गांठि – गांव - शि०गा०; गांठ - न०वे०; गांव - स०; गाठि - भा०; छुटि - ह०। ज्यौ – ज्यौं - को०शि०वा०न०मु०; छुटि - पा०; ज्यों - मो०गा०स०; ज्यो

ہتہ نہ ہتہلي کر سکي اِہ پاوس رت پاي • آن کانتہ کہوت جات جیون مان کانتہ چہوت جاي [ظا• ٥٦٢]

अन० : सषी की उक्ति सषी सो पावस वर्नन दृष्टांत अलंकार।

नर० : प्रस्ताविक कवि विहारीदास कहतु है या पावस रितु ऐसी है कै ताकौ पाइकै जौ स्त्री हठीली है सोई हठ करि सकै नहीं, यामें ज्यों औरि गांठ षुलै है त्यों मान गांठ छुट जाति है –

नैक हठीली करै न सकै हठ आपतै आप हुलास तै ऐहै। घेरि घटा चहुंओर घने घन घोर घरीकन मै न करैहै। पाइकै पावस काल विसाल रहै न संभाल लली डरपैहै। आन सवै छुटि जात ज्यौं गांठि त्यों मान की गांठि षरी छुटि जैहै [नर० ५६२]

कृष्ण० : इह मानमोचन प्रसंग, सषी कौ वचन सषी सौ –

दामिनि चपल गति सोऊ स्यामघन ही सौ मिलि विहरति अति सोभा सरसाति है। द्रुमन सो लहलही लतिका लपिटि रही सवही के उर प्रीति रीति अधिकाति है। कैसियौ हठीली कोऊ रूसनो न ठानि सकै मदन मरूरनि सौ छाती अकुलाति है। देषो रितु पावस के नेह की निकाई माई आन गांठि छुटै मान गांठि छूटि जाति है [कृष्ण० ५६२]

हरि० : मानिनी सों सषी वचन, हे हठीली किंवा हठीली जो है नायिका सो हठ नहीं करि सकति है नायक सों यह नवजोवन है औ पावस वरषा रितु वरषा मैं जैसे आन गांठि सन की मूज की सो छुटि जाति है गाढी होय जाति है, मान की जो गांठि है दृढता सौं छुटि जाति है, हठीली हठ नहीं करति है ताको पुष्ट कियो, पावस रितु उद्दीपन सौं, काव्यलिंग अलंकार।

— ★ —

वेऊ चिरजीवी अमर। निधरक फिरौ कहाइ। छिन विछुरै जिनकी नही। पाउस आउ सिराइ [५६३] [84]

- वे०; छुटि - ह०। छुटति – षुटिति - को०; जाइ - पा०; छुटत - मो०; घटत - न०वे०गा०स०; छूटति - भा०; जुरति - मु०; घटति - नी०; जाति - ह०। त्यौं – त्यों - को०शि०मो०गा०स०; त्यो - पा०; ज्यों - वे०; त्यौ - भा०मि०नी०। मान – मांन - शि०वा०न०वे०गा०स०मु०ह०। गांठि – ग्यांठ, 'ठ' में इकार बाब में - वा०; गांठ - न०वे०गा०स०; गाठि - भा०मि०। छुटि – कटि - शि०; छुट - वे०मु०; छटि - गा०। जाइ – जाय - को०वा०वे०स०ह०; जाई - मो०। [५६२]

[84] वेऊ – वैऊ - उ०; वेउ - को०वा०; वेई - न०वे०गा०स०ह०; वैहू - मि०; वेउं - मु०। चिरजीवी – चीरजीवी - वा०; चिरंजीइवी - न०; चिरजीवो - मि०। निधरक – नधरक - शि०। फिरौ – फिरौं - उ०वा०; फरो - को०। कहाइ – कहाय - को०वा०मि०मु०ह०; कहाई - नी०। छिन – छिनु - उ०न०भा०नी०; जिन - शि०। विछुरै – विछुरत, 'र' ऊपर रिक्त स्थान में - उ०; विछुरन - शि०; विछुरत - वा०; विछुरे - न०वे०स०; कुछुरे - गा०; विछुरें - ह०। जिनकी – जाकै - न०वे०गा०स०; जिनको- भा०; जिनकै - मु०। नही – नहीं - उ०ह०; नहिन - नी०। पाउस – पावस, 'स' पर ऐ की मात्रा मिटाई गई है - उ०; पावस - को०शि०वा०न०गा०स०भा०मि०मु०नी०ह०। आउ – आव, अंतिम वर्ण मिटाकर ऊपर 'इ' - उ०; आय - को०शि०; आई - वा०; आपु - भा०; आव - मि०मु०नी०; आयु - ह०। सिराइ – सिराय - को०मि०मु०ह०; सिरांई - वा०; सराइ, 'स' में इकार बाद में - न०; सिराई - नी०। दोहा लुप्त - पा०मो०। [५६३]

وي او چرجواو امر ندہرک پہرو کہاي • چہن بچہورين جن کي نہين پاوس او سراي
[ظا• ٥٦٣]

नर० : प्रवस्त्सत्भर्तृका नायका को वैन सषी सो, हे सषी वे मनुष्य निधरक भयो जो चिरंजीवी अरु देवता निचिंत कहावता फिरो, सो कौन कि जिनके पावस रित के विषै छिनेक विछुरै ते आउ की सिराई न ह्वैहै सो –

> **वेउ है या जग वीच षरे चिरजीवी अनादि की ज्योंही नये है। होइ रहे अमरेस कहाइकै और असेष अनंत लये है। छाडि धरक्क फिरौ निधरक्क घने जुग जीवन को उनये है। नैक वियोगन ते जिनकी कछु पावस आइ सिराइ भये है** [नर० ५६३]

कृष्ण० : वरषा रितु, सषी को वचन नाइक सो, नाइका सौ नाइक कौ वचन सषी सौ, कवि की उक्ति –

> **घोरि घटा उमडी चहु ओर करै वहु भांति न सोर विरावैं। भूमि हरी वहै सीत समीर गहै गति मंद सुगंध सुभावै। ऐसे समै छिन एक विछोहु भयो जिनकी गई छूटि न आवै। वे चिरजीवी भए जग मै अजरामर क्यौ न निसंक कहावै** [कृष्ण० ५६३]

हरि० : विरह की उक्ति वेई वेही लोग चिरजीवी कहायकै फिरौ वहुत दिन जीवै सो चिरजीवी कवही नहीं मरै सो अमर अमर कहायकै निधरक निसंक फिरौ, छन एक विछुरे सों जिनकी पावस वरषा रितु मैं आयु चले नहीं, सिराय नहीं घटै, पावस पहिले नायिका ने नायक को पाती लिषी है, कोई ऐसे भी कहत है, कोइ कहत है गमिष्यतपतिका की उक्ति है, अत्युक्ति अलंकार।

— ⋆ —

भेटत वनत न भावतो। चित तरसत अति प्यार। धरति लगाइ लगाइ उर। भूषन वसन हथ्यार [५६४] [85]

بہينتت بنت نہ بہانوتو چت ترست ات پيار • دہرت لکاي لکاي اور بہوکہن لئين ہتہار
[ظا• ٥٦٤]

अन० : सषी की उक्ति सषी सो आगत्पतिका नायिका के हर्ष औत्सुक्य संचारी।

नर० : चेष्टा वर्नन सषी को वैन सषी सो, हे सषी मनभावतो आयौ है सो भेटत वनतु नाही है अरु अति प्यार है, ताते चित मिलिवे कौ तरसतु है, सो नाइक के भूषन वसन हथ्यार है सो राधाजू अपने उर तै लगाइ लगाइकै धरति है –

[85] भेटत – भेंटत - उ०वा०ह०। वनत – वनतु - उ०नी०; वनै - शि०; वनैं - वा०। भावतो – भांवतौ - उ०मि०; भावतौ - शि०न०गा०मु०; भावतौं - वा०; भांवतो - मो०ह०; भावते - भा०। चित – चितु - उ०न०नी०। तरसत – तरसतु - उ०भा०; चुरसत - शि०वा०। अति – प्यो - को०पा०; प्यौ - मु०। प्यार – प्यारैं - वा०; पार - मु०। धरति – धरत - मो०वे०स०मि०मु०नी०; धरन - गा०। लगाइ लगाइ – लगाय लगाय - को०वा०मि०ह०; लगाई लगाई - मो०। उर – उरु - गा०। [५६४]

भेटन नाहि वनै मनभावतो रैन दिवा निसि जीय अरै है। प्यार ते चित्त षरो तरसै पुनि देहदसा दरसाइ हरै है। अंग तच्यो विरहानल तै तव या विधि के उपचार करै है। भूषन वास हत्यार सवै उर वीच लगाइ लगाइ धरै है [नर० ५६४]

कृष्ण० : इह नाइका मध्या लाज काम दोऊ समान है, सषी सषी सौ कहति है –

प्यारी को नेहु लग्यो पिय प्यारे सौ ध्यान मे प्रान रहै दिन राती। भेटिवे को न उपाउ वनै गुरुलोगन के उपहास सकाती। जानिकै पीतम के तन के तिनके मिलिवे कौ हिये अकुलाती। भूषन वास अवास के कोन मै वारहि वार लगावति छाती [कृष्ण० ५६४]

हरि० : नायक परदेस सों आयो है, प्रियजन सों वाहिर मिलै है आंगन मैं सरंजाम पठायो है, तहां सषी सों सषी वचन, प्रियतम ताको मिलत कै नहीं वनत है, अति प्यार सों चित तरसत है, कव मिलैंगे नायक को भूषन वसन हथियार को लगाय लगायकै धरति है, लगाय लगाय इहां आवृत्ति दीपक।

—★—

वाही निसि ते ना मिट्यौ। मान कलह कौ मूल। भले पधारे पाहुने। ह्वै गुडहर कौ फूल [५६५] [86]

واہي دن تين نان متيو مان کلہ کو مول • بہلي پدہاري پاہوني ہوي کودہل کو پہول [ظا• ٥٦٥]

अन० : सषी की उक्ति नायक सो परिहास करि, रूपक अलंकार।

नर० : सषी कौ झुकवौ नायक सो, हो कान्ह उनके उर तै जो मान कलह कौ मूल है सो तौ वा राति तै मिट्यौ नांही और भी गुडहर के फूल से वनकै भले पाहुने पधारे हौ –

वाही निसा ते मिट्यौ नहि मान सो रावरे नैनन ऐन नवाए। है अति मूल कलेस को जानत काहि फिरो मन भेद लगाए। जानत हौ तुमही सव जानत क्यों न करौ अपने मन भाए। मोह अवै जु मयाकर माधव जासू के फूल ह्वै पाहुने आए [नर० ५६५]

कृष्ण० : इह नाइका परकीया उपपति कौ विरह दुराइवे कौ पति सौ मान कीनौ सु सषी सषी सौ कहति है, जो नाइका की सषी नाइक सौ कहै तो षंडिता होइ –

जाही रवनी के घर वसे आनि घर वसे जानै कौनु कहा मंत्र कैसे पढि नायो है। वाही रजनी तै अज्यौ मिटो ना अनैसो मान सषी पचि हारी काहू मरमु न पायौ है। कहै कविकृष्ण ऐसो रूठनो सुन्यौ न देष्यो जैसो उहि लरहारी उर मै डिढायो है। पाहुने पधारे आछे फूल गुडहर को ह्वै कलह कौ मूल वा वगर वगरायो है [कृष्ण० ५६५]

[86] निसि – दिनि, 'ही' तथा 'नि' के बीच ऊपर के रिक्त स्थान में 'दि' - उ०; दिन - शि०वा०पा०मि०ह०; निस - न०वे०स०। ते – तै - शि०वे०भा०मि०; तैं - वा०न०गा०स०नी०; तें - मो०मु०ह०। ना – नां - शि०वा०मो०न०स०मु०। मिट्यौ – मिट्यो - को०पा०मो०वे०; मिट्यौं - शि०वा०; मट्यौ, 'म' में इकार बाद में - स०; मिटो - भा०। मान – मांनु - न०; मनु - वे०गा०; मनुं - स०; मांन - मु०। कौ – कों - शि०; को - पा०मो०वे०गा०भा०मु०; कौं - नी०। भले – भेलें - मो०ह०; भलैं - न०; भलै - वे०; भलें - गा०। पधारे – पधारैं - वा०। पाहुने – पाहुनें - उ०ह०; प्राहुनें - वा०मु०; पांहुने - न०; पाहुनै - मि०; पाहुनैं - नी०। ह्वै – ह्वैं - वा०। गुडहर – गडहर - वा०; गुडुहर - मु०। कौ – को - को०पा०मो०भा०मु०; कौं - वा०; के - ह०। [५६५]

हरि० : गुडहर संस्कृत में ओट पुष्प कहत हैं, पूरव में ओडहुल कहत हैं, जहां रहै तहां कलह करावै जौ ऐसो अर्थ करै तो रसाभास होय, पाहुना सों नायिका ने रति करी, तासों कलह को मूल मान भयो तौ रसाभास है, अनुचित वरनन होत जहं रसाभास तहं दोस, सषी को वचन नायक सो वाही दिना ते ना मित्यौ है मान सों कलह को मूल भले पधारे भले आए तुम, काहू को पाहुना होयकै गुडहर के फूल भए नायक न्योता मै गयो थो तहां स्नेह भयो सो नायिका जानि गई, किंवा पाहुना सों सषी वचन पाहुना आए तामे नायक के विवाह की वात कही, मान सो है कलह को मूल तुम गुडहर के फूल भए।

— ★ —

मोहि लजावत निलज ए। हुलसि मिलत सव गात। भानु उदै की ओस लों। मान न जान्यौ जात [५६६] [87]

موہ لجاوت نلج اي ہولس ملي سب کات • بہور اودي کي اوس لون مان نہ جانو جات [ظا• ٥٦٦]

अन० : पत्यानुराग की उक्ति सषी सो, उपमालंकार।

नर० : सहजै मानमोचन, नायका कौ वैन सषी सो, हे सषी मेरौ सव गात आप चितौ हुलसकै मिलति है सो ए निलज मोकौ लजावतु है, सो भानु उदै की परै मेरौ मान जान्यो जात नाही है –

> **मोहि लजावत आप निलज्ज ए या विधि के अति आन अरै है। ऐसे हुलास तै जाय मिलै सव गात कछू हहरात हरै है। मोह महा मधुपान कै सुंदर आपने जीय कुलान धरै है। श्रीमहराज दिनेस उदै कर ओस लौं मान न जाने परै है** [नर० ५६६]

कृष्ण० : इह नाइका प्रौढा मानमोचन, नाइका को वचन सषी सो –

> **तू तौ सिषवति मनमोहन सौ मान करि मेरेहू हिए मै ये विचारु ठहरात री। निरषत कृष्ण प्रानप्यारे की छवीली छवि आपुही तै हुलसि मिलत सव गात री। कहा करौ निलज ए मोही कौ लजावत है कहौ जौ पै होइ कहिवे की कछू वात री। भानु के उदोत भए ओसकन की सी भांति मानु मन में ते हों न जानति विलात री** [कृष्ण० ५६६] [88]

---

[87] मोहि – मौंहि - वा०। लजावत – लजावति - मि०। निलज – निजज - गा०। ए – रे, संशोधन का प्रयास - पा०; ये - वे०गा०स०भा०। हुलसि – हुलस - न०वे०गा०स०मि०मु०। मिलत – मलइ - को०; मिलै - न०वे०गा०स०मु०; मिलें - मि०; मिलैं - नी०। भानु – भांनु - को०; भानुं - शि०वा०; भौन - न०; भांन - वे०मि०; भोन - गा०; भोंनु, ओ के तिरछे मात्रा अंश पर काटने का चिह्न - स०; भान - नी०ह०। उदै – वुदै - उ०; उदैं - वा०; उदे - मि०। ओस – औस - वा०न०मु०; वोस - पा०मि०; ऊस - मो०; उंस - वे०स०। लों – लौं - को०वा०न०मि०मु०नी०ह०; लौ - पा०भा०। मान – मांनु - उ०मि०; मनु - वा०; मन - मो०; मांन - न०वे०स०मु०; मानु - भा०। न – नि - ह०। जान्यौ – जान्यो, ओ की मात्रा पर काटने का चिह्न - उ०; ज्यान्यो - को०पा०; ज्यान्यौ - वा०; जान्यो - मो०भा०; जांनति - न०; जानत - वे०गा०; जांनत - स०; जानी - मि०; जांन्यौ - मु०। जात – जाति - मि०। [५६६]

[88] भा० प्रति में यहाँ मंडन की छाप सहित यह छंद है –

देषन कौ अकुलाइ कटीली ह्वै भेटन कौ उमहे दोऊ वाहै। ढीलो ह्वै जात है मंडन गात हियो हुलसै मनही के उमाहै। आनि कटे रसिकाइ इते जव सीष तुम्हारी लगै तव का है। क्यौंहू नहीं हटकी मुरकै अषियां उमही फिरि चौप सौ चाहै [भा० ५६६]

हरि० : नायिका की उक्ति सषी सों मोहि हमारे निलज जात अंग लजावत हैं, नायक को देषिकै हुलसिकै मिलत हैं, भानु सूर्ज को उदय समै विषै ओस की तरह मान को जातो नहिं जान्यो परै है, ओस उपमान मान उपमेय लों वाचक जान्यो धर्म, पूर्णोपमा।

—★—

तो तन अवधि अनूप। रूप लग्यौ सव जगत कौ। मो दृग लागे रूप। दृगनि लगी अति चटपटी [५६७] [89]

تو تن اوده انوپ روپ لکیو سب جکت کو ۰ جو درک لاکے روپ درکن لکي ات چتپتي [ظا۰ ٥٦٧]

अन० : उक्ति नायक की परकीया नायिका सो, परोच्छ पूर्वानुराग सुरति लालसा संचारी ते पूर्वानुराग व्यंगि, माला दीपक अलंकार।

नर० : स्वयंदूतत्व वर्नन नायक को वैन नायका सो, हे राधे तेरे तन की कोऊ अनूपम अवधि है कि जाके विषै सवही संसार कौ रूप लागो है, सो मेरे नेत्र को तेरो रूप लगतही अति चटपटी लागी है –

> **तेरो सरीर सवै अति उत्तम औधि अनूप षरी उमगी है। वाको लगे सगरे जग रूप सो जोति जराव सी आय जगी है। मो द्रिग जाइ लगे वह रूप को आपनी रीति सो प्रीति पगी है। और सुनौ इतने पर जानत मो द्रिग को अकुलान लगी है** [नर० ५६७]

कृष्ण० : इह नाइका के रूप सौ नाइक के नेत्र लगे हैं सु अपने नेत्रन की तलफत कहत है, नाइक को वचन नाइका सौ –

> **सुंदरता की तुही परमावधि तै रति की दुति पाइन पेली। को रमनी रमनीय तिहूपुर राधिके तो सम होइ जु हेली। तो तन सोहै लुनाइ की षानि लग्यो तिहु लोक को रूप नवेली। ज्यो तिहि रूप लगे मम नैन लगी मम नैनन त्यो तलवेली** [कृष्ण० ५६७]

हरि० : नायक की किंवा नायिका की उक्ति, तेरो अनूप रूप आश्चर्य की अवधि ऐसो अनूप दूसरो नहीं क्यों करिकै संपूर्न जगत को रूप सौंदर्य तोही मै लग्यो है, तेरे रूप सो लगे हैं औ दृगनि में अति चटपटी अति अकुलानि लगी है, तन में रूप लग्यो है रूप में दृग दृगनि मै चटपटी, माला दीपक, दीपक एकावलि मिले माला दीपक जानि, लग्यो यह क्रिया से अन्वय तासों दीपक एक एकही ग्रह है एक छोडै तन सौ तौ रूप लग्यो रूप सो तन नहीं लग्यो रूप सों दृग लगे दृगनि सों चटपटी लगी।

---

[89] तो – तौं - वा०। तन – तन, 'न' ऊपर रिक्त स्थान में - उ०; तनि - मो०। अवधि – अधिक, पार्श्व पर 'व' 'क' पर काटने का चिह्न - पा०; अवध - वे०गा०; अधिक - भा०नी०। अनूप – ऽनुप - शि०। लग्यौ – लग्यो - को०शि०पा०मो०वे०भा०; लग्यौं - वा०; लगौ - मि०। जगत – जगतु - न०। कौ – को - को०पा०मो०वे०भा०; कों - शि०; कौं - वा०। मो – मौ - वा०। दृग – द्रिग - शि०वा०न०वे०गा०स०मि०; द्रग - नी०। लागे – लागै - को०वा०मु०; लागो - शि०; लाग्यो - पा०; लागैं - मो०। रूप – रूपु - वा०। दृगनि – दृगनु - उ०; द्रिगनु - शि०वा०; लगनि - मो०; लगन - न०वे०गा०स०मु०; द्रगन - भा०मि०; द्रगनि - नी०। [५६७]

— ⋆ —

रहे निगोडे नैन डिगि। गहै न चेत अचेत। हौं कसुकै रिस कै करौं। ए निसषे हसि देत [५६८] [90]

رہین نکودي نین دک کہین نہ چیت اچیت ٠ ہون کس کر رس کے کرون اي نسکہے ہنس دیت [ظا٠ ٥٦٨]

अन० : मानिनी नायका की उक्ति अंतरंग सषी सो, मानाभास लाटानुप्रास।

नर० : सहजै मानमोचन, नायका को वैन सषी सो, हे सषी ए मेरे नेत्र निगोडे से ह्वैकै रहै है कछू चेत अचेत गहै नाहीं हैं, डिग रहे है, जो इनकौ हौं कस करिहैं रीस करने करौ तौ ए निसषे हसि देत है –

> **नेंन निगोडे रहे गडिकै सुनि देषत ही अनुरागति रैहै। चेत अचेत कछू न गहै अव आपने भाए षरे विलसैहै। टारे टरै नहिं ऐसे लगे पुनि वाहि लषै न किते सकुचैहै। हों कसुकै रिस कै जु करो तऊ ये निठुरे निसषे हसि दैहै [नर० ५६८]** [91]

कृष्ण० : इह नेत्रोपालंभ है सषी नाइका कौ दिढावति है कि तू मान करि –

> **हेतु अहेतु कछू न विचारत क्यौहू अचेत न चेत गहे री। देषत वा मनमोहन की छवि क्यौहू न लागत मेरे कहे री। हौ कितनो कसुकै रिस कौ करौ ए निसषे हसिकै उमहे री। कैसी करौ इन नैनन कौ यह वानि परी डिगिहू कै डहे री [भा० ५६८]** [92]

हरि० : नायिका वचन नेत्र सों निगोडा गाली विषै रूढ है, ए निगोडे नैन दहत हैं दुष देत हैं, अचेत हैं सावधानी नाही गहैं हमको कहा कर्तव्य है, किंवा चेतही गहैं नहीं, अचेतही गहैं नहीं मैं कसिकै षेंचिकै रिस सो करति हैं, ए निसिषै, जाको सीष सिच्छा नहीं लगै सो निसिषा क्रोध नहीं सीषै, हसि देत है, निगौडा चारत है, लोकोक्ति रिस करिवो हसी को प्रतिवंधक है तौनी हसी कार्ज होत है विभावना।

— ⋆ —

90 रहे – रहि - को०; रहें - शि०वा०; अहे - मो०; उहे - भा०; दहै - मि०ह०; गडे - नी०। निगोडे – निगौड - वा०; निगौडे - ह०। नैन – नैंन - को०वा०मि०ह०; नेंन - मो०स०मु०। डिगि – गडि - को०शि०वा०; डग - मो०; डिग - न०वे०गा०स०मि०; ए - मु०ह०। गहै – गहे - उ०; गिनै - को०; गहें - शि०; गहैं - मि०नी०ह०; गिनें - मु०। चेत – चेतु - उ०भा०नी०; चैत - वा०। अचेत – अचेतु - उ०भा०; अचैत - वा०; नचेत - वे०गा०स०; (लुप्त) - नी०। हौं – हों - उ०; हो - शि०वे०स०; अव - मो०; हौ - न०भा०; (लुप्त) - गा०। कसुकै – कसिकै - को०ह०; कसकै - मो०; कशुकै - न०; कसुकरि - भा०मि०नी०। रिस – रिसु - शि०; सां - भा०। कै – के - उ०को०शि०; कैं - मो०न०नी०; कौ - भा०; कों - ह०। करौं – करो - वे०स०; करों - गा०; करौ - भा०मु०नी०; कह्यौ - मि०। ए – ये - नी०। निसषे – निशिषै - को०; निसुके - शि०वा०; निसकै - मो०; निसिषे - न०गा०स०; नसषे - भा०; निरभै - मि०; निरषे - मु०; निसिषै - ह०। हसि – हस - न०वे०। देत – देतु - भा०नी०। दोहा लुप्त - पा०। [५६८]

91 निसषे – निसिषे - स०।

92 नी० प्रति में यहाँ पर दोहा [१६०] का उदाहरण 'सहिये जग के उपहासनि तै' [कृष्ण० १६०] लग गया है।

मोहू सौं वातन लगें। लगी जीभ जिहि नाइ। सोई ले उर लाइयै। लाल लागियतु पाइ [५६९] [93]

موہو سون باتن لکے لکي جیبہ جیہن ناي • سئي لي ار لائي لل لاکیت پاي [ظا•
[٥٦٩

अन० : नायका की उक्ति नायक प्रति, मध्यम मानिनी, आक्षेपालंकार।

नर० : मध्यम मान, नायिका कौ वैन नायक सों, हो लाल मेरे गरे लागेहू तुमारी जीभ जिनके नाम को लागी है सो मै तुमारे पाइ लागति हौं कि सो जिनही कौ लैकै उर तैं लगाइ लीजियै –

> **हे हरि मोहू सो वात लगे कछू वैन तो वाही के पेम षगे है। जीभ लगी जिहि नाहि महाप्रभु नैनन वाही के प्रेम पगे है। अंग षरे अलसोहे से लागत रैन दिवा उन संग जगे है। सोइ अवै उर लाइयै सुंदर लाल तिहारेव पाइ लगे है** [नर० ५६९]

कृष्ण० : इह मध्य मान नायका सौ वात करे जा नायका सौ आसक्त होती ही ताही कौ नाव लीनौ सु नाइका नाइक सौ कहै –

> **कै तौ राषौ गोइ होइ प्रगट हिये को भाउ जासौ रंग मगी मन रल्यौ अनुरागि कै। उघरी रसिक रस रीति की प्रवीनी वाकी भले सुधि कीनी मो सौ वातनहू लागिकै। कृष्ण प्रानप्यारे पूरी प्रीति को धरम यहै पायो अव मरम भरमु गयो भागिकै। पाइन परति हरि वाही उर लैयै जाही रमनी को नाम रहो रसना मै पागिकै** [कृष्ण० ५६९]

हरि० : नायिका की उक्ति नायक सों हम सों भी वातन लागे हैं, जाहि नायिका के नाम सों तुमारी जीभ लगी है, जाको नाम तुम अव कहे हौ सो नायिका को लैकै उर सों लगाइए, हमें छाडिए यह अर्थ है, हे लाल तुमारे पाव लागति हौं सोई लै उर लाइए विधि अव कवहीं वाके पास मति जाहु ध्वनि में निषेध, आच्छेपालंकार, विधि मै निषेधु द्रुरय है।

—⋆—

नावकसर से लाइकै। तिलक तरुनि इत ताकि। पावक झर सी झमकिकै।

---

[93] मोहू – मौह - को०; मोंहुं - वा०। सौं – सों - शि०ह०; सो - पा०मो०; सौ - भा०मि०मु०। वातन – वातनु - उ०नी०; वातनि - पा०ह०। लगें - उ०; लगै - को०शि०वा०मु०; लगे - पा०मो०भा०मि०नी०ह०। लगी – गली - को०; लागी - गा०स०। जिहि – जिह - को०; ज्यहि - पा०; जिहिं - स०; जिय - मि०; जहि - मु०; जिहि - ह०। नाइ – नांइ - उ०; नाय - को०ह०; नाउ - मो०; नाहि - वे०स०; नांहि - गा०मु०; जाय - मि०। सोई – सोइ - वा०। ले – लै - को०वा०पा०मो०भा०मि०मु०नी०ह०। लाइयै – लाईए - उ०; लाईऐ - को०; लाईइ - शि०; लाइये - पा०; लाईएं - मो०; लाईहै - वे०; लाईयै - गा०स०मु०नी०; लाइए - ह०। लाल – लागिल - वे०। लागियतु – लगीयत - शि०वा०; लागयत - वे०; लागियत - स०भा०मि०ह०। पाइ – पाय - को०मि०ह०; पाई - वा०; पाउ - मो०; पाहि, ‘ह’ पर ‘य’ संशोधन - वे०; पाहि - स०। प्रथम यति, ‘मेरेहूं लगैं गरैं’ - न०वे०गा०स०। [५६९]

गई झरोषां झाकि [५७०] [94]

ناوک سر سے لایکی پلک ترن ات تاک • پاوک جہر سي جہجک کے کي جہروکہا
جہاک[95] [ظا• ٥٧٠]

अन० : नायक की उक्ति हर्ष स्मृति संचारी परकीया अनुभाव ते याके तौ मिस है ही अरु उपपतिहू के व्यंगि है, लाटानुप्रास उपमा।

नर० : प्रलाप दसा सषी कौ वैन नाइका सौ हे राधे कान्ह मेरेई तांई वूझ्यो कि या तरुनि पावक झल तार सी ताकी झलका सौ झांकिकै गई ओर तिलक इतकौ ताक करी सो नावक के सर लाए है सो कोन ही –

> **नावक कै सर सीं जु निहारन लाई तिलक्क ते ताई नई है। ताकि इतै तरुनी कनकच्छवि भौंहन ऐंठि अमेठि लई है। आनन ओप कलानिधि छाजत अंचर की पुनि ओट दई है। पावक की झर सी झमकै करिकै जु झरोषनि झांकि गई है** [नर० ५७०]

कृष्ण० : इह नायका कौ वचन सषी सौ –

> **साजे सिंगार भरी छवि भार हिए विरहागिनि वारि गई है। चोप भरी कछु ओषे सो आइ झरोषे ह्वै नैक निहारि गई है। झाकत नेक लषी जवते तवते सुधि मोहि विसारि गई है। पावक ज्वाल सी वाल विलोकिकै नावक तीर से मारि गई है।** [कृष्ण० ५७०] [96]

हरि० : सषी सो नायक वचन, नावक नलिका के सर समान तिलक लगायकै तरुनी इत हमारी ओर देषि अग्नि की ज्वाल सम है झमकिकै झरोषा मैं झांकि गई है, उपमा।

— ★ —

सुष सौ वीती सव निसा। मनु सोए इक साथ। मोषा मेलि गहे सु छिनु। हाथ न छोडे हाथ [५७१] [97]

[94] नावकसर – नाउकसर - उ०न०गा०; नावुकसर - वा०; जाव्कसर - मु०। से – सो - शि०; सौं - वा०। लाइकै – लायकैं - को०वा०; लायकें - मो०; लाइके - स०; लायकै - ह०। तिलक – तिलक, 'क' ऊपर के रिक्त स्थान में - उ०; तिलकु - पा०न०मि०। तरुनि – तरूनि - वा०मु०; तरुन - मो०स०; तरन - वे०; तरुन, 'न' में इकार बाद में - गा०। इत – ई - मो०। ताकि – तांकि - को०; ताक - न०वे०गा०स०। झर – सर - मु०। सी – सि - वा०। झमकिकै – झमकिकैं - उ०को०मो०मि०; झमककै - वे०स०। गई – गइ - मो०न०। झरोषां – झरौषां - वा०; झरोषा - पा०मि०नी०; झरोंषों - मो०; औझकां - न०; उंझकां - वे०गा०स०; ओझका - मु०। झाकि – झांकि - उ०शि०वा०मो०मि०मु०ह०; झांषि - को०; झाक - न०वे०स०; झांक - गा०। दोहा लुप्त - भा०। [५७०]

[95] جہاک - جہانک - ظا••

[96] चरणों का क्रम, साजे - चोप - झाकत - पावक - मु०; पावक - झाकत - साजे - चोप - मि०।

[97] सौ – सु - को०; सो - शि०पा०; सौं - वा०न०स०मु०ह०; सों - मो०वे०। वीती – वति - को०। सव – शव - वा०। निसा – निशा - वा०भा०। मनु – जनु - उ०शि०वा०; मनों - मो०; मन - वे०गा०स०; मानू - मि०। सोए – सोये - को०मो०नी०ह०; सौए - वा०; सोयो - पा०; सौंए - न०मु०। इक – मिलि - उ०शि०वा०पा०ह०; ईक - मो०। साथ – साथि - वा०गा०। मोषा – मूंका - उ०शि०; मुंकां - को०; मौंका - वा०; मूका - पा०न०वे०गा०स०भा०मि०मु०नी०; मूंकां - मो०। मेलि – मैलि - वा०; मेल - न०दे०स०; मिलि - गा०। गहे – गए - शि०न०वे०गा०स०; गयै - वा०; गह्यो - पा०; गयौ - मो०; गहै - भा०नी०; गहैं - मि०; रहें - मु०। सु – जु - पा०ह०। छिनु – छिनुं - वा०; छिन - पा०वे०स०भा०मि०मु०; छन - ह०। हाथ न – हाथनि - न०। छोडे – छांडे - शि०; छौडै - वा०; छोडै - पा०मु०नी०; छोडि - वे०। [५७१]

سکھ سون بیتي سب نسا مل سوئي منون ساتھ ۰ موکا میل کہي جو چھن ہاتھ نہ چھودین ہاتھ [ظا۰ ۵۷۱]

अन० : जिन लच्छित कियो है सो सषी की उक्ति कै परकीया नायिका की उक्ति कै उपपति की उक्ति सषी सो, क्रिया वचन अनुभाव हर्ष सुप्ति संचारी ते पूर्वानुराग व्यंगि, उत्प्रेक्षालंकार।

नर० : स्वप्न दर्शन नायका को वैन सषी सो हे सषी मानो नायक मेरे साथ एकठे ह्वैकै सोए हुते तातै सव निसा सुष सौ वीती सो अवही मेरो हाथ अपने हाथ सौ छोडिकै मोको अकेली मेल गए हैं सो छिनुक भई –

वीती निसा सगरी सुष सौ सुनि ऐसे किए वसि काम निगोडे। जानत यौ मिल सोए है साथ प्रिया अरु नाथ षरे द्रिग जोडे। वैन कहै हरवेई हरे अरु या विधि के जु विलास लै होडे। मेल गयो छिन मूका दुहूजन आपने हाथ ते हाथ न छोडे [नर० ५७१]

कृष्ण० : प्रस्ताविक, कवि की उक्ति, परकीया नाइका कौ हाथ स्पर्ष कौ सुष मान्यौ ताही सौ रात्रि वैसेही वीती सषी सषी सो कहति है –

रैनि वितीत भई सगरी अति चाइ चढे चित पै न अहूटे। दोउन के मन मोद वढे अभिलाषन के दृढ वंध न छूटे। सोए मनौ मिलिकै इक साथ हियो वहु भातिन सौ सुष लूटे। मूका मै मेलि गहे इक वार सु हाथ ते हाथ छिनौ नहि छूटे [कृष्ण० ५७१]

हरि० : स्वप्न की हकीकति नायिका सषी सौ कहति है, किंवा सषी नै देषी है ताको वचन किंवा नायिका की उक्ति, पूर्वार्ध स्पष्ट, मूका भीति कौ छेद, तामे हाथ मेलिकै डारिकै हाथ गहे, एक छन भी नहीं छोडै, किंवा छन नाम हर्ष को तासों नहीं छोडै साथ मिलि सोए मानौ, इहां अनुक्तास्पद वस्तूत्प्रेक्षा।

—★—

वाम वाहु फरकति मिलै। जौ हरि जीवनमूरि। तौ तोही सौं भेटिहौं। राषि दाहिनी दूरि [५७२] [98]

. بام بانہ پھرکت ملین جو ہر جیون مور ۰ تو توہي سون بھیت ہون راکھ داہني دور [ظا۰ ۵۷۲]

[98] वाम – वांम - उ०वा०वे०स०; वामा - मु०। वाहु – वांहु - वा०; वहु - मु०। फरकति – फरकत - को०शि०पा०भा०नी०ह०; फुरकत - वा०मो०वे०स०; फुरकति - न०गा०; फुरकित - मु०। मिलै – मिलैं - वा०मु०नी०; मिले - पा०; मिलें - मो०; मिलौ - न०; मिलौं - भा०। जौ – जो - को०वा०पा०मो०न०वे०गा०स०मि०मु०ह०। हरि – पिय - पा०; हर - मु०। जीवनमूरि – जीवनिमूरि - उ०; जीवनमूर - को०स०; जीवनुमूरि - न०; जीवनमूल - मु०; जीवनिमूर - ह०। तौ – भो - को०; तो - पा०वे०स०मु०। तोही – तोहि - को०; तौही - शि०नी०; तौहिं - वा०; तोंही - गा०। सौं – सुं - को०; सों - शि०वे०गा०स०ह०; सो - पा०मो०; सौ - भा०; सै - मि०। भेटिहौं – भेटिहुं - को०; भेंटिहों - शि०; भेंटिहौं - वा०; भेटिहै - पा०मि०; भेटिहों - मो०गा०मु०ह०; भेटहौं - वे०; भेटहैं - स०; भेटिहौ - भा०; भैंटिहौं - नी०। राषि – रा, 'षि' पार्श्व पर - पा०; राष - वे०स०। दाहिनी – दाहिनि - उ०नी०ह०; दांहिनी - न०; दाहनी - वे०मि०मु०। दूरि – दूर - को०शि०वा०वे०स०ह०। [५७२]

अन० : आगमिष्यत्पतिका की उक्ति सषी सो, संभावनालंकार।

नर० : प्रोषितपतिका सषी कौ वैन सषी सौ हे सषी आजु राधिका ऐसो कह्यो कि रे वाम वाहु जो तेरे फुरकनै तै श्रीहरिजू जीवनमूल हैं सो मिलैं तो मै पहिले दाहिनी वाह दूरि राषिकै तोही करिकै भेंटिहौं –

हे सजनी वह कौन घरी जु मनोरथ लाषनि के अभिलाषूं। जो हरि जीवनमूल वहै छिन नैनन के जु सुधारस चाषूं। वाम भुजा फुरकै ते मिलै कछु पीतम ज्यों अव वैन न भाषूं। तो सुनि तोहि हौं भेंटहु सुंदर आपतै दाहिनी दूरि कै राषूं [नर० ५७२]

कृष्ण० : इह आगमोत्सव नाइका की वाम भुज फरकतही भुजा सौ कहे –

कान्ह विसासी विदेस रह्यो वसि मैन दही बहु भाति हिए हौं। वाम भुजा फरकी तू भलै अव हौहू यहै निहचै पनु कैहौं। कैसेऊ वा मनभावन कौ अव जौ भरि आषिन देषन पैहौं। राषिहौ दूरि या दाहिनी वाह कौ तोही सो गाढो अलिंगन देहौं [कृष्ण० ५७२]

हरि० : आगमिष्यतपतिका की उक्ति वाईं वाहु सों हे वाम वाहु, जो तोहि फरकत कै पिय जीवन कौ मूर, मूल, मिलै तो पहिले तोही सों भेटोंगी, दाहिनि बांह को दूरि राषिकै, जो मिलैं तो तोही सों भेंटों, संभावना अलंकार।

— ⋆ —

छुटे छुटावै जगत ते। सटकारे सुकुमार। मन वांधत वेनी वंधे। नील छवीले वार [५७३] [99]

چھوتي چھوتاوين جکت تين ستکاري سوکومار • من باندہين بيني بندہي نيل چھبيلے بار [ظا• ٥٧٣]

अन० : उक्ति नायक की होइ तौ स्मृति गुणकथन वचन ते पूर्वानुराग व्यंगि विभावनालंकार, यमुना किएहू श्लेष करि अर्थ होत है।

नर० : कच सोभा नाइक कौ वैन सषी सौ हे सषी राधिका के सटकारे अरु सुकुमार जो वार है सौ छुटा थका मेरे तांई संसार ते छुटाइ देत हैं और जव वार नील छवीले की वेनी वांधत है तव मेरे मन कौ वांधत हैं –

देषे ते छूटै छुटावै महा भवसागर तै इह वान भने है। कारे षरे सटकारे घने सुकुमार सवै सिरताज गने है। वेनि वंधे हठ कै मन वांधत सुंदर सोभ सरूप सने है। चीकने चोषे सुगंध सचै अति छैल छवीले से वार वने है [नर० ५७३]

---

[99] छुटे – छुटें - शि०; छुटै - न०वे०गा०स०ह०। छुटावै – छुटावौ - उ०; छुडावै - शि०वा०; छुटावें - मो०; छुटावत - मि०मु०नी०; छूटावैं - ह०। ते – तें - को०मो०मु०; 'तै' और 'मै' - शि०; तै - वा०पा०; सैं - न०; मै - वे०गा०; मैं - स०; तैं - ह०। सटकारे – सटकारै - शि०वा०। सुकुमार – सुकुमारि - को०; शुकमार - न०; सुकमार - मि०मु०। मन – मधु - गा०। वांधत – वाधता - पा०मि०नी०; वंधत - वे०गा०; वधत - मु०। वेनी – वैंनी - उ०वा०ह०; वैनी - को०वे०स०मि०मु०; वेन? - शि०। वंधे – वधे - को०पा०मि०; वंधै - शि०वे०गा०ह०; वधै - वा०न०; वधो - मो०; वधत - मु०। छवीले – छविले - को०; छवीलैं - वा०; छवीले, पार्श्व पर 'ली' - पा०। वार – वाल - शि०। दोहा लुप्त - भा०। [५७३]

कृष्ण० : इह नाइका के वारन पै नाइक कौ मनु रीझौ है सु नाइका सौ कहत है अथवा सषी सो कहै कवि की उक्ति होइ –

> **सोहत है सुकुमार महा उपमा कौ सिवार न लागति नेरे। मेचक लांवे सुगंध लसै छवि देषत नैन फिरै नहि फेरे। छूटे छुटावत है जग तै इनके कछु कौतिग टोने से हेरे। नीरजनैनी कहा कहियै मनु वांधत वेनी वंधे कच तेरे** [कृष्ण० ५७३]

हरि० : नायक स्मरन करै है, नील छवीले वार जब छुटै है तव देषतही जगत तै छुटावत हैं, जगत को विवहार नहीं करिवे देत हैं, कैसे हैं, सटकारे हैं सुकुमार हैं, हमारे मन को वांधत कै वेनी, चोटी, वंधै है, किंवा नायका वंधै है, गुरु लघु कियो है, वेनी मैं श्लेष काटै, चमत्कार नहीं निकरै है, चतुर्थी विभावना है, मन वांधिवो वेनी वांधिवे को कारन नहीं।

— ⋆ —

इह वसंत न षरी अरी। गरम न सीतल वात। कहि क्यौं झलके देषियत। पुलक पसीजे गात [५७४] [100]

يہ بسنت نہ کہري گرم اري سيتل بات • کہ کيون جھلکي ديکہيت پولک پسيجي کات

[ظا • ٥٧٤]

अन० : नायिका लक्षिता उक्ति सषी की नायका सो नायक के सात्विक उपज्यो है, गुन लच्छित कियो है, नायक निकट है, विभावनालंकार।

नर० : अन्यसंभोगदुःषिता नायिका को वचन आन सषी सो हे स्त्री अवार तो कोऊ वसंत रितु न है और गरमी न है, अरी या तो षरीही सीतल वात है सो तेरे गात के विषै पुलका पसीना झलक्यो देषियत है सो कहि क्यों –

> **एतो वसंत महा रितु सुंदर ताती षरी न षरी सियरी है। या विधि मंद समीर चलै चिहुं ओर अपार सुगंध भरी है। क्यों पुलकै झलकै ललकै तन देषत हीय उमंग करी है। क्यों न कहो सजनी तुम वात सो काहे ते गात पसीज धरी है** [नर० ५७४]

कृष्ण० : इह सात्विक भाव देषि सषी नाइका सो कहै, परकीया लच्छिता जानिऐ –

> **सोहतु समान समौ यह तौ वसंत रितु नाहिने गरम अरु सीरक न अति है। कहै कविकृष्ण वलि हमसौ तौ साची कहि काहे ते छवीली भई तेरी ऐसी गति है। कवहू तपत गात कवहू पुलक होत कवहू पसीजि आवै कवहू कपति है। जानी है री जानी हित सानी अरगानी रहि देषि दधिदानी पेमरस मै पगति है** [कृष्ण० ५७४] [101]

---

[100] इह – इहि - वा०न०भा०; यह - पा०मो०ह०। न – तन - गा०। अरी – (लुप्त) - उ०को०वा०भा०ह०; ऽरी - शि०मु०; षरी - मो०। न – षरी न - उ०; अरी न - वा०ह०; म - न०; अहे न - भा०। सीतल – शीतल - भा०। वात – वार - वे०। क्यौं – क्यो - शि०पा०; क्यों - मो०वे०गा०स०; क्यौ - भा०। झलके – झलकै - वा०वे०गा०स०नी०; पृगटत - पा०; झलकैं - मु०; प्रगटै - ह०। देषियत – देषीयत - शि०; देषीयतु - मो०; देषयत - वे०; देषियतु - मु०नी०; देषिए - ह०। पुलक – पुलकि - को०पा०भा०नी०; पलक - शि०; पलकु - मि०। पसीजे – पसीजै - शि०वे०गा०स०मि०मु०; पसीजें - वा०; पसीजत - पा०; पसीजो - भा०। [५७४]

[101] अंतिम चरण, 'जानति हौ भामिनी मनमोहन मिले को सुष ध्यान लाइवे को एक आकनू जपति है' - भा०।

हरि० : लछिता सो सषी वचन किंवा अन्यसंभोगदुःषिता को वचन सषी सो, किंवा षंडिता को वचन, अरी सषी यह संवोधन दैकै नायक को सुनावै है, यह वसंत रितु है, अरी सषी नहीं षरी अति गरमी है नहीं, अति सीतल वयार है, तू कहि क्यों प्रगट देषिए है गात अंग सो पसीजे हैं, तामे पुलक देषिए है, किंवा षंडिता कहति है, हे सषी, तू कहो गात मे प्रगट पुलक देषियतु है, जानति हों काहू सों पसीजे राजी भए, किंवा मान छुडाइवे के लिए नायक सषी वेष धरि नायिका को स्पर्ष कियो पुलक देषि नायिका वचन कारन विना प्रस्वेद भयो, विभावना।

—★—

चित पितमारक जोग गनि। भयो भयैं सुत सोगु। फिर अति हूलस्यौ जोइसी। समझ्यो जारज जोगु [५७५] [102]

چت پتمارک جوک کن بہیو بہیے ست سوک ۰ پہر ات ہولسیو جویسئي سمجہو
جارج جوک [ظا۰ ٥٧٥]

अन० : हास्यरस लेषालंकार।

नर० : जोइसी को मजाष कवि विहारीदास कहतु है कि जोइसी से पितमारक जोग जानिकै पुत्र भए ते सोगु भयो पै भी जोयसी को मनु जारज जोग समुझि कै हुलस्यो –

> **चित्त चितै पितमारक जोग षरो अकुलाइ उसास लयो है। सोग भयो है भयै सुत दुस्सह देषतही विललाय गयो है। वार अनेक विचार लष्यो तव फेर उमंग षरो जनयो है। जोयसी जीय सचेत भयो समझ्यो इह जारज जोग भयो है** [नर० ५७५]

कृष्ण० : इह जोतसी कौ हास्यरस –

> **पूत भयो इक जोतिषी कै ग्रह सोधतु सो चित मै हुलसानो। डीठि परो पितुघातक जोगु विचारि हिए अतिही अकुलानो। जारज जोगु लष्यो तवही मुलक्यो उर मानि हुलास सयानो। भूलि गयो दुष फूलि उठ्यो मुष आनदपुंज हिए अधिकानो** [कृष्ण० ५७५] [103]

हरि० : पिता को मारै ऐसो जोग गनिकै सुत पुत्र भए चित्त मै सोक भयो फेरि गनिकै जिय मै हुलस्यो जोतिसी जारज जोग समुझ्यो, जारज परपति तासों उत्पन्न भयो है वह मरैगो, हास्यरस, दोष मै

[102] पितमारक – पितृमारक - वा०ह०; पितुमारक - मो०मि०नी०। जोग – जोगु - नी०। गनि – मनि - उ०; सुनि, 'स' पर काकपद - वे०; जति - गा०; गन - मि०; गुनि - नी०। भयो – भयौ - शि०वा०मो०न०स०मि०नी०; भयें - मु०। भयैं – पवि?, ऊपर रिक्त स्थान में - उ०; भयिं - को०; भयें - शि०; ?ये - पा०; भयै - मो०न०वे०स०; भये - भा०; भयों - मु०; भऐ - नी०; भए - ह०। सुत – सुन - नी०। सोगु – सोगु? - उ०; सोग - शि०पा०मो०वे०स०मि०मु०ह०; सौंग - वा०। फिर अति – अति - उ०; फिरि अति - उ०को०; फिरि ऽति - शि०; फिरि - पा०भा०मि०ह०; फिर चित - मो०; फिरि मनि - न०; फिर जीव - मु०; फिर - नी०। हूलस्यौ – हुलस्यो - को०पा०मो०वे०भा०मु०; हुलसौ - शि०; हुलस्यौं - न०। (लुप्त) - उ०को०शि०वा०न०वे०मु०; जिय - पा०भा०मि०नी०ह०; जाय - मो०। जोइसी – जोयसी - को०वा०पा०वे०स०मि०ह०; जोतसी - मु०; जोतिगी - नी०। समझ्यो – समुझें - उ०; समझै - को०वा०; समजै - शि०; जान्यो - मो०; समुझे - न०; समुझै - वे०स०; समुझो - भा०; समझौ - मि०नी०; उपज्यो - मु०; समुझ्यौ - ह०। जारज – जारक - न०स०। जोगु – जोग - शि०वा०पा०मो०वे०स०मि०मु०ह०; जयौ?गु - भा०। केवल प्रथम यति का पाठ है - गा०। [५७५]

[103] द्वितीय चरण, 'तात को मारे दिना दस पांच मै जागही जीव अतिही अकुलानो' - मु०।

गुन मान्यो लेष अलंकार, किंवा जोतिषी की निंदा छुडावै तो ऐसो अर्थ करै, कोई जोतिषी सों पूछिवे आयो , हमारे पुत्र कैसो भयो है, कोई सों कोई कहत है, जोतिसी ने पितृमारक जोग गन्यो, सो सुनिकै जाको सुत भयो थो ताके चित्त मै सुत भए सोक भयो फेरि हुलस्यो जीव मै जोतिसी सों जारज जोग समुझि लियो।

— ⋆ —

चमचमात चंचल नयन। विच घूंघट पट झीन। मानहु सुरसरिता विमल। जल उछ्लत जुग मीन [५७६] [104]

چمچمات[105] چنچل نین بچ گہونگہت پت جہین • مانو سر سلتا بمل جل اوچہرت جل مین [ظا• ٥٧٦]

अन० : उक्ति नायक की सोइ तो वितर्क संचारी वचन अनुभाव ते अनुराग व्यंगि, जो दूती की उक्ति होइ तो नायक को रुचि उपजावति है, उत्प्रेक्षालंकार।

नर० : ललित हाव सषी को वैन नायक सो हो कान्ह राधाजू के चंचल नेत्र झीने वस्त्र के घूंघट के विषै चमचमात करि रहे हैं सो कैसे हैं कि मनहु सुरसरिता क० गंगा नदी तिनकै विमल जल के विषै मीन कौ जोडा लौ उछ्लतु है –

> **नायक नैन लषै चमकै झमकै अति चंचल जोति भरै है। घूंघट वीच षरे पट झीन कै देषतही हियरान हरै है। फेरि झुकै उझकै ललजात कछू ठहरात न पैज करै है। देवतरंगिनी निम्मल नीर मनो जुग मीनन ये उछरै है** [नर० ५७६]

कृष्ण० : नेत्र वर्णन, इह नाइका के नेत्रन की सोभा सषी नाइक सो कहै, नाइकहू नाइका सौ कहै सषी सो कहै –

> **रूप की रसाल आजु देषी व्रजवाल एक केती सोभा सनी वाके सोने से सरीर मै। टार्‌यौ न टरति वह भाउ मो हियेते क्यौंहू वैठी मुष ढापि गुरुलोगनि की भीर मै। कहै कविकृष्ण अति चपल विसाल वाके लोचनजुगल झलकत झीने चीर मै। क्यौ न मन होइ छवि निरषि अधीन विवि मीन उछरत मानो सुरसरि नीर मै** [कृष्ण० ५७६]

हरि० : नायक की उक्ति सषी सो नायिका के चंचल जे नैन हैं सो झीन मेंही जो है घूंघट को पट तामें चमचमात हैं, सुरसरिता गंगा ताको निरमल जल मैं मानों जुग कहिए दोय मीन उछ्लत हैं, वितर्क संचारी वचन अनुभाव तें अनुराग व्यंग है, इहां उक्तास्पद वस्तूत्प्रेक्षा, पट में जल की संभावना नैन में मीन की संभावना।

---

104 विच – विचि - शि०वा०मो०। घूंघट – घुंघट - को०मो०न०वे०स०; गौंघट - वा०; घूघट - पा०मि०; घूघुट - नी०। झीन – झीण - मु०; मीन - नी०। मानहु – मानहुं - उ०ह०; मांनहु - वा०; मानो - पा०; मानों - मो०; मानौ - मु०। सुरसरिता – सुरसलिता - उ०को०; सूरसारता - वे०; सूरससिता - गा०; सुरसुरता - मु०। उछ्लत – उछ्रत - शि०पा०मो०वे०स०मि०मु०ह०; ऊछलत - वा०; दछलत - नी०। मीन – मींन - वा०। दोहा लुप्त - भा०। [५७६]

105 چمچمات - چمچمات سو - ظا•

— ★ —

रहि मुहु फेरि कि हेरि इत। हित समुहो चित नारि। डीठि परस उठि पीठि के। पुलकै कहत पुकारि [५७७] [106]

ره منہ ہیر کہ ہیر ات ہت سمہون چت نار • دہیٹہ پرس اوٹہ پیٹہ کي پولکي کہي پوکار
[ظا• ٥٧٧]

अन० : सषी की उक्ति नायका सो परिहास पूर्वक हेतु लक्षित कियो है, मानाभास, विभावनालंकार, कारज विनुही काज को उदै होत ज्यहि ठौर।

नर० : सषी को मिलाइवो, सषी के वैन नायक सो हो कान्ह या जो मुह फेरिकै रही देषियतु है पै याके चित के विषै जो हितु है सो तुमारे सामने है, सो कैसे कि तुमही डीठि करिकै परसौ कि जो पीठि कै पुलका उठै है सो पुकारै कहै है –

या विधि की लषि जात मनोहर आन करोरिक हेरि रहै है। यों समुझो हिय मै हित है अति नारि नवोढ हुलास लहै है। डीठ तै डीठ छुयै उठि पीठिकै जीय उमंग षरी उमहै है। काहे ते नैन दुराउ करै सषि ये पुलकेई पुकारि कहै है [नर० ५७७]

कृष्ण० : यह नाइका परकीया है सषी कौ देषत पीठि दै वैठी दुराइवे कौ पै रोमांच पीठि पै भए ते सषी कहति है नाइका लच्छिता –

हित कौ निरषि पनु हरषै हितू को मन हम तो धर्‌योई तनु प्रेम की प्रतीति कौ। तिन्है तू भुरावति है वात वहरावति है काहे को दुरावति नवेली नेह नीति कौ। भावै इत हेरि भावै रही मुह फेरि तेरो चित सनमुष वीस विसे रस रीति कौ। दीठि के परसही तै उठी यह पीठि पै पुलक पांति प्रगट कहति तेरी प्रीति कौ [कृष्ण० ५७७]

हरि० : नायिका की प्रीति लच्छित करि सषी कहति है, नायक को हेरिकै देषिकै मुह इत या ओर को फेरि रही है हे नारि तेरो चित हित प्रीतम के समुहे सामने है, मुह फेरे कहा भयौ, नायक की दृष्टि परतही उठी है जो पीठ की पुलक सोई पुकारिकै कहि ए प्रत्यच्छ प्रीति को कहति है जतावति है, पुलक तै प्रीति को ज्ञान, अनुमानालंकार।

---

106 रहि – (अपठ) - पा०; रहे - वे०गा०स०। मुहु – मुह - वा०भा०मि०मु०नी०; (अपठ) - पा०। फेरि – फैरि - को०; फिर - शि०; फेर - वे०स०। कि – कै - को०मो०; की - शि०; क - वा०न०वे०गा०स०। हेरि – हैरि - वा०; हेर, 'र' में इकार बाद में - स०; हेर - मि०। इत – यत - शि०वा०न०वे०गा०स०; यतु - मो०मु०; इहि - नी०। हित – हितु - न०मु०; तन - नी०। समुहो – समहुं - उ०; समुहौ - शि०वा०न०मु०नी०; (अपठ) - पा०; समुहै - मो०मि०; समुहे - भा०; समुहें - ह०। चित – चितु - उ०न०गा०नी०; (अपठ) - पा०। नारि – (अपठ) - पा०। डीठि – डीठ - शि०स०ह०; (अपठ) - पा०; दीठ - वे०; दीठि - मि०मु०। परस – परसि - को०शि०मो०; परैसि - वा०; (अपठ) - पा०; परत - ह०। उठि – उठ - शि०स०मि०मु०; (अपठ) - पा०। पीठि – पीठ - शि०वे०स०मि०ह०; (अपठ) - पा०। के – कौं - शि०; कै - वा०मो०वे०गा०स०मु०; की - ह०। पुलकै – पुलकैं, 'पुल' पर स्याही - वा०; पुलिकित - नी०; पुलकें - ह०। कहत – कहै - को०मो०न०वे०गा०स०भा०मि०मु०नी०; करति - शि०; कहति - वा०। पुकारि – पुकरि - उ०; पुकार - वे०स०। प्रथम यति, 'रही फेरि मुह हेरि इत' - ह०। [५७७]

— ⋆ —

विछुरे जिये सकोच इहि। वोलत वनत न वैन। दोऊ दौरि लगे हियै। किये लजोहे नैन [५७८] [107]

بچھورین جے سکوچ ایہ[108] بولت بنت نہ بین ۰ دواو دور ہین لکي کئين نچوہين نين
[۵۷۸ ۰ظا]

अन० : सषी की उक्ति सषी सो, दंपति के त्रपा संचारी नाइका आगतपतिका, उपमा काव्यलिंग अलंकार।

नर० : विहृत हाव सषी को वैन सषी सो हे सषी इन दोनो के विछुरे कौ जिय मै संकोच है याते कछू वोल वोलते वनत न है सो दोऊही आपने नैन लजोहे से करिकै हिया तै लागि रहे है –

> **नीके रहै है वियोग तै जीवते दंपति जीव सकोच लिए है। वोलत वोल वनै न इही पर आपने चित्त दुराव दिए है। दौरिके दोऊ लगे हियरा सियरात घने ज्युं पियूष पिए है। देह कै ताप टरे सगरे कछु देषत नैन लजोहे किए है** [नर० ५७८]

कृष्ण० : इह परदेस ते आगम दोऊन के हित कौ अधिक, सषी वचन सषी सौ –

> **दंपति आपुस मै कहते पल ओट भए पल प्रान रहै ना। आयो विदेस वितै वहू वासर नंदलला अति चैन को ऐना। एतो विछोह भएहू जिये इहि लाज ते वोलत वैन वनै ना। दोऊ लगे लपिटाय हिये पै निचौहे किये सकुचौहे से नैना** [कृष्ण० ५७८]

हरि० : सषी सों सषी वाक्य, विछुरे सों जिए या संकोच तें वैन वचन वोलत वनत नहीं वनै, लाज सों नीचे नैन किए दोऊ दौरिकै हिए सों लगे वैन नहीं वोलत हैं, याको दृढ कियो, विछुरे जिए सों किंवा निचोहै नैन करनो दृढ कियो, काव्यलिंग अलंकार।

— ⋆ —

---

107 विछुरे – विछुरै - उ०न०गा०स०; वीछुरे - शि०; विछुरें - वा०। जिये – जये, 'ज' गें इकार बाद गें उ०; जियें - शि०वा०; जीय - मो०भा०; जिय - न०वे०गा०स०मु०ह०। सकोच – संकोच - शि०न०वे०गा०स०मु०ह०; संकौच - वा०; (अपठ) - पा०। इहि – इह - को०शि०वा०न०वे०गा०स०मि०; (अपठ) - पा०; ईहिं - मो०; यह - मु०ह०। वोलत – (अपठ) - पा०; वौलत - नी०। वनत – वनै - शि०वा०पा०भा०नी०ह०; वने - मो०। वैन – वैंन - उ०वा०स०मि०मु०ह०; वेन - मो०। दोऊ – दाउर - शि०; दोउ - मो०भा०; दोऊं - न०; दोउं - वे०गा०स०; दोऊं - मु०; दौऊ - ह०। दौरि – दौंरि - उ०; दोरि - को०वा०मो०गा०; दौर - शि०; दोर - वे०स०। लगे – लागै - शि०; लगैं - वा०; लियै - वे०गा०स०; लागे - भा०। हियै – हिये - उ०भा०मु०; हीइं - शि०; हिये - पा०; हीएं - मो०; हिए - ह०। किये – कीए - शि०मो०; कियै - वा०गा०; कियो - पा०; कियैं - न०; किए - मु०ह०। लजोहे – लजोहै - शि०; लजौहैं - वा०; निचोहै - पा०मो०; हसोहे - वे०; सजोहै - गा०; सजोहे - स०; निचौहे - भा०; निचौहै - मि०; लजौंहैं - मु०; निचौंहै - नी०; निचौहें - ह०। नैन – नैंन - को०वा०न०गा०स०; नेंन - मो०ह०। [५७८]

108 (ایہ)، حاشیہ مین (بہ) - ظا ۰

मोहि करत कत वावरी। करें दुराव दुरै न। कहै देत रंग राति के। रंग निचुरत से नैन [५७९] [109]

موہ کرت کت باوري کرین دوراو دورین ن ٠ کہین دیت رنک رات کے رنک نچورت سے نین [ظا٠ ٥٧٩]

अन० : अधीरा षंडिता की उक्ति नायक सो लक्षित लछन उत्तम काव्य उत्प्रेक्षालंकार, जौ सषी की उक्ति नायक प्रति होइ तौ नायक लक्षिता है।

नर० : सुरतिगोपना सषी को वैन सषी सो हे राधे तै मेरे तांई वावरी कत करति है याको दुराव किए तै ए दुरति न हैं, ए जे रंग के निचवते से नेत्र है सो राति कौ रंग कहे देत है –

> **वावरी मोहि करै कत भामिनि काहे को जीय मेरो सग है है। नैक दुराव कियै न दुरै सुनि तेरी हितू सव एई चहै है। वैन षगे अलकै विथुरी सुथरी सुषमा सव अंग लहै है। कामिनी जामिनी के रति रंगन रंग चुचात से नैन कहै है** [नर० ५७९]

कृष्ण० : लक्षिता नाइका सो कहै नाइक के विद्यमान जो नाइक की सषी सौ नाइका कहै तो षंडिता है इह नाइका के नेत्र देषि सषी कहै तो लच्छिता होइ –

> **सुरति के चिह्न चतुराई सो लुकाइ तन भूषन वनाइ सजे वसन तुरत है। कृष्ण प्रानप्यारे के सनेह सरसाने ताते गात अरसाने रस उमगि दुरत है। काहे को सयानी मोहि वावरी करति अव कियो तै दुराउ कहि कैसे कै दुरत है। प्रगट पुकारै रंग राति के कहत ए तौ लोचन जुगल मानौ रंग निचुरत है** [**कृष्ण० ५७९**] [110]

हरि० : षंडिता लछिता अन्यसंभोगदुःषिता मै लागै है, मोहि कत क्यों वावरी करौ हौ, छपाव करे छपै नहीं, राति रंग को लछना से विलास जानिए, कहि देत हैं रंग चूवत से जे नैन हैं ते, राति जगे अति लाल भए हैं, मानौं रंग चूवै है, इहां से मनो को व्यर्थ कहत हैं, क्रिया के आगे है, अनुक्तास्पद वस्तूत्प्रेक्षा।

— ★ —

109 **मोहि – मोह, 'ह' में इकार बाद में - को०; मोह - वे०स०। करत – करति - न०मि०; कहत - मु०। कत – हो - मो०; कित - मि०नी०ह०। वावरी – वावुरी - उ०; वाउरी - वा०न०। करें – किये - को०मि०मु०नी०; करत - शि०वा०; करे - पा०; करैं - मो०; कियै - न०भा०; कीये - वे०; कयै - गा०; कये - स०; करै - ह०। दुराव – दुरांव - उ०; दुराउ - शि०वा०। दुरै – दुरें - मो०मु०। कहै – कहें - उ०मो०मु०ह०; कहैं - वा०मि०; कहे - पा०भा०नी०। देत – देती - वा०; देति - मि०। राति – रात - शि०वे०गा०मु०। के – को? - को०; कै - वा०; (लुप्त) - भा०। निचुरत – निवुरत - को०; चुवत - शि०; निचूरत - वा०; निचुवति? - पा०; नचुरत - नी०; निचुवत - ह०। से – से ए - भा०। नैन – नैंन - वा०न०स०ह०; नेन - मो०; नेंन - मु०।** [५७९]

110 भा० प्रति में गंग की छाप सहित यह छंद मिलता है –

तोहि कहा भयो अंचल कंचुकी प्रीति पराग पषारि निचोरी। नैनन की अरुनाई नषच्छत ताको कहा कहिहौ कहौ गौरी। गंग कहै कच फेरि सुधारि कहा भयो जो मुकुतावलि जोरी। ए दोऊ वात दुराइ दुरै नहि नाह को नेह सुगंध की चोरी [भा० ५७९]

छिपै छपाकर छिति छवै। तमु ससहरि न संभारि। हसति हसति चलि ससिमुषी। मुष तैं आंचर टारि [५८०] [111]

چھپي چھپاکر چھت چھئي تم سسہر نہ سمہار • ہنست ہنست چل سس موکھي موکہ
تين انچر تار [ظا• ٥٨٠]

अन० : परकीया अभिसारिका प्रति दूती की उक्ति सिक्षामति भावध्वनि, वाचकलुप्तोपमालंकार।

नर० : सषी कौ मिलाइवौ सषी कौ वैन नायका सो हे ससिमुषी छपाकर क० चंद्रमा सो तौ छिपानो है छिति क० धरती तिनके विषै तमु भयो है सो अव निचंत मुष ते अंचल टारि हसते हसते ससिहरनु राह सम्हारिकै चलिहौ –

> **आधिक पंथ छिपै तै छिपाकर आय छुए छिति मै तम कारै। मेरो कह्यो करि नैक डरै मति होइ निसंक रुक्यो न संभारै। ओषधिनाथ मुषी मुसकात चलो चलि चाल षरे उजियारै। आनद सो अभिसार करो अपने मुष तै अति अंचर टारै** [नर० ५८०]

कृष्ण० : इह नाइका शुक्लाभिसारिका अभिसार राह मै चंद अस्त भयो देषि संकुचित भई तव सषी समाधान करति है –

> **तेरे कहैं सजि सुभ्र सिंगार चली अलि हौं गहिकै गति मंदहि। आथयो सोमु अली अधवीचही देषि छए छिति पै तमवृंदहि। घूघट को पट टारिकै प्यारी उघारि दै तू अपने मुषचंदहि। सोच सने मति जोन्ह हसी करि यौ चलिकै मिलि री नदनंदहि** [कृष्ण० ५८०]

हरि० : सषी की उक्ति अभिसारिका सौं, छपाकर चंद्रमा छपै है, छप्यौ यह भी पाठ है, छिति भूमि तामैं अंधकार छावै है, छयो यह भी पाठ है, तूं ससिहै मति डरै मति, संभारि चेत करि, उत्तरार्ध स्पष्ट, ससिमुषी ससि सो सुंदर मुष, वाचक धर्मलुप्ता उपमा अलंकार।

— ★ —

दोऊ चाह भरे कछू। चाहत कह्यौ कहै न। नहि जाचक सुनि सूम लों।

---

111 छिपै – छुपे, 'छ' में इकार बाद में - उ०को०; छिपें - वा०; छप्यो - पा०; छिप्यो - मो०; छपो - भा०; छिप्यौ - मि०नी०; छिपैं - मु०; छपै - ह०। छपाकर – छपाकर, 'छ' में इकार, 'र' में उकार बाद में - उ०; छिपाकर - शि०वा०न०गा०स०मु०; छिपाकरु - मो०मि०; छपाकरु - नी०। छिति – छित - उ०वे०गा०स०मि०। छवै – छपै - को०; छुवै - शि०; छुषै - वा०; छयो - पा०भा०; सवैं - मो०; सावै - न०; छयौ - मि०नी०; छिप्यौ - मु०। तमु – तम - को०पा०मो०स०भा०मु०ह०; जमु - शि०; (खंडित) - न०; तुम - मि०। ससहरि – सशिहर - को०; ससिहर - शि०मो०वे०गा०स०मि०मु०; शशिहर - वा०; शशहरि - पा०; (खंडित)सहर - न०; ससहर - भा०; ससिहरि - ह०। न – नि, मात्रा पर काटने का चिह्न - उ०; नु - न०; नि - मि०; त - मु०; नहि - नी०। संभारि – संतारि, 'त्' पर संशोधन का अप्रयास - उ०; संभार - को०वे०स०; सभारि - पा०न०मि०; सम्हारि - मो०भा०नी०। हसति हसति – हसत हसत - शि०पा०न०स०; हंसति हंसति - ह०। चलि – चली - मो०; चल - वे०गा०स०; चल, 'ल' में इकार बाद में - मि०। ससिमुषी – शशिमुषी - वा०भा०। तैं – तिं - को०; तें - शि०मो०मु०ह०; घुंघुट - पा०; तै - न०वे०गा०स०भा०मि०नी०। आंचर – आंचरु - को०; आंचरि - वा०; पट - पा०; आचरु - मो०मि०नी०; अंचर - वे०मु०ह०; अंचल - गा०स०भा०। टारि – हारि - को०; डार - वे०स०; डारि - गा०। [५८०]

वाहिर निकसत वैन [५८१] [112]

دواو چاہن بھري کہیو چاہت کہیو کہین نہ • نہین جاچک سن سوم لون باہر نکست بین [ظا• ۵۸۱]

अन० : सषी की उक्ति सषी सो दंपति के औत्सुक्य त्रपा संचारी ते रति पोष की विहृत हाव उपमा।

नर० : विहृत हाव सषी को वैन सषी सो हे सषी ए दोनो चाह सौं भरे हैं कछ्छ कह्यौ चाहत है पै कहते नाही हैं सो कैसी परै कि ज्यौं जाचक सूंम कौ देषिकै वाहिर वैन निकासत नहीं त्यौं –

> **नंदकुमार औ राधिका सुंदरि दौउ भरे अति चाह लसै है। चाहै कह्यो पै कहै न संकोच तै नैनन माझि षरै विहसै है। कै कै कटाछ्छ हुलास धरै कछ्छ आपस मै हियरान वसै है। जाचक को सुनि सूम लों रंचक वाहिर वैन नहीं निकसै है** [नर० ५८१]

कृष्ण० : इह प्रथम दरस समागम लाज की अधिकाई ते दोऊ कछ्छ कहि सकत नाही सु सषी सौ सषी कहति है –

> **आजु दुहू मिलिकै सजनी मन सौ मन सांकरी षोरि मिलायो। ठाढे ठगे से रहे टक लाइके नेह को मेह तही वरसायो। चाह भरे दोऊ चाहै कह्यौ कछ्छ वोल न यो मुष आवन पायो। सूम ज्यों भौन ते आवै न वाहिर द्वार सुने जव जाचक आयो** [कृष्ण० ५८१] [113]

हरि० : दोऊ दंपति चाह भरे हैं, मनोरथ भरे हैं, कछ्छ कह्यो चाहत हैं पै भय सों लज्जा सों कहत नहीं हैं, जैसे जाचक आयो सुनिकै सूम वाहिर नहिं निकरत है, ऐसे वचन वाहिर नहीं निकरत हैं, सूम उपमान वैन उपमेय लों वाचक वाहिर न निकलनो धर्म उपमा अलंकार।

— ★ —

लहि सूने घर कर गहत। दिषादिषी की ईठि। गडी सु चित नांही करति। करि ललचोही दीठि [५८२] [114]

---

112 दोऊ – दोउ - वा०; दोऊं - वे०स०; दोउं - गा०। भरे – भरै - शि०वा०। कछ्छ – कछ्छ - को०शि०वा०वे०; षरे - मो०मु०। चाहत – चाहै - पा०मो०मु०। कह्यौ – कह्यो - को०पा०मो०वे०; कह्यौं - शि०वा०। कहै – कहें - उ०; कहे - को०नी०; कहैं - वा०मो०स०। नहि – नहिं - उ०ह०; नाहि - नी०। जाचक – जाचकु - उ०न०; जावक - को०। सुनि – सूनि - शि०; शुनि - वा०; सनि - वे०स०। सूम – सुम - को०; सौम - वा०; सुम, 'स' पर २ का अंक - पा०; सूंम - न०; सुंम - वे०स०। लों – लौं - वा०मो०न०स०मि०मु०; लौ - पा०नी०। वाहिर – वाह्यर - पा०; वाहरि - मो०न०; वाहर - वे०; वहुरनि - मि०। निकसत – निकसै - उ०; निकसित - को०; निकसति - मि०। वैन – वैंन - को०वा०मो०; वेंन - गा०स०; वैनु - मि०। दोहा लुप्त - भा०। [५८१]

113 तृतीय चरण, 'चाह भरे सुष ते न कहै कछ्छ सोवत भेद कहू नहि पायो' - मि०।

114 लहि – सूने - न०वे०गा०स०। सूने – सुने - को०; सूनै - शि०मि०मु०नी०; सूनैं - वा०; सूनो - पा०मो०भा०; घर - न०वे०गा०स०। घर – लहि - न०वे०गा०स०। कर – करु - उ०भा०; कह - नी०। गहत – घहतु - को०; गहति - मि०नी०; गहित - मु०; गह्यौ - ह०। दिषादिषी – दिठा?दिठी - उ०; दिठादिठी - को०; दिठादीठि - शि०; दीठादिठी - वा०। ईठि – इठि - को०; ईठ - शि०मो०वे०स०मि०मु०। सु – स - वे०गा०; रु - स०। नांही – नाही - को०पा०भा०मि०नी०; नाहीं - ह०। करति – करनि - उ०ह०; करत - पा०मो०वे०स०मु०। करि – कर - शि०वे०गा०स०; लषि - मु०। ललचोही – ललचोंही - को०वा०; ललचौंहीं - पा०; ललछौही - मो०न०स०भा०; ललचौंही - गा०मि०मु०नी०ह०। दीठि – दीठ - शि०मो०वे०मु०; डीठि - पा०गा०नी०; डीठ - स०मि०। दूसरा चरण ऊपर के रिक्त स्थान में - मो०। [५८२] से 'ली वोलि यौ' [५९१] के बीच का पाठ उ० प्रति में खंडित होने से इस अंश की पाठपूर्ति आ० प्रति से की गई। [५८२]

لکہ سوني کہر کر کہت دکہادکہي کي ايتہ • کدي سو چت ناہين کرت کر للچوہين ديتہ [ظا • ۵۸۲

अन० : नायका की उक्ति सषी प्रति वचन अनुभाव ते स्मृति संचारी ते पूर्वानुराग व्यंगि उत्तम काव्य स्मृति अलंकार।

नर० : सूने घर कौ मिलन सषी कौ वैन सषी सौ हे सषी राधिका अरु कान्ह के आगै दिषा दिषी की ईठ क० मित्रताई हुती सो राधा को सूने घर मे लहिकै कर गहतु है सो ललचौहे सी दीठि करिकै चित के विषै गडी थकी सी नकारौ करति है –

> **पाइकै मंदिर सूनौ अचानक सुंदर जोवन रूप भरी है। वाको जवै गहि आपने पानि सो छाडि सकोच उमंग धरी है। ईठ दिषा दिषी की समझी मन ता छिन की जिय मै जु अरी है। चित्त गडी तउ नाहि करै अतिही ललचौही सी दीठि करी है** [नर० ५८२]

कृष्ण० : इह सुरतांत समै नाइका की जु चेष्टा देषी सु नाइक सषी सौ कहत है, परकीया, कुट्टिमत हाव –

> **देषाही देषी की ईठि अचानक डीठि परी अकेली ग्रह माही। साहस कै अपने उर मै अति मै ढिग जाइ लई गहि वाही। लै सिसकी झहराइ करै उहि तीछन नैन किये चहुघाही। कै ललचावनी दीठि करी वह नाहि हिये तै टरै अव नाही** [कृष्ण० ५८२]

हरि० : सषी सों सषी वचन, नायक ने सूना घर में लहिकै, नायिका को पाइकै, कर पकर्‌यौ विसेष प्रीति नहीं भई थी देषादेषी की ईठि मित्रता थी औ लालच भरी दृष्टि करिकै वांही पकरति है सो नायक के चित मै गडी है, स्वभावोक्ति, जो नायक को वचन सषी सौ तो स्मृति अलंकार।

—★—

पिय के ध्यान गही गही। रही वही ह्वै नारि। आपु आपुही आरसी। लषि रीझति रिझवारि [५८३] [115]

پي کي دہيان کہي کہي رہي وہي ہوي نار • اپ کر ارسي لکہ ريجہت رجہوار [ظا • ۵۸۳

अन० : उक्ति सषी की सषी सो परकीया नायिका की स्मृति दशा ते पूर्वानुराग व्यंगि, तद्‌गुण अलंकार।

नर० : चेष्टा लीला हाव सषी को वैन सषी सो हे सषी वही राधा भरतार के ध्यान मै गहगही है अरु वही राधा नारि ह्वैकै रही है सो आपु आपुन कौ आरसी मै देषिकै रीझति है अरु रिझावति है –

[115] पिय – पीय - मु०। के – को - को०पा०; कै - शि०वा०न०वे०स०मु०। ध्यान – ध्यांन - वे०स०मु०। गही गही – गही रही - शि०वा०मु०। रही – रहि - को०शि०वा०। वही – वहै - को०; वैकी - शि०; ह्वैकी - वा०। ह्वै – कै - को०; है - भा०। नारि – नार - शि०। आपु – आप - को०शि०वा०स०मु०ह०। आपुही – आपही - को०शि०वा०स०मु०ह०; आपुहीं - मो०। आरसी – आरसीं - आ०। लषि – लष, 'ष' में इकार बाद में - गा०। रीझति – रिझति - को०शि०; रिझवति - वा०; रीझत - वे०स०मु०। रिझवारि – रिझवार - वे०स०मु०। [५८३]

नेह घनो पै वसै परदेस तवै इह वुद्धि वितर्क वढावै। ध्यान ते पीतम को गहिकै गहिकै उर वीच भली विधि लावै। नारि षरी वह होइ रहै तन काय मनो वचही सुष पावै। आपही आरसी मै लषि आपने मानस को रिझवार रिझावै [नर० ५८३]

कृष्ण० : इह नाइका की लगन तन्मयता सु सषी सषी सौ कहै –

नेह लग्यो मनभावन सौ उहि तौ अगई यह वानि नई है। ध्यानही ध्यान मै आजु कछू व्रषभानसुता भई कान्हमई है। आरसी मै लषि आपनी मूरति आपुही रीझि निहाल भई है। पूरन प्रेम की जोति जगी उर आन सवै सुधि भूलि गई है [कृष्ण० ५८३]

हरि० : जहां नायिका नायक रूप होय रही नारि जो है सो आपु आपुही कौ आरसी मै देषिकै रीझति है, रिझवारि है रूप कौ समुझति है, किंवा पिय के ध्यान सों गही, अर्थ यह पिय के आननै जाकौ चित पकर्‌यौ ऐसी नारि नैं आरसी गही तामैं, औरि अर्थ वैसे ही, तद्‌गुन अलंकार।

— ⋆ —

वुरो वुराई जो तजै। तौ चित षरौ डरात। ज्यौं निकलंक मयंक लषि। गिनै लोक उतपात [५८४] [116]

بورو بورائي جو تجي تو چت کہرو درات • جيون نکلمک مينک لکہ لوک لکہين اوتپات [ظا• ٥٨٤]

अन० : कवि की उक्ति दुर्जन प्रशंसा अवर काव्य दृष्टांत अलंकार।

नर० : अधीरा नायिका कौ वैन नायक सुने ते सषी सौ हे सषी जौ वुरो मनुष्य आपनी वुराई छांडै तौ लोगु चित के विषै षरौ सो डरतु है सो क्यौंकि वाकी परतीति आवै नहीं जानै कोऊ वुरौ विचार करतु है सो कैसे कि ज्यौं चंद्रमा कौ निकलंकपनो लषै तौ लोग कौ उत्पात जानै –

होइ रहै अति दुष्ष तै व्याकुल वेद पुरान पुकार भने है। जो कछु देव को जोग वुरो जन छांड वुराई भलाई सने है। जो निरधार वुराई अवै चहु ओर तै चित्त डरात घने है। ज्यों निकलंक मयंक निहारत लोग षरो उतपात गने है [नर० ५८४]

हरि० : वुरा दुष्ट जो पुरुष सो वुराई दुष्टता कौ तजै तौ चित अति डरपै, जैसे चंद्रमा निकलंक देषिकै लोग उतपात गनै जानै, दृष्टांत अलंकार।

— ⋆ —

116 वुरो – वुरौ - शि०न०। जो – छिन, नीचे रिक्त स्थान में - को०; जौ - शि०न०; ज्यौं - ह०। तजै – तजौ? - आ०; त्यजै - को०; तजे - शि०। तौ – तो - को०शि०वा०मो०वे०; जो - मु०। चित – चितु - आ०; जिय - पा०। षरौ – षरो - को०वा०पा०मो०वे०मु०। डरात – डरातु - आ०; डराव, 'व' पर 'त' संशोधन - वा०; सकात - पा०; संकात - ह०। ज्यौं – ज्यों - को०शि०वा०मो०गा०स०; ज्यो - पा०वे०; जो - मु०। निकलंक – निकलंकु - आ०। मयंक – मयंकु - आ०मो०। लषि – लिषि - वा०। गिनै – गनें - आ०; लोग - मो०; गनै, 'ग' में इकार बाद में - स०; गिनें - मु०। लोक – लौंक - वा०; गिने - मो०; लोग - न०वे०स०ह०; लाक - गा०। उतपात – उत्पात - पा०। दोहा लुप्त - भा०मि०नी०। [५८४]

मरिवे कौ साहस ककै। वढै विरह की पीर। दौरति ह्वै समुही ससी। सरसिज सुरभि समीर [५८५] [117]

[118] مربي كون ساہس ككي برہين بره كي پير • دورت ہوي سموہين سسي سرسج سوربہ سمير [ظا• ٥٨٥]

अन० : जो सषी की उक्ति विषाद करि सषी सो है तो प्रोषितपतिका नायिका, जो नायक प्रति होइ तो विरह निवेदन, पूर्वानुराग, अन्यसन्निधि ते व्यंग्य, विचित्रालंकार।

नर० : मरन दसा सषी कौ वैन नायक सो हो कान्ह राधिका के विरह की पीर जो वाढी है ताते मरिवौ कौ विचार करति है कि साहस करिकै चंद्रमा कै अरु सुरसज कै अरु सुरज समीर कै सामही ह्वैकै दौरति है –

पीर वढी है वियोगिनि देह मै आठोहि याम महादुष पावै। चैन नहीं पल एक अधीरज वात सुहात न नींद न आवै। साहस कै मरवै कहुं काज षरी अकुलाइ वितर्क वढावै। दोरति है समुही ससि को अरु कंज सुगंध समीरन धावै [नर० ५८५]

कृष्ण० : इह नाइका प्रोषितपतिका सषी कौ वचन सषी सौ –

श्रीमनमोहन सौ जवतै विछुरी तवतै न पलौ कल पावति। नीर विना सफरी ज्यौ षरीयै परी तलफैरु भई दुवरी अति। साहस कै मरिवे को सषी सु उघारिकै आनन जोन्ह मै आवति। दौरति सामुहै सीर समीर सरोजनि लै हियरा सौ लगावति [कृष्ण० ५८५]

हरि० : सषी सो सषी वाक्य, विरह की विथा वाढै मरिवे को जोरावरी करि करि ससि के सामने दौरति है, जाहि देषे दुष होत है, ताके सामने गएं मृत्यु होयगी, सरसिज, कमल, ताकी जो सुरभि सुगंध समीर पौन ताके भी सामने दौरति, उद्दीपन विभाव, ससि सो समीर सो सुष उपजत है तासों मृत्यु चाहति है, विचित्रालंकार, इच्छा फल विपरीत की करिए जतन विचित्र।

— ★ —

कव की ध्यान लगी लषौं। यह घरु लगिहै काहि। डरियतु भृंगी कीट

---

117 मरिवे – मरवे - को०मि०; मरिवैं - वा०; मरवै - वे०स०; मरिवै - गा०। कौ – कौं - को०वा०; को - पा०वे०गा०स०ह०; कों - मो०। साहस – साहसु - वा०पा०न०मि०नी०। ककै – ककैं - आ०वा०मो०न०; कैं - को०; करै - शि०पा०। वढै – वढी - न०वे०गा०स०; वडे - भा०; वडै - नी०; पढें - ह०। विरह – वीरह - वा०। की – तन - मु०। पीर – पीरि - मो०; पीड - मु०। दौरति – दोरति - को०न०; दोरती - वा०; दोरत - मो०वे०; दौरत - स०; घेरत - मु०। ह्वै – है - मो०; हैं - ह०। समुही – समुहीं - आ०; समुहे - पा०; समझी - वे०; समुहै - ह०। ससी – ससिहि - को०नी०; शशी - वा०पा०; शसिहि - भा०; ससीहि - मि०। सरसिज – सरीसज - पा०; सरजिज - मो०; सुरसज - न०वे०गा०स०। सुरभि – सुरभ - न०वे०मु०; सुरभ, 'भ' में इकार बाद में - गा०। [५८५]

118 سرسج سوربہ - ؟؟؟ - ظا•

लौं। मति वहई ह्वै जाहि [५८६] [119]

کب کي دہیان لکي لکہون یہ کہر لکہي کاہ • دریت بہر نکي کیت لون مت وہئي ہوي جاہ [ظا• ٥٨٦]

अन० : सषी की उक्ति सषी सो, नाइका के पूर्वानुराग व्यंगि स्मृति दशा सषी को वितर्क उत्प्रेक्षालंकार।

नर० : सषी कौ वैन सषी सौ, हे सषी मै कवही की ध्यान सो लागी है सो लषती हौं कि याके सरीर कौ कहा लाग्यो है याते भृंगी अरु कीट की परै डरियतु है कदाचित वहही ह्वै जात नहीं –

> **ध्यान लगी कव की न टरै कछु या विधि रैन दिवाव रमावै। ऐ अवला वर लागिहै काहि न जानी परै सो कहा उहि भावै। कीट ज्यों छांडि दसा अपनी छिन मै डरपों भमरी ह्वै जावै। देह दसा लषिकै सगरी वहई जिन होइ इहै जिय आवै** [नर० ५८६]

कृष्ण० : इह नाइका नाइक के ध्यान मै लीन ह्वै रही है सु सषी सषी सो कहति है –

> **ठाढी विलोकति हौ कवकि यह पूरन प्रेम हिए ढरिवौ। पाहन की पुतरी ह्वै रही विसर्यौ उर अंचर कौ धरिवौ। ध्यानही ध्यान मै जौ कवहू यह होय वही तौ कहा करिवौ। याको घरा अव लागिहै काहि कहा गति ह्वैहै यहै डरिवौ** [कृष्ण० ५८६]

हरि० : सषी सो सषी वचन पूर्वानुराग, केतनी वेर की यह नाइक के ध्यान में लगी है, मैं लषौ हौं, देषौ हौं, यह जो याको घर है सो काहि सौं कौन सो लगिहै वंधिहै, कौन याके घर को सलूक करैगो, करि सकैगो, डरियतु है भृंगी औ कीट कृमि की तरह जनि वहही नायक रूपही ह्वै जाय, भृंगी को नाम संस्कृत में डिंडीरव, पूरव में घिरनी, सो कीट पकरिकै आपनो स्वरूप करि लेत है, गम्योत्प्रेक्षा।

— ⋆ —

विलषी लषै षरी षरी। भरी अनष वैराग। मृगनैनी सैन न भजै। लषि वैनी के दाग [५८७] [120]

[119] कव – कद - वे०गा०स०। की – ही - वे०स०; कौ - नी०। ध्यान – ध्यांन - वा०न०वे०स०मि०; ध्यांन - मु०। लषौं – लषों - को०गा०; लषै - शि०पा०; लषैं - वा०; लषौ - वे०मि०; लष्यौ - नी०। यह – इव - शि०; इह - वा०; वह - वे०; वैह - गा०। घरु – घर - को०मो०मु०ह०; वारिज - शि०; घरि - वा०मि०; धर - वे०स०। लगिहै – लषि - शि०; लगिहैं - वा०मु०; लगीहैं - मो०; लगुहै - न०; लगहि - वे०; लगही - स०। काहि – कांहि - वा०; काय - मु०। डरियतु – डरियत - को०पा०मि०ह०; डरीत - शि०; डरीयत - वा०वे०मु०; धरीयतु - गा०; धरिय - स०। भृंगी – भ्रंगी - को०पा०मो०; कीटी - शि०; भृगुटी - गा०। कीट – भृंग - शि०; कीठ - गा०। लौं – लों - शि०वे०गा०स०; लौ - पा०मि०। मति – मत - शि०मो०वे०गा०स०; जिनि - ह०। वहई – वहही - वे०मु०; वहइ - मि०। ह्वै – ह्वैं - मो०; हुइ - मु०। जाहि – जाइ - शि०पा०न०वे०गा०; जाई - वा०; जाय - मु०ह०। दोहा लुप्त - भा०। [५८६]

[120] लषै – देषि, ऊपर काकपद, पार्श्व में 'लषै'? - पा०; लषैं - मो०मि०ह०। मृगनैनी – मृगनैंनी - आ०को०वा०न०स०ह०; मृगनेंनी - मो०गा०मु०। सैन – सैंनु - आ०; सैंन - को०वा०न०स०मि०नी०; सेंन - मो०गा०; सेने - मु०। न – नु - शि०वा०; नि - गा०भा०नी०। भजै – भजैं - को०वा०मो०; भजी, 'जी' पर चिह्न, पार्श्व पर 'जै' - पा०; भज - मु०। लषि – लष - वे०गा०। वैनी – वैंनी - आ०को०वा०मु०; वेनी - पा०मो०भा०ह०। के – कैं - वा०; को - भा०। दाग – दाघ - वा०; दाष - वे०। [५८७]

بلکهي لکهي کهري کهري بهري انکه بيراک • مرکنيني سين نن بهجي لکه بيني کي
داک[121] [ظا • ٥٨٧]

अन० : सषी की उक्ति सषी सो मानिनी नाइका सेन सो निद्रा ताको भजत इति अनिद्रा विभचारी काव्यलिंग अलंकार छेकानुप्रास की संसृष्टि।

नर० : मुग्धा षंडिता सषी कौ वैन सषी सौ तथा नाइक सौ हो कान्ह अनष अनै वैराग सौ भरी विलषी ह्वै षरी षरी देषत है अरु मृगनैनी सैन भजति नाही है सो तुमारे ए वैनी के दाग देषिकै –

होइ रही विलषी अकुलाइ लषै पै षरी षरी पास न आवै। भारी वैराग भरी अनषाहट रोस तै राते सै नैन नचावै। सैनन वा नृगनैनी भजै नहीं भोंह मरोरिकै सोहन षावै। वारही वार अवोली रहै अरु बेनी के दाग लषै दुष पावै [नर० ५८७]

कृष्ण० : इह नाइका अन्यसंभोगदु:षिता, सषी को वचन सषी सो–

साजि सिंगार हुलास सौ आई विलोकि रही चकि दूरितै झंकहि। सौति की चीकनी चोटी को दाग लग्यो टटको पति को परजंकहि। ठाढी जकी सी कपोल धरे करु रोस भरी भृकुटी करि वंकहि। सोच सनी विलषै मृगलोचनि लेति उसास न आवति अंकहि [कृष्ण० ५८७]

हरि० : सषी सों सषी वाक्य, विलषी आंसू डारती, सषी लषै है, देषति है, षरी अति, नायक सों अनष क्रोध वैराग को अर्थ इहां वेराजीपनो अरु विथा जानिए, जासों भरी है, वेनी पराई नायिका की चोटी को दाग निसानी देषिकै, मृग के नैन से नैन हैं जाके, मृग उपमान नहीं, मृग के नैन उपमान सो लछना सो जानिए है, इहां हैं नहीं , वाचक नहीं है धर्म नहीं है वडे कजरारे इत्यादि, केवल नैन उपमेय है, उपमान वाचक धर्मलुप्ता, वेनी के दाग सों सेज कोन ही, आवनो दृढ कियो, काव्यलिंग, षरी षरी जमक छेकानुप्रास।

— ★ —

अनिआरे दीरघ दृगनि। किती न तरुनि समान। वह चितवनि औरै कछू। जिहि वस होत सुजान [५८८] [122]

انياري ديرکه درکين کتي نه ترن سمان • وه چتون اوري کچهو جه بس هوت سجان
[ظا • ٥٨٨]

---

[121] بيراک - بيرات؛ داک - دات - ظا •

[122] अनिआरे – अनियारे - पा०वे०स०भा०मि०मु०नी०; अनयरे - न०। दृगनि – दृगनु - आ०; द्रिगनुं - शि०; द्रिगनु - वा०; नयन - मो०न०वे०गा०स०; द्रगनि - भा०मि०; द्रिगनि - मु०; हगनि - ह०। किती – कीती - को०नी०। तरुनि – तरूनि - आ०वा०मु०; तरुन - वे०स०। समान – समांन - आ०वा०न०वे०गा०स०मु०नी०। वह – उह - शि०वा०। चितवनि – चितवन - शि०न०वे०स०मि०; चितवन, 'न' में इकार बाद में - वा०गा०; चितौन - ह०। औरै – उरे - शि०; ओरें - मो०; ओरै - वे०; औरे - मु०। कछू – कछु - को०मो०मु०; कछुं - वा०। जिहि – ज्यहि - पा०; जिह - गा०; जिहिं - ह०। वस – वसि - मो०। होत – हौंत - वा०; होति - मि०। सुजान – सुजांन - न०मु०नी०ह०। [५८८]

अन॰ : प्रस्ताविक नायिका रूपगर्विता को वचन सषी प्रति वा सषी नायिका की नायक की सषी आगे वषान करति है, भेदकातिशयोक्ति व्यतिरेकालंकार।

नर॰ : अनुकूल नायक सषी कौ वैन राधिका सौ हे राधे ऐसे अनियारे अरु दीरघ नेत्र करिकै और कितनीही स्त्री तेरे समान है पै जासौ सुजान एक तेरेही वस ह्वै रहै हैं सोऊ देषनो औरही है –

दीरघ कारे षरे अनियारे सु नैनन कंज के पात प्रमानै। या अनुहार विलोकतही सव केती न नायका होत समानै। सोइ निहारिवो औरै कछु सुनि वाकी विलोकनि को ठहरानै। काय मनो वच पागि रहे जिय वाहि लषै वस होत सुजानै [नर॰ ५८८]

कृष्ण॰ : इह प्रस्ताविक अन्योक्तिहू वनै, कवि की उक्ति सषी को वचन नाइक सो –

जगत मै सव सौ करत सव प्रीतिऐ पै प्रीति रीति जानत जे प्रीति के निधान है। करत सिंगार करिवे भेदभाऊ मै नान है। अनियारे कजरारे दीरघ द्रगनिवारी केती न तरुनि महिमंडल मै आन है। प्रेमभरी वह चितवनि कछु औरही है होत वस जाहि निरषतही सुजान है [कृष्ण॰ ५८८] [123]

हरि॰ : नायिका की स्तुति सषी करै है, अनियारे नैन सो दीरघ नैन सो केतनी तरुनी तोहि समान नहीं हैं, अर्थ यह जो है किंवा केतनी तरुनी समान सगर्व नहीं हैं, वह तेरी अनिर्वचनीय चितौन कछु औरै है जासों सुजान प्रवीन नायक वस होत हैं, किंवा सुंदरी तरह जानि जीव वस होत हैं, व्यतिरेकालंकार औ भेदकातिसयोक्ति।

— ⋆ —

झुकि झुकि झपकोहैं पलनु। फिरि फिरि जुरि जमुहाइ। वीद पियागम नीद मिस। दी सव अली उठाइ [५८९] [124]

جہک جہک جہپکوہین پلن مور مور جور جمہاي • بیند پیاگم نیند مس دئین سب
الي اوتہاي [ظا• ٥٨٩]

---

123 भा॰मि॰ प्रतियों में यहाँ यह भिन्न उदाहरण है –

कीजियै जु हेत तौ निवाहियै जु हित की सी हित मै कहा है वडो हेतु है हितैवे मै। जानियै सिंगार तौ सिंगारियै सवै सम्हारि जौ सिंगार किये विन भेदु तौन कैवे मै। वोलियै जु वैनु मनु लेन कौ समर्थ हूजै वोलि रिस कीजै तौ न वोलियै वुलैवे मै। दीरघ जो भए नैन तौर भए कहा भयो पीतम के मोहिवे के चातुरी चितैवे मै [भा॰ ५८८]

124 झुकि झुकि – झिकि झिकि - आ॰; झपि झपि – झपकोहैं – झपकौंहैं - आ॰मि॰; झपकोहे - को॰; झपकौहइं - शि॰; झपकोहे - पा॰वे॰; झपिकौहै - न॰; झपकौहै - गा॰मु॰; झपकोहे - स॰; झवकौहै - भा॰; झपकौहैं - नी॰; झपकोंहे - ह॰। पलनु – पलनि - पा॰मु॰नी॰ह॰; पलन - वे॰स॰; पलक - भा॰। फिरि फिरि – फिर फिर - वे॰गा॰। जुरि – जरि - आ॰; जुरित - को॰; जुरि जुरि - शि॰; मुरि - पा॰मु॰; जुर - वे॰। जमुहाइ – जंमुहाइ - आ॰; जभुआय - को॰; मुहाइ - शि॰; जमुहांइ - वा॰; जुमुहाइ - न॰नी॰; जमहाइ - वे॰स॰; जंभुआय - ह॰। वीद – वींचि - आ॰; वादि - को॰; विंदी - शि॰मि॰; विंद - वा॰; जानि - पा॰मो॰भा॰; वींदि - न॰गा॰; वींद - मु॰; वीदी - नी॰; वीदि - ह॰। पियागम – पिआगमु - आ॰; पीयागम - वा॰वे॰गा॰; पियआगम - मि॰; पीयागमु - मु॰; पिआगम - ह॰। नीद – निंद - वा॰न॰गा॰मु॰ह॰। मिस – वसि - शि॰; मिसि - वा॰मो॰न॰गा॰स॰मि॰नी॰; मिसु - मु॰। दी – दीं - आ॰; दइ - मो॰। सव – शव - वा॰। अली – सषी - को॰पा॰मो॰भा॰। उठाइ – उठाय - को॰ह॰; उठाई - वा॰मो॰। [५८९]

अन० : सषी की उक्ति सषी सो साधारन प्रौढा अवहित्था औत्सुक्य संचारी वासकसज्जाऊ कहिए, पर्यायोक्ति अलंकार।

नर० : क्रियाविदग्धा सषी कौ वैन सषी सौ हे सषी सुनि राधिका पलन कौ तो सिताव सिताव झपकोहे किये और भी जी जुरिकै उवासी लेति है सो क्यों कि भरतार कौ आगम जानिकै ऐसो मिस करि सव अली कौ उठाइ दीवी है –

कै झपकार वनी वरुनी झुकिकै झुकि झमकै जु लई है। फेरही फेर इडात अचानक आनन मै जमुहाइ गई है। जानी जवै पिय आवहिगो इत आगम तै इहि भांति भई है। नींद घनी मोहि आवति है मिस कै अव आली उठाइ दई है [नर० ५८९]

कृष्ण० : इह नाइका परकीया वासकसज्जा सषी सषी सौ कहै, क्रियाविदग्धाहू संभवै –

जानि समौ पिय आगमु कौ चतुराइ करी चित चाह सौ चाइकै। सैंकरि आधिक मूदिकै आषि झुकी सी करी पलकै चपलाइकै। जोरि भुजा तन तोरि तिया अगरानी षरी अरसाइ जभाइकै। वैठी हुती ढिग आइ अली सु दई सव ऊठमही सौ उठाइकै [कृष्ण० ५८९] [125]

हरि० : सषी सों सषी, नींद सौ झुकि झुकिकै पलक को झपकोहें करिकै निद्रा सो विवस करिकै फेरि फेरि जु पाद पूरन, री को ह्रस्व पढ्यौ, री सषी जंभाति है पी को आगम वीदि, जानिकै, नींद के छल सो सषिन को उठाय दीनी, छल करि इष्ट साध्यो, पर्यायोक्ति अलंकार।

— ⋆ —

ओछे वडे न ह्वै सकैं। लग्यौ सतर ह्वै गैन। दीरघ होहि न नैकहूं। फारि निहारै नैन [५९०] [126]

اوچهي بدي نه هوي سکين لکو ستر هوي کين • ديرکه هوي نه نيک هو پهار نهاري نين [ظا• ٥٩٠]

अन० : कवि की उक्ति नीचजन स्थिति कथन दृष्टांत अलंकार।

नर० : प्रस्ताविक, जो छोटौ आदमी है सो वडौ ह्वै सकै नाहीं भावै सतरे से गैन ह्वै करि देषौ सो कैसे दृष्टांत कि जो नेत्र फारिकै केतऊ देषौ पै दीरघ नैकहूं ह्वै सकै नहीं

---

125 भा० प्रति में यहाँ कवि सुंदर का छंद है –
द्यौरानी जिठानी सासु नंद सव राषी स्वाइ सुंदर कहानी कहिकै वाकछरनि सौ। सारिका सुवानिहू के पीजरा उसारि धरे मिसुकै निकासी दासी वाहिरे घरनि सौ। दिया अचराइ कियो तमहू दुराइ पुनि पौढि रही आइ चुपचाइ के उरनि सौ। आयो पिउ इहि आस पालिका के आसपास दावे निज स्वास टकटोरत करनि सौ [भा० ५८९]

126 **ओछे – ओछो - आ०को०भा०; ओछै - शि०गा०; औछे - वा०; छोटे - पा०नी०; उंछे - स०; वोछे - मि०। वडे – वदें - वा०; वडो - भा०। ह्वै – है - शि०; हों - वा०; ह्वैं - न०। सकैं – सकै - को०शि०पा०मो०गा०स०भा०मि०मु०; सगै - वे०। लग्यौ – लगौं - आ०; लगो - को०; लगै - शि०मो०; लगों - वा०; लगि - पा०; लग्यो - वे०; लगे - भा०मि०; गौ - नी०। सतर – सतरो - पा०। ह्वै – ह्वैं - आ०मो०न०; है - पा०। गैन – गैंन - आ०न०वे०मि०; गेंन - को०मो०स०; वैन - पा०नी०। होहि – हौंहि - आ०; होंहि - वा०; होइ - मु०; होई - नी०। नैकहूं – निंकहुं - को०; नैंकहौं - वा०स०; नेकहू - पा०भा०; नेंकुहू - मो०; नैकहुं - वे०; नैनहू - मि०। फारि – फार - स०। निहारै – निहारैं - आ०; नीहारै - वा०; निहारे - पा०मो०न०वे०गा०स०मु०; निहारौ - भा०नी०। नैन – नैंन - आ०को०वा०न०मु०; नेंन - मो०गा०स०। दोहा लुप्त - ह०।** [५९०]

जो जग और वडे नहि ह्वै सकै कोटि उपाय करो वह वैसे। क्यों न लगो अति वंक ह्वै नैनन जाको वनाव रच्यो विधि जैसे। आंजन आन अन्यारे करो कोऊ मांजो फुलेल पै ऐसे के ऐसे। नैक न होइ नहीं सव जानत फारि निहारे ते नैन वडै से [नर० ५९०]

कृष्ण० : इह प्रस्ताविक कवि की उक्ति –

जो जगदीस रचे जिहि भाइ वे तैसेई दीसै घटै न वढै ना। धीरु हिये धरि मंद गहौ गति पै वगु हंस को मोलु लहै ना। ओछे सु कैसेउ होउ वडे न विकाइ उचाइ गहै किनि गैना। फारि निहारौ कितो करि हारौ पै दीरघ होइ न कैसेहु नैना [कृष्ण० ५९०]

— ★ —

गह्यो अवोलो वोलि प्यौ। आए पठै वसीठि। दीठि चुराई दुहून की। लषि सकुचोही दीठि [५९१] [127]

كہيو ابولئيو بول پيہ اي پٹہي بسيٹہ • ديٹہ چورائي دوہون کي لکہ سکوچونہين ديٹہ [ظا• ٥٩١]

अन० : सषी की सषी प्रति, नायका अन्यसंभोगदु:षिता, मोन रहिवे ते नायक की प्रत्यच्छता करि मान आभासतु है याते मानिनि कहिए, विषमालंकार।

नर० : मानमोचन साम उपाइ सषी को वैन नाइका सो हे राधे जो वसीठ पठई हुती सो प्यौ आए है सो इतनै कहनै ते दोनो की नजरि सकुचौही सी दीठी, सषी दीठ चुराइ दीनी है –

पीय वोलाय अवोल गह्यो अरु आपने जीय हुलास लई है। आए पठाइ वसीठ अचानक देह दसा कछु और भई है। वारही वार विचार करै पछितान घनी मन मोहमई है। देषि सकोच भरी अषियांन दुहून की दीठि दुराइ गई है [नर० ५९१]

कृष्ण० : इह नाइका अन्यसंभोगदु:षिता, सषी को वचन सषी सो –

आपनी प्यारी अली कौ पठै पिय प्यारे को आपुही वोलि पठायो। आगे ह्वै आइ लियो हित सौ हियरो हुलस्यो नियरो जव आयो। एते मै कृष्ण दुहून की दीठि लजौही लषी उर तेह तचायो। वोल को भारी मलोलो भर्‌यो जिय कासौ कहै अपनो डहकायो [कृष्ण० ५९१]

---

[127] गह्यो – (खंडित) - उ०को०; गह्यौ - न०गा०मि०मु०ह०; गहो - भा०; गलौ - नी०। अवोलो – (खंडित) - उ०; अवोल्यो - को०; अवोल, 'ल' में ई तथा ओ की मात्राएँ - शि०; अवौलौ - वा०मु०; अवोली - पा०; अवोलौ - न०मि०नी०। वोलि – वोल - को०मो०वे०गा०स०मु०; वोली - शि०; वौलि - वा०। प्यौ – प्यो - को०पा०वे०; यौ - शि०; प्यौं - वा०; पें - मो०। आए – अषे, ए की मात्रा काटकर ऊपर रिक्त स्थान में 'ए' - उ०; आप - को०स०; अवए - शि०; अषए - वा०; अप्पै - पा०; आपै - मि०ह०; आयै - नी०। पठै – पठे - को०वे०स०; यथे - शि०; पठैं - मो०। वसीठि – वसीठ - को०शि०वे०गा०स०भा०मि०ह०। दीठि – दीठ - को०शि०न०वे०स०; डीठि - पा०मो०मु०नी०। चुराई – चुराइं - मो०; चुराइ - भा०मि०। दुहुन – दहुन - उ०पा०; दुहू - को०; दुहुंन - शि०ह०; दुहौंनी - वा०; दुहुंनि - गा०; दुहुनि - भा०; दुंहुंनि - मु०; दुहुनी - नी०। लषि – लष - वे०। सकुचोही – सकुचोंही - उ०; सकुचौंही - वा०नी०ह०; संकुचोहीं - मो०; सकुचौही - न०गा०मि०; सुकचोंही - वे०; सुकचौही - स०; ललचौही - भा०; सकुचौ - मु०। दीठि – दीठ - शि०वे०; डीठि - पा०मो०न०गा०मि०मु०नी०; डीठ - स०। [५९१]

हरि० : सषी सों सषी वाक्यं, पिय को वोलकै वोलवाय कै अवोलो मैं न गह्यो, कोई सुंदरी सषी सो आपुही वसीठ संदेस पठायकै क्यों डीठि चुराई, दुहुन की साभने नतरि नहीं करै है, लषिकै देषिकै औ सकुचौही लज्जित डीठ कौ अर्थ देषिकै डीठ के चोराइवे सों औ लज्जा सों संभोग को निश्चय कियो, अनुमानालंकार।

—★—

दुषहाइन चरचा नहीं। आनन आनन आन। लगी फिरै ढूका दिये। कानन कानन कान [५९२] [128]

دوکہ ہاین چرچا نہین انن انن ان • لكي پہرين دہوکا دئين كانن كانن كان [ظا• ٥٩٢]

अन० : उक्ति प्रवाद संकिता परकीया के वचन अनुभाव ते संका अमर्ष संचारी ते पूर्वानुराग व्यंगि, लाटानुप्रास।

नर० : श्रवन दर्शन सषी को वैन सषी सौ हे सषी जो दुषहाइन चरचा है ताकी नहीं थकी आन कै आनन ते और विना एतावता वाही जु चरचा सुननु के हेत कान भई कानन के विषै कांना करिकै ढूकौ दियै लागीही रहति है ढूका क० सांढ चीरै दियै लार लगीही फिरै –

> **हे पिय औ लों गही नही वोलति या विधि के जो वियोग वसाए। आनन आनन आन भई कछु देह अनोषी सी पीर पिराए। ढूका दिए फिरै अंगन मै घर मै पुनि अंगन मै छिन आए। नैक नही कल होइ रही चल कानन कानन कान लगाए** [नर० ५९२]

कृष्ण० : इह नाइका प्रौढा नाइका को वचन सषीहू सौ परकीयाहू होइ –

> **लाल मनभावन सौ मिलिकरि आपु रसकेलि के मनोरथ विविध विधि मानही। कृष्ण प्रानप्यारे नैक मेरी ओर ढर्‌यौ ताको चहचर मेरीए चवाइन कौ ठानही। कुंज वनवीथी मूका षिरकी किवार द्वार लागि रहै निसदिन ढूका दियै कानही। देषौ माई इन दुषहाइन के ऊलट जु आनन आनन प्रति आन चरचा नही** [कृष्ण० ५९२]

हरि० : दूषदाई जो है ताके आनन आनन मुष मुष विषै आन की और की चरचा नहीं है, किंवा दुषदाइन के आनन मुष में आनन औरन की चरचा नहीं है, आन हे सोंह है, मैं सपथ करि कहति हौं, कानन कान विषै हमारे विहार के वन विषै, कान दिए, हमारी वात सुनिवे के छूका लगी फिरति है, छपिकै लगी फिरति है, आनन आनन कानन कानन जमकालंकार।

---

128 दुषहाइन – दुषहांइनु - उ०; दुषदायिनि - को०; दुषहोइनु - शि०; दुषहाइनु - वा०; घरहाइनि - पा०; दुषहाइनि - मो०; दुषदायन - वे०; दुषीआंनन - भा०; दुषिहाइनु - नी०; दुषिहायनि - ह०। चरचा – चरचां - वा०। नहीं – नही - शि०वा०पा०वे०गा०स०भा०मि०मु०नी०न०। आनन आनन – आंनन आंनन - उ०को०शि०वा०न०वे०गा०स०मि०मु०। आन – आंन - उ०को०शि०वा०मो०न०वे०स०मि०मु०; अंन - गा०। फिरै – फिरे - को०; फिरैं - वा०; रहत - पा०मो०नी०; रहति - भा०मि०; फिरति - ह०। ढूका – ढोका - शि०; ढूकी - गा०भा०; दूका - स०मि०। दिये – दियें - उ०; दीइ - शि०; दीयैं - वा०; दिएं - मो०; दियै - न०स०भा०मि०; दीयै - वे०गा०मु०; दिए - ह०। कानन कानन – कांनन कांनन - उ०को०मो०न०वे०गा०स०मि०; कांनन लागै - मु०। कान – कांन - उ०को०मो०न०वे०गा०स०मि०मु०; कान्ह - वा०। [५९३] से [६९८] दोहे तक का पाठ खंडित - शि०; इसकी पूर्ति चौ० प्रति के पाठ से की जा रही है। [५९२]

— ★ —

हितु करि तुम पठयौ लगै। वा विजना की वाइ। टली तपति तन की तऊ। चली पसीना न्हाइ [५९३] [129]

ہت کر تم پٹھیو لکین وا بجنا کي باي ۰ تري تپت تن کي تاو چلي پسينان نہاي
[ظا۰ ٥٩٣]

अन० : दूती की उक्ति नायक प्रति नायिका को प्रेम व्यंजित करति है नायका के स्वेद सात्विक ते नायक के वीजन पठये ते पूर्वानुराग व्यंगि उत्तम काव्य, विभावनालंकार।

नर० : व्याधि दसा सषी कौ वैन नायक सो हो कान्ह जो तुम हित करिकै विजनौ पठयो ताकी वाव के लागन ते तपत टलै है तऊ पसीना मैं न्हावनै त्यौ चलतु है –

> **कै हित आप पठाय दयो तुम ता चिहु ओर गुलाव कली है। वा विजना की वयार लगी जिह गंध समूह लुभाइ अली है। अंग अनंग व्यथा सरसात सु या विधि की वृषभान लली है। दूर भई तन की अति ताप तऊ तिय स्वेद अन्हाइ चली है** [नर० ५९३]

कृष्ण० : इह नाइक के विजना की वयार लगे नाइका के सात्विक भयो सु सषी नायक सो कहति है –

> **मोरपषौवनि कौ रचिकै हितु कै पठयौ तुम प्यारे विहारी। ताहि विलोकतही तिय की तनताप टरी उमगयो मदु भारी। हौं तो विलोकि अचंभे रही अवलौं न कहूं गति ऐसी निहारी। वा विजना की वयारि लगे वह न्हाई पसीना के नीर मै नारी** [कृष्ण० ५९३]

हरि० : सषी की उक्ति नायक सों, पहिले वासों हित करिकै तुम पठायो वा विजना जो तुम लिए थे ताकी वाय, पौन लगे सों तन की तपति गरमी टली तऊ तौ भी पसीना सों नहाय चली, तुम्हारे हाथ को संवंध विजना सो थो तासों प्रस्वेद सात्विक, प्रत्यच्छ ते लहि कछु इक व्यवधान, विरुद्ध ते कार्ज होय, विभावना।

— ★ —

ध्यांन आनि ढिग प्रानपति। रहति मुदित दिनुराति। पलुकु कंपति

---

[129] हितु – हित - को०पा०मो०वे०गा०स०भा०मि०ह०। करि – कर - मि०। पठयौ – पठयो - को०पा०मो०न०वे०स०भा०ह०; पठयुं - चौ०; पठयों - गा०। लगै – लगे - उ०पा०; लगैं - वा०मो०नी०ह०। वा – वां - उ०; पार्श्व पर संशोधन अपठ - पा०। विजना – विजनां - चौ०; विझना - न०वे०गा०स०मु०। की – कि - को०; कौ - न०गा०स०; को - वे०। वाइ – वाय - को०चौ०वे०गा०ह०; वाई - मो०। टली – टरि - को०; गई - पा०; टरी - मो०; टलै - न०वे०गा०स०मु०। तपति – तपत - को०चौ०न०वे०गा०स०मि०मु०। तन – तिन - चौ०। तऊ – तउ - उ०को०वा०। चली – लली, ‘ल’ पर ‘च’ संशोधन - उ०; चलें - चौ०; चलै - न०वे०गा०स०मु०; चल्यौ - नी०। पसीना – पसीन्हां - उ०वा०; पसीने - को०; पसीनां - मो०। न्हाइ – नाय - को०; न्हाय - चौ०ह०। [५९३]

पुलकति पलक। पलक पसीजति जाति [५९४] [130]

دہیان ان دہیک پران پت رہت مودت دن رات • پلک کپت پلکت پلک پلک پسیجت جات [ظا • ٥٩٤]

अन० : सषी की उक्ति सषी सो, प्रोषितपतिका नायिका कै स्मृति दसा कंप रोमांच स्वेद अनुभाव ते व्यंगि अंतर्वर्ती सषी सो उक्ति होइ तौ पूर्वानुराग है, स्मृति अलंकार।

नर० : कुलटा वर्नन, सषी कौ वचन सषी सौ, हे सषी राधिका अपने प्रानपति कै ढिग वैठी है पै ध्यान आन को है सो कैसे कि दिन अरु राति मुदित क० हरकत न करि रहति है अरु पलक मै तौ कांपति है अरु पलक में पुलकति है अरु पलक मै पसीजति जाति है –

> **पीतम ध्यान तै आन समीप सौ आपने नैन निहार लये है। आप षरी मुद पाइ रहै दिनरात सवै कृत छांड दये है। कंपत है पल मै पुलकै पुनि और पलेक उसास लए है। फेरि निहारत और दसा पल मै तो पसीजत गात भए है [नर० ५९४]**

कृष्ण० : इह नाइका विरहनी ध्यान करि मिलति है तवही सात्विक भाव होत है सु सषी सषी सो कहति है सषी नाइका सो कहै तौहू संभवे –

> **वा हरि के विछुरे गति ऐसी भई सु वषानि कहा लगि कीजै। ध्यानही ध्यान मै चंदमुषी मिलि प्रानपियै रसरंग मै भीजै। रैनदिना रहै मोद भरी वह क्यौं है वियोगिनि क्यौं तन छीजै। कंपत ह्वै कवहू ललकै कवहू पुलकै कवहू कि पसीजै [कृष्ण० ५९४]**

हरि० : सषी सों सषी वचन, ध्यान में प्रानपति नायक ताको आपने ढिग नजीक आनिकै दिनराति राजी रहति है एक पल तौ कांपति है कंपा सात्विक है, एक पल पुलकति है, एक पल पसीजति, पुलक स्वेद भी सात्विक है, ध्यान में मिलन सो होत है, नायक को स्मरन करति है याते स्मृति अलंकार।

— ⋆ —

सकै सताइ न तम विरह। निसदिन सरस सनेह। रहै वहै लागी दृगनि। दीपसिषा सी देह [५९५] [131]

---

[130] ध्यांन – ध्यांनि - को०; ध्यान - पा०मो०भा०मि०ह०। आनि – आंनि - चौ०नी०; आंन - वा०न०वे०गा०स०मु०। ढिग – पिढिग - वे०; ढिंग - नी०। प्रानपति – प्रांनपति - उ०को०वा०न०वे०गा०स०नी०। रहति – रहित - उ०गा०; रहती, 'ह' के पूर्व इकार की खरी रेखा मिटाई गई है - को०; मुदित - पा०मो०भा०मि०मु०ह०; मुदिति - नी०। मुदित – मुदिति - चौ०वा०; रहति - पा०भा०मि०नी०ह०; रहत - मो०मु०; मुदत - वे०। दिनुराति – दिनराति - को०वा०मो०वे०गा०स०ह०; दिनरात - मु०। पलुकु – पल - को०मो०वे०गा०स०मु०ह०; पलकु - चौ०नी०; पलक - वा०भा०; पल? - पा०; मुलकि - मि०। कंपति – कंपित - पा०मो०; कंपत - गा०स०; कपति - भा०मि०नी०। पुलकति – पुलकित - पा०मो०; पुलकत - वे०स०। पलक – पलुक - उ०; पलुकु - चौ०; पलकुं - वा०; पलकु - पा०गा०मि०नी०; पकुल - न०; पटक - भा०। पलक – पलक, 'ल' में उकार बाद में - उ०; पलकु - चौ०वा०पा०न०गा०मि०नी०; पुलक - मु०। पसीजति – पसीजत - वा०वे०गा०स०; पुसीजत - मु०। जाति – जात - को०गा०स०ह०। [५९४]

[131] सताइ – सताय - उ०को०मो०; संताइ - चौ०वा०; सुताइ - वे०; संताय - ह०। तम – तमु - उ०चौ०गा०; विरह - पा०ह०; तनु - न०। विरह – विरहु - उ०न०; तम - पा०ह०; विथा - मो०। निसदिन – निसिदिन -

سكي ستاي نہ تم برہ نس دن سرس سنيہ • رہي وہي لاكي دركن ديپسيكہا سي ديہ
[ظا• ٥٩٥]

अन० : नायक की उक्ति स्मृति दशा, उपमालंकार।

नर० : साक्षात दर्शन सषी कौ वैन सषी सौ हे सषी वा नायक को वियोग रूपी तमु सताय सकत न है सो क्यौं कि राति अरु दिन सरस नेहु है जो दीपसिषा सी देहु है तहां नेत्र लगेही रहै हैं –

> **है अति गाढ षरौ दुषदायक मारन जीय उमंग लई है। वाको सताय सकै न वियोग महाअधियार सु रीति नई है। रैन दिवा सरसात सनेह नही कछु छेह विसेष दई है। नैनन दीपसिषा सम जानत वाही के देह सो लागि रही है** [नर० ५९५]

कृष्ण० : यह नाइक नाइका को ध्यानहू करतु है तऊ विरह घटत नाही सु नायक सषी सौ कहत है –

> **वा मृगलोचनि के बिछुरे जु भई गति सो नहिं जाति उचारी। सुद्ध दसा परिपूरन नेहनि वात थली उर अंतर धारी। जद्दपि दीपसिषा सम नैननु लागी रहै तन की दुति प्यारी। तद्दपि सूझै कछू न हियौ भरि पूरि रहै विरहा तमु भारी** [कृष्ण० ५९५]

हरि० : नायक को मानस विचार किंवा सषी सो कहति है, हमै विरह सो है तम अंधकार सो सताय दुष देइ नहीं सकै, रातिदिन में सरस है, अधिक है स्नेह प्रीति, तेल भी श्लेष में, वह जो दीपसिषा सी नायिका की देह दृगनि सों लागी रहै है, जो भी विरह सो दुषी है, तौ भी साहस करि कहति है, इहां धृति संचारी जानिए, किंवा दीपसिषा सी देह दृगनि मे लागी रहति है, सदा वाही को देषति है, तौ भी विरह रूप जो तम है ताको संताप नहीं सकै, दूरि करि नहीं सकै, औरि वही अर्थ, विरह सो तम, जहां दीप रहै जहां तम नहीं रहै, सनेह में श्लेष, किंवा सषी नायक सों, विरह रूप तम तुमै नहीं सताय सकै है, सकै है यह अर्थ, जो भी दीपसिषा सी देह दृगनि लगी रहति है, देह उपमेय दीपसिषा उपमान सरस नेह धर्म सी वाचक पूर्नोपमा, दूसरा अर्थ में दीपसिषा तमनास को कारन है, तमनास कार्ज नहीं होत है, विसेषोक्ति।

— ⋆ —

विरह जरी लषि जीगननु। कह्यौ न उहिकै वार। अरी आउ भजि भीतरी। वरसत आजु अंगार [५९६] [132]

को०वा०मो०न०मु०नी०; निसुदिनु - पा०; निशदिन - भा०। सनेह – संनेह - उ०। रहै – रहे - न०गा०; रेहे - मि०। वहै – उही - वा०; वही - मो०; तिहैं - न०; तिहै - वे०स०; निहे - गा०; वहे - भा०; चहै - मि०। दृगनि – दृगनु - उ०चौ०; द्रिगनु - वा०न०गा०; द्रिगन - वे०स०; द्रगनि - भा०मि०मु०नी०। दीपसिषा – दीपाशिषा - वा०भा०। देह – देहु - न०गा०। चतुर्थ यति का पाठ ऊपर के रिक्त स्थान में - उ०। [५९५]

[132] विरह – (लुप्त)ह - उ०। जरी – जरि - को०; वरी - पा०; भरी - न०वे०गा०। लषि – लषी - वा०; लषरी - वे०। जीगननु – जीगननु, 'गननु' ऊपर रिक्त स्थान में - उ०; जीगननि - को०पा०मो०नी०; जियगननु - वा०; झींगननु - न०; झगनन - वे०; झींगगनु - गा०; जगनगन - मि०; जींगननि - मु०; जीगनन - ह०। कह्यौ – कह्यो - को०मो०वे०गा०; कहो - भा०; कहि - ह०। उहिकै – उहीकै - चौ०वा०; वहिकै - मो०;

بره جري لکہ جيکونن کہيو نه وه کي بار • اري آءو بہج بہيتري برست اج انکار
[ظا• ٥٩٦]

अन० : सषी की उक्ति सषी सो, प्रोषित्पतिका नाइका प्रलाप दशा जो नाइक की उक्ति होइ तो पूर्वानुराग व्यंगि, भ्रांति अलंकार।

नर० : प्रोषितपतिका सषी कौ वैन नायका को सुनायकै सषी सौ, हे सषी वहि राधिका विरह तै भरी झीगननु क० आगी यौ तिनकौ देषिकै मोकौ केती वार यूं कह्यौ नहीं कि अरी भाजिकै भीतर को आव री आजु अंगारे वरषतु हैं –

नाइका आगि वियोग जरी लषि झीगन आपने जीय लषै है। वार अनेक कह्यो नहही विन कारज वाहिर क्यौं विलसै है। भीतर भाजि कै आव अरी न डरात हियो प्रलयो सरसै है। मेटन को भवभार महा जम आज षरे अंगरा वरसै है [नर० ५९६]

कृष्ण० : उद्वेग अवस्था नायक प्रोषितपतिका सषी वचन सषी सो –

विरह विकल मृगलोचनी विवस भई हरि विनु तन मन प्रान तरसत है। पल पल वरति न धरति रतीक धीर अधिक अनंग दुष दंद सरसत है। जीगननि निहारि वार वार यौ पुकारि कही आली ये अनोषे उतपात दरसत है। अहे भजि आव वेगि भीतर भवन देषि अंवर तै आजु तौ अंगार वरसत है [कृष्ण० ५९६] [133]

हरि० : सषी की विरहनी सों उक्ति, संस्कृत मैं नाम खद्योत है, भाषा मैं जीगन जुगन पट विजना अगिआ चारि नाम हैं, उद्दीपन विभाव है, जीगननि को देषिकै तूं विरह सों जरी है, मैं तोहि डहिकै वरिकै कूढिकै कई वार नही कह्यौ, काकु करि कह्यौ, अरी सषी तूं भाजिकै भीतर घर में आवै जीगन नहीं है, मेह मानो आजु अंगार वरिसत है, जाहि देषत जरे सो ज्यौं ऊपर परै तौ कहा गति होय, किंवा हे सषी, तू जीगन षद्योत न लषि मति जानौ, कोऊ जीव की स्त्री है सो विरह सौ जरी है, अंगार होय रही है, मैं कई वार तोसों कह्यो न डहि, याको अर्थ तू मति वरै, अरी सषी तू भाजिकै भीतर घर मै आव, तव क्रोध करि कहति है, न आवै है तौ वरि वरौ, सत कहिए भले आजु अंगार है, आगे कहिंगे फिर न मरै मिलिहै अली, ये निरधूम अंगार, किंवा जरी दोय तरह की होति है, वरतु

उहिके - न०गा०; उहके - वे०; ऊहिकै - नी०; डहिकहि - ह०। अरी – आरी - उ०वे०; अरि - को०; अहे - पा०भा०मि०नी०; अहै - मु०। आउ – आऊ - वा०; आव - मो०न०वे०गा०मि०नी०ह०; आउं - मु०। भजि – भज - न०नी०; त - वे०। भीतरी – भीतरि - वा०; भीतरहि - पा०न०गा०; भींतरही - मो०; भीतरै - ह०। वरसत – वरषत - मो०न०वे०; वरषतु - गा०; वरसतु - भा०; वरिसत - ह०। आजु – आज - को०चौ०वे०मि०; आजि - वा०। अंगार – अंगारु - उ०गा०; ईंगार - मो०; अगार - मि०। यतियों का क्रम २ – १ - उ०। प्रति खंडित - स०। [५९६]

[133] भा०मि० प्रतियों में यह उदाहरण मिलता है –

वैस की किसोरी गोरी सोभा वरनी न जाति गात की निकाई छवि नाही काहू जौन मै। वासर गमायो षेलि जिय मै वियोग वेलि सांझ समै चिंता वाढी वैठी पिय मौन मै। औधि के व्यतीत भए रंचको न कल परी व्याकुल भई सी जाति सीरे मंद पौन मै। नीचे तै उठाइ नारि दीठि परे जीगना सु आउ आगि आगि कै कै भाजि गई भौन मै [भा० ५९६]

घटाइवे की, वस्तु वढाइवे की, कोई जरी ऐसी है, कोठी मै डारै तौ अन्न घटै नहीं, तूं जीगन मति जानि, विरह वढाइवे की जरी है, कह्यौ न डहि कई वार, कई एक लोगनि मोसों डहि करि कह्यौ, तूं याको वार रोकै, वाहर मति सोइवे देहु, तूं अरी है, हठ करि रही है वाहिर सोइवे को, भीतर भाजि आव, किंवा अरी आव, आव कहिए आयुर्वलता को, तू अरि सत्रु है, आपनो आयुर्वलता गंवायो चाहति है, भीतर को भाजि, मेह नहीं वरसै है, अंगार वरिसै है, वाड तो विरह तापै मेह की बृष्टि अंगार तुल्य है, मानौ अंगार वरसै है, गम्योत्प्रेक्षा न कह्यौ कह्यौ काकु जानि।

— ★ —

फिरि घर कौ नूतन पथिक। चले चकित चित भागि। फूल्यौ देषि पलासवन। समुही समुझि दवागि [५९७] [134]

پہر کہر کو نوتن پتہیک چلیو چکت چت ہوي بہاک ۰ پہولیو دیکہ پلاس بن سموہین
سمجہ دواک [ظا۰ ٥٩٧]

अन० : विरहनी को वचन सषी सो, काहू पथिक पीछो फिरत देषिकै हे सषि या नूतन पथिक प्रथम परदेस चल्यो है सो फूल्यो पलासवन देषी समुही सन्मुष दवागि समुझि फिर घर को भागि चल्यो है देषि ऐसो वसंत विषम है, भ्रांति अलंकार।

नर० : मुग्धा हाव सषी कौ वैन सषी सौ हे सषी नूतन पथिक पलास को वन के विषै फूल्यो देषिकै चित सों चकित ह्वैकै दिवाभिसार अगिनि सामने समुझिकै घर को फिर भागि चल्यो –

> **नूतन पंथी वियोग तै व्याकुल वोरै रसाल लषै उरझ्यो है। तापर कोकिल के रव कान सुने अकुलात षरो मुरझ्यो है। फेरि चल्यो घर को चित लागि चको सो थको सो जक्यो सुरझ्यो है। फूल्यो पलासन को वन देषत एई दवागि हिये समझ्यो है** [नर० ५९७]

कृष्ण० : इह वसंत समय है नाइका वचन, नाइक सौ होइ तौ प्रवत्स्यतपातिका –

> **देष्यौ रितुराज कौ समाज वन वागनि मै प्रफुलित सुमन रहे है जोति जागिकै। कुसुम पलास को अंगार जानि चहू ओर चंचुन सौ चापत चकोर अनुरागि कै। आगे ते विलोकि फूले मैन मद चित ऊले नूतन पथिक भूले भरम दवागि कै। परी उर ऐल परदेस की विसारी गैल लौटि चले घर कौ चकित चित भागिकै** [कृष्ण० ५९७]

हरि० : कवि की उक्ति, फिरिकै घर को नूतन पथिक चित्त मैं चकित होय आश्चर्य मानि घर को भागिकै चलो, पलास को वन फूल्यो देषिकै, समुहे, सामनै दावागिनि समुझिकै औ जात्रा में आगि को

---

134 फिरि – फिर - चौ०वा०न०वे०गा०। घर – घ - वा०। कौ – कौं - को०वा०मि०; कुं - चौ०; को - पा०भा०; कों - मो०ह०। नूतन – नुतन - को०; नौतन - मु०। पथिक – पथक - न०वे०गा०। चले – चलै - उ०चौ०न०वे०गा०; चल्यौं - वा०; चल्यो - पा०मो०; चल्यौ - मु०। चकित – चकि?त - पा०। चित – भय - को०; चत - वे०; चितु - मु०। भागि – भाग - वे०गा०; भाग, 'ग' में इकार बाद में - मु०। फूल्यौ – देषि – देष - गा०मु०। पलासवन – पलासवनु - उ०; पलाशवन - भा०। समुही – समुंही - उ०; समूही - चौ०; समुहे - पा०; समुहीं - मो०ह०; संमुही - न०; समही - वे०। समुझि – समझि - को०चौ०गा०मि०मु०; देषि - न०; समझ - वे०। दवागि – दिवागि - न०; दवाग - वे०। प्रति खंडित - स०। [५९७]

दर्सन निषिद्ध भी है, किंवा नायक परदेस चल्यो है, तव नायिका किंवा सषी कहति है, फिरि कौ अर्थ फिरौ, तुम परदेस मति जाहु, औरि वही अर्थ, भ्रम है फूल मै आगि कौ, भ्रांतिमान अलंकार।

— ★ —

गडी कुटुम की भीर मै। रही वैठि दै पीठि। तऊ पलक परि जात इत। सलज हसौंही डीठि [५९८] [135]

کري کوتم کي بهير مين رهي بيته دي پيته ٠ تاو پلک پر جات ات سولج هنسوهين ديته [ظا٠ ٥٩٨]

अन० : उक्ति सषी की सषी सो, विभाव की अभिव्यक्ति ते सुकीयत्व परकीयत्व भासत नाही, याते साधारन नाइका व नैनन मै लिषि हर्ष संचारी कटाक्ष विक्षेप अनुभाव ते शृंगार व्यंगि, विभावनालंकार।

नर० : ऊढा नाइका कौ वैन सषी सौ हे सषी कुटुंव की भीर मै गडी थकी पीठ दैकै वैठि रही हुती तौ पनि सलज हसोंही सी दीठ ह्वैकै पलकेक मेरी दिस कौ परि जाती हुती –

भीर मै जाइ गडी है कुटुम्म की नेह दसा जिय आइ अरी है। पीठ दे पीतम वैठि रही पुनि आपने हीय मै पीर भरी है। देषि सकै न सकोच ते सुंदरि मेरी दिसा अकुलाय धरी है। रोकी घनी तऊ नाहि टरी उत लाज हसोही सी डीठ परी है [नर० ५९८]

कृष्ण० : इह नाइका के सनेह की अधिकाई अरु चितैवे की चतुराई नाइक सषी सौ कहतु है, नाइका परकीया –

प्यारी प्रवीन सनेह सनी नष ते सिष लौ सुष की निधि तौही। कैसेहू मो मन ते न टरै जु चुभी चित चाहनि नेह निचौही। वैठी वधू गुरनारिन मै जऊ नारि नवाइ षरी सकुचौही। लाज पगी पल एक तऊ परि जाति इतै वह दीठि हसौही [कृष्ण० ५९८]

हरि० : सषी सों सषी वचन, कुटुंव की भीर में गडी है, गडी को अर्थ इहां नजरि नहीं आवति है, वडी कुटुंव, यह भी पाठ है, पीठि दैकै नायक सों वैठि रही, तऊ तौ भी पलक इतही को परि जाति है, जौ भी सहजै डीठि है, विभावना।

— ★ —

135 गडी – गडी, 'ग' पंक्ति के ऊपर रिक्त स्थान में - उ०; वेडी - पा०; वडी - भा०। कुटुम – कुटंव - को०; कुंटव - मो०; कुटम - न०गा०मि०मु०; कुटुंव - ह०। भीर – भीरि - को०मो०। मै – (त्रुटित) - उ०; मैं - को०वा०; में - मो०मु०ह०। रही – (त्रुटित) - उ०। वैठि – वेंठ - चौ०; वेठि - मो०; वैठ - वे०। दै – दे - चौ०न०वे०गा०। पीठि – पीठ - चौ०मो०वे०। तऊ – तउ - वा०; तौउ - मि०। पलक – पलुट - उ०; पलकु - चौ०मु०; पुलकु - न०; पुलकि - गा०; नेक - नी०। परि – पर - गा०। जात – जाति - उ०न०मु०; जानि - गा०। इत – ईत - वा०; उत - पा०मो०ह०; इति - न०; यत - गा०। हसौंही – लसोंही, 'ह' पर 'ल' संशोधन - उ०; हसोही - चौ०पा०; हसोंहीं - मो०गा०; हसोंही - वे०मि०मु०ह०; हसौही - भा०। डीठि – (त्रुटित) - उ०; दीठ - चौ०वे०; दीठि - वा०पा०न०गा०भा०मि०; डीठ - मो०। प्रति खंडित - स०। [५९८]

नाउ सुनतही ह्वै गयो। तनु औरै मनु और। दवै नही चित चढि रह्यौ। अवै चढाए त्यौर [५९९] [136]

نانو سونت ہین ہوي کئیے تن اوري من اور • دبئیے نہین چت چرہ رہیو چدہائي تیور [ظا• ٥٩٩]

अन० : सषी को वचन मानिनी नायिका सो, विभावनालंकार।

नर० : मध्यम मान सषी कौ वैन नायक सो हो कान्ह तुम्हारे मुहु तै आन स्त्री कौ नाम सुनतैही राधिका कौ तन औरही भयौ है अरु मनु औरही भयो है और चढौहे त्यौरु किए है सो कहै देति है कि चित के विषै चढ रही है दवती नाही है सो देषो कि चढौहे त्योर कहै देतु है –

कान अचानक नाम सुन्यो जव जीय अकाम चढयो झकझोरै। औरही ह्वै गए देह सषी सुनि आनन ओप भई मन ओरै। क्योंहू दवै नहिं कोटि कला करि चित्त रह्यो चकि सांझरु भोरै। नेह छिपायो छिपै नहि नागरि तूंव चढाइ रही कहा त्योरै [नर० ५९९]

कृष्ण० : यह नाइका सषी सौ रिस को मिस करिकै सनेह दुरावति है पै नाउ सुनैते चित की वृत्ति औरु क्रिया औरही भांति भई याते सषी ने नीके करि जानी, नाइका लक्षिता, सषी को वचन नाइका सो –

नेह की रीति यहै नवनागरि नेकु लगै निवरै न निवेरे। नाउ सुनेही भयो मन औरही औरै भयो तन चेत न नेरे। क्यौं हम त्यौ सतराइ विलोकति होत कहा अव त्यौरु तरेरे। ऐसे कियै कहु कैसे दुरै हरि प्यारे को प्रेम चढ्यो चित तेरे [कृष्ण० ५९९]

हरि० : नायिका को स्नेह, नायक विषै लच्छित कहति है, किंवा लघु मान में सषी वचन, नायक को नाम सुनतही कै तेरो तन मन औरै होय गयो, तन पुलकित भयो मन राजी भयौ, अव त्यौर चढाए सो रुष चढ चित्त मै चढि रह्यौ है नायिका, किंवा नायक को स्नेह सो दवै, छपै, है नहीं, मैं जानि गई लच्छिता स्नेह जानिए, औरि दिन तन मन औरि तरह अव औरि तरह, भेदकातिशयोक्ति।

— ⋆ —

दुसह सौति सालै सु हिय। गनति न नाह विआह। धरै रूप गुन कौ

136 नाउ – नांउ - आ०चौ०वा०; नांम - को०; नामु - मो०; नांव - न०वे०गा०; नाव - मि०; नाम - मु०ह०। सुनतही – सुनतहीं - आ०मो०; शुनतही - भा०। ह्वै – ह्वैं - मो०; ह्वे - वे०। गयो – गयौं - आ०; गयौ - चौ०वा०न०गा०मि०नी०। तनु – तन - को०भा०मु०ह०। औरै – औरौं - आ०; औरे - को०वे०; ओरौ - चौ०; औरैं - वा०; ओरें - मो०। मनु – मन - को०चौ०वा०वे०गा०भा०मि०मु०ह०। और – औरु - आ०; ओर - को०मो०वे०; ओरु - चौ०; औंर - वा०; औरु - न०गा०नी०। दवै – दवे - चौ०मि०; दुरे - मो०। नही – नहीं - गा०मु०ह०। चढि – चढ - न०वे०गा०। रह्यौ – अवै – चढाए – चढाएं - उ०; चढोहै - को०; छढायौ - वा०नी०; चढायै - मो०; चढौहे - भा०; चढौंहै - मि०; चढौहै - मु०। त्यौर – त्योर - उ०मो०वे०; त्योरु - को०चौ०; त्यौंरु - न०; त्यौरु - गा०नी०। दोहा लुप्त - पा०। उ० प्रति में खंडित अंश की पाठपूर्ति आ० प्रति से की गई। प्रति खंडित - स०। [५९९]

गरव। फिरै अछेह उछाह [६००] [137]

دوسہ سوت سالو سو ہی کنت نہ ناہ بیاہ • دہرین روپ کون کو کرب پہري اچہیہ اوچہاہ [ظا• ٦٠٠]

अन० : उक्ति सषी की सषी सो रूपगुण गर्विता नाइका, धृति संचारी, विभावनालंकार।

नर० : रूपगर्विता सषी कौ वैन सषी सौ हे सषी जाके दुसह सौत ह्वै सो हिया को सालै है पै या तो नाह जो विवाह कियौ सो गनत नांही है सो काहे तै कि जो रूप को गुन है ताको गरव धारिकै अछेह उछाह सौं फिरति है –

> **जानति सौति को साल हियै अति दुस्सह वाही की पीर परै है। नाह वियोग गिनै नहि रंचक मंगल टैल मै जाइ भिरै है। है गुन चातुरी सील सुलच्छन सुंदर रूप गरूर धरै है। काय मनो वच नाथ रहे वस ताते अछेह उछाह फिरै है** [नर० ६००]

कृष्ण० : इह नाइका अपने रूप के अरु गुन के गर्व ते काहू कौ चित मै आनत नाही, सषी सषी सौ कहै –

> **नाह के व्याह मै प्यारी अछेह उछाह भरी पट भूषन ठानति। जानति है निहचै अपने जिय को वनिता करिहै न इहा नति। रूप के जोवन के गुन के अभिमान ते आनहि नाम न आनति। जद्दपि सौतिय साल तऊ उर मै यह ती न रती दुष मानति** [कृष्ण० ६००]

हरि० : सषी सो सषी वचन संसार मै स्त्रीनि कौ सौति दुसह है, जीव मैं सालै है, यह ऐसी है कि नाह नायक के विवाह को नहीं गनति है प्रातर मै नहीं ल्यावति है, रूप औ गुन यह दोय वस्तु के गरव कौ धरै है, अछेह अनंत जो है उछाह उत्साह सहित फिरै है, रूपगुन गर्विता नायिका धृति संचारी, विभावना अलंकार, सौति उछाह की प्रतिवंधक के होतहूं उछाह भयौ।

— ⋆ —

और सवै हरषी हसति। गावति भरी उछाह। तुही वहू विलषी फिरै। क्यौं देवर के व्याह [६०१] [138]

---

[137] सौति – सोति - को०मो०; सौंति - चौ०गा०; सौंति - वा०न०। सालै – सालौ, औ की मात्रा बाद में मिटाई गई है - उ०; सालो - चौ०; साल - न०वे०गा०; साले - भा०; सा - ह०। सु हिय – थुं हीयैं - चौ०; 'जु हिय' के आगे-पीछे काकपद, पार्श्व में 'तऊ' - पा०; हिएं - मो०; शु हियै - न०; स हीयै - वे०; सु हीयै - गा०; सु हियें, 'सु' पर चिह्न, पार्श्व पर 'ल' - ह०। गनति – (खंडित) - उ०; गनंत - चौ०; गनत - पा०वे०गा०; गनै - मि०; गिनत - मु०। न – नां - चौ०। विआह – विआंह - उ०; वियाह - को०भा०; विवाह - पा०मो०न०वे०गा०मि०मु०नी०ह०। धरै – धरें - चौ०; धरैं - वा०मि०; धरे - पा०भा०ह०। गुन – कौ – को - को०चौ०पा०मो०वे०भा०ह०। गरव – गरवु - उ०भा०नी०। फिरै – फिरें - चौ०; फिरति - मो०भा०नी०; फिरे - वे०मु०; फिरैं - ह०। अछेह – अछैह - वा०। उछाह – उछांह - उ०। प्रति खंडित - स०। [६००]

[138] और – औंर - वा०; ओर - मो०वे०भा०मु०। सवै – सवे - को०चौ०; सवैं - मु०। हरषी – हरषित - को०; हराषी - वा०; विहसी - भा०। हसति – हसै - पा०; हसें - मो०; हसत - न०वे०; हरषि - भा०; फिरै - मु०ह०। गावति – गावें - पा०मो०; गावत - न०वे०भा०मि०मु०नी०। भरी – गीत - मु०। तुही – तूंही - उ०को०मो०मु०; नही - चौ०; त्यौंही - वा०; ताही - पा०; तुंहि - वे०; तूंहि - गा०; तूही - मि०; तुंही - ह०। वहू – वहु

اور سبي ہرکہین ہست کاوت بہرین اوچہاہ • توہین بہو بلکہي پہري کیون دیور کے بیاہ [ظا• ٦٠١]

अन० : सषी की उक्ति परकीया नायिका प्रति विषाद संचारी ते अनुराग व्यंगि गूढोक्ति अलंकार। मिस औरै के और सों कीजै परउपदेस।

नर० : कुलटा, सास को वैन वहू सो, हे वहू और सवै हरषी है उछाह भरी गावति हैं अरु तूं अकेलीही देवर के विवाह मै विलषी क्यौं फिरति है –

> **और सवै घर की जुवती हरषी मन हेर षरी विहसै है। गावती गीत उछाह भरी पलही पल आनंद सो विलसै है। त्यूं वहू क्यों विलषी जु फिरै सुनि दुष घनौ दिन रैनि नसै है। देवर व्याहन तोहि कहा भयो मेरी सौं क्यों अकुलाय त्रसै है** [नर० ६०१]

कृष्ण० : इह नाइका परकीया, गुरजन कौ वचन, देवर सौ प्रीति यह व्यंगि –

> **ए सव साजे अनेक सिंगार वनीठनी डोलै हुलास उमाहै। गावै हसै हरषै वरषै सुष काहू की संक धरै चित ना है। भौन मै मंगल साज भरे वहु सोई लहै सव जो चित चाहै। देवर के इहि व्याह वहू विलषी सी तुही लषियै कहि काहै** [कृष्ण० ६०१]

हरि० : देवर सौ रति वरनै तो रसाभास दोष होय, या परोसिन के देवर सों नायिका की आसक्ति थी, एक गांव की नववधू ने तौ वधू सवही कहै है, यह रीति है, परोसिन कौ वचन नायिका सौ, और सव हरषी फिरै हैं उछाह भरी गावति हैं, हे वहू एक तुही क्यौं विलषी फिरै है, मेरे देवर के व्याह सों, व्याह गुन तासों याको दोष भयो उल्लास अलंकार, किंवा देवर की स्त्री आए नायक स्वछंद घर में नाही आवैगो याते स्वकीया सों सषी पूछति है, किंवा नायिका वहुत सुंदरी है ताको पति दूसरो विवाह करिवे चल्यो है, तासों सषी वचन और जे तेरी सवै सषी हैं सो तो हरषी फिरति हैं नायिका पूछति है, कहां फिरै है, लुगाई सव जहां तेरो मायके के व्याह को गीत उछाह भरी गावति हैं तहां ऐसी स्त्री दूसरी नहीं मिलैगी याते, तू वहू कह, काहे विलषी फिरति है, क्यों देवर आज्ञा नायक को तू व्याह करि मोहि सी नहीं मिलैगी यह अर्थ।

— ⋆ —

वाल छवीली तियनि मैं। वैठी आप छिपाइ। अरगटही फानूस सी।

- वा०मि०; वधू?, द्वितीय वर्ण पर संशोधन का प्रयास - पा०; वधु - मो०। विलषी – विलषी, ‘षी’ खंडित - उ०। फिरै – फिरै, ‘फि’ खंडित - उ०; फिरें - चौ०मो०; फिरैं - वा०। क्यौं – क्युं - चौ०; क्यौ - पा०भा०नी०; क्यों - मो०; क्यो - वे०। देवर – देंवर - वा०। के – कै - उ०वे०गा०मि०ह०; कैं - वा०मो०मु०। प्रति खंडित - स०। [६०१]

परगट होति लषाइ [६०२] [139]

بال چهبيلي تين مين بيتهي اپ چهپاي • اركت هي پهانوس سي پركت چلي جناي
[ظا • ٦٠٢]

अन० : उक्ति सषी की नायक को नायका वतावति है, छवीली वाल जो नायका सो तियन मो और नायिकानि में आपु जो आपनो सरीर ताको छिपाय वैठी है पै हे नायक तूं देषि फानूस सी अरुघटही फानूस जो दिया धरवै को पिंजरा कपरा ढापो होत है तामे दीप जैसे वहुत दिषाई देत है तैसे नायिका की लषाई जो दिषाई सो प्रगट होत है, तूं देषि, लषाई प्रगट होत, वोध व्यंगि उत्प्रेक्षालंकार।

नर० : अंग सोभा, सषी कौ वैन सषी सौ, हे सषी वा वाल छवीली है, जो तियन के विषै आपकौ छिपाइकै वैठी है, सो अरगट क० दीवट सरीषी फानूस के विषै परतछ लषाव होति है –

> **श्रीवृषभान की लाडली वाल छवीली सवै तिय के मन भावै। आप छिपायकै वैठि रहै जिहां गोपी घनी गुन गोविंद गावै। देह की दीपसिषा सम अंवर ताही की ओट कहां लौ दुरावै। होय रही अरगट्ट षरी पुनि फानुस सी प्रगटै लषि आवै** [नर० ६०२]

कृष्ण० : इह नाइका के अंग की दीप्ति सषी नाइक सो निवेदन करति है, नाइकहू कहै तौ संभवै –

> **लोने तनवारी मै निहारी प्यारी षुभि रही वाकी उजराई मेरे मन मे। कहै कविकृष्न ऐसी ललित लोनाई लषे मेरे जान दामिनि दुरी है जाइ घन मे। छवि सो छवीली गुरुनारिन की सकुच ते वैठी आपु अंगनि दुराइ तियगन मे। अरु गरकट होति परगट दीपक लो जोति जगिमगि रही अलिन भवन मे** [कृष्ण० ६०२] [140]

हरि० : सषी वचन नायक सों, वाल जो है सो छवीली जे है नायिका तिनमें आपुको छपायकै वैठी, अरगट अलग पृथक, पानूस सरीषी लषाइ परति है, याते सवको परगट होति है, जानी जाति है, नायिका उपमेय, पानूस जासों दीपक ढांपिए है सो उपमान सी वाचक परगट साधारन धर्म।

—★—

139 छवीली – छविली - को०। तियनि – वियनि, 'व' पर 'त' संशोधन - उ०; तीयनु - चौ०; तिन - मो०; तियन - न०वे०गा०स०मि०मु०नी०। मैं – मे - पा०नी०; में - मो०; मै - वे०गा०भा०मि०। वैठी – वै, 'ठी' खंडित - उ०; वैठि - को०; वेंठी - चौ०; वैंठी - वा०; वेठी - मो०; वीठी - ह०। आप – आपु - पा०मो०न०गा०भा०मि०नी०। छिपाइ – छिपाय - को०चौ०मो०स०मि०मु०; छपाइ - नी०; छपाय - ह०। अरगटही – अरटहि - को०; अरगटहौ - वा०; अरुघटहीं - मो०; अरगट सी - न०वे०गा०स०भा०; अरगटहीं - ह०। फानूस – पानूंस - उ०; पांनुस - को०; पांनूस - चौ०न०वे०गा०स०; पानूश - वा०पा०भा०; फानोस - मो०; पानौस - मि०; पानूस - मु०नी०। सी – शी - वा०भा०; मैं - न०वे०स०; मै - गा०। परगट – प्रगट - नी०। होति – होत - को०मो०स०भा०मि०नी०; हौंति - वा०। लषाइ – लषाय - को०चौ०वा०मो०वे०मि०मु०ह०। [६०२]

140 प्रथम चरण उत्तरार्ध में ४ वर्ण कम हैं। भा०मि०मु० प्रतियों में यहाँ सेनापति का उदाहरण छंद [क०र० २-५७] है –

चंद की कला सी चपला सी तिय सेनापति वालम के उर वीज आनद के वोति है। जाके आगे कंचन मै रंचक न पैयै दुति मानौ मनि मोती लाल माल आगे पोति है। देवी प्रीति गाढी पैधे तनसुष सारी जोर जोवन की वाडी छिन छिन औरै होति है। गोरी देह झीने वसन मै झलकति मानौ पानूस के अंतर दिपति दीप जोति है [भा० ६०२]

एरी यह तेरी दई। क्यौंहू प्रकृति न जाइ। नेह भरे हिय राषिये। तू रूषियैं लषाइ [६०३] [141]

अन० : दूती की उक्ति मानिनी सो, उपालंभ संचारी, अतद्गुणालंकार।

नर० : उराहनौ मानमोचन सषी कौ वैन राधिका सौ, हे राधे या तेरी प्रकृति क्यौंहू जाति न है, जो तेरे तांई दई नेह सों भर्यो हियरा मै राषत है तौऊ तूं रूषीही देषियतु है –

> **एरी सुनौ इह तेरी दई सु ज एतै कहूं कछु जानी न जायै। दूरि न होइ षरी प्रकृती वहुते जु करो कोऊ कोटि उपायै। आदर भारी कै कै मनुहार करै गिरिधार कियै मन भायै। नेह भरे हियै राषियै सुंदर एरी तऊ रुष रूषी लषायै** [नर० ६०३]

कृष्ण० : इह मनाइवौ, सषी कौ वचन नायका सो –

> **कौन परी प्रकृति छुटायेहू छुटै न क्यौहू ज्यौ ज्यौ कीजै ऊनी त्यौ त्यौ दूनी पेषियति है। कृष्ण प्रानप्यारे की दुहाइ तेरी देषे गति मेरी मति सोच सौ सनी विसेषियति है। जदपि सनेह भरे उर मै वसाई प्यारे प्रीति सरसाई अरुनाई लेषियति है। तऊ तिय भौंहनु मै वैननु मै नैननु मै तेरे अंग अंग मै रुषाई देषियति है** [कृष्ण० ६०३]

हरि० : सषी वचन, हे दई हे देव, ए री सषी तेरि यह प्रकृति सुभाव कोई तरह सों नहीं जात है, नायक के नेह भरे हिय में तोहि राषिए है, त्यौ भी तू रूषी रुच्छ लषाति है जो तेल में रहै सो चीकनो होय हृदय को गुन नहीं लगै याते अतद्गुन औ विरोधाभास भी है।

— ⋆ —

इहि कांटे मो पाइ गडि। लीनी मरत जिवाइ। प्रीति जनावत भीत सों। मीत जु काढ्यौ आइ [६०४] [142]

[141] एरी – (खंडित) - उ०; येरी - नी०। यह – इह - चौ०न०मि०; वह - मो०। तेरी – तेंरी - वा०। दई – दइ - उ०; दईं - मो०। क्यौंहू – क्यौंहु - को०; क्युंहुं - चौ०; क्यौंहौं - वा०; केहू - पा०; क्योंहू - मो०; क्योंहुं - वे०स०; क्योंहूं - गा०; क्यौहू - भा०मि०मु०; केंहू - ह०। प्रकृति – प्रकति - मि०; प्रक्रति - नी०। जाइ – जाय - को०चौ०वे०ह०। भरे – भरैं - उ०वा०। हिय – हीय - चौ०गा०; ई - मि०; ही - ह०। राषिये – राषियं - उ०; राषीइ - को०; राषीयौ - चौ०; राषीयैं - वा०नी०; राषीएं - मो०; राषिहैं - न०; राषहै - वे०स०; राषिहै - गा०; राषियै - भा०मि०मु०; राषिए - ह०। तू – तो - को०; तुं - चौ०वे०; तऊ - वा०; तूं - न०गा०स०नी०ह०; (लुप्त) - मो०; तोहू - मु०। रूषियैं – रू, आगे खंडित - उ०; रुषीये - को०मि०; रूषीयें - चौ०; रूषिए - पा०; रूषीएतु - मो०; रूंषियै - न०स०; रूषीयै - वे०गा०भा०नी०; रुषै - मु०; रूषियै - ह०। लषाइ – लषाय - को०चौ०वे०मि०ह०; लष्याइ - पा०; लषाइं - न०। [६०३]

[142] इहि – इहिं - उ०ह०; इह - को०चौ०वे०स०; यहि - पा०; इन - न०; इंह - गा०। कांटे – कांटै - चौ०न०वे०स०मु०; काटे - पा०; काटें - मो०; काटै - गा०। मो – मों - वा०। पाइ – पाय - को०चौ०वे०स०मि०ह०; पाई - वा०; पांइ - गा०। गडि – लगि - पा०ह०; गड - स०। लीनी – लीन्ही - पा०नी०; नीली - गा०। मरत – मरति - चौ०। जिवाइ – जिवाय - चौ०मि०ह०; जिवाई - वा०; जिआइ - पा०नी०; जिवांइ - मो०; जवाइ - वे०स०; जिआइ - भा०; जीवाइ - मु०। प्रीति – प्री, 'ति' खंडित - उ०। जनावत – नावत, 'ज' खंडित - उ०; जनाऊन - वा०; जनावति - न०भा०ह०। भीत – मीति - मु०; भीति - ह०। सों – सौ - उ०; सौं - को०वा०न०मि०मु०; सुं - चौ०; सो - पा०; है - भा०। मीत – मित्त - वा०; मींत - मो०ह०। जु – जो - भा०नी०; ज - मु०। काढ्यौ – काढ्यो - को०पा०मो०वे०भा०नी०। आइ – आय - को०चौ०मि०ह०; आई - वा०। [६०४]

انہ کانتین مو پاي کدہ لینہي مرت جواي ٠ پیت جناوت بہیت سون میت جو کادہو
اي [ظا٠ ٦٠٤]

अन० : उक्ति नायिका की अंतर्वर्तनी सषी प्रति, उपपति को प्रेम निवेदन, वचन अनुभाव ते.हर्ष संचारी, पूर्वानुराग व्यंगि नायक के कृया कायक अनुभय ते मानसिक संका संचारी, कायिक भय अनुभाव ते पूर्वानुराग व्यंगि, व्याधि को मिलन, विषमालंकार।

नर० : प्रेमगर्विता नायिका को वचन सषी सो हे सषी इन कांटै मेरे पाय के विषै गडतै मरती को जिवाय कै लीनी है सो क्यों करिकै जु मीत आयकै काढ्यो सो भीत क० डर छांडिकै प्रीति को जनाव कियो याते –

> **हे सजनी इह कांटै षरो अव मो पग मै गडि काम कियो है। मोहि जिवाइ लई मरतै सुनि आपनै जीय मै मानि लियो है। पीत जनावत भीत सुं रंचक नैन निहारि पियूष पियो है। चाहि रही अकुलान अचानक प्रीतम आनिकै काढि दियो है** [नर० ६०४]

कृष्ण० : यह नाइका परकीया प्रौढा है नाइका को वचन सषी सो –

> **जा दिन ते मिलि मैन की मूरि सी डारि गयो वह छैल सुहायो। ता दिन ते अकुलात है लोचन देषिवे को कहूं दाउ न पायो। मो पग मै मग मै लगिकै इह कांटे नै आजु अगी वरसायो। प्रीति जनावत पै भयभीत सौ मोहन मीत जु काढन आयो** [कृष्ण० ६०४]

हरि० : परकीया की उक्ति प्रिय सषी सौ, इहि ठौर मै किंवा इहि यह जे कांटे हैं सो मेरे पांव में लगे, लगे को अर्थ लगे है, मै मरत थी जियाय लीनी है प्रीति को जनावत प्रकासत भीति भय सों, कांटे वहुत लगे देषौ एकै नहीं, मीत जो है तिनने काटे आयकै किंवा यह कांटा मो पाय में लगिकै मोहि जिआय लीनी मै मीत को देषिकै, उनके स्पर्ष विना मरत थी दुषी थी, उत्तरार्ध वैसेही, यह मुष्यार्थ है, कांटा में जीवनो, विभावना अलंकार।

— ⋆ —

नाक चढै सीवी करै। जितै छवीली छैल। फिरि फिरि भूलि वहै गहै। प्यौ ककरीली गैल [६०५] [143]

ناک چدہي سي بي کري جتي چہبیلي چہیل ٠ پہیر پہیر جان اوہي کہي پیہ ککریلي
کیل [ظا٠ ٦٠٥]

[143] नाक – नांक - वा०मो०न०मु०। चढै – चढिं - को०मो०; चडै - भा०; मोरि - नी०। सीवी – सीव - नी०। करै – खंडित - उ०; करैं - चौ०वा०मो०। जितै – जितैं - उ०वा०; जितें - को०मो०; जिते - वे०गा०। छवीली – छविली - को०नी०; छवील, 'ल' पर ए तथा ई की मात्राएँ - चौ०; छवीलैं - वा०; छवीलें - मो०; छवीले - वे०गा०स०भा०; छवीलो - ह०। छैल – नैन?ल, प्रथम 'न' पर 'छ' संशोधन, द्वितीय 'न' काटा गया - उ०; छेल - चौ०; छैंल - वा०; छेलि - मो०। फिरि फिरि – त्यों त्यों - मो०; फिर - वे०; फिर फिर - गा०स०। भूलि – भूल - चौ०वे०गा०स०; जानि - भा०मि०; भूम, 'म' में इकारांत बाद में - मु०। वहै – गहैं - वा०; वहैं - मो०; वही - मु०। गहै – उहैं - वा०; गहैं - मो०। प्यौ – पीय - चौ०वा०; पिय - पा०; प्यो - मो०; प्यौं - नी०। ककरीली – ककरैली - को०; ककरेंली - चौ०; कंकरैंली - वा०; करीली - वे०। गैल – खंडित - उ०; गेंल - चौ०; गैलि - मो०। [६०५]

अन० : उक्ति सषी की सषी सो, रसाभास, असंलक्ष्यक्रम ध्वनि व्यंगि, पर्यायोक्ति अलंकार।

नर० : दंपत्याभिसारिका, सषी कौ वैन सषी सो, हे सषी जिन जगै छवीली छैल जो राधिका नाक चढायकै सीवी क० सिसकारी करै है सो भरतार को सुहावनी लागै है, ताते प्यौ वाही जु कांकरी वाली गैल गहतु है –

> **नाक चढाइकै सीवी करै अति भोंह मरोरिकै हेरि रहै है। छैल छवीली जितै जिय लावति त्यों त्यों हियै अधिकेरे चहै है। और सषी कसकै न सकै ससकै चलवे न रसाल कहै है। भूलिकै प्रीतम वेरही वेर वहै ककरीलीयै गैल गहै है** [नर० ६०५]

कृष्ण० : जाति वर्णन, सषी सषी सो कहै है –

> **सषि जात चले दोऊ तीरथ पंथ उपाहने पाइन रंगु ढरै। यह प्यारे की रीझि रिझावनि प्यारी की मो पै न क्यौहू वषानी परै। अति नाजुक छैल छवीली तिया जित नाक सिकोरिकै सीवी करै। कवि कृष्ण कहै इहि चाइ पग्यो तित जानिकै प्रीतम पाइ धरै** [कृष्ण० ६०५]

हरि० : सषी सो सषी की उक्ति नायक अटारी पर वैठ्यो है, एक राह घर को जात है, एक राह नायक की ओर जात है, नायिका घर को जाति है, नायक को देषिकै अपने घर की इयाद भूली, कांकर पांव में गडौ, तव नायिका की नाक चढै है, सीत्कार करै है, जितै जा ओर को छवीलो छैल है, फेरि फेरि भूलिकै वह जो है पिय की कंकरीली गैल कांकर जामे वहुत हैं, ऐसी राह को गहै है, किंवा नायिका अटारी पर वैठी है, नायक अपने घर को जात है, और अर्थ वही, नायिका को नाक चढाइवो सीवी करि वातां सों नायक को मन हरि गयो, फेरि फेरि भूलिकै प्यौ जा नायक सो नायिका की ककरीली गैल को गहै है, नायक ककरीली गैल गहै है, ताको कार्ज नायक में नहीं सीवी करनौ, नायिका में असंगति।

— ⋆ —

नटि न सीस सावित भई। लुटी सुषन की मोट। चुप रहि ए चारी करत। सारी परी सलोट [६०६] [144]

نت نہ سیس سابت[145] بہئي لوتي سو کہن کي موت • چپ رہ اي چاري کري ساري پري سروت [ظا• ٦٠٦]

[144] नटि – नट, 'ट' में इकार बाद में - वा०; नट - न०वे०स०मि०मु०। न – नि - नी०। सीस – शीश - वा०; शीस - भा०। सावित – सावितु - उ०मि०; शावति - वा०; सावत - वे०गा०स०। लुटी – लुटीं - उ०; लूटी - वा०मो०। सुषन – सुषुन - चौ०; सुषनु - वा०; सुषनि - मो०हृ०। मोट – मुंट - चौ०; मौंटी - वा०; मोंट - मो०; मोटि - गा०; पोट - भा०। चुप – चुपु - उ०न०नी०; चपु - वा०। रहि – र - उ०को०; रही - मो०गा०; करि - भा०नी०हृ०; कर - मि०। ए – खंडित - उ०; यैं - वा०न०; यै - मो०गा०स०; हें - मु०; ये - नी०। चारी – चोरी - मो०। करत – करति - उ०चौ०हृ०; करै - मि०नी०। परी – परै - को०; परैं - वा०; भरी - न०वे०गा०। सलोट – सलौंट - को०वा०; सुलुंट - चौ०; सलोंट - मो०मु०; सलोंटि - गा०; सरोट - भा०मि०। दोहा लुप्त - पा०। [६०६]

[145] سابت - تاپت - ظا•

अन० : सषी की उक्ति नायिका सों, जो पसीनो सुरत को है तो नायिका लच्छिता है, जो सात्विक भाव को है तो सषी उपालंभ मिस परिहास करति है, विभावना अलंकार।

नर० : अन्यसंयोगदु:षिता, नायिका कौ वैन सषी सो, हे सषी चुप रहौ नट मति ना, तेरे सीस परि सारी सलौट सौ भरी है, सो तेरी चारी करै है कि तैं सुष की मोट क० अधिकाई लूटी सो सावत भई है –

क्यों नट जात सुनो अव भामिनि सावत सीस निहारि भई है। मोट लुटी सगरे सुष की तुम आनन ओप नई उनई है। वात अलीक वनावति हौ कत होइ रहौ चुप ठीक ठई है। सारी षरे जु सरोट पचारी अव ताते सवै सषि जानि गई है [नर० ६०६]

कृष्ण० : इह नाइका लच्छिता, सुरति की मरगजी सारी देषि सषी नाइका सो कहै –

रस की उमंग भरी रंग भरी सोहति है अंग की सिथिल दुति स्रमजल छाई है। झूमति झुकति अगिराति जमुहाति मुसिकाति अरसाति सरसाति त्यौ निकाई है। मोटै लुटी सुष की प्रगट भई तेरे सीस क्यों तू मुकरति मनमथ की दुहाई है। अव चुप करि वलि एईतौ करति चारी जे तू आजु सारी मै सलोट पारि आई है [**कृष्ण० ६०६**]

हरि० : लच्छिता सों सषी वचन किंवा सषी सौ, अन्यसंभोगदु:षिता वचन, तूं नटै मति, झुठाय मति जाय, तेरे सीस तेरे माथे सावित भई सांच भई ठहरी वोलनि है, तूं सुष की मोट गांठ लूटी है, वहुत रस पायो है यह अर्थ, जासों कहति है ताकी उक्ति ए तू चुप करि झूठा मति वोलै, कहनवाली की उक्ति, सलोट सल परी जो सारी है मसली गई है, सो चारी चुगली करति है, सुष को लूटिवो सारी के सलोट सो दृष्ट कियो, सीस सावित भई, लोकोक्ति।

— ⋆ —

जिहि भामिनि भूषन रच्यौ। चरन महावर भाल। उही मनौ अंषियां रंगी। ओठन के रंग लाल [६०७] [146]

جیہ بہامن بہوکہن رچو چرن مہاور بہال • وہی[147] منون انکہیان رنکین اوتہن کے رنک لل [ظا • ٦٠٧]

---

[146] जिहि – जिही - को०; जिन - पा०मो०; जिह - वे०; जीही - मि०; जिहिं - ह०। भामिनि – भांमन - आ०वे०; वाल, ऊपर काटने का चिह - को०; भामनि - चौ०वा०मो०स०; भांमिन - न०; भांमिनि - गा०नी०; भामां - भा०; वांम - मि०; भामिन - मु०। भूषन – भूषहि - चौ०; रच्यौ भूषन - वा०। रच्यौ – रचे - को०; रच्यो - पा०मो०वे०; रचो - भा०; रछौ - मि०। महावर – महाउर - आ०पा०; महाउरु - न०। उही – उहीं - आ०को०; तही - चौ०; विहि - वा०; वही - पा०ह०; वहि - मु०। मनौ – मनों - को०वे०ह०; मनुं - चौ०; मनो - वा०पा०मो०स०; मनौं - नी०। अंषियां – आंषियां - को०; अंषीयां - चौ०वे०; अषिया - वा०पा०भा०मि०; अषियां - मो०न०; अषीयौ - गा०; अंषियो - स०; अषीया - मु०; अंषिआं - ह०। रंगी – रची - मो०ह०; रगी - भा०मि०नी०। ओठन – औठनु - आ०चौ०न०; ओटन - को०; औंठन - वा०; वोठनि - पा०; उंठन - स०; ओठनु - भा०नी०; औठन - मु०; ओठनि - ह०। के – कै - आ०चौ०। रंग – रग - आ०भा०। दोहा [६०७] उ० प्रति में पाठ खंडित होने से आ० प्रति से पूर्ति की गई है। [६०७]

[147] وہي - تہین - ظا •

अन० : अधीरा षंडिता की उक्ति, नायक प्रति, उत्प्रेक्षा।

नर० : षंडिता नायिका को वैन नायक सो, हो कान्ह मैं जानति हौं कि जिन स्त्री तेरे भाल के विषै चरन के महावर को भूषन वनायो है, तौ तिनहीज आपुने ओठनु के लाल रंग तै मनौ तमारी अषियां रंगी है –

> **हे नंदलाल सुनो तुमको जिहि भामिनि भूषन भेष रच्यो है। आपन पाइन को जु महावर रावरे भाल समूह सच्यो है। सोहै करो इतनै पर आइकै सो धन सो सव देह पच्यो है। जानति हौं उहि ओठन के रंग नैन रंगे कछु नाहि वच्यो है** [नर० ६०७]

कृष्ण० : इह नाइका प्रौढा अधीरा षंडिता नाइका को वचन नाइक सो –

> **वाही के नैन को काजर ओठ पै नीको लग्यो जिनि पोछिकै षोऊ। लाइ के पाइ को जावक रंग लिलार महा छवि देत है सोऊ। ऐसो वनाइ सिंगार कर्‌यौ जिहि है वह वाल विचच्छन कोऊ। जानति लाल रंगी उनही अषिया अधरानि के रंग मै दोऊ** [कृष्ण० ६०७]

हरि० : नायिका वाक्य, मान में वाकै पाय परे हौ, जौ भामिनी क्रोधवाली ने आपने चरण के महावर सों तुम्हारे भाल, लिलार, में भूषन सोभा रची है, चरण न कहते तौ केवल महावर आवतो पाव परनो नहीं निकरतो, हे लाल वाही नायिका ने ओठनि के रंग सो आंषें रची हैं, मानो जागे हौ राति, तासौं लाली है, मानों को अन्वय क्रिया सों है, अनुक्तास्पद वस्तूत्प्रेक्षा।

— ★ —

तूं मोहन मन गडि रही। गाढी गडनि गुवालि। उठै सदा नटसाल लौं। सौतिनु के उर सालि [६०८] [148]

تون موہن من کد رہي کادہي کدن کوآل ۰ اوتہت سدا نتسال لون سوتن کے ار سال [ظا ۰ ٦٠٨]

अन० : सषी स्तुति करति है, गडी रही ह्यां लक्षण है, असंलक्ष्यक्रम ध्वनि, हे गुवालि तू मोहन मन गडि रही गाढी गडनि करिकै अरु सदा नटसाल सी, नटसाल सो वान टूटिकै सरीर के विषे लोहा रहै सो नटसाल, सोतिन के हिय सालि उठे, वहुत दुषदायक होत है, असंगति अलंकार।

नर० : मानमोचन साम उपाइ सषी को वैन नायिका सो, हे सषी तूं मोहनजू के मन कै विषै गाढी गडनि करिकै गडि रही है, सो तेरी सौतनि के उर के विषै नटसाल कैसों सालतु है –

---

148 तूं – तुं - को०चौ०वे०; तों - वा०; तू, 'तो' का ओकार मिटाकर - पा०; तू - मो०भा०मि०नी०। मोहन – मोंहन - वा०। मन – (लुप्त) - आ०। गडि – गिडि - वा०; गड - वे०; ठाडि - भा०; गडी - नी०। रही – रेही - स०। गडनि – गडनु - वा०; गडन - वे०गा०स०; गडिन - मि०; गाडन - मु०। गुवालि – गुवाल - वा०वे०मि०; गुलाव, 'व' पर स्याही, पार्श्व पर 'वा' - न०; गुलालि - गा०; गुलाल - स०; ग्वाल - मु०; गुआलि - ह०। उठै – उठें - चौ०; डटै - पा०; उठे - मो०; उठत - मि०; उठति - नी०। नटसाल – नासाल, 'ना' की मात्रा पर 'ट' संशोधन - उ०। लौं – लौं, ऊपर रिक्त स्थान में - उ०; लुं - चौ०; ज्यौं - वा०; सी - पा०मो०भा०; सौ - न०; सों - वे०गा०; सो - स०; लौ - मि०; लों - ह०। सौतिनु – सोतन - को०वे०स०; सुंतिन - चौ०वा०; सौतिन - पा०मि०मु०; सोतिन - मो०; सौतनि - न०; सोंतिन - गा०; सौतिनि - नी०ह०। के – कै - उ०; कें - वा०मु०। उर – उरु - न०गा०। सालि – साल - को०चौ०वा०न०वे०गा०स०मि०मु०। [६०८]

मोहन के मन मांझि रही गडि तेरो कह्यो सव लालन पालै। गाडी गडोन न देषति हारी हहा करि रैनिदिवा दुष टालै। काहू सो मेटे न जाइ दईगति पूरव के कृत आपने भालै। संतत ज्यो नटसाल उठै सुनि त्यों उर सोतिन के उर सालै [नर० ६०८]

कृष्ण० : इह नाइका स्वाधीनपतिका, सषी कौ वचन नाइका सौ –

षीन षरी कटि पान सो पेटु कठोर उठे कुच कोकिलवैनी। कंवु सो कंठ कलाधर सो मुष कोर कटाछन की अति पैनी। तू मनमोहन के मन ग्वालि रही गडि केलि कला सुषदैनी। सौतिन के उर मांझ सदा नटसाल ज्यौ सालति है मृगनैनी [कृष्ण० ६०८]

हरि० : सषी स्तुति करति है, हे गुआलि, तूं मोहन के मन मै जो सवै मोह ताके मन में गाढी गडनि सों, ढीली गडनि सों नहीं, फिर तूं क्योंही नहीं निकरै, सौतिन के उर मैं तू सालि उठै है नटसाल लों, टूटे तीर की तरह, असंगति अलंकार, गडै मोहन के उर में सालै सौतिन के उर में।

—★—

लाज लगाम न मानही। नैना मो वस नांहि। ए मुहजोर तुरंग लौं। ऐचतहूं चलि जांहि [६०९] [149]

لاج لکام نہ مانہین نینان مو بس نانہ • اي مہن جور ترنک لون انچت ہون چل جانہ [ظا• ٦٠٩]

अन० : परकीया की उक्ति सषी प्रति दूतत्व करायो चाहति है, वचन अनुभाव चपलता औत्सुक्य संचारी ते पूर्वानुराग व्यंगि, उपमालंकार।

नर० : नेत्र लगन, नायक कौ वैन सषी सौ, हे सषी ए नेत्र तेरे वस नांही हैं, जो लाज रूपी लगाम है सो तौ मानत नाहीं हैं, ए मुंहजोर तुरंग की परै ऐंचतैही चले जात हैं –

देषत वा नटनागर की छवि फांद परै हटके न रहांही। लोचन लोल तुरी मुहजोर सु लाज लगाम को मानत नांही। ऐंचित हों अपने इत को वल ए वलकै उतही चल जांही। कैसी करो नहि मो वस ए कुलकान के चावक तें न डरांही [नर० ६०९]

कृष्ण० : इह नाइका सषी सों अपनी आसक्ति नेत्रनु की अवस्था कहति है – [150]

---

[149] लगाम – लगाप, 'प' पर स्याही, ऊपर के रिक्त स्थान में 'मु' - उ०; नगाम - चौ०; लगामु - पा०; लगांम - न०वे०मि०मु०। मानही – मांनही - को०चौ०न०वे०गा०स०मु०; मांनहीं - वा०मो०; मानहीं - ह०। नैना – नैंनां - को०न०स०ह०; नेंनां - चौ०मो०; नेंना - वा०; नैनां - वे०गा०; नैंना - मु०; नैन - नी०। वस – वसि - उ०चौ०मो०न०गा०स०मु०ह०; चसि - वे०; वश - भा०। नांहि – नाहि - पा०भा०मि०नी०ह०। ए – ये - भा०नी०; (लुप्त) - मु०। मुहजोर – मुहुजोर - मो०न०वे०; मुहुंजोर - गा०। लौं – लुं - चौ०; ज्यौं - वा०; लौ - पा०मि०नी०; लों - मो०वे०गा०स०ह०; ज्यौ - भा०। ऐचतहूं – ऐंचतहीं - को०; एचत - चौ०; ऐंचितही - वा०मु०; ऐचतहू - पा०नी०; एंचतिही - मो०; यैंचतिहू - न०; ऐचतहुं - वे०; ऐचनहूं - गा०; षैचतही - भा०; ऐंचतही - मि०; एचतहूं - ह०। चलि – चल - को०वे०; चलहुं - चौ०; चली - वा०; चले - न०गा०स०; च - मु०। जांहि – जाहि - उ०पा०मो०भा०मि०नी०; जाहिं - मु०ह०। [६०९]

[150] कृष्ण० वर्ग की प्रतियों में यहाँ उदाहरण नर० का मत्तगयंद सवैया दिया हुआ है।

हरि० : सषी सिच्छा देति है, तहां नायक के अनुराग भरी नायिका को वचन, लाज सो है लगाम, ताको नहीं मानै है, नैना मो वस नांहि स्पष्ट, नेत्र मुंहजोर तुरंग घोडा की तरह ऐंचत षींचत भी चले जात हैं, नैन उपमेय तुरंग उपमान लों वाचक षैंचिवो साधारन धर्म, पूर्णोपमा लाज गात रूपक उपमा को उपकार करै है याते संका।

— ★ —

डिगत पानि डगुलात गिरि। लषि सव व्रज वेहाल। कंप किसोरी दरसकै। षरे लजाए लाल [६१०] [151]

دکت پان دکولات کر لکہ سب برج بیہال • کنپ کسوري کي درس کہري لجائي لال [ظا• ٦١٠]

अन० : कृष्ण के शंगाररस त्रपा संचारी की कंप सात्विक बृजवासिन के भयानकरस काव्यलिंग अलंकार।

नर० : करुनारस कवि विहारीदास कहतु है कि इंद्रजू के कोपाइमान होवै ते पांव क० पग तिनसौं डिगतौ सौ ऐसे सगलै व्रज को वेहाल देष्यो और किशोरी जो राधिका तिनकौ कांपती देषिकै षरे लजाने है लालजू –

> **कोप भयो मघवा उर अंतर वाहिर मेघ महा मंडि आये। पानि कछू डिगते डिगलात पहार निहार सवै ससलाये। गोपी गोपाल भए हैं विहाल रही न संभाल षरे हहराये। कंपित सी वृषभान किसोरिन देह दिषायकै लाज लजाये** [नर० ६१०]

कृष्ण० : इह सात्विक भाव सषी को वचन सषी सो –

> **लोपु सुन्यो वलि को मघवा तव कोपिकै मेघ सवै मुकलाए। गोधनु कान्ह धर्‌यो तवही सव के उर के भय भूरि भगाए। पानि डगे डगुलात लष्यो गिरि लोग सवै व्रज के अकुलाए। गोरी किसोरी निहारिकै कंपित गात षरे नंदलाल लजाए** [कृष्ण० ६१०] [152]

---

151 डिगत – डगत - चौ०भा०; डिगति - न०मि०; डिगत, 'त' में इकार बाद में - गा०; द्रिगत - नी०। पानि – पांनि - उ०को०मि०; पांन - चौ०न०वे०स०; पांन, 'न' में इकार बाद में - गा०। डगुलात – डिगुलात - को०ह०; डिगलात - पा०; डिगिलात - मो०; गिगलाति - न०; गिललात - वे०स०; गिललाति - गा०; डिगुलाति - मि०; डिगलाति - मु०। गिरि – गरि - न०वे०गा०स०; गिर - मु०। लषि - उ०को०चौ०वा०पा०मो०न०वे०गा०स०भा०मि०मु०नी०ह०। सव – सवु - उ०न०नी०। व्रज – वृज - पा०मो०। वेहाल – वेहालु - उ०; वेंहाल - वा०; व्येहाल - पा०। कंप – कंप, 'प' में इकार बाद में - उ०; रूप - को०; किपिं - वा०; कपित - मो०। किसोरी – किसोरि - को०चौ०पा०; कीसौंरी - वा०; किशोरी - न०भा०। दरसकै – दरशिकैं - वा०; दरश ते - पा०; दरस तें - मो०ह०; दरसकैं - न०; दरसिकै - गा०; दरश के - भा०; दरस के - मि०नी०। षरे – षरें - उ०; षरी - भा०; षरै - मु०। लजाए – लजाये - को०मो०भा०; लजाने - पा०ह०; लज्याये - नी०। लाल – लालु - उ०न०। [६१०]

152 केवल भा० प्रति में यह भिन्न उदाहरण मिलता है –

जव तुम आपुस मै चोरी चोरा चाहि रहे मेरी औ तिहारी वाकी डीठि एक ओरती। कर कटि लचकि भई ही गति मति ढीली व्रज वन वूडिवै मै कसर न कोरती। भली वृषभान की सहाई भई नंदलाल नातौ एक वाननि की निकसी अकोरती। गालु कहा मारतु हौ गिरिधारी गिरि धरो गिरितौ गिरो हो जौ पै भौंह न मरोरती [भा० ६१०]

हरि० : सषी सो सषी वचन, पानि जो हाथ सो डिगै है, तासों गिरि भी डिगै है कांपै है, लषि सव व्रज वेहाल व्याकुल भयो, लोग देषत जोर के कार्ज में वल हानि होय तौ पुरुष कौ लाज होइ, पानि डिगे ते लाज भई, फेरि लोगनि जान्यो किसोरी के दरस ते कंप है तव लाल षरे लजाने, कंपि किसोरी दरसिकै ऐसो भी पाठ है, किसोरी को भी कंपा भई सो देषिकै लाल लजाने, इहां कृष्ण को शृंगाररस भयो, लाज संचारी कंपा सात्विक व्रजवासिन को भयानकरस, हेतु अलंकार, व्रज विहाल अरु कंपा कारन लाज कार्ज, काव्यलिंग भी संभव है।

— ★ —

कर मुदरी की आरसी। प्रतिविंवित प्यौ पाइ। पीठि दियै निधरक लषै। इकटक डीठि लगाइ [६११] [153]

کر موندري کي ارسي پرت بينبت پو پاي • پيته دئي ندہرک لکھي اکتک ديته لکاي
[ظا• ٦١١]

नर० : क्रियाविदग्धा सषी कौ वैन सषी सौ हे सषी राधिका कर की मुदरी तिनके काच मै प्यौ कौ प्रतिविंवित पाइकै पीठ दियै एकैटग निजर लगायकै निधरक भई लषति हैं –

वैठी हुती व्रज की जुवती सव भांति अनेक सिंगार वनाए। ता मधि राधिका राजति सुंदर षेलत कान्हरहू इत आए। पानि अगूठिन आरसी अंतर प्रीतम को प्रतिविंवित पाए। पीठ दिए निरसंक विलोकति एकटगी कर दीठि लगाए [नर० ६११]

कृष्ण० : इह नाइका क्रियाविदग्धा, सषी कौ वचन सषी सौ –

जोवन जोति जगै नवनागरि साजे सिंगार सरूप सौ सानी। भौन मै वैठी दियै प्रति पीठि लषै करु आरसी रूप रिझानी। एते मै मित्त की मोहनी मूरति पानि अचानक आनि झुकानी। तौ निधरंक लषै उमगी जु इकंटक दीठ छुटै न छुटानी [मि० ६११] [154]

हरि० : सषी सों सषी, कर की अंगूठी की आरसी में पिय को प्रतिविंव भासमान पायकै नायक की ओर पीठि दियें निधरक निसंक देषै है, एकटक डीठि लगाएकै, प्रहर्षण अलंकार।

— ★ —

[153] मुदरी – मूदरी - उ०; मुंदरी - को०ह०; मुदरा - चौ०; मौदरा - वा०। प्रतिविंवित – प्रतिविंवतु - चौ०; प्रतिविविंत - वा०; प्रतिविंवति - न०गा०; प्रतिवंवत - वे०; प्रतिविंव्यौ - मि०; प्रतिविंवत - मु०। प्यौ – प्यो - को०वे०मि०; प्युं - चौ०; प्यौं - वा०। पाइ – पाय - को०चौ०ह०; आय - मि०। पीठि – पीठ - को०चौ०न०वे०स०मु०। दियै – दीए - उ०; दीये - को०; दीयै - चौ०न०गा०स०मु०; दियें - वा०; दियैं - मि०; दिए - ह०। लषै – लषत - को०; लषें - चौ०; लषैं - वा०; लषति - मु०। इकटक – इकरग - चौ०; इकटग - न०वे०गा०स०। डीठि – दीठ - चौ०वे०स०; दीठि - गा०मि०। लगाइ – लगाय - को०चौ०मि०ह०; लगाई - वा०। दोहा लुप्त - पा०मो०भा०नी०। [६११]

[154] मु० प्रति में यह भिन्न उदाहरण मिलता है –

डोरि कहू रहिगे गुरिया कहु कौनु गवै है मनु दै दुलरी मे। वंक विलोकिनि भोरई कान्ह सो औरई सी ह्वै गई जु घरी मे। लाज लगै गुरलोगन की रही पीठि दै डीठि करै न हरी मे। तऊ तवकी निरषै प्रतिविंव दिए द्रग दर्पन की मुदरी मे [मु० ६११]

इती भीरहूं भेदिकै। कितहूं ह्वै इत आइ। फिरै डीठि जुरि डीठि सौं। सवकी डीठि वचाइ [६१२] [155]

اتي بہیر ہو بہید کے کت ہو ہوي ات اي • پہري دیتہ جور دیتہ سون سب کي دیتہ
بچاي [ظا• ٦١٢]

अन० : नायक की उक्ति दूती सों, क्रियाविदग्धा नायिका कटाक्ष विक्षेप अनुभाव तें अनुराग व्यंगि, विभावना अलंकार।

नर० : ऊढा नायिका कौ वैन सषी सौ, हे सषी याकी डीठि इतनी भीर भेदिकै अरु कितही ह्वै इत कौ आनिकै अरु सवकी डिठि वचाइकै मेरी डीठि सौं जुरि फिरि जाति है –

> **भेदिकै एती वडी अति भीरन आतुरता उर आन परे है। आइ इतै कितहूं हुइ हेरकै लाज फिराय पै नाहि फिरे है। दंपति चाह भरे मन व्याकुल लाग अचानक आनि गिरे है। और सवैन की डीठि वचाइकै डीठ सो डीठ जुराइ भिरे है** [नर० ६१२]

कृष्ण० : इह नाइका की चितैवे की चतुराई सषी सषी सौ कहति है नाइका परकीया –

> **सोने सो गात सुहाई सी वैस सवै हस नीर सकौ वरसावै। चाह के चाइनु की चतुराई कहां लौं कहौं कहतै नहिं आवै। भीर भई अति भारी तऊ मन भायौ करै कोउ भेद न पावै। घातकहू जुरि डीठि सो डीठि फिरै सवही वह डीठि वचावै** [कृष्ण० ६१२] [156]

हरि० : परकीया नायिका सषी सो सषी वचन, षरी अति जो है भीर ताको भेदिकै, फारिकै, कितहूं ह्वै कहूं और सो होयकै इत आय या ओर आय नायका कि नायक की ओर आय, दोउन की डीठि जुरि क० मिलिकै फिरी, सवकी डीठि वचायकरि, इहां विभावना अलंकार है।

— ⋆ —

लाई लाल विलोकिये। जिय की जीवनमूलि। रही भोंन के कोंन मैं।

---

155 इती – इतही? - वा०; षरी - मो०ह०; इतै - वे०गा०। भीरहूं – भीरिहुं - को०; भीरहुं - चौ०वे०; भीरहो? - वा०; भीरिहू - मो०; भीरहू - भा०मि०मु०ह०। भेदिकै – भेदकै - चौ०वा०न०वे०स०मि०; भेदिकैं - मो०गा०। कितहूं – कितहू - चौ०मो०भा०मि०ह०; कितऊ - वा०; कितही - वे०गा०स०। ह्वै – कैं - वा०। आइ – आय - को०चौ०वा०ह०। फिरै – फिरें - चौ०मो०; फिरैं - वा०। डीठि – डेठि - उ०; दीठि - को०चौ०वा०गा०भा०मु०नी०ह०; डीठ - मो०वे०स०। जुरि – जुर - वे०गा०स०। डीठि – दीठ - को०चौ०वे०स०; दीठि - भा०; दुहुंन - ह०। सौं – सुं - चौ०; सों - मो०वे०गा०; सौ - भा०; की - ह०। डीठि – दीठि - को०गा०भा०; डीठ - चौ०वे०स०। वचाइ – वचाय - को०चौ०वा०ह०; वचाई - मो०। दोहा लुप्त - पा०। [६१२]

156 अन्य प्रतियों में यहाँ [र०प्रि० ३-७०] छंद उदाहृत हुआ है –

वैठी सषीनु की सोभै सभा सवही के सु नैननि माझ वसै। पूछे ते वात वर्याइ कहै मनही मन केसवदास हसै। षेलति है इत षेल उतै पिय चित्त षिलावति यौं विलसै। कोऊ जाने नही द्रग दौरि कवै कित ह्वै हरि आनन छ्वै निकसै [भा० ६१२]

सोंनजुही सी फूलि [६१३] [157]

لاي لال بلوكي جيه كي جيون مول • رهي بهون كے كون مين سون جوهي سي پهول
[ظا• ٦١٣]

अन० : वानि दूती की उय्क्ति उपपति नायक प्रति, नायका परकीया अभिसारिका, उत्प्रेक्षा।

नर० : सषी को मिलाइवो, सषी को वैन नायक सो, हो लाल मैं ल्याई हौ तुमारे जीवन की जीवनमूल तिनकौ देषिये कि भौन के कोन में सोनजुही सरीषी पूलिकै रही हुती तिनकौ –

> **लाई हौ लाल विलोकियै सुंदरि काय मनो वच पेमनही है। याको सदा तुम चाहत हौ हरि जीव की जीवनमूल लही है। चंचल नैन सुधा मुष वैन उरोजन श्रीफल सोभ गही है। भोन के कोन में अंग अनोपम सोनजुही सम फूलि रही है** [नर० ६१३]

कृष्ण० : यह नाइका कौ सषी लै आई है, सु नाइक सौ कहै है –

> **जाहि विलोकिये प्यारे विहारी सम्हारि तुम्है सव भूलि रही है। आई सु जीवनमूलि विलोकियै तो हित सौं अनुकूल रही है। वैठी दुकूल मै अंग दुराइ तऊ तन की दुति झूलि रही है। चौंधत लोचन भोन के कोन मै सोनजुही मानौ फूलि रही है** [कृष्ण० ६१३]

हरि० : प्रथम मिलन मै दूती वचन, हे लाल, मैं यह नाइका को ल्याई विलोकिए कैसी है, जीव को, जीवे को, मूल कारन या विषै है, किंवा इकार तुकांत के लिए है, जीव के जीवन को मूल है, अगर जो जीव सो भी याहि देषे विना मरौ, सरीर की क्या वात, घर के कोने में पीत चंवेली सी फूलि रही है, जीवनमूल नायिका उपमेय सोनजुही उपमान सी वाचक फूलिवो धर्म, उपमा अलंकार, कोई षंडिता को वचन कहै है, तहां ऐसे जानिए, प्रात नायक को देषिकै कहति है, ल्याई लाल, हे लाल तुमे दूती ल्याई है, हम नहीं वुलायो है, जीव की जीवनमूलि है जो नायिका विलोकिए जायके, जो तुमारे भोन के कोन मै सोनजुहीसी फूलि रही है।

— ⋆ —

ओठ उचै हांसी भरी। दृग भौंहन की चाल। मो मन कहा न पी लियौ।

157 लाई – ल्याई - को०पा०मो०न०वे०गा०मु०; लाइ - मि०। लाल – लल, प्रथम 'ल' पर दीर्घ का लहरिया चिह्न - उ०। विलोकिये – विलोकीयै - चौ०वे०; विलोंकियैं - वा०; विलोकिए - पा०ह०; विलोकियै - मो०न०मि०नी०; विलाकियै - गा०; विलोकीए - मु०। जिय – जिह - चौ०; जी - पा०; जीय - मो०वे०गा०मि०मु०। जीवनमूलि – जीवनमूरि - को०; जीवनिमूलि - चौ०ह०; जीवनमूल - न०वे०स०मु०। रही – रहि - को०चौ०; सौं रही - मु०। भोंन – भुंन - चौ०वा०; भौन - पा०गा०मु०; भौनु - न०; भौंन - मि०ह०; भवन - नी०। के – कैं - वा०; कै - वे०मु०। कोंन – कौंन - उ०वा०मो०मि०मु०ह०; कुंन - चौ०; कोन - पा०वे०नी०; कौंनु - न०। मैं – में - चौ०मो०न०; (केवल हंसपद) - पा०; मै - वे०; मे - मु०नी०। सोंनजुही – सोनजुही - को०पा०मो०वे०गा०स०ह०; सोनजूही - चौ०; सौंनजुही - न०मि०मु०। फूलि – फूल, 'ल' में इकार बाद में - उ०; फूल - न०वे०स०मु०। दोहा लुप्त - भा०। [६१३]

पियत तमाषू लाल [६१४] [158]

آوتہ اوچي ہانسي بہري درک بہوہن کي چال • کتو نہ مو من پي ليو پيت تماکو لال [ظا• ٦١٤]

अन० : नायिका की उक्ति अंतरंग सषी सो, पूर्वानुराग काकूक्ति अलंकार।

नर० : चेष्टा वरनन, नायिका को वैन सषी सो, हे सषी ओठ तो उचै किए और हांसी भरी नेत्रां की अरु भौंह की चाल किये जो लाल तमाषू पीवतु है सो क्यौंही मेरौ मन पियौ नहीं ए सव भी पीयौ –

> **ओंठ उचाइकै हांसी भरी मुह नारि उठाइ उसास लियो है। भौंह नचाइ नचाइकै नैनन ओर अनेक चरित्र कियो है। षैंचिकै वार अनेक सुजान धुयांन अकास उडाय दियो है। पीवतही जु तमाकू रसाल कहा नहिं मो मन लाल पियो है** [नर० ६१४]

कृष्ण० : जाति वर्णन नायिका को वचन सषी सो –

> **मै निरष्यो जवतै तिय की गति जानत कौन कहा जु वियो री। जो कछु रूप की रीझ षुभी चित जानति हौहि कि मेरो हियो री। हासी भरी चष भौहनु की छवि ओठ उचै इक भाउ कियो री। पीवत लाल तमाषू के घूट कहा उन मो मन पी न लियो री** [कृष्ण० ६१४]

हरि० : रूपसुधा आसव चष्यो या दोहा के आगे यह दोहा चाहिए, सषी सों नायिका की उक्ति, ओठ को ऊंचा करिकै औ हंसी भरी जो दृग भोंहनि की चलनि है, या तरह सों मेरो मन कहा नहीं पी लियो है, तमाषू पीवत के लाल ने, किंवा हे लाल, नायक सों नायिका कहति है, मेरो मन कहा न पी लियो है, स्वर भेद सों वक्रोक्ति।

— ⋆ —

जे तव होत दिषादिषी। भई अमी इकआंक। दगै तिरीछी दीठि अव। ह्वै वीछी के डांक [६१५] [159]

---

[158] ओठ – औठ - को०चौ०; औंठ - वा०न०; उंठ - वे०स०; औंठ - मु०। उचै – उंछै - को०; उचें - मो०; उचैं - ह०। हांसी – हासी - उ०भा०मि०; हीसी - गा०नी०। भरी – भरि - को०; भरे - मो०; भरत - वे०गा०स०। दृग – द्रग - को०भा०मि०नी०; द्रिग - वा०न०वे०गा०स०मु०। भौंहन – भोहन - को०गा०; भुंहन - चौ०वे०; भोंहन - मो०स०; भौहनि - भा०; भौंहनु - नी०; भौंहनि - ह०। की – चल - मो०। चाल - उ०चौ०वा०मो०न०वे०गा०स०भा०मि०फ ७म०नी०ह०; चालि - को०। मो – मों - वा०। मन – मनु - उ०मि०नी०; मेन - भा०। कहा – काह, मात्रा तथा 'ह' काटकर ऊपर रिक्त स्थान में 'हा' - उ०; कही - चौ०न०वे०गा०; काही, का की मात्रा पर काटने का चिह्न - स०; कहि - मि०। न – नै - मि०। पी – चा - मि०। लियौ – लियो - को०मो०भा०ह०; लीयौ - चौ०वे०गा०; लिया - वा०; लयौ - स०; लयो - मु०। पियत – पी?त - उ०; पीयत - चौ०; पिय - मो०। तमाषू – तमाकू? - उ०; तमाकु - को०मो०; तमाषु - वा०; तमा?षू - न०; तमाकू - वे०; तमांषू - गा०। दोहा लुप्त - पा०। [६१४]

[159] जे – जें - वा०; जो - पा०मो०। तव – वत - नी०। होत – हौंत - वा०। भई – भईं - आ०; भै - वा०गा०; अमी - पा०ह०। अमी – अमीं - आ०; भए - पा०; भई - ह०। इकआंक – इकअंक - चौ०; यकआंक - पा०; ईकु आंकु - मो०; इकआक - मि०। दगै – दगैं - आ०वा०; लगै - पा०मो०मु०; गै - मि०। तिरीछी – तिरछी - आ०चौ०मि०; तिरीठी - को०; तिरौंछी - नी०। दीठि – दीठ - चौ०वे०स०; डीठि - पा०मो०नी०ह०; डीठनि - मि०। अव – वह - पा०; अवै - मि०। वीछी – वीछु - को०। के – को - को०पा०मु०ह०; कौ - वा०। डांक – डंक - चौ०; डाक - पा०गा०मि०; टांक - नी०। दोहा लुप्त - भा०। [६१५]

جي تب ہوت دکہادکہي بہئي امئين اک انک ٠ دکين تريچہي ديتہ اب ہوي بيچہو کے
دانک [ظا٠ ٦١٥]

अन॰ : उक्ति नायिका की सषी सो, वचन अनुभाव ते उद्वेग दशा ते पूर्वानुराग व्यंगि परकीया दूती वर्जिता है, पर्यायोक्ति अलंकार।

नर॰ : नायका को वैन सषी सो हे सषी जिनतै तव दिषादिषी भई जव एक आंक अमी हुई अरु अव वीछी के डांक की परै तिरीछी दीठि ह्वैकै दगति है कहियै चलावति है –

दोउन को जव होत दिषादिषी याते अनंत अनंग जगै है। जे एकआंक भई है अमी सम आपनी ओर तै पीत पगै है। दंपति के मन दूरि परै विललाय गए दुष देह लगै है। सो अव दीठि तिरीछी निहारत वीछी के डांक सी होइ दगै है [नर॰ ६१५]

कृष्ण॰ : इह पूर्वानुराग, जे चितवन संजोग मै सुषद ही ते वियोग मै सुधि आए सालति है, सु सषी नाइक सौ कहै है, विरह की दसा अवस्थानु मै सुमिरन कहिए –

रंग रंगीली भली विधि सों वहु भांतिन के सुष देत है जेई। तेई निकुंज भए प्रतिकूल विलोकि हिए दुष सूल सलेई। नेह के आदि रसीली चितौनि हुती इकआक अमी सम तेई। वीसविसे विषसायक ह्वै उर सालति वाकी विलोकिनि वेई [कृष्ण॰ ६१५]

हरि॰ : सषी सो नायिका वचन, जे तव पूर्वानुराग में देषादेषी होती तहां जो दृष्टि एक अंक निश्चय अमी अमृत तुल्य भई थी तिरीछी तिरछौंही जो डीठि है सो अव मिलिकै विछुरे पर दगति है, दागति है, गुरु लघु लघु गुरु होत है निज इच्छा अनुसार, कहूं लगति तिरीछी डीठि, ऐसे भी पाठ है, वीछी को डंक कांटा होय कै, दृष्टि अमृत औ वीछी के डंक को गुन को आश्रय, पर्जाय अलंकार, किंवा वीछी को डंक तिरीछी डंक होय दागै है, परिनाम भी।

—★—

नेको उहि न जुदी करी। हरषि जु दी तुम लाल। उर तैं वास छुट्यौ नही। वास छुटैहूं माल [६१६] [160]

نيکو اون نہ جودي کري ہرکہ جو دي تم مال ٠ اور تين باس چہوتو نہيں باس
چہوتيہو لال [ظا٠ ٦١٦]

160 नेको – नैंको - आ॰; नेकों - वा॰; नेंकु - मो॰; नैकौ - न॰ह॰; नैक - वे॰गा॰स॰; नैको - मि॰मु॰; नेकौ - नी॰। उहि – उहिं - आ॰; उंहिं - चौ॰; ऊ - वा॰न॰; ही - पा॰; उही - मो॰; कोऊ - वे॰गा॰; कोउ - स॰; वह - मु॰। जुदी – दुदी - मो॰। करी – करि - वा॰। हरषि – हरिषि - मो॰; हरष - न॰वे॰गा॰मि॰; हरष कै - स॰। जु – ज - वे॰स॰। तुम – तुम्ह - आ॰। लाल – माल - पा॰मो॰मि॰ह॰। उर – उरु - गा॰। तैं – तें - को॰चौ॰मो॰ह॰; ते - पा॰मु॰नी॰; तै - न॰वे॰गा॰मि॰। वास – वसैं - वा॰; वासु - मि॰नी॰। छुट्यौ – छुटौ - मि॰; छुटो - नी॰। नही – नहीं - ह॰। वास – वासु - न॰मि॰नी॰। छुटैहूं – छुटेहूं - को॰नी॰; छुटेहुं - चौ॰; छुटौहौं - वा॰; छुट्यौहू - मो॰; छुटेहू - पा॰; टु?टेहू - न॰; छुटैहुं - वे॰; छुटैहू - मि॰मु॰; छुटेंहू - ह॰। माल – मा?ल - उ॰को॰; लाल - पा॰मो॰मि॰नी॰ह॰। दोहा लुप्त - भा॰। [६१६]

अन० : दूती की उक्ति नायक सो, सषी को अनुराग कहति है, हे लाल, तुम हरषि जु माल दी ता माला को नेक न जुदी करी अपने पास कि पास राषी, वास छुट्यौहू सुगंध गयो है तऊ प्रीतम प्रीति सो दई है ताते उर ते उतारी नाहीं, यमकालंकार शव्द विरोध ते उत्तम काव्य है।

नर० : प्रेम वरनन, हो लाल तुम जो हरषिकै माला दीनी हुती सो जव लग तो वासना रही तव तौ नैकुही राधा जुदी करी नहीं, सो तो वनि आवै है पै अवहूं माला तै वासना छुटी है तऊ उर तै माला कौ वास छुटत न है –

> **नैकहु नांहि जुदी करी माधव याके धरै सुष मोट लुटी है। वाही को हर्षित होइ जु दी तुम जानति है इह प्रानकुटी है। फूलि फिरै सव सोतिन कै संग या विधि की अति नेह जुटी है। देषति है फिरही फिर वास सुवास छुटैहू न माल छुटी है** [नर० ६१६]

कृष्ण० : पूर्वानुराग, नाइका की प्रीति सषी नायक सो कहति है कि तुम्हारी माला सौ ऐसे हित मानति है सो तुमसो कहा कहै –

> **जा दिन वाहि अलीन के देषत रिझि हिए हितु मानिकै भारी। आपने ही ते उतारि दई तुम फूल की माल रसाल विहारी। ता दिन ते वह वा रिझवारि कौ प्राननहू ते लगी अति प्यारी। वासु गई कुमिलाइ गई पै करी न तऊ उर ते छिनु न्यारी** [कृष्ण० ६१६]

हरि० : दूती वचन नायक सों, हे लाल, हरषिकै जौ तुम माला दीनी उहि वह नायिका नै नैकौ थोरो काल भी जुदी न करी, पहिरेही रही, उर ते माला को वास रहनो छूट्यौ नहीं, वास गंध छूटेहूं, जुदी जुदी वास वास पद फेरि आयो यातें जमक, वास छुटै वास नहीं छुट्यौ, विरोधाभास।

— ★ —

विहसि वुलाइ विलोकि उत। प्रौढ तिया रस घूमि। पुलकि पसीजति पूत कौ। पिय चूम्यो मुह चूमि [६१७] [161]

بہس بولائي بلوک ات پروده تیا رس کہوم • پولک پسیجت پوت کو پیہ چونموں مُہ
چوم [ظا• ٦١٧]

अन० : उक्ति सषी की सषी सो संयोगशृंगार स्वेद सात्विक, मदनांध प्रौढा नायिका असंगति अलंकार।

---

[161] विहसि – विहस - वे०; विहसु - मु०। वुलाइ – वुलाय - उ०को०वे०मि०; विलोइ - पा०; वुलाइं - मो०; वलाय - ह०। विलोकि – विलोकी - चौ०वे०; वोलाइ - पा०; वलोकि, 'व' में इ तथा उ की मात्राएँ - मो०। उत — यत - चौ०न०वे०गा०स०; यतु - पा०मो०; इत - ह०। प्रौढ – प्रौढि - उ०पा०; प्रोढ - को०चौ०वा०न०वे०; प्रोढि - मि०। तिया – तीया - उ०; तिवा, 'व' पर 'य' संशोधन - को०। रस – रसि - न०। घूमि – घूंमि - उ०को०मु०ह०; घुंमि - चौ०; घौंमि - वा०; झूमि - पा०मो०; हूम - न०वे०स०; हूंम - गा०। पुलकि – पलक - चौ०वा०मो०वे०स०; पुलाक - मि०; पुलक - मु०। पसीजति – पसीजत - को०चौ०वा०मो०वे०मु०नी०; पसीजिति - न०गा०; पसीज - स०। पूत – पुत - को०चौ०। कौ – को - को०पा०मो०वे०ह०; कौं - नी०। पिय – पीय - चौ०; पित - वे०गा०स०। चूम्यो – चूम्यों - उ०; चुम्यो - को०; चुंम्यौ - चौ०मु०; चौम्यौं - वा०; चूमो - पा०भा०; चूंम्यो - न०; चूम्यौ - गा०स०मि०नी०ह०। मुह – मुहु - उ०मो०न०; मुहुं - चौ०; मुष - भा०; मुंह - मु०। चूमि – चुमि - को०; चुंमि - चौ०; चौंमि - वा०मो०; चूम - न०वे०स०; चूंमि - मु०ह०। [६१७]

नर० : सषी को वचन सषी सो, हे सषी पूत को विलोकि विहसि अरु वुलाइकै जो प्रौढा स्त्री तिनकौ रस की घूमि क० चाहिना तिन पुलक सी भई तव पूत कौ मुहु पिय चूम्यो हुतौ तितही चूम्यो –

कै अति हास वुलाय विलोक उतै रस सों द्रिग रूप पियो है। प्रौढ तिया रस घूमत लोचन भांति अनेक कटाक्ष कियो है। होय रही पुलकावली ओप पसीजत हीय हुलास दियो है। पूत को आनन चूमि भली विधि पीय को चूमि उसास लियो है [नर० ६१७]

कृष्ण० : यह नाइका प्रौढा है सो सनेह की अधिकाई तै पिय नै चूमो वाही पूत को मुह चूमिकै आनंद मानति है, सात्विक भावहू होइ वात्सल्य है –

पूरन प्रेम उमाह तै प्यारी फिरै सव मांझ हियै हुलसाती। पूत को आनन चूम्यो पिया तिय चूमति ताहि महा रस माती। चाहि उतै मुसकाइ वुलाइ हियै सुष पाइ लगावति छाती। गात पसीजि रुमांचित होति भई अनुराग के रंग मै राती [कृष्ण० ६१७]

हरि० : नायक आपनी वडी स्त्री को जो पुत्र है ताकौ मुष चूम्यौ है, सो छोटी स्त्री ताको वुलायकै चूमै है, सषी सों सषी कहति है, विहसिकै वलायकै विलोकियत देषति है, विलोकि इत ऐसो पाठ में इतइ नायक की ओर देषि, प्रौढा जे है स्त्री सो रस मै घूमिकै अनुराग सों मत्त होयकै झूमि यह पाठ है तौ अनुराग मैं लागिकै पिय के पूत को जो मुष है, अर्थ ते पिय को चूम्यौ ताको चूमिकै पुलकित होय, पसीजति है, संवंध ते सात्विक जानिए, कामांध प्रौढा, असंगति अलंकार, पिय के मुष में चुंवन चाहिए सुत कौ मुष चूम्यौ।

—★—

देष्यौ अनदेष्यौ कियो। अंग अंग सवै दिषाइ। पैठति सी तन मै सकुचि। वैठी चितै लजाइ [६१८] [162]

ديکہو ان ديکہو کيں انک انک سبي دکہاي • پيتہت سي تن مين سکوچ بيتہي چتے لجاي [ظا• ٦١٨]

अन० : उक्ति सषी की सषी सो नायिका की क्रियाविदग्धता को गुन कथन, अरु नायिका के अवहित्था संका लाज संचारी नायिका विदग्धा, उत्प्रेक्षा स्वभावोक्ति अलंकार।

नर० : सषी को वचन सषी सौ, हे सषी आजु राधिका चित के विषै लजाइमान ह्वैकै अरु तन मै तैसी परै सकुचि पै ठानिकै वैठी सो मेरे तांई अंग प्रति अंग सगलो दिषाइकै देष्यो अनदेष्यो सो कियो –

---

162 देष्यौ – देष्यौं - वा०; देष्यो - पा०मो०वे०गा०भा०। अनदेष्यौ – अनदेष्यो - को०पा०मो०वे०स०भा०; अनदेष्यौं - वा०। कियो – यें - उ०; कियै - को०; कीयैं - चौ०; कियैं - वा०; कियौ - न०मि०; कीयो - वे०; कीयौ - गा०। अंग अंग – अंगु अंगु - मो०; अग अग - मि०। सवै – सव - को०; सवे - चौ०स०; सवैं - मो०ह०। दिषाइ – देषाय - को०; दिषाय - वा०वे०स०मि०मु०ह०; दिषाई - मो०; देषाइ - नी०। पैठति – पैठत - को०वे०गा०स०मु०ह०; पेंठत - चौ०; पेंठित - मो०; वैठत - नी०। मै – में - को०चौ०मो०; मैं - वा०न०वे०मु०; मे - नी०। सकुचि – सकुच - को०मि०; सुकच - वे०स०। वैठी – विठि - को०; वेंठी - मो०। चितै – चितिं - को०; चिंत - वा०; चितें - मो०; चितहिं - ह०! लजाइ – लजाय - को०चौ०वा०मि०मु०ह०; लजाई - मो०। [६१८]

देष्यो सवै अनदेष्यो कियो कछु भांति अनेक अमेठनि ऐठी। आपने आपनतै अंग अंग दिषाय षरी अषियांन अमैठी। वारही वार विचार कर्‌यो पुनि वाही के देह सकोच सी पैठी। वावरी होय गई न रही सुधि आपने चित्त लजाइकै वैठी [नर० ६१८]

कृष्ण० : यह नायिका परकीया कौ चितैकै लाज करिवी देष्यौ सो नाइक सषी सौ कहतु है –

सोहति सरूप सनी वैठी ही छवीली राधा हौहू तहा निकस्यो अचानकही आइकै। मेरी ओर देषि उन देष्यो अनदेष्यो करि मुसुकानी अंग अंग सकल दिषाइकै। पैठति सी तन मै सकुचि मन ऐचति सी चितवनि चाहि वैठी सिमटि लजाइकै। वह मुसकानि सकुचनि चितवनि क्यौहूं टरति न रही मेरे हिय मडराइ कै [कृष्ण० ६१८]

हरि० : सषी सो सषी वचन, हे सवय हे सषी, नायक को अंग अंग दिषायकै नायक को देष्यो, सो अनदेष्यो सो कियो, मानो नाहीं देष्यो है, चितहिं लजाय आपने चित में लजायकै ऐसे वैठी, आपना तन में सकुचिकै पैठे है मानो, सव अंग अंग ऐसे भी कहत हैं, पैठत सी पैठत क्रिया है, ताके आगे सी वाचक है, याते अनुक्तास्पद वस्तूत्प्रेक्षा।

— ⋆ —

पटु पांषै भषु कांकरै। सपर परेई संग। सुषी परेवा पुहुमि मै। एकै तुही विहंग [६१९] [163]

پت پانکهي بهکه کانکري سپر پري سنک[164] ٠ سوکهي پريوا پهم پر ايکي توهين بهنک [ظا٠ ٦١٩]

अन० : विरही को वचन संजुक्त परेवा पंछी को देषि सुषी कहत है, काव्यलिंग अलंकार।

नर० : प्रस्ताविक, कवि विहारीदास कहतु है रे परेवा पट वस्त्र तो पांष है और भषवै को कांकरा है, और सपर की परेवी साथ है, ताते या पुहुमि के विषै विहंगनि मै तुही एक सुषी है –

आपनी पांष वेई पट सुंदर कांकरे ए भष काय पुषी है। संग परेई रहै सुघरै अति याही तै जीव न रंच दुषी है। सेत वनाय दियो है विरंच न और अनेकन मांझ मुषी है। जानत हौ रे परेवा विहंगम एक तुही पुहुमी मै सुषी है [नर० ६१९]

कृष्ण० : अन्योक्ति जो कोऊ पराधीन अरु परदेसी नाही तहां कहियै –

---

163 पटु – पट, 'ट' में उकार बाद में - उ०; पट - को०वे०स०ह०। पांषै – पाषें - को०वा०मो०; पाषै - गा०भा०नी०; पांषैं - मि०ह०; पाषैं - मु०। भषु – भष - को०चौ०वा०वे०स०मि०ह०; भकु - मो०; भषुं - गा०। कांकरै – काकरै - उ०को०; कांकरैं - वा०न०; कांकरे - मो०मि०; काकरैं - नी०; कांकरें - ह०। सपर – सरप - वा०; सफर - भा०ह०; सपरु - मि०; सुपर - मु०। परेई – परेवी - ह०। संग – संगु - मो०मि०। सुषी – सुषि - वा०। पुहुमि – पुहमि - उ०; पुहुमी - को०; पुहवि - गा०स०; जगत - भा०ह०; पुहिम - मि०; पुहुवि - मु०; पहुमि - नी०। मै – मैं - को०स०मि०ह०; में - मो०; मौ - मु०। एकै – एक्वै - उ०; ऐअकै - को०; एकहि - मो०; येकै - नी०। तुही – तुंही - चौ०मु०; तुहीं - ह०। विहंग – विहंगु - मो०। दोहा लुप्त - पा०। [६१९]

164 پري سنک - پرسي ہنک - ظا٠

भोजन कांकर वीनि करै न करै जु अधीन ह्वै काहू की सेवा। पाषनुही के वने पटु चारु विसाह को जानतु भाव न भेवा। नीके रहै ग्रहिनी के सदा संग पूरव पुन्यन को फल लेवा। कौनहू भांति न आस पराई सुषी अवनी पै तुही है परेवा [कृष्ण० ६१९] [165]

हरि० : पांष सो तेरे पट कपरा हैं, कांकर सो तेरे भच्छ है अनायास सर्वत्र मिलै है, सफर मो साफिरी तामें परेई स्त्री संग में है, हे परेवा जगत में एक तूंही विहंग पच्छी सो सुषी है, कोई परदेसी पेट के लिए मेहनत करत ताकी उक्ति, किंवा ताको देषि कोई कहत है, पट पांषे रूपक औ गूढोक्ति।

— ★ —

अरे परेषो को करै। तुही विलोकि विचारि। किहि नर किहि सर राषियै। षरे वढै परिवारि [६२०] [166]

اري پريکهو کو کري توہين بلوک بچار ۰ کہ نر کہ سر راکہئے کہري بدہي پربار
[ظا۰ ٦٢٠]

अन० : अवर काव्य, उक्ति कवि की तुल्योगिता अलंकार।

नर० : प्रस्ताविक कवि विहारीदास कहतु है कि अरे तूही विचार कै देषि कि याकौ परेषौ कोई करि सकै जो षरे परिवार करिकै वढै तो किहि भांति नर कौ अरु किहि भांति सर कौ राषियै –

को करै कौन परेषो अरे सुनि कोऊ संभार सकै न अरे ते। देष विचारि तुही अपनै मन नैक रहै न उपाइ करे ते। जानत हो नर औ सर एकही राषियै या विधि लीक टरे ते। कोटि सयानप काम न आवत अंत षरे परिवार परे ते [नर० ६२०]

कृष्ण० : प्रस्ताविक संसार व्योहार पै अति वढै ते मद छूटै, कवि की उक्ति –

केते भए नर केते भए सर जाति कछू गनना नहि भाषी। जौ लौ वढै अनुमान गहै मरजाद रहै तवही लगि पाषी। कौन को कौन परेषो करै परमान कहा परतिक्ष को साषी। पै अति की वढवारि भए अपनी परिपारि कहौ किहि राषी [कृष्ण० ६२०]

— ★ —

165 चतुर्थ चरण, 'कौनहू भाति न आस पराई करै जग माझ सुषी तु परेवा' - भा०।

166 परेषो – परेषों - वा०; परैषो - मो०; परेषौ - न०मि०। को – कों - वा०; करि - भा०। करै – कर, 'र' पर दीर्घ का चिह्न - चौ०। तुही – भुहीं - उ०; तुहि - को०; तुंही - चौ०; तौहीं - वा०; तूहि - मो०; तूंही - स०; तूही - मि०; तूंहि - मु०। विलोकि – विलोक - चौ०न०वे०स०मु०; विलोंक - वा०। विचारि – विचार - चौ०वा०न०वे०गा०स०मु०नी०। किहि – किंहिं - उ०वा०; काह - गा०। नर – न - गा०। किहि – किंहिं - उ०; किही - वा०; किह - वे०। राषियै – रषियौ - उ०; राषीयै - चौ०मो०वे०गा०मु०; राषीयें - वा०; राषिये - पा०; राषियो - भा०; राषियौ - नी०। षरे – षरै - उ०न०वे०; षरिं - को०; षरें - चौ०मु०; षरैं - मो०। वढै – परे - को०वा०; वढैं - - मो०; चौ०; वडे - पा०; वढे - भा०। परिवारि – परिपारि - उ०वा०मि०; परियार - चौ०; परिवार - पा०मो०न०गा०नी०; परवार - वे०स०; पैपारि - भा०; परि पारिवार - मु०। दोहा लुप्त - ह०। [६२०]

चाह भरी अति रस भरी। विरह भरी सव वात। कोरि संदेसे दुहून के। चले पौरि लौं जात [६२१] [167]

چاہہ بہري ات رس بہري برہ بہري سب بات • کور سنديسے دوہون کے چلي پور لون جات [ظا• ٦٢١]

अन० : सषी की उक्ति सषी सो, नायका प्रोषित्पतिका दीपक अलंकार।

नर० : प्रवास विरह सषी को वैन सषी सो, हे सषी नायक पौरि तांई गए तव तक चाह ते भरी अति रस ते भरी अरु विरह ते भरी जो वात तिनके कोरिक संदेसे दोनुं के चले –

> **चाह अनेक भरी अपनै चित और भरी रस प्रीति षरी है। गात असेष वियोग भरे अति वार अनेक उमंग धरी है। कोरही कोर संदेसे दुहून के आवत जात घरीन घरी है। पोरि लों जात प्रमान रह्यो नहिं या विधि की वहु वुद्धि हरी है [नर० ६२१]**

कृष्ण० : इह परदेस कौ गवन दोउन के हित की अधिकाई सषी सषी सौ कहति है, नाइका प्रोषित्पतिका –

> **कौनहू काज को कान्हर कीनो पयान मुहूरत साधि भलेई। अंतर होतु दुहून को ज्यो अकुलात वियोग के सूल सलेई। चाह भरी अरु प्रीति भरी रस रीति भरी वतियानि रलेई। पौर लौ जात दुहून की ओर ते आली री कोरि संदेसे चलेई [कृष्ण० ६२१]**

हरि० : सषी सो सषी वचन, चाह इत्यादि भरी वात है जामे ए संदेसे कोटिन दुहूं दंपति के पास जात हैं, पौरि दहलीन ताई चले हैं, भरी शव्द की आवृत्ति है, आवृत्ति दीपक।

— ⋆ —

सुनि पगधुनि चितई इतै। न्हाति दियेही पीठि। चकी झुकी सकुची डरी। हसी लजी सी डीठि [६२२] [168]

سُن پکدہن چتئي اتي نہات دیں اي پیتہ • چکي جہوکي سکوچي دري ہنسي لجونہي دیتہ [ظا• ٦٢٢]

---

[167] भरी – भरे - पा०मो०भा०। अति – अत - वे०। रस – रसि - मि०। भरी – भरे - पा०मो०भा०। भरी – भरे - पा०मो०वे०भा०। सव – सवि - पा०। वात – गात - पा०मो०भा०। कोरि – कौरि - चौ०; कौंरि - वा०; कोर - न०वे०स०; कोर, 'र' में इकार बाद में - गा०। संदेसे – सदेसे - पा०मि०; संदेस - मु०। दुहून – दुहूनु - चौ०; दुहोंन - वा०; दुहन - मो०मि०; दुहूंन - नी०। के – कैं - वा०। चले – चलै - नी०। पौरि – पोर - को०वे०; पोरि - चौ०मो०; पौंरि - वा०; पौर - गा०स०। लौं – लों - को०मो०वे०गा०स०; लुं - चौ०; लो - पा०; लौ - भा०नी०। [६२१]

[168] सुनि – सुन - वे०गा०। पगधुनि – पगुधुनि - उ०; पगधुन - गा०। चितई – चित - को०; चितयौं - वा०। इतै – इते - को०; इतैं - वा०स०; इतो - मो०। न्हाति – न्हांति - उ०को०; न्हानि - चौ०; न्हात - मो०वे०गा०स०ह०। दियेही – दीयेही - उ०मो०गा०; दियिहि - को०; दीयैही - चौ०स०मु०; दियैंही - वा०नी०; दियैही - न०वे०; दियेंही - मि०; दिएंई - ह०। पीठि – पीठ - चौ०मो०वे०स०; पीठ, 'ठ' में इकार बाद में - गा०। चकी – चकि - को०; वकी - ह०। झुकी – झकी - वा०मु०। सकुची – सकुचां - चौ०; सकुचि - वा०; सुकुची - स०। डरी – डरि - को०। हसी – हंसी - उ०ह०; हसि - को०; ओर - वे०; और - स०। लजी सी – लजीली - को०न०वे०मि०नी०; लजोही - पा०मो०; (लुप्त) - स०। डीठि – दीठि - को०गा०; दीठ - चौ०वे०; डीठ - मो०; (लुप्त) - स०। [६२३] से [६३१] पाठ लुप्त - वे०गा०स०। [६२२]

अन० : नायक की उक्ति स्मृति संचारी नाइक को किलकिंचित हाव जाति वर्णन अलंकार।

नर० : किलकिंचित हाव, सषी को वैन सषी सो, हे सषी राधिका अपूठी भई न्हाति हुती, सो नाइक के पगनु की धुनि सुनिकै इत नेवाने कीने, चकी सी अरु झुकी क० षीजी अरु सकुचानी और डरी अरु हसी और लजी सी आंषि करी है –

> **आपने कान सुनी पग की धुनि देषि इतै जिय संक धरी है। न्हाति ही पीठि दिये सुनि सुंदरि वोलिवे ते अकुलाय टरी है। आपने जीय चकी उझकी कुछ ओर षरी सकुचाय डरी है। आनन रोस भरी इतराति सी नैक लजीली सी दीठि करी है** [नर० ६२२]

कृष्ण० : इह नाइका जा समै नाइक नै देषी है, ता समै की जु चेष्टा उन कीनी है नाइक सषी सो कहत है –

> **काम की वामहु तै अभिराम लसै दुति जोवन की रस सानी। न्हाति ही पीठि दियै अकिली सकिली धुनि सो पग की पहिचानी। जा छवि सौ चितई इहि ओर सु कैसैहू मोपै न जाति वषानी। चौंकी चकी सकुची डरपी करि डीठि लजौही झुकी मुसिकानी** [कृष्ण० ६२२] [169]

हरि० : सषी सो सषी वचन, परकीया नायिका, नायक के पाव की ध्वनि सुनैकै चितई इतै, नायक की ओर पीठ दिए नहाय थी, वोली, क्यौं हमनै नहात मै देषी, झुकी, संकोच कियो, डरी कोई औरि मति देषै, फेरि हंसी लजीसी डीठि, दृष्टि लज्जित है मानौ, भावसावल्य है, समुच्चय अलंकार।

— ★ —

कर लै सूंघि सराहिहू। रहे सवै गहि मौन। गंधी अंध गुलाव कौ। गवई गाहक कौन [६२३] [170]

کر لے سونگہ سراہ ہو رہي سبي کہ مون ٠ کندهي انده کلاب کو کونين کاہک کون
[ظا٠ ٦٢٣]

नर० : अन्योक्ति, कवि विहारीदास कहतु है रे गंधी अंध सगलेई कर ले सूंघ सराहि करिकै मोन गहिकै रहै सो इन गवई विषै गुलाव के अतर को लेनै वारो कौन है –

169 भा० प्रति में सुंदर की कवि छाप का यह उदाहरण मिलता है –

गौने भए दिन कैयौ भए कहि सुंदर नेह दुहू मै नवीनो। षेलत काम कलोलनि मै ललना को सरूप लला लषि लीनो। कोऊ जु अंगु दवो तिय को तव एकै वे रसवै यह कीनो। रिसानी डरी थहरानी चकी अकुलानी चितै हसि दीनो [भा० ६२२]

170 लै – उ०को०चौ०वा०मि०मु०नी०ह०; ले - न०वे०गा०; गहि - भा०। सूंघि – सुंघ - को०चौ०वे०; सौंघिं - वा०; सूंघे - गा०; सूघि - भा०मि०नी०। सराहिहू – सराहहुं - को०; सराहियत - चौ०; सराहियैं - वा०; सराहिहुं - वे०; सराहिहू - गा०नी०; सराहिकै - भा०ह०; सिराहहू - मि०। रहे – रहैं - उ०; रहै - चौ०; रहें - वा०; सवै - मि०नी०; सवैं - मु०। सवै – सवैं - उ०वा०; सवे - चौ०; रहे - मि०; रहै - मु०; रहैं - नी०। गहि – गहें - चौ०; धरि - भा०। मौन – मौनु - उ०; मोनु - चौ०; मौंन - वा०वे०मि०; मौंनु - न०; मौन - गा०। गंधी – गंधि - वा०; गांधी - न०गा०वे०। कौ – को - को०ह०; कौं - वा०मि०; कों - वे०; के - भा०। गवई - को०चौ०वा०न०वे०गा०मि०मु०नी०ह०; गवंई - उ०; गमई - भा०। गाहक – गाहकु - उ०गा०; गाहको - चौ०न०। कौन – कौंनु - उ०न०; कोंन - को०; मोनु - चौ०; कौंन - वा०मि०मु०नी०ह०; कोन - वे०। दोहा लुप्त - पा०मो०। [६२३] से [६३१] के बीच के अनेक दोहों का पाठ नर० समूह की पोथियों में लुप्त है। [६२३]

सूंघ सराहिकै आपने हाथ भली विधि लै सगरे जन जोहै। मौन गहेई रहै न कहै कछु मूढन के जु सिरोमनि सो है। अंध सुगंध कछू समुझै नहि ठौर लषै न वपारन पोहै। जानत नाहि गवार वसै इह गांव गुलाव को गाहक को है [नर० ६२३]

कृष्ण० : अन्योक्ति गुन की कोऊ वूझ न करै तहां कहिए –

राष्यौ है उघारि तै अमोलिक अतर आगे जाके मृदु गंध सौ महकि रह्यौ भौन है। ओडि ओडि हाथ सवही नै लीनो देषिवे कौ सूंधि सूंधि सवनु सराहि गह्यो मौन है। मोल सुनै सवहिन हसिकै मचाई कूक पंथ गहि अव तू करतु क्यो न गौन है। अरे गंधी आंधरे हिये मे एतो चेत करि गाहक गुलाव को गवेले गाउ कौन है [कृष्ण० ६२३]

हरि० : गुलाव कौ हाथ मै लैकै सूघिकै सराहिकै सव गंवार मौन गहि रहे, यह है क्या, रे गंधी तू अंध है वुद्धिहीन है, नहीं जानै है, गांवई में गुलाव कौ कौन गाहक है, गंवार के गांव में तेरो गुन कौन जानै, गूढोक्ति।

— ★ —

मिलि चलि चलि मिलि मिलि चलत। आंगन अथयौ भानु। भयो मुहूरत भोर कैं। पौरी प्रथम मिलानु [६२४] [171]

مل چل چل مل مل چلت انکن اتهو بهان ٠ بهيو مهورت بهور کين پوري پرتهم ملان [ظا٠ ٦٢٤]

अन० : सषी की उक्ति सषी सो, प्रवत्स्यतपतिका, स्वभावोक्ति अलंकार।

नर० : प्रवास विरह, सषी कौ वैन सषी सौ, हे सषी नाइक कौ चालि चालिकै तौ मिलनौ और मिलि मिलिकै चालनो सो ऐसे भोर कै समै आंगनही मै भानु आथयौ सो प्रथम मिलन कौ मोहूरत पौरही कौ भयौ –

भांति भली मिलिके जु चले चलिकै वहुर्‌यो मिलि जीउ नयो है। ओर षरे मिलिकै पियु चालत वार अनेक उसास लयो है। क्यौंहु अघात न पेम पगे कछु सूरज अंगन में अथयो है। भोर के होइ रह्यो है महूरत पूरव पौर मिलान भयो है [नर० ६२४]

कृष्ण० : यह नाइका प्रवत्स्यतभर्तृका है, परदेस प्रयान समय सषी वचन सषी सौ –

---

171 मिलि – चलि - पा०; मिल - वे०। चलि – मिलि - मो०; चल - न०। चलि – मिलि - पा०; चिलि - मो०। मिलि – मिल - चौ०वे०; मिलि - पा०; चिलि - मो०; (लुप्त) - भा०। मिलि – (लुप्त) - वा०मो०भा०नी०; चल - वे०। चलत – मिलतहीं - मो०; मिलत - भा०; चलति - मि०। आंगन – आंगनु - उ०; अंगनां - को०; अंगना - पा०; आगन - न०भा०मि०; अंगन - वे०। अथयौ – अथीयौ - उ०; अथ भयो - को०; अंथयौं - वा०; अथयो - पा०मो०वे०भा०मि०मु०ह०। भानु – भांनु - उ०न०; भांन - वा०नी०; भान - वे०भा०मि०ह०। भयो – भयौ - चौ०वा०न०मु०नी०। मुहूरत – सुमाउंहूरत - वा०; महूरत - भा०मि०। भोर – भौर - चौ०न०नी०; भौंरि - वा०; भुअंर - मु०। कैं – तै - को०; कै - चौ०वा०; को - पा०मो०भा०ह०; कौ - वे०मि०नी०; कौं - मु०। पौरी – पोरी - को०वे०; पौरिहि - चौ०वा०पा०भा०; पौंरी - मो०; परही - मु०; पौरिहिं - ह०। मिलानु – मिलांनु - उ०न०; मिलान - को०पा०भा०नी०ह०; इंलांन - वा०; मिलांन - वे०मि०। [६२४]

रमन गमन परदेस कौ विचार चित साधि सुभ लगन गनेस कौ मनायो है। साहस कै उर प्रानप्यारी न कछू कह्यो मंगल हरेई गहवरै गरे गायो है। चलत मिलत मिलि चलत चलि मिलत चलत मिलत यौंही वासर वितायो है। भौर को महूरत भवनही मै सांझ भई पौरिही मै प्रथम मिलानु ठहरायो है [कृष्ण० ६२४] [172]

हरि० : सषी सों सषी, मिलिकै चलै है, चलिकै मिलै है, आंगनही मैं भानु, सूर्ज, अथयो, अस्त भयो, अव भोर प्रातको महूरत होय घरी को महूरत, सु दिनौ भए पौरि दहली मै प्रथम मिलान प्रथम प्रस्थान पहिलो डेरो यह अर्थ, एक मिलि चलि को अर्थ वांहि जोरैकै चलत है, आवृत्ति दीपक।

— ⋆ —

तौ वलि है भलिये वनी। नागर नंदकिसोर। जो तुम नीकै कै लषौ। मो करनी की ओर [६२५] [173]

تو چل‌ءي بهلي بني نايک نند کسور • جو تم نيکين کي لکهيو مو کرني کي اوُر [بر•
[٦٢٥

अन० : मुमुक्ष को वचन प्रभु सो, दीनता संचारी, वचन अनुभाव ते वा दूती को वचन नायक सो, मो करनी की ओर मो कर नीकी ओर इति पदच्छेद, श्लेष अलंकार।

नर० : भक्तजन कवि विहारीदास कहतु है कि हो नंदकिसोर नागर तुमारी वलि जाऊं तौ मेरे भली सी वनी है जो मेरी करनी की दिसि कौ भली करिकै तुम जानौगे तौ –

तो चलिहै भलियै जु वनी अव या विधि की इह जीय झषै है। नागर नंदकिसोर सुनो तुम रावरे नैन पियूष चषै है। चंचल होइ रही चपला सम नारि नई नषी रीति नषै है। जौ तुम नीतु सनी करिकै कछु मो सो कनीन की ओर लषै है [नर० ६२५]

हरि० : जांउं हे नंदकिसोर, तौ यह वात भली वनी है, तुम नागर प्रवीन हौ, जौ तुम आछी तरह हमारी करनी की ओर देषौ, तुम अधम उधारन हौ, हम अधम हैं तौ भली वनैगी, संभावना अलंकार।

— ⋆ —

---

172 भा०मि० प्रतियों में यहाँ यह भिन्न उदाहरण है –

सौंहे किए ढरकौहे से नैन टकी न टरै हिय की हलियै। आगेहि आए न सूझै कछूरु कह्यो न सुन्यो स्रुति साम लियै। भोर ते सांझ भई न अजौ घर भीतर वाहिर कौ टलियै। रहे गेह की देहरी ठाढे ठगे रट लागि दुहून चलौ चलियै [भा० ६२४]

173 तौ – तो - को०मो०न०वे०गा०मु०। वलि है – चलि है - उ०गा०मु०; वलि यै - चौ०; चलि ह्वै - वा०; वलि हो - पा०; चलि हो - मो०। भलिये – भलिए - को०; भलीयै - चौ०वा०वे०; वनिहै - पा०; भलीए - मो०; भलियै - न०गा०; भलिहैं - मु०; भलिहै - ह०। वनी – भली - पा०। नागर – नागरि - उ०। नंदकिसोर – नंदकिसोंर - वा०। जो – तौ, 'त' पर 'ज' संशोधन - उ०; यो - को०; ज्युं ज्युं - चौ०; जों - वा०; तो - मु०; जौ - ह०। तुम – वनिहै - मु०। नीकै कै – नीकै करि - को०मो०; नीकै - चौ०मु०; नीकैं कौ - वा०; नीके कै - पा०; नीकी कै - न०वे०गा०; नीकें करि - ह०। लषौ – लषो - को०मो०मु०; लष्यै - चौ०; लषौं - गा०; लषै - वे०। मो – मौ - वा०मु०। ओर – और - को०; वोर - पा०। दोहा लुप्त - भा०मि०नी०। [६२५]

पंचरंग रंग वेंदी षरी। उठी ऊगि मुष जोति। पहिरैं चीर चुनौटिया। चटक चौगुनी होति [६२६] [174]

پچرنک بيندي تين اوتهي کهري اوک مکه جوت • پهرين چير چونوتهيا چتک سوکوني
هوت [ظا• ٦٢٦]

अन० : जो सषी की उक्ति होइ नायक सो तो रुचि उपजावति है, जो नायका की रुचि होइ तौ गुणकथन सुभावोक्ति अलंकार, कोमला वृत्ति।

नर० : सषी कौ सिंगारवौ, सषी को वैन नायका सौ, हे राधे तेरे पचरंग के रंग की वेंदी मुष के विषै दई है तातै तौ षरीही जोति ऊगि उठी है, पै जो चिनौठिया चीर पहिरै तौ चौगुनी सी मुष की चटकि ह्वैहै –

> **वेंदी षरी पचरंग रंगी अति भाल के वीच अनोपम दैहै। ऊगि उठी मुष ज्योति जगम्मग देषतही सुषमा मन ऐहै। भामिनी चीर चिनौटिया सुंदरि आपने अंगनही पहिरैहै। भूषन भांति अनेकन सों मिलि चौगुनियै चटकै मुष ह्वैहै** [नर० ६२६]

कृष्ण० : इह नायका नायक नै जैसी छवि सौ देषी है तैसी भांति सषी सौ कहति है –

> **ललित लिलार लसै पचरंग वेंदी षरी ऊगि ऊगि उठति अमंद मुष जोति है। षंजन से अंजन सहित अनियारे नैन अधर अरुन गोरे गरै कारी पोति है। गोहै लषिवे की छवि सोहै वे उठौहे कुच लचकत कटि मुनि मन रस भोति है। गहरे सरूप तन पहिरे चुनौटी चीर चौगुनी निकाई की चटक चारु दोति है** [कृष्ण० ६२६] [175]

हरि० : नायिका सों सषी की उक्ति किंवा नायक की, रंग नाम तरह को भी है, पांच तरह के रंग की वेंदी वनी है, तासों मुष की जोति ऊगि उठी है, लोकोक्ति है, वहुत प्रकासमान भई है, किंवा पंचरंग कहे सों लछना करि पचगुनी जानिए, नांही तौ पंचरंग वेंदी, एतनाही कहते, फेरि चुनौठिया चीर जामें ललाई और स्यामता है सो पहिरें चटक चमत्कार चौगुनी होति है, वेंदी सों मुष मै पचगुनी सो चीर कै वानिक सों चौगुनी भई, पांच चौका वीस, वीस विस्वा की चटक यह अर्थ, अनुगुन अलंकार।

— ★ —

174 पंचरंग – पचरंग - चौ०पा०नी०। रंग – (लुप्त) - मो०मि०मु०। वेंदी - गा०ह०; वैदी - उ०को०चौ०वे०मु०; वैंदी - वा०मो०न०मि०; वेदी - पा०नी०। षरी – वनी - ह०। उठी – उठै - उ०वा०; ऊठै - चौ०; उठा - गा०; उठति - मि०नी०; ऊठति - मु०। ऊगि – उमति - को०; उगि - वा०; उमगि - पा०; मुग - वे०; ऊग - मि०। मुष – मुषि - उ०वा०; मुषु - न०गा०; जोति – ज्योति - को०मो०; ज्योंति - वा०। पहिरैं – पहिरै - को०चौ०; पहिरे - पा०नी०; पहिरें - मो०ह०; पहरैं - न०मि०; पहरै - वे०मु०। चुनौटिया – चिनौंटिया - उ०; चणोठिया - को०; चुनौठीयां - चौ०; चीनंओटिया - वा०; चिनोठियां - मो०गा०; चनौंठिया - न०; चिनोठीया - वे०; चनौटिया - मि०; चिनौठीया - मु०। चटक – चटकि - न०। चौगुनी – चोगुनी - उ०को०मो०मु०; चौगनी - चौ०; चौंमुंनी - वा०; चोगुनि - वे०। होति – होत - वा०; होइ - वे०। दोहा लुप्त - भा०। [६२६]

175 मि० प्रति में यहाँ भिन्न उदाहरण आया है –

वेंदी ललाट लसै पचरंग लसै विथुरे कच कुंचित भोहै। अंजन रंजित दीरघ नैन वडे ग्रथ के मुकता नथ सोहै। चीर चनौटिय मै चमकै कछु गोर अगोठि उरोज उठोहै। भेद की वात लषी चतुरा तव रोसनि भौहै कपोल हसोहै [मि० ६२६]

हसि ओठनु विच करु उचै। किये निचोहै नैन। षरे अरे पिय के पिया। लगी विरी मुष दैन [६२७] [176]

ہنس اوتہن بچ کر اوچي کہئي نچوہین نین • کہرے ارین پي کے پا لکي بري مہ دین [٦٢٧ •ظا]

अन० : सषी की उक्ति सषी सो, संजोग शृंगार, नाइका मध्या ताके त्रपा कै हर्ष संचारी विलास हाव, नायका के अभिलाष संचारी, जाति वर्णन अलंकार।

नर० : चेष्टा सषी कौ वैन सषी सौ, हे सषी नायक नै हसिकै कर विचि नायका के होठ कौ ऐचै सों नायिका निचोहे से नैन किये अरु षरे सो अरे तव पिय के मुष पिया वीरी दैन लागी –

> **ओठन वीच हसी अति लाज ते अंग अनंग तरंग तगी है। मौन धरै अरु पान उचाइकै भौह मरोरिकै चाह षगी है। नैन निचोहे किए अरसान से आपने जीय मै पेम पगी है। पीतम आप षरेई अरे जव नारि विरी मुष देन लगी है** [नर० ६२७]

कृष्ण० : जाति वर्णन नाइका की सोभा सषी सषी सो कहति है –

> **कान्ह कही अतिही हितु कै तव राधिक के जिय मै यह आई। ग्रीव नवाइ दुराइ कपोल किये नत नैन कछू मुसिकाई। वीरी वनाइ लई करकंज षवैवे को मंजु भुजा उकसाई। यो हित की सरसाइ विलोकि भई मनमोहन के मन भाई** [कृष्ण० ६२७]

हरि० : सषी सों सषी वचन, ओठनि वीच हंसिकै हाथ को ऊंचो करिकै लज्जा सों नेत्र को नीचे किए षरे अति अरे हठे सों पिय के मुष में प्रिया वीरी पान की देन लगी, स्वभावोक्ति अलंकार।

— ⋆ —

वारौ वलि तो दृगनि पर। अलि षंजन मृग मीन। आधी डीठि चितौनि जिहि। किए लाल आधीन [६२८] [177]

---

[176] हसि – हंसि - ह०। ओठनु – ओठनि - को०ह०; औठनु - चौ०न०; औंठनु - वा०; वोठन - पा०; ओठन - मो०गा०भा०; उठन - वे०; ओटनु - मि०; औटनि - मु०। विच – विंचि उ०; विचि - वा०मो०न०गा०मु०; विभ - मि०। करु कर - को०वा०पा०मो०वे०मि०मु०नी०ह०; करि - चौ०। उचै – उचि - को०; उठै - वा०; उचैं - मो०; इचै - न०गा०मु०; इचैं - वे०; ऊचै - नी०। किये – कियें - उ०; कियो - को०मु०; कीयै - चौ०; कियैं - वा०; कीये - मो०; कियै - न०वे०गा०मि०नी०; किऐ - ह०। निचोहै – निचोहैं - उ०; निचौंहै - वा०मि०; निचौहे - मो०भा०; निचौहै - न०गा०नी०; निचोहे - वे०; नचोहै - मु०; निचहुंहे - ह०। नैन – नैंन - को०नी०ह०; नेंन - चौ०मो०गा०मु०; नैंन - वा०। षरे – षरै - उ०मु०; षरि - को०; षरें - वा०; करे - नी०। अरे – अरैं - उ०; अरै - को०मु०; अरें - वा०ह०। पिय – पीय - चौ०। के – कैं - उ०वा०मि०; कें - चौ०; कै - मो०वे०मु०। पिया – पीया - चौ०मु०; पियां - वा०; प्रिया - पा०भा०। लगी – विरी - पा०; लगे - मो०। विरी – वरी - चौ०; लगी - पा०। मुष – मुषु - न०गा०; मुह - ह०। दैन – दैंन - चौ०मो०; देंन - वा०; देन - ह०। [६२७]

[177] वारौ – वारों - वा०मो०गा०; वारौं - स०स०मि०नी०ह०; वारो - मु०। वलि – अलि - वा०; श्रुति - पा०; तो - न०वे०गा०स०मि०। तो – तौ - चौ०ह०; तुव - पा०; वलि - न०गा०मि०; वल - वे०स०; तव - नी०। दृगनि – दृगनु - उ०वा०; द्रिगनु - न०मु०; द्रिगन - वे०स०; द्रगनु - गा०; द्रगन - मि०नी०। पर – परि - वा०मो०स०; पर, 'र' में इकार बाद में - गा०; पै - मि०ह०। अलि – अली - वा०; ऽलि - मु०। मृग – म्रग - नी०। मीन – मींन - न०। आधी – आंधी - चौ०वा०। डीठि – दीठि - चौ०न०; मीठि - वा०; दृष्टि - पा०ह०; दीठ -

وارون بل تو درکن پر ال کہنجن مرک مین • ادہي چتون دیتہ جنہ کیئے لال ادہین [ظا• ٦٢٨]

अन० : दूती मान मनावति है, उपालंभ करति है, हे अलि षंजन मृग मीन दृगनि तो वारों वरजति हों आधी डीठि चितोनि लाल अधीना किये कहा कियो चाहति है, लाल पसु तुल्य वसिए है अव पांए लगाय रह्यो है तू मान तजि क्रोध धरि वैठी, सषी की उक्ति नायिका प्रति स्तुति, हे अलि तो दृगनि परि षंजन मृग मीन वासो सो कहा वारि डारौं वलि सो वलि जाउ काहे ते आधी उठि चितोनि जिहि किए लाल आधीन ताही ते, अति चपल लाल वसि किए, इति अघट घटना, अलंकार प्रतीप तुल्योगिता को संकर, सो कहा जन्य जनक भाव, एक एक को कारन सो संकर, केवल विभावनाही ते शृंगार व्यंग है।

नर० : स्वाधीनपतिका, सषी कौ वैन नायका सौ, हे राधे वलि जाऊं तेरे नेत्रां परि अलि अरु षंजन अरु मृग अरु मीन ए च्यारो वार देऊं, सो काहे ते कि जिनके आधी दीठि के देषनै तै लालजू कौ वस करि लिये है –

> **तेरे विलोचन ऊपर हे सषि हौं वलि जाऊं सुधा सों पिये है। षंजन औ अलि मीन सरोरुह हेरत वारही डार दिये है। और सुनौ हिरनी दृग को इनकी उपमा कहिवे को लिये है। आधिक डीठ चितौनि चितै जिन लाल षरेई अधीन किये है** [नर० ६२८]

कृष्ण० : इह नाइका के नेत्रन की अधषुली चितवनि देषि नायक अधीन भयो, सु सषी नायका सौं कहति है –

> **कारे झपकारे रतनारे अनियारे सोहै सहज ढरारे मनमथ मतवारे है। लाज भर भारे ते वै चपल निहारे तारे सांचे के से ढारे प्यारे रूप के उजारे हैं। आधी चितवनही मै आधीन किए ते हरि टोने से वसीकरके लोने ए निहारे है। कमल कुरंग मीन षंजन भ्रमर व्रषभान की कुवरि तेरे नैनन पै वारे है** [कृष्ण० ६२८]

हरि० : सषी वचन नायिका सो, वलि जाऊं तेरी तेरे दृगनि पै एतने उपमान वारौं, अधीन जरिकौ जितनौ सों जिनने लाल को अधीन वस किए, उपमेय नेत्र उपमान को अनादर, प्रतीपालंकार।

— ★ —

जातु सयान अयान ह्वै। वै ठग काहि ठगैं न। को ललचाइ न लाल के। लषि ललचोहै नैन [६२९] [178]

मो०वे०गा०स०। चितौनि – चितोनि - को०मो०; वितोनि - चौ०; चितौंनि - वा०; चितौन - न०मि०ह०; चितोंन - वे०गा०; चिनोंन - स०; चितोंनि - मु०। जिहि – जिहिं - उ०वा०; मे - पा०मो०; जिंहि - स०; जिनि - ह०। किए – कीयै - उ०चौ०; कीये - को०मो०मि०; कियै - न०; कीए - वे०गा०; किये - स०मु०नी०। लाल – लालु - न०। दोहा लुप्त - भा०। [६२८]

178 जातु – जात - को०वा०पा०गा०भा०मु०नी०ह०; जाति - मि०। सयान – सुजांन - को०; सयानु - चौ०गा०; सयांन - वा०; सयांनु - न०। अयान – अजान - को०; अयानु - चौ०गा०; अयांन - वा०मि०; अयांनु - न०।

جات سیان ایان ہوي وي تہک کاه تہکي ن ٠ کو للچاي نہ لال کے لکہ للچاوہین نین [ظا٠ ٦٢٩]

अन० : उक्ति नाइका की वचन अनुभाव ते वितर्क संचारी पूर्वानुराग व्यंगि याकी उक्ति तें नायकहूके कटाक्ष विक्षेप अनुभाव ते लाल सो पूर्वानुराग व्यंगि जानिए, व्याजस्तुति अलंकार।

नर० : नायका की सषी कौ उराहनो, सषी कौ वैन नायका सौ, हे राधे जिन आगै जो सयानौ ह्वै सो अयानो ह्वै जात तौ वै ठगु क्यौं ठगै नही, ए ठगै तौ ए तेरो ललचौहै नैन देषिकै लालु के नेत्र क्यौं ललचावै नहीं हैं –

ओरन को जु सयान अयान ह्वै जात सवै नहिं जात समारे। वे तो षरे ठग काहि ठगै नहि सुंदर मोहन रूप उजारे। को ललचाइ न लाल के दीरघ मानु सुधा विष वोरि सुधारे। ज्योति भरे अनियारे षरे ललचोहे विलोचन देषे सुढारे [नर० ६२९]

कृष्ण० : इह नाइका प्रौढा है, सषी सिच्छा देति है, जाको उत्तर कहति है, कि वे नेत्र देषिकै कौन ललचावतु नाही, सनेह को आधिक्य नाइका को वचन सषी सो –

को न रहै ठगमूरि सी षाइकै भूलत कौ न विवेक कलै। काहि न वै विसरावै सवै सुधि मोहै न वै कहि का अवलै। होत सयान अयान सवै चतुराई अनेक न एक चलै। आली री मोहनलाल के लोल विलोचन देषत को न छलै [कृष्ण० ६२९]

हरि० : नायिका की उक्ति सषी सौं, किंवा सषी की नायिका सौं, सुज्ञान है सो अज्ञान होय जात है, वै नायक किंवा नेत्र, सो ठग है, काहि कौन को नहीं ठगै, काकु करि सवै ठगै, कौन नहीं ललचाय है, लाल के ललचौहें लालच भरे नेत्र लषिकै, ठग कहिं निंदा ध्वनि में, सौदर्य की स्तुति, व्याजस्तुति अलंकार।

— ★ —

लषि लषि अंषियां अधषुलिनु। आंगु मोरि अंगिराइ। आधिक उठि लेटति लटकि। आरस भरी जंभाइ [६३०] [179]

वै – वे - को०वा०न०गा०; वें - मो०; ए - मु०। ठग ठगु - न०वे०गा०; ढग, 'ढ' में इकार बाद अमें - नी०। ठगैं – ठगै - को०पा०न०वे०भा०मि०ह०; ठगें - गा०मु०; ठगौ - नी०। को – कौं - वा०; क्यौं - न०गा०; क्यों - वे०। ललचाइ – ललचाय - को०; ललचैइ - मो०; ललचाहि - न०वे०; ललुचाहि - गा०; ललचायें - मु०। न – (लुप्त) - मु०। लाल – लालु - न०गा०। के – कैं - वा०मु०। लषि – लष - गा०वे०। ललचोहै – ललचौहें - उ०; ललचोहैं - चौ०; ललचौहै - वा०न०मि०नी०; ललछोहे - मो०; ललचौहे - गा०भा०; ललचोंहे - मु०; ललचौंहैं - ह०। नैन – नैंन - को०चौ०वा०न०ह०; नेंन - मो०गा०मु०। दोहा लुप्त - स०। [६२९]

179 अंषियां – अषियां - को०मो०; अंषि - चौ०; अंषीया - वा०गा०; अषिआ - पा०; अंषीयां - न०वे०; अषिया - मि०; अंषियनि - ह०। अधषुलिनु – अधषुलित - को०मु०ह०; अधरषुलिनु - चौ०; अधषुली - पा०मो०; अधषुलनु - न०; अधषुलेत - वे०; अधषुलत - गा०। आंगु – अंग - चौ०वे०गा०मु०; आंग - पा०नी०ह०; अंगु - मो०न०; आग - मि०। मोरि – मोर - न०वे०। अंगिराइ – अंगुराय - को०; अंगुराइ - चौ०मु०; अंगुराई - वा०; अंगुराइं - मो०; अरसाइ - न०वे०गा०; अगुराइ - मि०; अगिराइ - नी०; अंगिराय - ह०। आधिक – अधिक - उ०; आधिक सी - वा०पा०; आधक - वे०। उठि – उठि उठि - वा०; (लुप्त) - पा०; उठ - वे०। लेटति – लटति - वा०; लेटत - न०वे०; लेटतु - गा०। लटकि – (लुप्त) - वा०; लटक - मो०वे०; लटकु - न०गा०। आरस – अरस - वा०; आलस - पा०मि०मु०नी०। जंभाइ – जभाय - को०; जंम्हाई - वा०; जभाइ - पा०मि०; जंभांइ - मो०; जंभाय - ह०। दोहा लुप्त - स०। [६३०]

لکہ لکہ انکہیان ادہ کہولي انک مور انکراي ۰ ادہک اوتہ لیتت لتک کرین لاک کر جاي [ظا۰ ٦٣٠]

अन० : उक्ति सषी की सषी सों, प्रौढा नायिका क्रिया अनुभाव ते हर्ष अभिलाष श्रम विवोध संचारीन ते रति पोषी संजोग शृंगार, स्वभावोक्ति अलंकार।

नर० : सुरतांत, सषी कौ वैन सषी सौ, हे सषी मैं लषी अरु तूही लषि याकी अधषुलित सी अंषियां हैं और अरसायकै अंगु मोडति है और आधिक सी उठति है अरु सितावी लेट जाति है और आरस भरी जंभाति है –

देषत देषतही अषिया अरु आधि षुली सुभ वेष भई है। अंग मरोरि षरी अंगराइकै देह सवै दरसाइ दई है। आधिक तै अति भेंटत सी उझकै विझुकै करि रीति नई है। भौंहनि मोरि भुजा फिरि जोरिकै नैन नवाइ जंभाइ लई है [नर० ६३०]

कृष्ण० : इह सुरतांत, नाइका प्रौढा, सषी को वचन सषी सो –

सैन सुष पागी अनुरागी हरि संग जागी सोभा सरसाती अरसाती अंगराति है। विथुरी अलक झुकी आवति पलक मनमथ की झलक अति रस वरसाति है। ललित कपोल पै लसति नीकी पीक लीक दोऊ भुज जोरि मुह मोरि जमुहाति है। अधषुली आंषिन सौ आली तन अवलोकि आधी उठि सेजहि लटकि लेटि जाति है [कृष्ण० ६३०]

हरि० : सषी सों सषी, अधषुली आंषिन सों देषि देषिकै किंवा सषी नायक को दिषावै है, हे पिय लषि देषौ, अधषुली अंषियां सो लषि देषिकै फेरि आंग मोरै है, अंगिराति है, आधी उठिकै लटकिकै लेटति है, सोवति है, आ को अर्थ सव तरह सों रसभरी अनुराग भरी है, किंवा र ल एक है तासौं आलस भरी जानिए, जंभाति है, नायिका परकीया ताकी क्रिया अनुभाव ते प्रीति जानी जाति है, हर्ष अभिलाष श्रम विवोध संचारी जानि परत है, स्वभावोक्ति।

— ⋆ —

प्रेम अडोल डुलै नही। मुह वोलै अनषाइ। चित उनकी मूरति वसी। चितवनि मांहि लषाइ [६३१] [180]

پریم ادول دولي نہین مہن بولي انکہاي ۰ چت اونکي مورت بسي چتون مانہ لکہاي [ظا۰ ٦٣١]

---

180 प्रेम – प्रेमु - उ०; प्रेंम - वा०मि०; पेम - न०वे०गा०स०। अडोल – अडोंल - वा०; अरोल - मि०। डुलै – डुले - को०गा०; डुलें - चौ०मो०; डुलैं - वा०। नही – नहीं - उ०। मुह – मुंह - चौ०; मुष - मो०; मुहु - न०गा०; नहि - मु०। वोलै – वोले - पा०मो०न०गा०; वोलति - भा०। अनषाइ – अनषाय - को०वा०मि०ह०। उनकी – वुनकी - पा०; उनिकी - न०; वनकी - मि०मु०; ऊनकै - नी०। मूरति – मुरति - को०; मूरत - वे०। वसी – वसै - भा०। चितवनि – चितवन - उ०वे०गा०स०मि०; चिताविन - को०; चितौन - चौ०मो०। मांहि – माहे - उ०; माहि - पा०; मांझि - भो०; माह - भा०नी०; माझ - मि०। लषाइ – लषांइ - वा०। [६३१]

अन० : उक्ति सषी की सषी सो, वितर्क संचारी करि नायिका परकीया स्मृति दशा चिंता संचारी आकृति अनुभाव पूर्वानुराग व्यंगि विभावना अरु जमकालंकार की संसृष्टि।

नर० : षंडिता नायिका को वचन नायक सो, हो कान्ह जो तुम मेरे देषतै वासो मुहु करिकै अनषाइ वोले तौ कहा, पै जो अडोल प्रेम है सो डुलै नाहीं है, सो कैसे जानियतु है कि उनकी मूरति तुमारे चित मै वसी है, चितवन मै वसी है सो चित मै लषी जाति है –

पेम अडोल डुलै नही रंचक या विधि के अनुराग मई है। वोलत है अनषाइकै आनन नारि नईनकी रीति नई है। मूरति आइ वसी उनकी चित आनन मै प्रतिविंव भई है। काय मनो वच जीय अर्‌यो अव लोकन मांझ लषाय दई है [नर० ६३१]

कृष्ण० : इह नाइका परकीया स्नेह लक्षिता है, सषी को वचन नाइका सो –

वोलै तू क्यो न कितो अनषाइके होतु कहा अव साधै रुषाई। तेरे हियै थिर प्रेम की वानि सु जानि परै री दुरै न दुराई। तू हरि के हिय मांझि रही षुभि तेरोई नाउ रटै सुषदाई। प्यारे की मूरति तो चित माझ वसी सु चितौनि मै देति दिषाई [कृष्ण० ६३१]

हरि० : पूर्वानुराग नायक में देषिकै सषी नायिका सों कहति है, प्रेम तेरो नायक में अडोल है, अचल है, फेरि कह्यो डोलै नहीं, छोडाए छूटै नहीं, दोय वार वांधी वात अति दृढ होति है यह रीति है, पुनुरुक्ति नहीं अति दृढता अव्यक्त होति है, मुष सो अनषायकै रिसायकै वोलति है, मुष शव्द में यह ध्वनि हुई मन सों तूं राजी है, चित मैं मेरे उन नायक की मूरति वसी है, सो तेरी चितवन मांहि देषिवे मैं लषाति है जानी जाति है, किंवा तो मैं प्रेम अडोल है, चित में उनकी मूरति वसी है, सो डोलै नहीं दृढ ह्वै वसी है, और वैसेही, चित चित सों यमक, किंवा पति को आयो देषिकै षंडिता को वचन सषी सो, वा नायिका को प्रेम इन विषै अडोल है, याते ये डोलै कहूं औरि ठौर जाहिं नहीं, हमारे पूछे मुह सों अनषायकै वोलै हैं, हमसों वासों प्यार नहीं, और वैसेही।

—★—

नाक मोरि नांही ककै। नारि निहोरे लेइ। छुवत ओठ विय आंगुरिनु। विरी वदन प्यौ देइ [६३२] [181]

ناک مور ناہین ککي نار نہوري لي • چہوت اوتہ پي انکرن بري بدن منہ دي [ظا• [٦٣٢

[181] नाक – नांक - चौ०मो०वे०गा०मु०। मोरि – मोर - न०वे०। नांही – नांहि - को०; नाही - पा०मो०भा०मि०नी०ह०; नांहीं - गा०। ककै – कैकै - को०; करै - पा०भा०; ककैं - मो०; ककै, 'है' पर 'कै' संशोधन - नी०। निहोरे – निरौहे, 'रौहे' पर २ १ की संख्याएँ - उ०; निहोरेंई - चौ०; निहौरै - वा०; निहोरै - पा०न०गा०भा०; निहोरें - ह०। लेइ –लेय - को०; लैई - वा०; लेहि - मु०। छुवत – छुवनि - को०; छुवति - वा०न०गा०मु०; छुवन - नी०। ओठ – ओठु - उ०; औठ - को०वा०न०गा०मु०; ओठुठु - चौ०; उंठ - वे०स०। विय – वीय - चौ०; विच - नी०; पिय - ह०। आंगुरिनु – आंगुरिन - को०; आगुरिनु - चौ०न०; आगुरिन - पा०; आगुरनि - मो०; आंगरन - वे०स०; अंगुरिनु - मि०; अंगुरिति - मु०। विरी – विरि - को०; वीरी - वा०मो०न०वे०गा०स०मि०ह०। वदन – वदनु - न०। प्यौ – प्यो - को०पा०मो०वे०स०मि०; प्युं - चौ०; तिय - ह०। देइ – देय - को०ह०; देंई - वा०; देई - मो०; देहि - मु०। [६३२]

अन० : उक्ति सषी की सषी सो, दंपति के संजोग शृंगार, नायिका के गर्व सो भासतु है संचारी विलास हाव, जाति वर्णन अलंकार।

नर० : चेष्टा सषी कौ वैन सषी सौ, हे सषी भरतार दूसरी आंगुरीनु सौ प्रिया के ओठ छुइकै वदन के विषै वीरी देत हैं सो नाक मोरिकै नाहीं करति है, अरु निहोरे तै लेति है –

> **नाक मरोरिकै नाही करै अरु नैन नचाइ सकोचमई है। नारि अनेक निहोरनि लेति षरे हिय हेत सचेत भई है। ओठ छुए छल सो विय आंगुरी आपनी भोंह अमेठि लई है। सोंह अनेक किए जव पीतम आनन मै वियरी जु दई है** [नर० ६३२]

कृष्ण० : जाति वर्णन, सषी सषी सो कहै है –

> **आजु दुहू कौ विलास अली मै दुरै दरस्यो कहतै नहि आवतु। नंदलला अतिही हठ कै वृषभानकुमारि कौ पान षवावतु। ओठनु सौ विय आंगुलि छुवै मुसिकाइकै नैन सो नैन मिलावतु। नासिका मोरि मरोरिकै भौह करै तिय नाहि तु त्यो सुष पावतु** [कृष्ण० ६३२]

हरि० : सषी सों सषी, नाक मोरि नाहीं करि करि नारि निहोर किए सों लेति है, छुवत ओठ को पिय आंगुरिन सों तिय के वदन मुष में वीरी देत है, स्वभावोक्ति अलंकार।

— ⋆ —

गिरै कंप कछु कछु रहै। कर पसीजि लपटाइ। लैयो मुठी गुलाल भरि। छुटत झुठी ह्वै जाइ [६३३] [182]

کرت کنپت کچھو کچھو رہت کر پسیج لپتاي • ليو موٹھي کلال بھر چھوتت جھوٹھي
ہوي جاي [ظا• ٦٣٣]

अन० : नाइका को स्वेद कंप सात्विक, होरी वर्नन, सषी की उक्ति सषी सो, विशेषोक्ति अलंकार।

नर० : सात्विक भाव सषी को वैन सषी सो, हे सषी क्यौंहि कतौ कांपने तै गिरि जात है, और क्यौंहि कतौ रहै है सो कर के पसीजने ते लपटाइ जात है, सो राधिका गुलाल तै मूठि भरि लियो है, पै छूटै ते झूठीही ह्वै जाति है –

> **कंप भये ते कछूक गिर्यो औ कछू कर सों अति रंग रयो है। पानि पसीजन ते लपट्यो कछु सात्विक भावन भीज गयो है। भांति भली सविलास चितै उत षेलत फागु गुलाल लयो है। डारत आनन पीतम के पुनि मूठी छुटी तव झूठि भयो है** [नर० ६३३]

[182] गिरै – गिर्यो - को०; गिरें - चौ०मु०; गिरो - पा०; गिरे - मो०मि०। कंप – कंपु - वा०मो०; कापि - पा०। कछु कछु – कछू कछू - चौ०; कुछ कुछ - वे०स०। रहै – रह्यो - को०पा०। कर – करु - उ०मि०नी०; करू - चौ०। पसीजि – पशीज - को०वे०; पसीज - चौ०मो०स०मि०मु०; पसीजु - न०गा०; पसिजि - नी०। लपटाइ – लपठाय - को०; लिपटाइ - चौ०; लपटाय - वा०मो०ह०; लपटाई - नी०। लैयो – लयो - को०; लयौ - चौ०; लैयौं - वा०; मूंठी - मो०; लियौ जु - न०; लीयो जु - वे०; लियो जु - गा०; लयो जु - स०; लैयौ - मि०; लीनी - मु०ह०। मुठी – सुमुंठि - को०; मुंठि - चौ०; मूठि - वा०न०ह०; लेत - मो०; मुंठ - वे०स०; मुंठ, 'ठ' में इकार बाद में - गा०; मूठ - मु०। भरि – भरी - वा०; भर - वे०स०। छुटत – छुटित - को०गा०; छूटत - चौ०; छुटति - न०मि०मु०। झुठी – झुठि - को०; मुंठी - चौ०; झूठि - वा०मु०; मुठी - वे०स०; मुंठि - गा०; झुसी - मि०। जाइ – जाय - को०वे०ह०। उत्तरार्ध, 'छोडत लाल गुलाल की मुठी झुठी ह्वै जाइ' - पा०नी०। [६३३]

कृष्ण० : होरी वर्णन, सात्विक भाव कंप भयो सो सषी सषी सो कहति है –

> **मेरो कह्यो मानु री उतैली चलि देषि नैक आजु व्रज धूम होरी षेल की अनूठी है। केसरि मै सने वने रसिक रसीले जहां वरषत तहां सव सुषन की वूठी है। जदपि परसपर दोऊ मुष माडिवे को लेत अति चाइ सौ गुलाल भरि मूठी है। कछु करपंकज पसीजे लपिटात कछु कापै गिरि जात ताते षोलै होति झूठी है** [कृष्ण० ६३३]

हरि० : सषी सों सषी, कंप सात्विक होय तासों कछु गिरि परै कछू कछू रहै सो कर में प्रस्वेद सात्विक होय तासों लपटाय जात है, गुलाल की मूठी लीनी है, भरिकै सो छूटत कै झूठी होय जाति है, डारत मूंठि ऐसो भी पाठ है, गिरै इत्यादि करि झूठी होनी को समर्थन कियो, काव्यलिंग।

—★—

देषत कछु कौतिगु इतै। देषौ नैक निहारि। कव की इकटक डटि रही। टटिया अंगुरिनु फारि [६३४] [183]

دیکہت کچھو کوتک اتئے دیکھو نیک نہار • کب کي اکتک دت رہي تتاں انکورں پہار
[ظا • ٦٣٤]

अन० : दूती की उक्ति नायक प्रति, याके कहिवे ते नायक के पूर्वानुराग व्यंगि भासतु है, नाइका परकीया, स्वभावोक्ति अलंकार।

नर० : साक्षात दर्शन, सषी कौ वैन नाइक सो, हो कान्हजू तुमहू नैककु नजरि कै देष्यौ, अरु मै तौ इत कौ कौतगु कछूक देषति हौं, क० कवही की आंगुरी सौ टाटी फारिकै एकैटक किये डटि क० देषि रही है –

> **देषति है जु कछू इत कोतिग आपने आनन मोन गही है। नैक निहारिकै देषो नई विधि नायक सों अति नेह नई है। केतिय वेर लगाय टगी टुक वाही के जीय उमंग लही है। घूंघट मैं अंषिया डटिकै टटिया अंगुरीन सों फारि रही है** [नर० ६३४]

कृष्ण० : यह नाइका नाइक कौ देषति है, सो सषी नाइक सौ वाहि वतावति है, सषी को वचन नाइक सो, प्रीति कराइवो प्रयोजन –

> **मैनहू ते ऐन मनमोहन तुम्हारी छवि नैननु मै षुभी व्रजवाल रिझवारि कै। वगर को वासु सास ननद की त्रास तातै निरषि सकै न प्यारी वदन उघारिकै। विनु देषे कल न परति याते**

183 देषत – देषति - को०पा०मि०; देषो - मो०। कौतिगु – कोतिक - को०; कोतिग - चौ०; कौतिग - वा०मि०; कौतुक - पा०ह०; कौतक - मो०मु०; कौतगु - न०; कोतक - वे०; कोतगु - गा०; कोतग - स०; कौतिक - भा०। इतै – इतैं - को०चौ०; इतें - मो०। देषौ – देष्यो - को०; देषै - वे०स०। नैक – नेक - को०वे०; नेंक - चौ०मो०; नेकु - पा०भा०नी०; नैकु - न०गा०; नैंक - स०; नेंकु - ह०। निहारि – निहार, 'र' में इकार बाद में - न०; निहार - वे०स०। कव – वा - भा०। की – को - भा०। इकटक – इकटकि - को०; इकटग - वा०मि०; यकटक - पा०। डटि – टक - वे०; डट - स०मि०; गडि - भा०। टटिया – टटियां - को०वा०मो०; टटीआ - चौ०; टटीया - न०स०मु०; टंटिया - वे०; ठाढी - भा०; टटिआ - नी०ह०। अंगुरिनु – अगुरिन - को०पा०; अंगुरि - चौ०; अंगुरिन - मो०गा०; अंगुरन - वे०स०; अंगुनु - भा०; अगुरिनु - मि०; आगुरनु - नी०; अंगुरिनि - ह०। फारि – फार - वे०। [६३४]

देषिवे को कियो है उपाव देषौ इतधौ निहारिकै। कवकी निमेष भूलि लोचन लगाइ इत डीठि रही टाटी करपल्लव सौ फारिकै [कृष्ण० ६३४]

हरि० : नायिका पूर्वानुराग मै नायक को देषै है, तव दूती नायक सों कहति है, देषत कछ्रु कौतुक, तुम कछ्रु कौतुक तामासौ देषत हौ, इतै या ओर को नेकु थोरो निहारिकै देषौ कवकी केतनी वेर सों एकटक होयके डटि रही है, अंटकरि निहार रही है, यह अर्थ, टाटी को अंगुरिन सों फारिकै, स्वभावोक्ति अलंकार।

— ⋆ —

कर लै चूमि चढाइ सिर। उर लगाइ भुज भेटि। लहि पाती पिय की लिषित। वाचति धरति समेटि [६३५] [184]

كر لي چُوم چدہاي سر اور لكاي بہوج بہيت • لہ پاتي پہ كي لكہت بانچت دہرت سميت [ظا• ٦٣٥]

अन० : सषी की उक्ति सषी प्रति, प्रवास विप्रलंभ पाती वर्णन, जाति वर्णन अलंकार।

नर० : प्रेमगर्विता, सषी कौ वैन सषी सौ, हे सषी भरतार की लिषी पत्री स्त्री अपने कर लैके चूमी, सिर चढाई उर तै लगाई, भुज तै भेंटी वांची फेर समेटि धरति है –

आपने हाथ ले चूमि हुलासन सीस चढाइकै नैन भरै है। नैक निहारिकै छाती लगावति भेटि भुजान वियोग हरै है। पीतम की लहि पाती अचानक वारही वार चरित्र करै है। लै लै उसास लषै अरु वांचति कै मनुहारि समेटि धरै है [नर० ६३५]

कृष्ण० : यह नाइका की पत्री आई, ताहि देषि जु नाइका की दसा भई सषी सषी सो कहति है –

मोहन कै विछुरे म्रगनैनी चकी सी फिरै उर मै अकुलाती। प्रीतिकै प्रीतम आपु लिषी कहूं ऐसी मै आइ अचानक पाती। चूमति चाइकै नैननु लाइकै सीस चढाइ हिए हुलसाती। वाहनि भेटति चोप सो चाहति वांचि समेटति छ्रुवावति छाती [कृष्ण० ६३५] [185]

---

[184] कर – करि - चौ०वा०। लै – ले - न०वे०गा०स०; लैं - नी०। चूमि – चूंमि - उ०नी०; चुंम - को०वे०स०; चुमि - चौ०; चौपि - वा०; चूंम - न०गा०; चूम - मु०। चढाइ – चढाय - को०मि०ह०; चढाई - नी०। सिर – शिर - को०भा०; सिरि - चौ०; सिरे - वा०। उर – उरि - वा०; उरु - न०। लगाइ – लगाय - को०वा०वे०मि०ह०; लगाई - मो०नी०। भेटि भेट - चौ०वे०स०मि०; भेंटि - वा०ह०; भैंटि - नी०। पाती – पानी - वा०। पिय – पीय - उ०को०चौ०गा०; विय - मि०। की – के - पा०। लिषित – लषित - उ०मि०; लषिन - को०; लषति - चौ०नी०; लिषत - वा०वे०स०; प्रिया - पा०; लषी - मो०; लिषति - न०भा०; लिषिति - गा०; लिषी - मु०ह०। वाचति – वांचत - को०मो०; वांचिति - चौ०; वांचति - वा०नी०ह०; वाचत - न०वे०गा०स०। धरति – धरती - को०; धरत - मो०न०वे०गा०; धरम - स०मु०। समेटि – समेट - चौ०वे०स०मि०; समेट, 'ट' में इकार बाद में - वा०; समैटि - नी०। [६३५]

[185] भा०मि० प्रतियों में यहाँ सेनापति का छंद [क०र० २-६०] दिया गया है –

नैन नीर वरसति देषिवो को तरसति लागे कामसर सत पीर उर अति की। पाए न संदेसे ताते अधिक अंदेसे वढे सोचै सुकुमारि पै न कहै मन गति की। ताही समै काहू चौचकाही आनि पाती दौनी देषतही सेनापति पाई प्रीति रति की। माथै लै चढाई दोऊ द्रगनि लगाई चूमि छाती लपिटाई राषी पाती प्रानपति की [भा० ६३५]

हरि० : सषी सो सषी की उक्ति, कर हाथ मै लैकै चूमै है, सिर पै चढावै है, उर छाती सो लगावै है, भुजा सों भेंटिकै पिय की पाती तिया नायिका लहिकै वांचति है फेर समेटि धरति है, स्वभावोक्ति अलंकार।

— ⋆ —

चकी जकी सी ह्वै रही। वूझै वोलति नीठि। कहूं डीठि लागी लगी। कै काहू की डीठि [६३६] [186]

چکي جکي سي ہوي رہي بوجہي[187] بلت نيتہ • کہون ديتہ لاکي لکي کے کاہو کي ديتہ [ظا• ٦٣٦]

अन० : उक्ति सषी की सषी सो अथवा नायका सो वितर्क संचारी ते आछत अनुभाव पूर्वानुराग व्यंगि उत्प्रेक्षा संदेहालंकार।

नर० : व्याधि दसा, सषी कौ वैन नायक सो, हो कान्ह राधिका चकी क० चकितमान और जकी क० वांधी ऐसी ह्वै रही है, वूझै तै नीठि वोलति है, सो मेरे जान तौ वाकी कहूं निजर लागी है कै और काहू की निजर लागी है –

> **होइ रही है चकी सी जकी अति और छकी मन पेम पगी है। वूझत वोलत नीठ कहा कहौ जानत हौं जिय काहू ठगी है। लागी है दीठ कहूं न धरै धर कोप अनोपम दूरि भगी है। ठीक कछू ठहराय हियै नहिं ईठ न काहू की डीठ लगी है** [नर० ६३६]

कृष्ण० : इह नाइका लच्छिता है, सषी नाइका सौ कहति है, सषीहू सो कहै –

> **आजु चकी सी जकी सी कहा कछु अंग सम्हारि हिराई सी हेरी। वूझेहू नीठि कहै मुष वैन हलै न चलै जनु चित्र उकेरी। मेरी लषै यह तेरी भई गति मो मति सोच समूहनि घेरी। डीठि लगी किधौ काहू की तोहि कि डीठि लगी किधौ काहू सौ तेरी** [कृष्ण० ६३६]

हरि० : सषी सो सषी वचन, चकी चकाय रही, जकी जहां की तहां रहै तैसी कै रही, वूझै पूछै सो नीठिकै कैसेहूं करि वोलति है, काहू की डीठ लागी याकी डीठि काहूं कोई सों लागी है, किंवा लगी है काहू की डीठि नजरि, संदेहालंकार।

— ⋆ —

186 वूझै – वूझी - चौ०; वूझे - पा०; वुझे - मो०; वूढै - वे०; वूटै - स०; वोले - मु०। वोलति – वोलिति - वा०; वोलत - मो०वे०गा०स०। नीठि – नीठी - वा०; नीठ - वे०स०मु०। कहूं – कहो - को०; कहुं - चौ०वे०; कहौं - वा०; कहू - पा०भा०मि०। डीठि – दीठि - को०मि०मु०; दीठ - चौ०; डीठ - वे०स०। लागी – लगा - वे०। लगी – लगनि - को०पा०; लषी - वा०। कै – कौ - गा०। काहू – काहूं - उ०नी०। डीठि – दीठि - को०चौ०गा०मि०; डीठ - स०मु०। [६३६]

187 بوجہي - کولين - ظا•

भावरि अनभावरि भरे। करौ कोरि वकवाद। अपनी अपनी भांति कौ। छुटै न सहज सवाद [६३७] [188]

بهاور انبهاور بهرين كرو كور بكواد • اپني اپني بهانت كو بهني نه سهج سواد [ظا• [٦٣٧

अन० : अवर काव्य, षंडिता नायिका की उक्ति सषी सो, नायक सन्निधि, छेकानुप्रास अलंकार।

नर० : अधीरा श्रीराधाजू कौ वैन श्रीकृष्णजू सौ, हो कान्ह और कोऊ निचिंत कोरिहि क० वकवाद करौ सो भावर क० भली सोभा करिकै भरौ तथा अनभावर क० वुरी सोभा करिकै भरौ पै जो अपनी अपनी भांति कौ सहज सवाद है सो छूटतु नाही है –

> **भावरऊ अनभावर कोऊ भरो किहि हेत न काम जुटै है। काहे को कोरि करो वकवाद विरंच वनाव वनै कटु कैहै। जाको सुभाव पर्‌यो अपनै संग सो न घटै न षपायो षुटै है। आपनी आपनी भांति सहैज को रंचन नाहि सवाद छुटै है** [नर० ६३७]

कृष्ण० : प्रस्ताविक, कवि की उक्ति –

> **काहू वुरो लगौ काहू भलो लगौ षोटी षरी जिय मै धरौ सोऊ। लाषन क्यो न करौ वकवादु अलोकु कि लोकु जु होइ सो होऊ। और तै जाको पर्‌यो जे सुभाउ सु भाउ वहै निवहै जग जोऊ। आपनी आपनी टेव को सिद्ध सवादु छुटै न कितो करौ कोऊ** [कृष्ण० ६३७]

हरि० : जो वात सोहाय सो भांवरि नहीं भावै सो अनभांवरि, भांवरि अनभांवरि सों भरे है लोग वै कोटि वकवाद करौ, वकौ, आपनी आपनी भांति इहां स्वभाव ताको जो सहज को सवाद है, सो देह के संगही उपज्यो है, सवाद स्वादु सो नहीं छूटै, सवाद छुटिवे को हेतु है, सवाद नहीं छूटै है, विशेषोक्ति अलंकार।

— ⋆ —

दूर्‌यौ षरे समीप कौ। लेत मानि मन मोद। होत दुहुन के दृगनुहीं। वतरस हसी विनोद [६३८] [189]

---

[188] भावरि – भावर - न०वे०गा०स०मि०; भामरि - भा०; भांवरि - नी०ह०। अनभावरि – अनभावर - न०वे०गा०स०; अनभामरि - भा०; अनभांवरि - ह०। भरे – भरो - को०वे०स०; भरै - चौ०पा०भा०मि०नी०; भैरै - वा०; भरौ - न०मु०; भर्‌यौरौ - गा०। करौ – करो - को०वा०मो०वे०; करै - पा०। कोरि – कोटि - को०भा०ह०; कोर - चौ०मि०; कौरि - वा०; करीर - वे०। वकवाद – वकवादु - उ०चौ०न०भा०; वहुवादु - गा०। भांति – पृकति - पा०; भांत - वे०; टेक - भा०; टेव - मि०नी०। कौ – कौं - को०वा०; को - मो०भा०ह०; कों - वे०स०। छुटै – मिटै - पा०; छुटे - मो०। सहज – सहस - चौ०; सहज, ऊपर के रिक्त स्थान में - पा०ह०। सवाद – सवादु - उ०चौ०न०। [६३७]

[189] दूर्‌यौ – पूरौ - चौ०वा०; दूर्‌यो - पा०; दूर्‌यों - मो०; पूर्‌यौ - न०वे०गा०स०; दूर्यैं - मु०; दूरे - ह०। षरे – षरें - मु०। कौ – को - पा०मो०ह०; कौं - नी०। लेत – मांनि - चौ०; मानि - पा०मो०; लेव - स०; लेति - मि०; मान - ह०। मानि – मांनि - उ०वा०वे०; लेत - चौ०पा०मो०ह०; मांन - गा०; मान - स०मु०। मोद –

دوراو کہري سميپ کو ليت مان من مود • ہوت دوہون کي درکن ہين بترس ہسي بنود [ظا• ٦٣٨]

अन० : सषी की उक्ति सषी सो नाइका परकीया दंपति के हर्ष संचारी कटाक्ष विक्षेप अनुभाव विभावन, दीपक अलंकार की संसृष्टि।

नर० : विलास हाव सषी को वैन सषी सौ, हे सषी इनके समीप कौ थानक षरे मनुष्य तिनतै पूर्‌यो क० भर्‌यो है ताते मनही तै मोदु मानि लैकै दोनौ के नेत्रांही ते रसीली वातैं और हास विनोद ह्वै रह्यो है –

> **पूरो षरोई समीप को नेह हर्‌योइ हर्‌यो चिहूं दिसि को दै। दोऊ उमंग भरे विलसै अति मानहि लेत घने मन मोदै। नैकहू टारे टरै नहि दंपति राति दिवा उभयो अरुनोदै। होत है नैन के नैनहि मै वतियारस औ कलहास विनोदै** [नर० ६३८]

कृष्ण० : ए दोऊ नेत्रन मै वात करत है, मिलै को सो सुष मानत है, सषी सषी सो कहति है –

> **प्रेम प्रभाउ दुहून के कैसेहू मोपै वनै न वषानत है। चारु कला चित चातुरी की रस भाइ भरी उर आनत है। जद्दपि दूरि षरेइ तऊ समीपहि को सुष मानत है। नैननुही वतराइ हसै अति रीझि रली मति ठानत है** [**कृष्ण०** ६३८]

हरि० : सषी सो सषी वचन, दंपति दूरे षडे हैं, समीप को मन में मोद आनंद मानि लेत हैं, किंवा दूर हैं तौ भी षरे समीप को अति समीप को आनंद मानि लेत हैं, दुहुन के नेत्रही सों वात को रस औ हसी विनोद होत है, इहां हर्ष संचारी, परकीया नायिका विभावना अलंकार।

— ⋆ —

मुष उघारि पिउ लषि रहत। रह्यौ न गो मिस सैन। फरके ओठ उठे पुलक। गए उघरि जुरि नैन [६३९] [190]

मोदु - उ०न०नी०; मौंद - वा०। होत – होतु - उ०न०; हौंत - वा०; होइ - गा०; होति - मि०। दुहुन – दुहून - उ०; दुहूंन - चौ०; दुहौंनि - वा०; दुहुंनि - गा०; दुहुंनं - मु०। के – कै - वा०। दृगनुहीं – द्रिगनुही - चौ०; दृगनुही - वा०; दृगनि मै - पा०; दृगनहीं - मो०ह०; द्रिगनही - न०वे०गा०स०मु०; द्रगनही - मि०नी०। हसी – हास - मो०न०; हाव - वे०गा०स०; हास्य - गु०; हंसी - नी०ह०। विनोद – विनोदु - उ०न०गा०नी०; विनौद - वा०। दोहा लुप्त - को०भा०। [६३८]

190 मुष – मुह - पा०मो०भा०; मुषु - न०नी०। उघारि – उघार - वे०स०। पिउ – प्यो - को०मो०; पीउ - चौ०; लषि - वा०; पिय - पा०; प्यौ - भा०मि०मु०नी०ह०। लषि – पिय - वा०; लष - वे०। रहत – हरत - चौ०; रहति - मि०मु०; रहतु - नी०। रह्यौ – रह्यो - को०पा०मो०वे०; गह्यौ - गा०स०; रहो - भा०। गो – गौ - उ०न०मु०ह०। मिस – मिसि - चौ०वा०गा०स०मि०मु०। सैन – सैंन - को०वा०स०मि०मु०नी०; सेन - चौ०; सेंन - मो०। फरके – फुरके - उ०चौ०न०मि०मु०; फुरिंकि - को०; फरकै - वा०गा०; फरकें - मो०; फुरकै - वे०स०; कुरकि - नी०। ओठ – औठ - को०चौ०न०मु०नी०; वोठ - पा०; ऊठ - मो०; उठ - वे०; उंठ - गा०स०। उठे – डठे - चौ०; उठै - वा०वे०गा०स०; उठी - पा०मो०; डठटे - मु०; (लुप्त) - नी०। पुलक – पुलकि - पा०मो०न०गा०भा०ह०; पलक - मु०; पुलकत - नी०। गए – गये - को०पा०मो०; गय - चौ०; गयै - वा०; गुए - गा०; भये - नी०। उघरि – उघर - वे०स०। जुरि – जुग - पा०; जुर - वे०स०। नैन – नैंन - उ०को०वा०न०स०नी०ह०; नेंन - चौ०पा०मु०; नेन - मो०। [६३९]

مکہ اوکہار پیہ لکہ رہت رہو نہ کو مس سین ۰ پہرکي اوتہ اوتہي پولک کئے اوکہر جر نین [ظا۰ ٦٣٩]

अन० : सषी की उक्ति सषी सो नायका के अवहित्था भाव की सांति हर्षोदय रोमांच कंप अनुभाव ते संयोग शृंगार व्यंगि नायक सो परिहास है उत्तम काव्य, स्वभावोक्ति अलंकार।

नर० : सहजै माननोचन सषी को वैन सषी सो, हे सषी प्यौ राधिका को मुष उघारिकै देषतु है सो राधिका सोहूं सैन के मिस रह्यौ गयौ नहीं, ओठ तौ फुरकन लागे है और पुलकां उठन लागी और नैन उघरिकै जुर गए हैं –

> **पीतम आइ उघारिकै आनन देष अचानक हेरि रहे है। नैक रह्यो न गयो मिस सैन लषे सव अंगन चिन्ह गहे है। ओठ षरे फुरकै पुलकावलि गात उठी इहि भांति लहे है। नैन जुरे ते गए उघरे कछु आपस मै अनुराग चहे है** [नर० ६३९]

कृष्ण० : जाति वरनन, परिहास, सषी को वचन सषी सो –

> **प्रानपति आवत निरषि म्रगलोचनि दुकूल ओढि लीनो पोढि रही मिसु करिकै। वढ्यो चुपचाप हरै हरै ढिग आइ मुष निरष्यो उघारि भूरि हितु हियै भरिकै। कृष्न प्रानप्यारे के विलोकत मयंकमुषी सैन मै न रह्यो मनु मिसु गयो टरिकै। गात पुलकित भयो अधर मुलकि आयो लोचन ललकि मिले आपुही उघरिकै** [कृष्ण० ६३९] [191]

हरि० : सषी सो सषी वचन, अवहित्था की शांति हर्षोदय, नायिका मुह पै कपरा डारि सोई है, मुह को उघारिकै प्यौ नायक के देषत मिस छल को सैन में रह्यो नहीं गयो, ओठ फुरके पुलक उठे, नायक के नैन सों जुरिकै मिलिकै नैन उघरि गए, स्वभावोक्ति अलंकार।

— ★ —

पिय मन रुचि ह्वैवो कठिन। तन रुचि होउ सिंगार। लाष करौ आंषि न वढै। वढै वढाए वार [६४०] [192]

پیہ من رُوچ ہويبو کٹہن تن روچ ہوي سنکار ۰ لاکہ کرو انکہ نہ بدہین بدہي بدہائین بار [ظا۰ ٦٤٠]

---

191 भा०मि० प्रतियों में यह भिन्न उदाहरण मिलता है –

पौरि ते वोल सुन्यो पति को उठि पौढि रही पटु ओढि सयानी। झीने दुकूल मै लाल लषी वडरी अषियां झलकै सरसानी। सीस सिरोमनि ऐचि लयो अचरा वहराइकै त्यो तिरछानी। ओठ सो ओठ लगावतही द्रग दावि कपोलन ही मुसिकानी [भा० ६३९]

192 पिय – पीय - चौ०मु०। मन – (लुप्त) - मो०। ह्वैवो – ह्वैवौ - चौ०वा०स०मि०; ह्वैवोहू - मो०; वोहै - गा०। कठिन – कठन - न०। रुचि – उचि - उ०; दुति - नी०। होउ – होय - को०ह०; होइ - चौ०मो०मु०; होंहू - वा०; होहि - पा०; है - वे०; सहज - भा०; होति - मि०; होत - नी०। सिंगार – शृंगार - न०मु०; संगार - वे०; सिगार - भा०मि०। लाष – लाषु - उ०पा०नी०। करौ – करो - को०मो०वे०मु०। आंषि – आषि - उ०पा०मो०भा०नी०; आंष - वे०स०। वढै – वाढ - वा०; चढै - न०; वढे - गा०। वढाए – वढाये - को०गा०; वढायै - मो०भा०मु०; वढायौ - न०; वढायैं - नी०। [६४०]

अन० : प्रस्ताविक, सषी को वचन मानिनी नायिका सो, सती असती गुण दोष कथन, दृष्टांत अलंकार।

नर० : सषी सिक्षा सषी कौ वैन नायका सौ, हे राधे भरतार को मनु रुचि करनौ कठिनु है, भावै जै तौ तन को रुचै सो शृंगार करौ, और लाषेक विचार करौ पै आंषि वढै नहीं वार वढाये ते वढै –

पीतम के मन की रुचि होइवो है षरको इह पाठ पढै है। अंगन की रुचि होइ सिंगारत भूषन भांति अनेक मढै है। लाष करो अंषियां न वढै कछु याको वनाव विरंचि गढै है। साधन भांति अनेक वनावत सुंदर वार वढाए वढै है [नर० ६४०]

कृष्ण० : इह नाइका सिंगार करिकै विलंव करति है, सु सषी नाइका सौ कहति है अथवा सौति कौ सिंगार देषि याके ईरषा भई सु सषी सौ कहति है, याते प्रेमगर्विता होइ –

वैठ्यो कुंजसदन विलोकतु है तुअ मग तेरो नाम मोहन रटत वार वारही। उठि चलि हिलि मिलि मानि रंगरली अली मेरो कह्यो मानि अनगवति कहा रही। पिय मन वसि करिवोई है कठिन अरु तन दुति सरसति साजेहू सिंगारही। कहै कविकृष्न कीजै लाषऊ जतन तऊ लोचन वढत न वढाए वढै वारही [कृष्ण० ६४०]

हरि० : नायिका की प्रिय सषी नायिका की सौति को सिंगार करती देषि सुनायकै कहति है, पिय के मन की रुचि चाह होइवो कठिन है, तन सरीर की रुचि सोभा सिंगार सो होइहै, लाष जतन करौ तौ आंषि नहीं वढै, वढाए सौं वार वढै, अर्थांतरन्यास।

— ⋆ —

मनमोहन सौ मोह करि। तूं घनस्याम संभारि। कुंजविहारी सौं विहरि। गिरधारी उर धारि [६४१] [193]

من موہن سون موہ کر تون کہنسیام سمہار[194] • کنجبہري سون بہر کردہاري اوردہار [ظا• ٦٤١]

अन० : जो साधु की उक्ति होइ तो सांतरस है, मन के चारों व्यापार या भगवान रूप विषय करि पूरन होयगो, और विषय छोडि दे हरि को आश्रय करि इति साधु सिक्षा, जो सषी की उक्ति मानिनी प्रति है तो श्रंगाररस है, मन के ओर क्रोध के व्यापार छोटि भगवान सों मिल, परिकरांकुर अलंकार।

---

193 सौ – सुं - चौ०वे०गा०स०; सौं - वा०न०मि०मु०; ते - पा०; सों - मो०ह०। मोह – मोहु - उ०चौ०मु०; मोंह - वा०। करि – कर - चौ०पा०वे०स०। तूं – तुं - को०वे०; तौं - वा०; तू - पा०मो०भा०मि०नी०। घनस्याम – घनस्यांम - चौ०वा०स०मि०नी०; घनस्यांमु - न०भा०। संभारि – संभार - चौ०वे०स०; सभारि - पा०मि०; सम्हारि - भा०नी०; निहारि - ह०। कुंजविहारी – औंजविहारी - वा०। सौं – सौ - उ०मु०; सुं - चौ०वे०ह०; सो - पा०; सों - मो०गा०स०। विहरि – विहिरि - न०; विहर - वे०स०मु०; विरह - गा०; विहसि - भा०। गिरधारी – गिरिधारी - पा०मो०नी०ह०। उर – उ - उ०; उरि - मु०। धारि – धार - चौ०वा०गा०स०। [६४१]

194 سمہار - سمجہار - ظا•

नर० : भक्तजन कवि विहारीदास कहतु है, रे नर जो तेरे मोह कियौ चाहियै तो श्रीमनमोहन सौं करि, वे मोहि जानत हैं, और जो तूं संभार्या चाहतु है तौ श्रीघनस्याम कौ संभारि, वेऊ संभारतु हैं, और ज़ो तुं उर के विषै धार्यौ चाहतु है तो गिरिधारी को धारि, वै उधारि जानतु हैं –

मोह करो मनमोहन सो अति जीभ रटो प्रभु के गुन लाषै। तू घनस्याम संभार घरी घरी श्रीव्रजराज सुधारस चाषै। कुंजविहारन सों विहरो रति पूतना प्रान विदारन भाषै। कंस सके सनहारन जो गिरिधारन को उर मै धरि राषै [नर० ६४१]

कृष्ण० : भक्त वाक्य मन सौ, औ मानवती नाइका सौ सषी कौ वचन कहियै तो संभवै –

मेरो कह्यो मानि मनमोहन सौ मोहु करि सुंदर वरन घनस्याम कौ सम्हारि लै। व्रज वन कुंज के विहारी सौ विहारु करि गिरिवर धारी सुषकारी उर धारि लै। भूलिहू कै व्रथा चितु वाद मै रचावै मति कहै कवि कृष्न इहै सुमति विचारि लै। थिरु न रहत धन जोवन भवनु तनु जानि व्रजजीवन सौ साचो पनु पारि लै [कृष्ण० ६४१]

हरि० : सषी वचन मानिनी सों, नायक पास है, एक अर्थ सों सूधो मन, मोहन सों मोह करि, ऐसो जानिए, चारि नाम को कछु फेरिकै लगावनो, तेरे मन विषै मोह प्यार नहीं, सौ को अर्थ शपथ, सौह है मैं सपथ करि कहति हौं, तूं घन है, कठोरता सहित है, स्याम श्रीकृष्ण षडे हैं, तिन्हें निहारि, तूं देषि, कुंजविहारी जो यह नायक है, तेरे संग कुंज मैं वहुत विहार कियो है, तासों तू विहरि, विहार करौ, फेरि सषी पूछै है, गिरि जो है हमारी वानी ताकौ तू धारी ताको तू धारन कियो मान्यो, तो उर पै नायक को धारि धारन करौ रांषौ, छाती से लगावै यह अर्थ, किंवा स्याम जो है कुंजविहारी, ताहि निहारिकै विहारि विहार करौ, तोहि सों सपथ है, गिरि सों साध्यवसाना लछना करि कुच लिए, वर्नन है कुच गिरि चढि अति थकित ह्वै गिरिधारी जो है उर तापै तू धारि, धारन करौ, रोप्यमान जो रहत है रोप्य विषय नहिं होय, रोप्य विषै जान्यौ परै साध्यवसाना सोय, कुच विषै गिरि कौ आरोपित कियो, गिरि आरोप्यमान कुच आरोप्य विषै, जाकौ राषिए सो आरोप्यमान, जाहि विषे राषिए सो आरोप्य को विषय ठेकाना, ताकी प्रतीति जहां होय या अर्थ में रूपकातिसयोक्ति रूपक जहां केवलही उपमान, कनकलता पर चंद्रमा धरे धनुष द्वै वान, किंवा गुरु सिस्य सों उपदेस करैहै, विषय सों मोह छोडि दे मनमोहन सौं मोह करि प्यार करि मन को मोहित करै है, ऐसी उनमैं सक्ति है, सुंदर देष्यो चाहै, तौ वह घनस्याम है, वहुत सुंदर है, आनंददायक है, जो विहार करिवो चाहै तो सष्य भाव करि कुंजविहारी सहित विहर वन मैं, अनेक तरह की क्रीडा गोचारण आदि कर, गिरिधारी कहैं इंद्र को जीतन वालो है, ताको तू उरधारि हृदय में ध्यान करि तोहि काहू सो भय नहीं होयगो, किंवा चारि नाम सों नायक को लंवन जछ्न जतायो, मनमोहन सुंदर, औ भव्य निरोग जतायो, जो सुंदर होय सो भव्य होयगो सो मन कुं मोहैगो, घनस्याम सों दाता जतायो, जैसे घन जल को वरिसै है, ऐसे यह संपत्ति को देत है, कुंजविहारी सों केलि कला में प्रवीन जतायो, और विहारते समय को अनुकूल वस्त्र चाहिए, धनी विना विहार नहीं संभवै, औ सुचि रुचि भी जतायो, सुचि शृंगार में जाको रुचि

चाह होत है, सोई विहरत है, विहारी को अर्थ, सुचि कौ अर्थ पवित्रता लीजिए तौ मनमोहन पद सों काढिए, जो पवित्र होयगो सो मन को मोहैगो, मन को आछो लागैगो यह अर्थ, अपवित्र सों ग्लानि उपजै है, औ कुलीन है याते मन को आछो लागत है, गिरिधारी को अर्थ गिरि को धारन करि व्रज की रछा करी, इंद्र कौ मार्‍यौ नहीं याते छमावंत जानिए, औ इंद्र को षातरि मैं नहीं ल्यायो याते इंद्र की पूजा उठाय दीनी, इंद्र क्या करैगो याते अभिमानी जानिए ऐसों नायक सों तू विहरि उर पर धारि अभिमानी त्यागी तरुन केलिकलानि प्रवीन भव्य छमी सुंदर धनी सुचि रुचि सदा कुलीन, परिकरांकुर साभिप्राय विशेष्य जहां परिकर अंकुर जानि।

— ★ —

मै मिसिहा सोयो समुझि। मुह चूम्यौ ढिग जाइ। हस्यौ षिसानी गलु गह्यौ। रही गरै लपटाइ [६४२] [195]

میں مسہا سویاو سمجہ مونہ چونمو دہک جاي • ہنسے کہساني کل کہیو رہي کرین لپتاي [ظا• ٦٤٢]

अन० : नायिका विश्रब्ध नवोढा की उक्ति सषी सों नायक शठ ते कथन स्वभावोक्ति अलंकार।

नर० : हास्यरस नायक को वैन सषी सो, मै तौ हांसी मिस जानिकै राधा के ढिग जाइकै मुह चूम्यो अरु हस्यौ सो षिसानी सी ह्वै गले परे की परै मेरे गरे ते लपटाइही रही –

> **सोइ रह्यो मिसही करि पीतम यों समुझै ते हुलास लही है। वा ढिग जाइ भली विधि आनन चूमि चितै नही वात कही है। हेर रह्यो अति आतुर होइ षिसानी भई कर ग्रीव गही है। कै रसपान कियो परिरंभन आप गरै लपटाइ रही है** [नर० ६४२]

कृष्ण० : प्रस्ताविक, नाइका को वचन सषी सो –

> **कुंवर कन्हाई सुषदाई चतुराई करि पौढि रह्यौ मिसु झूठो रिस को वनाइकै। हित अधिकाई की उमगि वढि आई जिय मै तो सोयो जानि मुह चूम्यो ढिग जाइकै। आरस में ढारि तन रंचक उघारि नैन नाइ दीनी वांह गरे उहि मुसिकाइकै। कहा कहौ आली हौ तौ हसिन्ह षिसाइ तव और न वसाइ रही गरै लपिटाइकै** [कृष्ण० ६४२]

---

195 मै – मौं - उ०; मे - को०; में - चौ०स०मु०; मैं - वा०न०। मिसिहा – मिसहिं - को०; मिसिसु - चौ०, मिसुहां - मो०; मिसहां - न०वे०; मिसिहां - गा०स०; मिसही - भा०मु०नी०; मिसुहां - ह०। सोयो – सोयौ - उ०; हायौ - चौ०; सौयौ - वा०न०गा०भा०; सीयों - मो०; सोयों - स०; सौघौ - नी०। समझि – सझि, 'म' ऊपर के रिक्त स्थान में - को०; समुझ - वे०। मुह – मुहूं - उ०न०गा०; मुहु - वे०स०; मुंहु - ह०। चूम्यौ – चूम्यौं - उ०; चुम्यो - को०; चुंम्यौ - चौ०; चौंम्यौं - वा०; चूम्यो - मो०; चूम्यो - वे०; चूमो - भा०; चूंम्यौ - मु०। ढिग – ढिगि - न०गा०; ढिंग - नी०। जाइ – जाय - को०चौ०ह०; जाई - वा०मो०; आइ - मु०; आई - नी०। हस्यौ – हस्यो - को०मो०वे०भा०; हंस्यौ - ह०। षिसानी – षिस्यांनी - को०नी०; षिसांनी - चौ०वा०न०स०; षिस्यानी - भा०ह०। गलु – गल - वा०मो०न०वे०स०भा०ह०; (खंडित) - गा०। गह्यौ – गह्यो - को०वा०वे०; 'ग' खंडित - गा०; गहो - भा०। रही – रहै - नी०। गरै – गरि - को०; गरें - चौ०मु०ह०; गरे - मो०भा०; गलै - न०गा०स०; गरैं - नी०। लपटाइ – लपटाय - को०चौ०वा०ह०; लपटाई - मो०नी०; लपिटाइ - भा०। दोहा लुप्त - पा०मि०। [६४२]

हरि० : नायिका वचन सषी सों, मै नायिका को मिस कहि ए छल तासौं सोयो समुझिकै मुह चूम्यो ढिग नजीक जायकै, नायक हंस्यौ, तव मैं षिस्यानी, जव नायक ने गलो गह्यो तव मैं गरे सों लपटाय रही, प्रौडा नायिका है, किंवा मै नामक मदिरा कौ मिस छल करिकै नायक सोयो, मै मदिरापान कियो है मोहि नींद आवै है, यह छल, हे सषी तू या वात नेक समुझि जानौ, किंवा कर्ता को अध्याहार, मै समुझिवे के लिए ढिग आयकै मुह चूम्यो, मदिरापान किए होयगो तो वास आवैगी, उत्तरार्ध वैसेही, भ्रांति अलंकार, पर्जाजोक्ति।

— ★ —

नीठि नीठि उठि वैठिहू। प्यौ प्यारी परभात। दोऊ नींद भरे षरे। गरें लागि गिरि जात [६४३] [196]

نیتہ نیتہ اوتہ بیتہ ہو پو پیاري پربہات • دواو نیند بہري کہري کرین لاک کر جات
[ظا• ٦٤٣]

अन० : सषी की उक्ति सषी सो, क्रियानुभाव निद्रा संचारी अरु हर्ष, सुरतांत सुप्रगटत है, स्वभावोक्ति अलंकार।

नर० : सुरतांत, सषी कौ वैन सषी सौ, हे सषी दोऊ भरतार अनै स्त्री परभात के समै नीठि नीठि से उठिकै वैठत हैं और षरे से नींद के भरे गरे लागिकै गिरि जात हैं –

> **जामिनि चारिहू जाम लगे अति आप समै हियरान भरे है। नीठही नीठ षरे उठि वैठत भोर भए अरसे से अरे है। कै रतिरंग अनंत पिया पिय दोऊ जने द्रिग नीद भरे है। घूमि रहे चकचूर मनोभव लाग गिरे पलकान गिरे है** [नर० ६४३]

कृष्ण० : सुरतांत, नाइका प्रौढा सषी कौ वचन सषी सौ –

> **व्रषभान लली व्रजराज लला रति संगर मै निसि संग जगै। कवि कृष्न कहै कुल कामकला वहु भाइ विलास हिये उमगै। उठि वैठत सेज पै नीठि तऊ उठि पै न सकै अति प्रेम पगै। अति नीद भरे अरसात षरे वहुर्‌यौ गिरि जात गरेही लगै** [कृष्ण० ६४३] [197]

हरि० : सषी सो सषी वाक्य, नीठि नीठि कैसे कैसेहूं परभात प्रात में दोऊ दंपति नींद सों षरे अति भरे हैं, औरि स्पष्ट, आलस्य निद्रा संचारी, स्वभावोक्ति अलंकार।

---

196 **नीठि नीठि – नीठ नीठ - को०चौ०वे०स०मि०; नींठ नींठ - मु०। उठि – उठ - स०। वैठिहू – विठिहुं - को०; वैठिहुं - चौ०; वैठिहौं - वा०मो०मु०नी०; वैठिहै - न०गा०; वैठ है - वे०; वैठहै - स०; वैठिये - भा०; वैठहू - मि०; वैठिकै - ह०। प्यौ – पिये - पा०; प्यो - मो०वे०। परभात – परभाति - वा०न०मि०। दोऊ – दोउं - चौ०मु०; दौऊं - वा०। नींद – नीद - को०पा०वे०भा०मि०नी०। षरे – षरै - वा०। गरें – गरै - को०मो०न०स०मि०मु०; गरे - पा०गा०भा०; गलै - वे०; लागि - नी०। लागि – लाग - वा०वे०स०। गिरि – गिर - चौ०पा०न०गा०स०; गीरी - वा०। जात – जाति - न०गा०मि०।** [६४३]

197 भा० प्रति में यहाँ राधावल्लभी संप्रदाय के प्रवर्तक कवि ध्रुवदास (काव्य रचनाकाल सं० १६६० - ११७०) का यह छंद है –
सरस विलास साने अंग अंग लपिटाने आरस मै अरसाने नैन ना अघाने है। जव जव छूटि जात फिरि फिरि लपिटात छाडि ना सकत सेज ऐसे ललचाने है। उठिवे को मन करै पुनि ज्योही अंग ढरै घरी एक और जाहि कहि मुसकाने है। हितध्रुव ऐसी भाति छिन छिन सरसात जानत न रैनि दिन केतिक विहाने है [भा० ६४३]

— ★ —

तनक झूठ निसवा दिली। कौन वात परि जाइ। तिय मुष रति आरंभ की। नहि झूठिये मिठाइ [६४४] [198]

نیک جهوته نسوادلے کون بات پر جاي • تیه مکه رت اربه کي مهن؟ نهن جهوتهي متهاي [ظا• ٦٤٤]

अन० : प्रस्ताविक, कवि की उक्ति, अर्थांतरन्याय।

नर० : मानमोचन सषी कौ वैन नायका सो, हे राधे कौनही वात मै थोरौ सो झूठ परि जाइ तौ सवाद लाभै नहीं, पै या पति के मुष ते आन स्त्री सूं रति करी की झूठी ह्वै तऊ मिठास पावै नहीं –

> **थोरियै झूठ घनी न सवादिल लागति जीय उछाह गई है। जानत नाहिन कोनहु वात भयै परि जाइ सरोसमई है। तीय के आनन के रतिरंग करी जु अरंभ निदान भई है। वात कहा कहियै सजनी सुनि नाहिन कोनहु वात भई है** [नर० ६४४]

हरि० : कोई सो कोई पूछै है, तनक थोरी भी झूठ निसवादली निस्वाद है वेमजा है, कौन वात पर कौन प्रसंग पर वाको निसवादपनो जाय छूटै, तिय मुष विषै रति आरंभ की जो नाही नाही कहनी है, सो तो झूठीयै है तौ भी मिठाय है, मीठी लगै है, यह उत्तर है, तिय के मुष सों रति के आरंभ सों नाही कौ मीठी ठहराई, काव्यलिंग अलंकार।

— ★ —

नहि अन्हाइ नहि जाइ घर। चित चिहुट्यौ तकि तीर। परसि पुरहरी लै फिरति। विहसति धसति न नीर [६४५] [199]

---

198 तनक – तनक न - पा०। झूठ – झूठि - वा०मो०न०गा०। निसवा – निसिवा - चौ०; निशिवा - वा०; सवा - पा०; नसवा - न०वे०गा०स०मु०। दिली – दली - को०वा०वे०गा०स०मु०ह०; दरी - मो०। कौन – कोन - उ०वे०; कौंन - को०न०मु०; क्युंन - चौ०; क्यौंन - वा०; होत - मो०; कोंन - स०। परि – पर - वे०गा०ह०। जाइ – जाय - को०चौ०वा०ह०; जाई - मो०। तिय – तीय - नौ०वा०मु०; पति - न०वे०गा०स०। रति – रिति - उ०को०। आरंभ की – आरंभही - पा०मु०। नहि – नहिं - उ०ह०; नह, 'ह' में इकार अबाद में - गा०। झूठिये – जूठीगै - चौ०वे०गा०; झूठियै - वा०न०स०ह०; झूठिहीं - मो०; झूठए - मु०। मिठाइ – मिठाय - को०ह०; मीठाय - चौ०; मिठाई - मो०न०; मीठाई - मु०। दोहा लुप्त - भा०मि०नी०। [६४४]

199 नहि – नही - वा०गा०स०; (खंडित) - पा०; नहिं - ह०। अन्हाइ – अन्हाय - को०मो०मि०ह०; अनाय - चौ०; (खंडित) - पा०; अन्हाति - भा०; अन्हाई - नी०। नहि – नही - वा०गा०; (खंडित) - पा०; नहिं - नी०। जाइ – जाय - को०चौ०वा०मि०ह०; (खंडित) - पा०; जाई - मो०। घर – घरि - वा०। चित – तकति - को०; चत - गा०; चितु - भा०मि०। चिहुट्यौ – तरुनिजा - को०; चिहुंद्यो - चौ०; चहुट्यौं - वा०मु०; चुहुट्यो - पा०; चहुट्यो - मो०; चहट्यो - वे०गा०स०; चहुटो - भा०; चहुंट्यौ - नी०; चुहुट्यौ - ह०। तकि – (लुप्त) - को०; तकी - वा०; तक - वे०स०। तीर – तार - गा०। परसि – परस - मो०वे०स०। पुरहरी – फूर्रुहुरौ, संशोधन द्वारा 'परहरी' - उ०; फुरेरी - को०; पुरहरि - मो०; फुरु?हरी - ह०। लै – 'वौ' संशोधन द्वारा - उ०; ले - को०न०वे०गा०स०ह०; लौं - वा०; लौ - नी०। फिरति – फिरत - मो०वे०गा०स०। विहसति – विहसत - मो०वे०स०; विहसेति - गा०। धसति – धसत - मो०; धरत - वे०स०; धरति - गा०मु०; धसति, नीचे भिन्न क़लम से - नी०। नीर – नारि - गा०। [६४५]

نہین ؟ نہین جاي کہر چت چہوتو تک تیر • پرس پہرہري لي پہرت بہست دہست نہ نیر [ظا• ٦٤٥]

अन० : जिन सषी लछित करी है सो सषी सो कहति है, नाइका क्रियाविदग्धा परकीया नायिक निकट वोधव्य है विलास हाव जाति वर्णन अलंकार।

नर० : चेष्टा सषी कौ वैन सषी सौ, हे सषी नाही तौ अन्हाति है अरु घरऊ नाही जाति है तलाव के तीर के विषै देषिकै चित लाग्यो है सो नीरहू परसिकै फुरहरी लैकै पाछे फिरति है अरु हसि देति है पै धसति न है –

> **नाहि अन्हाइ नही घर जाइ सो देषि षरी हियरान हसै है। कुंज निहारतही चहुव्यो चित कुंजन कुंजन मै विलसै है। वा परसै चकरी लों फिरै पुनि लै फुरही अकुलाय त्रसै है। वावरी ज्यों विहसै छिनही छिन लै लै उसास न नीर धसै है** [नर० ६४५]

कृष्ण० : जाति वर्नन, परकीया नायिका क्रिया विदग्धा, सषी को वचन सषी सौ –

> **न्हाइवे को जमुना गई वाल जहां वनितानि की है अति भीरौ। त्योही अचानक कृष्न कहै कहू दीठि परो नटनागर नीरौ। चाहि चुभो चितु न्हाइ सु कौन गयो नहि जातु कपातु सरीरौ। आंजुलि नीर भरै गहि डारति नाक सकोरि कहै यह सीरौ** [कृष्ण० ६४५]

हरि० : सषी की उक्ति सषी सो, नायक को आवनो देषति है, नही नहाति है नही घर को जाति है, हे सषी तूं तकि ताकौ वाको चित्त निर्जन है जो तीर तामे चुहुट्यौ है, लगि गयो है, जल को परसि छ्वइकै फुरहरी लैके आंग कंपायकै फिरति है, विहसै है, नीर मै नहीं धंसै है, किंवा नायक वा ठौर मै है, तीर मै नायक ने वाकौ ताकिकै वाको चित्त को हर्यो है, किंवा तीर मै नायक को ताकिकै वाको चित्त चुहुट्यौ चिपि गयो, नायक में आसक्त भयो, सीत के छल करि नायक को देषै है, पर्यायोक्ति।

— ⋆ —

सटपटात सी ससिमुषी। मुष घूंघट पट ढाकि। पावकझर सी झमकिकै। गई झरोषा झाकि [६४६] [200]

ستپتات سے سسموکہے موکہ کہونکت پت دہانک • پاوک جہر سي جہمک کے کئے جہروکہاں جہاک [ظا• ٦٤٦]

---

[200] सटपटात – सटपटाति - पा०मो०भा०ह०। सी – सैं - उ०वा०न०; सै - चौ०गा०; से - वे०स०। ससिमुषी – शशिमुषी - को०भा०; ससीमुषी - वा०। मुष – मुषु - न०। घूंघट – घुंघट - को०चौ०वे०; घौंघट - वा०; घूंघुट - पा०; घुंघट - गा०स०; घूघट - भा०मि०। पट – पठ - उ०को०; पटु - न०। ढाकि – ढांकि - को०चौ०वा०मो०न०गा०भा०मु०नी०ह०; ढांक - वे०स०। झमकिकै – झमकिकैं - मो०न०। झरोषा – औझकां - उ०चौ०; ओझकां - को०मो०; औंझषां - वा०; झरो औझका - पा०; औझका - न०गा०मु०; उंझकां - वे०स०; झरोषां - ह०। झाकि – झांकि - को०चौ०वा०पा०मो०न०मि०मु०नी०ह०; झांक - वे०स०; झांक, 'क' में इकार बाद में - गा०। [६४६]

अन० : उक्ति नायक की गुनकथन ते पूर्वानुराग व्यंगि वचन अनुभाव ते नायका के संक संचारी ताते परकीया व्यंगि, उपमालंकार।

नर० : प्रलाप दसा, नायक सषी सों वूझ्यो सो सषी को वैन नायका सों, हे राधे कान्ह मेरे तांई वूझ्यो कि ससिमुषी सी सटपटाति मुष पट के घूंघट सों ढांकि और मेह की पावक की नांई सी झमकिकै और औझका सो झांकिकै गई सो कौन हुती –

> **आनन चंद समान विराजत आप षरी सटपट्ट भई है। घूंघट के पट सों ढकि आनन आपने जीय सकोच भई है। पावक के झर सी झमकै करि देह दिषाइकै मौन लई है। आइ गवाषन मांझ नवेली भली विधि ओझष झांकि गई है** [नर० ६४६]

कृष्ण० : यह नाइका मध्या, लाज काम समान है, नाइकु सषी सौं जैसी भांति देषी है तैसी अवस्था कहतु है, सषी को वचन सषीहू सो होइ –

> **मोहनी सी मुरली की धुनि सुनि स्रवननु ललकति आई ससिमुषी सटपट सौ। नैसिक उझकि आई आनन विलोकिवे को दावि लीनो आनन लजाइ पट पटसौ। कहै कविकृष्न वाल लाल की निकाई देषि दृग अकुलात है मदन चटपट सौ। दीपति की तरप झरप किधौ पावक की झांकि गई झमकि झरोषा झटपट सौ** [कृष्ण० ६४६] [201]

हरि० : नायक की उक्ति सषी सों, सटपाटि सी मानौ छटपटाति है, व्याकुल यह अर्थ, चंद्रमुषी मुष कौ घूंघट के पट सों ढांकिकै अग्नि की ज्वाला सी झमकिकै झरोषा मैं झांकिकै गई, सटपटाति इहां उत्प्रेक्षा, पावक झर सी पूर्णोपमा, ससिमुषी लुप्तोपमा जानिए।

— ⋆ —

समै पलट पलटै प्रकृति। को न तजै निज चाल। भो अकरुन करुनाकरौ। इह कपूत कलिकाल [६४७] [202]

سمے پلت پلتي پرکت کو نہ تجي نج چال • بہو اکرن کرنا کرو اینہ کپوت کل کال
[ظا • ٦٤٧]

अन० : मुमुक्ष को वचन प्रभु सो, करुणारस, अधेय संचारी, वचन अनुभाव, वा द्रूती को वचन पति सो, क्रोधसाति के द्रूसरे दिन कलि वोध कलि गये दिन, कलिकाल कलि जु गई, श्लेषालंकार।

---

[201] तीसरा चरण, 'सारद रितु वादर दामिनी की सोभा कहा कामिनी दिषाइ छवि दुरी चटपट सों' - मु०।

[202] समै – समें - को०; समे - मो०; समय - भा०। पलट – पलिटि, हाशिए पर भिन्न क़लम से - को०; पलटि - वा०पा०न०गा०भा०मि०नी०ह०; पलट, 'ट' में इकार बाद में - मो०। पलटै – पलटें - को०। को – कौं - उ०को०वा०न०मु०; कुं - चौ०; कौ - गा०मि०नी०। निज – जिज, 'जि' पर 'नि' संशोधन - को०; नि, 'ज' पार्श्व पर - न०; निजु - भा०मि०नी०। चाल – चालि - को०वा०मो०। भो – भौं - उ०वा०मु०; भौ - न०नी०ह०। अकरुन – यकरुन - चौ०; अकरु - मो०; अकरन - वे०गा०स०भा०; अकुरन - मि०; अकुरुन - मु०। करुनाकरौ – करुनाकरो - को०मो०वे०मु०; करुनाकरन - भा०; करुनाकरी - नी०। इह – इहिं - उ०; इहि - को०न०; यह - वा०मो०भा०ह०; यहि - पा०। कलिकाल – कलकाल - वे०। [६४७]

नर० : कवि विहारीदास कहतु हैं रे नर जो समै जव पलटै तव प्रकृति भी पलटि जाति है, और अपनी चाल कौन तजै नांही, जो करुनाकरु सो श्रीभगवान इहि कपूत कलिकाल के विषै अकरुन भयौ है तौ और की कहा चली –

> **जाको जबै समयौ पलटै तव वाकी सवै प्रकृती पलटै है। को न तजै निज चाल लगी संग ताही को वारही वार अटै है। भो अकरुन करो करुना तुम या विधि वुद्धि वितर्क रटै है। मो सो कपूत षरो कलिकाल उधारत रावरो मान घटै है** [नर० ६४७]

कृष्ण० : करुणरस, प्रस्ताविक मै संभव, कलजुग वर्णन –

> **कासौ पुकारि करौ विनती इकसार भयो सिगरो जग जोऊ। जात समै पलटै प्रकृत्यौ फिर क्यो न सुभाउ तजै सव कोऊ। आरत सिंधु दया को समुद्र अनाथ को नाथ कहावत होऊ। ह्वै गयो देषो महानिरदै कलिकाल कपूतहि आवत सोऊ** [कृष्ण० ६४७]

हरि० : समय काल इत्यादि, किंवा अकाल सुकाल किंवा सत्यजुग इत्यादि, समै के पलटे फिरे प्रकृति स्वभाव भी पलट जात है, कौन आपनी चाल रीति को नहीं तजै है, भौ संसार, सो अकरुन है, दयाहीन है, तासों हे राधानागरि करुना करौ, यह जो मैं हों तापर, कलिकाल जो है सो कपूत है, जाको मंगलाचरण कियो है जाही सों कहत है, किंवा अकरुन जो यह मैं हों तामें हे भव महादेव औकार तक नाम जल को ताको पुत्र तामें उपज्यो व्रह्मा औ कलिकाल कलि कलजुग ताको काल ताको दूर करनवाला भगवान, सहस्रनाम में कलिकाल विलोपक कल्की को नाम है, तीनौं देवनानि सों प्रार्थना करै है, करुना करौ, किंवा कलि देवता दैत्य को कलह ताको काल दूर करनवाला, या पल में समय के फेर में आपनी चाल जीव की क्रिया तुमारे भजन करन मोसों मै छोड्यो है, भौ कपूत कलिकाल यातें श्लेष अलंकार।

— ⋆ —

वुधि अनुमान प्रमान श्रुति। किए नीठि ठहराइ। सूछिम गति परव्रह्म की। अलष लषी नहि जाइ [६४८] [203]

بوده انمان پرمان سروت کئین نیتھ تہراي • سوچہم کت پربرہم کے الکہ لکھے نہين جاي [ظا• ٦٤٨]

203 वुधि – वुध - चौ०। अनुमान – उनमांन - वा०; अनुमांन - वे०स०; उनमान - भा०। प्रमान – प्रामान - पा०; परमान - न०; प्रमांन - स०मु०। श्रुति – अति - मि०। किए – कियें - उ०; कीएं - को०; कीयई - चौ०; कियै - वा०मि०; किये - पा०नी०; कीयै - मो०; कीयें - मु०। नीठि – नीठ - को०चौ०मो०न०गा०स०मु०। ठहराइ – ठहरात - को०; ठहराय - चौ०मु०ह०; ठहराई - वा०; ठहराति - मो०। सूछिम – सुछम - को०मो०न०नी०; सुच्छिम - वा०; सूक्षम - पा०वे०स०; सूछम - भा०मु०ह०; सुछिम - मि०। गति – करि - उ०चौ०वा०; गत - स०; कटि - मि०नी०। परव्रह्म – परिव्रह्म - उ०चौ०गा०मु०; परवृह्म - मि०नी०। की – कीं - उ०। अलष – अलषि - मु०। नहि – नंहि - उ०चौ०; नही - न०; नह - मु०; नहिं - ह०। जाइ – जात - को०; जाय - चौ०वा०मु०ह०; जाति - मो०। [६४८]

अन० : स्वभावोक्ति परमारथ पक्षे रस पक्षे सूछम करि इति पाठ, सषी को वचन सषी सो वा नायक की उक्ति नायका सो पूर्वानुराग करि को कटि सो कहीये, परब्रह्म की जो राधिका की करि कटि हे अलष इति संवोधन कटि वर्णन अतिसयोक्ति अलंकार, ओरे यह पद दीजिए अधिकाई कहै न, अतिसयोक्ति भेदक जहां कहत सु कवि सिर तेत।

नर० : भक्तजन कवि विहारीदास कहतु हैं मैं अपनी वुधि कै अनुमान करि अरु सास्त्र के परमान करि नीठ से ठहराव किये है जो कोऊ परव्रह्म हैं तिनकी गति जो अलष है ताही सौं लषि जाति न है –

आपनी आपनी वुद्धिन के अनुमान सवै कोऊ वात कहै है। और प्रमान कहै श्रुति के अरु वेद पुरानन मै जु चहै है। या विधि नीठि कछू ठहरात विचार किए मन मोन गहै है। षीन षरी गति औ परव्रह्म की सूछमताई लषै ते रहै है [नर० ६४८]

कृष्ण० : इह कटि वर्नन, सषी सषी सौ कहै, नाइक नाइका सौ कहै कविहू की उक्ति होइ –

दोऊ षंड न्यारे न्यारे अंग लगाइ धरे नाही अथि निरधार होति न विना नते। कौन चतुराई सो विरंचि निरमई यह सासो न टरत सजनीनु के प्रान ते। यह निरषि न परत क्रिसोदरी की षीन कटि जानत सुजान नीठि वुधि अनुमान ते। देषत न कोऊ जिय जानियत सोऊ परव्रह्म कि अलष वेद वचन प्रमान है [कृष्ण० ६४८] [204]

हरि० : मैं निरधार निश्चय समुझ्यो, यह जो जगत है सो काच सरीषो कच्चा है, दृढ नहिं है, एक रूप सगुन व्रह्म को सो अपार वडो जामें प्रतिविंवित भासमान जहां लषिए है, लषित कीजिए है, काच सों कच्चा उपमा औ शव्दालंकार सर्व जगत विष्नुमय है, शव्द प्रमान नहीं।

— ⋆ —

षिचै मान अपराधहूं। चलिगे वढै अचैन। जुरत डीठि तजि रिस षिसी। हसे दुहुन के नैन [६४९] [205]

کھچي مان اپراده ہون چل کي بدہین اچین ٠ جورت دیتھ تج رس کھسي ہنسے دوہون کے نین [ظا٠ ٦٤٩]

---

204 भा०मि० प्रतियों में यह भिन्न छंद मिलता है –

सुमन मै वास जैसे सु मन मै आवै कैसे नाही कही जाति तहा कहोई चहत है। सुरसरि सुरतनया मे सुरसती जैसे वेद के वचन वाचे साचे निवहत है। वुधि अनुमान तै प्रमान परव्रह्म जैसे कामिनी की कटि कवि मोरन कहत है। परिवा के ससि की कला ज्यो रहै अंतर मै परि वाको अछ परतछ न लहत है [भा० ६४८]

205 षिचै – षिंचे - उ०; षिचि - को०; सिचे - पा०नी०ह०; षिचें - मो०; षिचैं - न०; षैचि - भा०। मान – मांन - चौ०वा०न०वे०गा०स०मु०। अपराधहूं – अपराधहुं - को०चौ०गा०; अपराधहौं - वा०; अपराध ते - पा०; अपराध तें - मो०ह०; अपराधहू - भा०मि०। चलिगे – चलगे - को०स०; चलिगै - वा०भा०मु०; चलिगौ - पा०; चलिगें - मो०न०; चलेगे - वे०; चलिगो - नी०। वढै – वढे - चौ०मि०नी०; वडै - पा०; वढैं - मो०मु०; वडे - भा०; वढें - ह०। अचैन – अचेन - वा०नी०; अचेंन - मो०; अचेत - भा०; अचैंन - मु०। जुरत – जुरति - मो०न०गा०भा०मि०। डीठि – दीठी - को०चौ०; दीट - वे०स०; दीठि - गा०भा०ह०। तजि – तज - वे०स०। रिस – रिसि - न०ह०। षिसी – षीसी - वा०मो०। हसे – हसै - वा०न०वे०भा०नी०। दुहुन – दुहूं - उ०; दुहौन - वा०; (खंडित) - पा०; दुहन - मो०स०; दुहुं - न०मु०; दुहुंन - गा०; दुहुंनु - नी०; दुहुनि - ह०। के – कै - वा०भा०; (खंडित) - पा०। नैन – नैनैं - वा०; नेंन - मो०वे०मु०; नैंन - न०स०ह०; नेत - भा०। [६४९]

अन० : सषी की उक्ति सषी सो हर्षोदय ईर्ष्या सांति मानमोचन षिचे सो कहा षेंचे मान को अपराध तें अपराध नायक को जानिकै सो मान चलिगे सो वृद्धि होत अचेतन सो दु:ष वढै वढत है जुरत डीढि तजि रिस की षिसी तो देष ताको छोडिकै हसै दुहुन के नेना हे सषी या भाति मान को निरवाह कैसे होय, प्रहर्षण अलंकार।

नर० : सहज मानमोचन सषी को वैन सषी सों हे सषी आज दोनुं ऐसे जान्यो कि जो अपराध कीजै है जौ मांन षिचत है अरु जव मान चलै तव अचैन वढै है सो अपनी रिसि अनै षिसी छांडिकै दोनां के नैन हसि परै है –

> **मान विषै अपराध भए अति आपस मांझ सरोस वसे है। और सुनो चलगे है अचैन वढे अपने घर ते निकसे है। रीस षिसी दोऊ छाड दई सव दीठ जुरी जिय मै विकसे है। मान तज्यो अपने जिय हेरत नैक दुहून के नैन हसे है** [नर० ६४९]

कृष्ण० : इह मानमोचन नाइका के नेत्र तौ मान सौ षिचे, नाइक के नेत्र अपराध सौ षिचे पै अचैन तै बिना देषे राह्यो न जाइ, ताते दोउन के नेत्र हसे, सषी सवसौ कहै –

> **मानु कै भामिनि ऐचि रही द्रग राति कहूं हरि अंत वसेई। याही ते मोहन नारि नवाइ रहे उर सोच सकोच गसेई। कृष्न कहै विन देषे दुहून के मैन अचैन हिये सरसेई। दीठि जुरे तजि रोसु षिसी विवि नैन मिले सुषु पाइ हसेई** [कृष्ण० ६४९]

हरि० : सषी सो सषी नायिका मान सों षीची है, मान नै रोकि राषी है, मन नहीं जान देतो, नायक अपराध सों षीच्यो थो, तौ भी चलिकै गए, मिलिवे को जव अचैन वढ्यो देषे विना दुष वढ्यो, डीठ के मिलतही दुहुन के नैन हसे नायिका के नैन रिस छाडिकै नायक के नैन षीसि सरमिंदगी लिए कछु गोसात ताको तजिकै सषी दूती पठाइवे को उपाय नहीं कियो, मिलन भयो, प्रहर्षन।

— ⋆ —

रूपसुधा आसव छक्यौ। आसव पियत वनै न। प्याले ओठ पिया वदन। रह्यौ लगाये नैन [६५०] [206]

روپ سدہا اسو چکہیو اسو پیت بني نہ • پيالي اوتہ پيا بدن رہيو لکاين نين [ظا• [٦٥•

अन० : जो सषी की उक्ति अथवा नायक की सषी सो तो संजोग शृंगार स्तंभ सात्विक तुल्योगिता अलंकार।

---

[206] छक्यौ – छक्यो - पा०मो०वे०; छको - भा०। आसव – आसवु - चौ०। पियत – पीयत - गा०मु०; पिवत - भा०। वनै – ववें - चौ०; वनैं - स०ह०; वने - मु०। न – नै - वा०। प्याले – प्यालै - उ०; प्यालो - को०पा०; प्याली - चौ०वा०; प्यारे - न०वे०गा०स०। ओठ – औठ - चौ०वा०मु०; वोठ - पा०मि०; उठ - वे०; उंठ - स०। पिया – पीया - चौ०मु०; प्रिया - भा०नी०। रह्यौ – रह्यो - को०पा०मो०; रहै - न०वे०गा०; रहे - स०; रहो - भा०। लगाये – लगाए - उ०ह०; लगायै - वा०मो०न०मु०नी०; लगाञे - भा०; लगायें - मि०। नैन – नैंन - उ०को०वा०न०वे०गा०ह०; नेंन - चौ०मो०स०मु०। [६५०]

नर० : साक्षात दर्शन सषी कौ वैन सषी सौ हे सषी नाइका के अमृत रूपी आसव वदन के रूप कौ तिनसौ ओठ रूपी प्याले के नेत्र लाइकै छकि रहे हैं सो आन आसव पियत वनत नांही है –

रूपसुधा सुचि आसव सो छकि आपने जीय वितर्क गह्यो है। आसव पीवत नाहि वनै अव वा तन को अनुराग लह्यो है। प्याले लगे अति ओठ महारस अंग अनंग प्रवाह वह्यो है। आपने जीय की प्यारी के आनन पीतम नैन लगाइ रह्यो है [नर० ६५०]

कृष्ण० : इह मद्यपान समय नायका की सोभा देषि नायक छकि रह्यौ सु सषी सौ कहत है –

वारुनी कौ वनि आयो समौ कहतै न वनै कछु कौतिग भारो। भावति रंग भरी मृगनैनी रह्यो द्युति को भरि भौन उज्यारो। आसव रूपसुधा कौ छक्यो मद पीवे की भूलि गयो सुधि प्यारो। प्याले सौ ओठ प्रियामुष नैन लगाइ रह्यो छवि को मतवारो [कृष्ण० ६५०]

हरि० : सषी सों सषी वचन, सुधा सो आनंदकारी जो है, वाको रूप सोई है, आसव मदिरा को भेद तासों नायक छक्यो है, तासों आसव पियत कै वनत नाहीं, अजीर्न होय, प्याला मै तो ओठ लगाय रह्यौ, प्रिया के वदन मै नैन लगाए रह्यौ स्तंभ सात्विक भयो, तुल्योगिता उपमान नै किंवा उपमेयनि की जो धर्मनि की एकता लाइवो द्वनो ठौर मै ओठ नैन उपमेय है।

— ⋆ —

यौं दलमलियतु निरदई। दई कुसुम सो गात। कर धरि देषौ धरधरा। उर कौ अजौं न जात [६५१] [207]

یون دلملیت نردئي دئي کوسم سو کات ۰ کر دہر دیکہو دہردہرا اور کو اجون نہ جات
[ظا۰ ٦٥١]

अन० : सषी की उक्ति नायक सो मुग्धा नायिका को सुरतांत, हे निरदई कुसुम सो गात जो मालिनी ताको यों दलमलियतु, कर धरि देषो उर को धरधरा अज्यों न जात इति मानी वचन, भाविक अलंकार।

नर० : सुरतांत, सषी कौ वैन नाइक सौ, हो कान्ह निरदई याकौ यौं दलमलियत है याकौ तो दई नै कुसुम सरीषौ गात वनायौ है, सो तुमहू कर धरिकै देषौ याके उर तै अजौंही धरधराटी जाति नंही है –

---

207 यौं – यो - उ०पा०; युं - को०चौ०; यों - मो०वे०गा०ह०; यौ - स०मि०मु०नी०; जौ - भा०। दलमलियतु – दलमलियत - को०वा०पा०वे०स०मि०ह०; दलमलीयतु - मो०; लदमलियत, 'लद' पर क्रमशः २ १ की संख्याएँ - गा०; दलिमलियत - भा०; दिलमिलियत - मु०। दई – दैं? - मो०। कुसुम – कुसम - उ०न०वे०मु०नी०ह०। सो – सों - उ०गा०; से - को०मो०ह०; सौं - वा०मु०; सं - पा०; सौ - न०भा०मि०नी०। गात – गातु - उ०चौ०; माव - पा०। कर – करु - उ०भा०; करि - चौ०वा०। धरि – धर - पा०मो०वे०गा०स०मि०मु०। देषौ – देषो - को०पा०मो०वे०स०; देष्यो - गा०। उर – उरु - न०गा०। कौ – को - को०पा०भा०; कों - मो०; तैं - न०मु०; तै - वे०गा०; तें - स०। अजौं – अज्यों - को०मो०; अजौ - चौ०वा०पा०भा०मि०नी०; अजो - वे०; अजों - गा०स०। जात – जातु - उ०चौ०नी०। [६५१]

यौं दलिकै मलियै सुनि लाल न या विधि को दुष देह दयो है। तोहि लष्यो है दया विन नायक वाही नै पीर समूल लयो है। फूल से गात षरी सुकुमार कछ्रू न संभार उसास भयो है। देषो अवै कर को धरिकै उर को अजहूं धरको न गयो है [नर० ६५१]

कृष्ण० : इह नाइका सुरत समै मर्दितै अति अति विकल भई है, सु सषी नाइक सौ कहति है –

वैस अलवेली मृदु वेली सी नवेली वाल मिलई गुपाल सु मै कितनै उपाइ कै। रसिक रसाल कित भए निरदई केलि करे सौ करेरी रस रीति विसराइकै। ऐसी दलमली मृदु कुसुम की पांषुरी सी परी है अचेत सव सुधि विसराइकै। वतिया कहा हौं कहौं छतिया कौ धरधरा अजहूं न मिटतु निकट देषौ आइकै [कृष्ण० ६५१] [208]

हरि० : मुग्धा के सुरतांत मे नायक सौ सषी वाक्य, किंवा सषी फेरि मिलायो चाहति है, परकीया है, यौं यों तरह दलमलयत है, मसलियत है, कविप्रिया में मर्दन वहिरति में कह्यो है, किंवा यों दल पत्र की तरह मलियत है, तुम वडे निरदई हौ, हे दई करुना करि कहति है, याके कुसुम से फूल से गात हैं, फिर कर हाथ छाती पै धरिकै देषौ धरधरा धकधकी छाती की अजौं अवतांई भी नहीं जाति है, रति समै विषै धरधरा थो, हाथ दिआवै है, फेरि रति करौगे तौ धरधरा होयगौ अव तौ प्रत्यच्छ है, भाविक अलंकार।

— ⋆ —

किती न गोकुल कुलवधू। काहि न किहि सिष दीन। कौनै तजी न कुल गली। ह्वै मुरली सुर लीन [६५२] [209]

کتہِ نہ کوکل کل بدہو کاہ نہ کہ سکہ دین • کونی تجی نہ کل کلی ہوی مرلی سر لین
[ظا• ٦٥٢]

अन० : जौ उक्ति सषी की होइ तौ जानियति है कि नाइका के आगे कहि वाको रुचि उपजावति है, जो नाइका की उक्ति है सषी प्रति तौ वासो दूतत्व करायो चाहति है, गुनकथन ते पूर्वानुराग ते व्यंगि है दूती विवर्जिता है नायिका, उत्तरालंकार काकोक्ति की संसृष्टि।

---

208 भा०मि० प्रतियों में केशवदास का छंद [र०प्रि० ३-२९] उद्धृत किया गया है –

सुषदै सषीन वीच दैकै सौह धाइकै षवाई कछ्रू वाई वर कीनी वरवसु है। कोमल मृनालिका सी मल्लिका की मालिका सी वालिका जु डारी मीडि मानसु कि पसु है। जानै न विभात भयो केसव सुनैको वात देषौ आइ गात जात भयो किधौ असु है। चित्र सी जु राषी इह चित्रिनी विचित्र गति कहौ धौ न ए रसिक यामै कौनु रसु है [भा० ६५१]

209 किती – कितीं - उ०; कीती - मो०। गोकुल – गोकल - को०मु०; गौकुल - वा०। कुलवधू – कुलवधू, 'वधू' ऊपर के रिक्त स्थान में - पा०; कुलवधू, 'कुल' पार्श्व पर - मु०। काहि – कहि - पा०; काही - मो०; किही - मु०। न – नि - गा०; (लुप्त) - मि०। किहि – किहिं - उ०; काहि - वा०पा०गा०; किंहि - स०; कहि न - मि०; केहि - नी०; किन - ह०। सिष – सुष - चौ०; सीष - मो०मि०। कौनै – कौनें - को०चौ०; कौन - वा०; कौने - पा०नी०; कोनें - मो०स०; कोनै - वे०; कौनें - गा०ह०। कुल – गुल, 'गु' का संशोधन 'कु' हाशिए पर - पा०। ह्वै – ह्वैं - मो०। दोहा लुप्त - भा०। [६५२]

नर० : सषी कौ वैन नायिका सौ हे राधे मै कहती हौं कि याकी मुरली के सुर तै लीन ह्वैकै कौन आपुने कुल कौ मारग तज्यो नांही है ए सगली तज्यौ और किनही काहू को सीष दीनी न ह्वैहै एतावता सीष दीनी है सो गोकुल कै विषै केती कुल की स्त्री नाहीं हैं एही पै सावत न रही है –

गोकुल मै कुलतीन कितीकनि रूप रही नहि नेह नए तै। काहि न दी सिष तू कहि भामिनि कानन को सजि संग गए तै। को ने गली कुल की न तजी अरु लाज के साज उठाय दए तै। गेह पती सुत छांडि चली सगरे मुरली सुर लीन भए तै [नर० ६५२]

कृष्ण० : इह मुरली की धुनि पै रीझी है सु सषी सिच्छा देति है, तासों वा मुरली की मोहनता कहति है –

गोकुल मै न किती कुलनारि पतिव्रत पालनवारि प्रवीनी। आराज सीष न कौने सुने सत सील की पद्धति कौने न लीनी। पेषत वा नटनागर की छवि को न भई उहि रूप अधीनी। वा मुरली धुनि कान परै कुलकानि विदा कहि कौने न कीनी [कृष्ण० ६५२] [210]

हरि० : कोई नायिका को सिषावै है, तूं नायक की ओर मत देषै, यह कुलवधू को धर्म नहीं, तहां अनुराग भरी नायिका को वचन, केती न गोकुल की वधू, केतनी नहीं, गोकुल में कुलवधू हैं, वहुत हैं यह अर्थ, कौन को कोन ने सीष उपदेस नहीं दियो है, दियो है यह अर्थ, कौने तजी कौन ने नहीं छोडी है कुलगली, आपनो कुलपथ, कुल पथ छोड्यो है यह अर्थ, मुरली के सुर सों लीन होयकै नायक में आसक्त होयकै किंवा मुरली के स्वर में लीन होयकै अति चित्त लगायकै कंठ सो ध्वनि विसेषि सों काकु तासों यामे प्रकृति सों उत्तर निकर्‍यो, चित्रालंकार। विसेसोक्ति भी जानिए, सीष देतु तासों कुलगली को राषिवो नहीं भयो।

— ★ —

षलित वचन अधषुलित दृग। ललित स्वेदकन जोति। अरुन वदन छवि मद छकी। षरी छवीली होति [६५३] [211]

کہلت بچن ادہ کہولت درک للت سوید کي جوت • ارن بدن چہب مدچہکي کہري
چہبيلي ہوت [ظا• ٦٥٣]

---

210 भा०मि० प्रतियों में रसषान का छंद [सु०र० ९] यहाँ उद्धृत है –

कौन ठगौरी भरी हरि आज वजाइ है वांसुरिया रंग भीनी। तान सुनी जिनही जितही तिनही तित लाज विदा करि दीनी। घूमै षरी षरी नंद के द्वार नवीनी कहा कहुं वाल प्रवीनी। या व्रजमंडल मै रसषान सु कौन भटू जो लटू नहिं कीनी [भा० ६५२]

211 षलित – (अपठ) - पा०; षलत - वे०स०; षुलित - मि०मु०। अधषुलित – अढषुलत - वे०; अधिषुलन - गा०। दृग – द्रिग - वा०न०वे०गा०स०मु०; द्रग - भा०मि०; दग - नी०। ललित – ललत - गा०। स्वेदकन – श्वेदकन - न०। जोति – ज्योति - को०वा०मो०गा०भा०। अरुन – अरन - वे०स०। छवि – (खंडित) - न०वे०। मद छकी – मदन की - उ०वा०; मद छकी, 'छ' पर 'न' - को०वे०; मद छकी, 'म' ऊपर रिक्त स्थान में - पा०; (खंडित) - न०; मदन छकि - भा०। षरी – (खंडित) - न०। छवीली – छविली - को०। होति – होत - उ०वे०गा०; हौति - वा०; जोति - मि०। [६५३]

अन० : नायक की उक्ति होइ तो स्मृति संचारी गुनकथन व्यंगि है, जो सषी की उक्ति होइ तो नायक प्रति रुचि उपजावति है, दूतत्व व्यंगि जाति वर्णन अलंकार।

नर० : सषी को वैन सषी सो हे सषी राधिका के मुष तै षलित तौ वैन निकरतु हैं और अधषुले नेत्र हैं अरु स्वेद के कन सो मनोहर जोति कर वनै है और वदन की अरुन छवि है और मद करि छकी है सो षरी सी छवीली ह्वै रही है –

वोलत वैन षरे षलतै सम आधी षुली दृग रूप रई है। स्वेद के वुंदन जोति लसै अति सुंदर सोभ नई उनई है। लाल छवी मुष कामक री सुथरी विथुरी अलकै जु छई है। देषतही छकि गे नंदनंदन या विधि नारि छवीली भई है [नर० ६५३]

कृष्ण० : इह मदपान समय नाइका की सोभा सषी को वचन सषी सौ –

नैन कछू उघरे से मुदे अरु वैननु मै सिथिलाई रसीली। स्वेद के वुंदनि सौ झलकै अरुनोदुति आनन पै चटकीली। तैसियै रूप उजागरि नागरि सोहति सोभ सनी गरवीली। चारु जगी तन जोवन जोति छके मद होति षरीयै छवीली [कृष्ण० ६५३]

हरि० : नायिका सों नायक वचन किंवा सषी वचन, चल विचल वचन आधा षुले दृग ललित स्वेदकन की जोति, लाल वदन छवि मद सों तूं छकी है, याते षरी छवीली होति है, अन्यसंभोगदुःषिता की उक्ति में भी लगै है, वक्र विधि वोलति है, हमैं ठगिकै तूं षरी छवीली होति है, नहीं सोभै है, यह अर्थ, स्वभावोक्ति।

— ★ —

वहकि न इह वहना पली। जव तव वीर विनास। वचै न वडी सवीलहू। चीत्ह घोस वा मास [६५४] [212]

بہک نہ انہ بہنا پلي جب تب بیر بناس ٠ بچي نہ بدہي سبیلہون چیلہ کہو ا ماس [ظا ٠
[٦٥٤

अन० : सषी नायका सो परिहास करति है, अर्थांतरन्यास अलंकार।

---

212 वहकि न – वहिकि न - गा०; वहिक नि - मु०। इह – यह - को०भा०; इहिं - चौ०; वहि - वा०; यहि - पा०; ई - मो०; इहि - गा०मु०ह०; ईहि - नी०। वहना – वहिन - उ०चौ०; इहिन - वा०; वहिना - पा०; वेहिना - मो०वे०नी०ह०; वहिता - न०गा०; वहिला - स०; वहिनां - मु०। पली – षुअली - उ०वा०; पुनी - को०मु०; षअनी - चौ०; पने - पा०भा०; पुली - मो०वे०न०गा०स०नी०ह०; वीर – चीर - वे०। विनास – विनासु - उ०गा०भा०नी०; विनांउ - चौ०; विनाश - वा०; विनाशु - न०। वचै – वचे - को०मो०; वचैं - मु०; वंछै - ह०। वडी – वडत - न०। सवीलहू – सवीलहूं - को०गा०ह०; सवीलहुं - चौ०वे०; सवीलहौं - वा०; सवीलिहूं - मो०; सवीलहु - न०; सवीलहौ - मु०। चील्ह – चील - को०वा०मु०। घोस – घोंसु - उ०; घेस - को०; घुंसु - चौ०; घौंसु - वा०; घेसु - पा०; घौशु - न०; घोसु - भा०; घौस - मु०; घौंसु - नी०; घौसु - ह०। वा – वां - उ०चौ०वा०; ला - मो०वे०गा०; आ - भा०; आं - ह०। मास – मांसु - उ०चौ०; मांस - वा०वे०मु०; माशु - न०; मासु - गा०भा०नी०। 'जव' के आगे [६५४] के उदाहरण में 'पाइकै' तक प्रति खंडित - स०। दोहा लुप्त - मि०। [६५४]

नर० : सषी कौ वैन नाइका सौ हे राधे तूं वहकि मति ना जवतैं इहि वहिता क० मारग के विषै षुली क० चाली तवही तै वीर विनास है, सो कैसी परै कि वडीही सवील क० जतन किये ज्यों चील के घोंसला में मास वचै नहीं है त्यौं न वचै है –

तूं वहिके जिन ए वहिना पुनि जाको मिलाप तै जीव रचै है। होयगो वीर विनास षरो जवही तवही हिय हेरि लचै है। केती वडीयै सवील कै आपतै कै उपचार अनेक पचै है। आपने चित्त विचारि विचार न चील के घोसला मास वचै है [नर० ६५४]

कृष्ण० : प्रस्ताविक, सषी कौ वैन नाइक सो –

आपनी गौ सव कोउ विचारतु भेद कछू यह पायौ है तैहूं। होहिगो पाछे षरो पछितायौ री याते कह्यो समुझाइकै मैहू। भूलि तिया वहिनापुली के हित के तन फेरि मिलै सपनैहू। कैसेहू राषै पै चील्ह घौंसुवा मास अछूतौ वचै नहिं कैहूं [कृष्ण० ६५४]

हरि० : कोई स्त्री को वहुत सुंदर नायक है, तासों संभोग करिवे को चाहति, नायिका ने याकी स्त्री सों वहिनी को नाता लगायो है, याके घर वह आवै है, वाके घर यह स्त्री पुरुष जात हैं जाको सुंदर पति है, तासों सषी वचन, यह वहिनापुली यह वहिनापा तासों तू वहकै मति, हे वीर, स्त्री को भी वीर संवोधन करत हैं, जव तब जव कवहूं विनास है, विगार है, लछना को अर्थ तेरो नायक वाके घर जात है, सो वह संभोग करैगी, सवील को अर्थ इहां लछना सों जतन लीजिए, वडी सवील सौं वडे जतन सों चील्ह के घोसुवा में चील्ह के घर में मास नहीं वचै, चील्ह मादा सों परकीया मास सों पुरुष जानिए, किंवा कुटनी ने नायिका सो वहिनापा लगायो है, वाके घर नायिका जाति है, तहां सषी वचन, चील्ह कुटनी नायिका मांस, मांस पुल्लिंग है, नायिका को सम कहे दृष्टांत में दोष नहीं, औरि अर्थ वही, दृष्टांत अलंकार।

—★—

लहि रतिसुषु लगिये हिये। लषी लजोही नीठि। षुलति न मो मन वंधि रही। वहै अधषुली डीठि [६५५] [213]

لہ رت سکہ لكي ہين لكہي لجونہين نيتہ • کہولت نہ مو من بندہ رہي وہے اده کہولي
ديتہ [ظا • ٦٥٥]

---

[213] लहि – वहि, 'व' पर 'ल' संशोधन - वे०। रतिसुषु – रतिसुष - को०वा०पा०मो०भा०मि०मु०ह०। लगिये – लगीयै - चौ०; लगीये - वा०; लगिए - पा०; लगीयें - मो०; लगियति - न०; लगियत - वे०; लगियतु - गा०; लगियै - भा०मि०नी०; लगियें - मु०; लगिऐ - ह०। हिये – हीयै - चौ०वा०वे०; गरे - पा०; गरें - मो०ह०; हियै - गा०मि०; हिजै - भा०; हियें - मु०; हि - नी०। लषी – लषि - को०वा०। लजोही – लजोहुं - चौ०; लजौंही - वा०मि०नी०ह०; जगोही, 'ज' पर काटने का चिह्न, पार्श पर 'ल' - पा०; जगोही - मो०; लजौही - न०भा०; लजोंही - गा०मु०। नीठि – दीठि - को०; नीठ - चौ०वे०। षुलति – न – म - मो०। मो – मन – न - नी०। वंधि – वधि - को०चौ०वा०पा०भा०; षुलि - न०गा०; षुल - वे०; वध - मि०। रही – रहां - को०। वहै – उही - वा०; वह, 'ह' पर ई तथा ऐ की मात्राएँ - पा०; वहे - मो०भा०। अधषुली – अधिषुली - न०। डीठि – दीठि - को०न०गा०; दीठ - चौ०वे०। [६५५]

अन० : नायक की उक्ति वचन अनुभाव करि स्मृति संचारी नायका मध्या भासति है, उत्प्रेक्षा विरोधाभास को संकर।

नर० : पूर्वानुराग नायक कौ वैन सषी सौ हे सषी अधषुली दीठ कियै लजौही सी रति कौ सुष लहिकै हिया सों लागति है सो नीठि सै जानी परति है, सो वा छवि मेरे मन के विषै षुलि रही है पै दूर होती नाहीं है –

> **पाइकै सुंदर पीतम सों रति को सुष राति हियै लगि भारी। नीठ लजोही लषी अरसात**
> **सी नेक नई मुसकाति महा री। छूटत नाहि रही वंधि मो मन नेह भरी सरसाति निहारी।**
> **कज्जल कारी अन्यारी ढरारी सी आध षुली वह डीठि तिहारी** [**नर० ६५५**]

कृष्ण० : सुरतांत, नाइका को वचन सषी सो –

> **केलिकला सुष केलि प्रभात लसी परजंक पै राधिका प्यारी। अंक लगी तऊ लाज पगी**
> **रही नारि नवाइ महाछवि धारी। सोहै चितैवे को मैहू हठ्यौ तव नैसिक भौह उचाइ निहारी।**
> **सोव निदी अषियां अधषोलि चितौनि हियै ते टरै नहि टारी** [**कृष्ण० ६५५**]

हरि० : नायक स्मरन करै है, हम सों रति सुष लहिकै लगिऐ गरें, हमारे गरे सों लगीही थी वही लजौंही लाज भरी जो है सो हमारी ओर नीठि कैसेहूं करि देषी, षुलै है नहीं मेरे मन सों वंधि रही है, वह जो वाकी अधषुली आधी उघरी दृष्टि, किंवा नायक दूती सों कहत है, सोयकै उठी है नायिका तव देषी है, एक मैं लजौंही नायिका देषी है नीठि कौनिहु तरह सों रतिसुष लहिकै पायकै वाके गरे लगिए वाके गरे परिए एक घरी भी वा छाडिए नहीं, उत्तरार्ध को वही अर्थ, जो दृष्टि वांधी होय सो नहीं षुलै, जो वस्तु अर्धषुली होय सो नहीं षुलै, विरोधाभास।

— ⋆ —

किया सयानी सषिन सौं। नहि सयान वह भूल। दुरै दुराई फूल लौं। क्यौं पिय आगम फूल [६५६] [214]

کیو سیاني سکہن سن اہ سیان نہین بہول • دوري دورایئي پہول لون کیون پہ اگم پہول [ظا• ٦٥٦]

अन० : सषी की उक्ति सषी सों, नायिका परकीया आगत्पतिका हर्ष अवहित्था संचारी, अपन्हुति अनुमान उपमालंकार की संसृष्टि।

214 कियो – कीयौ - उ०चौ०वा०मु०; कीयो - मो०वे०गा०; कियौ - न०। सयानी – सयांन - को०; सियांनी - चौ०स०मु०। सषिन – सषीन - वा०मो०; सषिनु - न०भा०; सषीनु - न०। सौं – सुं - को०चौ०; सो - पा०; सों - मो०गा०स०ह०; सौ - वे०भा०नी०। नहि – दिन - उ०वा०; नही - चौ०; नह - वे०; नहिं - ह०। सयान – सयांनु - उ०वा०; सयानु - चौ०; सयांन - स०मु०। वह – वहि - को०मु०; इह - वा०; यह - पा०। भूल – भूलि - को०मो०गा०मि०। दुरै – दूरे - चौ०; दुरें - मो०; दुरी - गा०। दुराई – दुरायै - को०मु०; दूराई - चौ०; दुराईं - मो०; दुराये - भा०। फूल – भूल, पार्श्व पर 'फू' भिन्न क़लम से - पा०। लौं – लौ - चौ०भा०; ज्यो, पार्श्व पर 'लौ' - पा०; ज्यों - मो०न०; लों - वे०गा०स०; ज्यौं - ह०। क्यौं – क्यौ - को०वा०भा०; क्युं - चौ०; क्यो - पा०; क्यों - मो०गा०स०। पिय – पीय - चौ०। फूल – फूलि - को०मो०। [६५६]

नर० : वासकसज्जा सषी को वैन सषी सौ हे सषी सयानी राधा ने आपनी वहि भूलि कै हेतु सषिनु सौ सयानपनौ कर्यौ है पर भरतार के आवने तै सो तन के विषै फूलानी है सो फूल सौ दुरायै क्यौं करि दूरै है –

> **हे सजनी वहकावति है कत नेह के झूलन तो जिय झूलै। भांति अनेक कियो जे सयानप हाथ रहै नहीं ज्यों लघु तूलै। कीनो सयानी सषीनहू आपतै सो न सयान सवै वह भूलै। कैसे दुराए दुरै सव जानत फूल लों पीतम आगम फूलै** [नर० ६५६]

कृष्ण० : यह आगमपतिका नायका सो सषी कहै –

> **ललित कपोल आजु मंद सुलगन लागे आनन पै भई कछु औरै अरुनाई री। मै तो वूझी सुष मानि तै कछू रुषाई ठानि घूंघट मै ढाकि आपु डीठि क्यों चुराई री। नाहिनै सयानपन बीस बिसे भूल है सयानी सजनीनु सौ करी जो चतुराई री। फूल की सुवासु लौ विकासु पहिलैही होतु फूल हरि आगम की क्यौं दुरै दुराई री** [कृष्ण० ६५६]

हरि० : परकीया नायिका को पति आयो है, सषिन सों नायिका ने नहीं कह्यौ, सषी जानि गई, नायिका सों कहति है, तुम तौ सषिन सौं सयानी चतुराई कियो, नहीं कह्यौ, चतुर के आगे चतुराई सु ज्ञान नहीं भूलि है, पिय को आगम सो फूल है, फूलनि है, फूल की सी तरह दुराई छिपाई क्यौं करिकै छपै, फूल छपावै तो वास नहीं छपै, कियो सयानी, कियो पुरुषवाची शव्द है, तासों ऐसो लगाइए, तुम सयानी सषिन सौं चतुर सषिन सों सयान चातुरी कियो, सो नहीं चाहिए, यह तुमारौ भूल है, भुराई है, किंवा यह भूल नहीं, स्वर भेद सों यह भूल नहीं है, और वही अर्थ, पिय आगम उपमा फूल उपमेय, उपमालंकार, फूलि रही यह हेतु, तासों पिय को आगमन को निश्चय करनो, अनुमानालंकार।

— ⋆ —

आयो मीत विदेस तै। काहू कह्यो पुकारि। सुनि हुलसी विकसी हसी। दोऊ दुहुनि निहारि [६५७] [215]

ايو ميت بديس سون کاہو کہيو پوکار ٠ سن ہولسين بکسي ہنسين دواو دوہن نہار
[ظا٠ ٦٥٧]

[215] आयो – आयौं - उ०; आयौ - चौ०वा०न०वे०गा०मु०नी०; आए - मो०। मीत – मीतु - उ०भा०; मित - को०; मीति - मि०; मींत - ह०। विदेस – वदेस - उ०न०; विदेश - को०वा०भा०। तै – तिं - को०; तें - चौ०गा०स०मु०ह०; तैं - वा०मि०; ते - पा०मो०वे०। काहू – काहूं - उ०नी०ह०; काहू, पार्श्व पर - पा०। कह्यो – कहत - उ०वे०गा०स०; करति - चौ०; कहति - वा०न०; कहो - भा०; कही - मि०; कह्यौ - मु०ह०; कहि - नी०। पुकारि – पुकार - को०वे०स०मु०; पुकार, 'र' में इकार बाद में - गा०। सुनि – सुन - वे०; लषि - भा०। हुलसी – सुलसी - उ०; हुलसि - को०; हु, ह०; (आगे केवल हंसपद) - पा०; विगसी - मु०। विकसी – विहसी - को०वा०पा०भा०ह०; विलसी - चौ०मो०; हुलसी - मु०। हसी – हियै - को०; हंसी - ह०। दोऊ – दोउं - चौ०वे०गा०स०; दौंऊ - वा०; दोऊं - न०; दौऊं - मु०; दोउ - नी०। दुहुनि – दुहुंन - उ०; दुहुन - चौ०मो०वे०स०मि०; दुहौंन - वा०; दुहूनि - पा०मु०; दुहुं - गा०; दुहुनु - भा०; दुहुंनि - नी०। निहारि – निहार - वे०स०। [६५७]

अन० : सषी की उक्ति सषी सो परकीया आगतपतिका, दोऊ हर्ष संचारी, एक मति नायका संका सुभावोक्ति अलंकार।

नर० : मुदिता सषी को वैन सषी सौ हे सषी काहू स्त्री ऐसे पुकारिकै कहति है कि तेरो मीत विदेस ते आयो है सो सुनिकै दोऊ कुच दुहुनि नेत्रां ते निहारिकै हुलसी अरु विकसी अरु हसी –

आयो है मीत विदेस ते वाकौ ता छिन अंग सवै हुलसै है। काहू पुकारि कह्यो कोऊ नारि सो नाम निसान प्रतिच्छ कहै है। सो सुनि आप षरी हुलसी विहसी रतिरंग अनंग चहै है। नेह ते व्याकुल नैन मिले पुनि दोऊ दुहूनि निहारि रहै है [नर० ६५७]

कृष्ण० : आगतपतिका परकीया एक नायक उपपति, सो नाइका को दोऊ सो सनेह है, सषी को वचन सषी सौ –

कान्हर कै विछुरे व्रजवाल दुवौ मनही मन मै मुरझानी। कृष्न कहै वहराइवे कौ मन वैठि दुहू मिलि चौपरि ठानी। मोहन मीत विदेस ते आयो पुकारिकै काहू कही इह वानी। सो सुनि दोउन दोऊ विलोकि लसी विलसी हुलसी मुसिकानी [कृष्ण० ६५७]

हरि० : प्रिय नर्म सषी सो नायिका पूछति है, सो हकीकति कोई औरि स्त्री औरि स्त्री सो कहति है, नायिका नै पूछ्यो, हे सषी मीत हमारो विदेस ते आयो, तव सषी कहति है, काहू ने तौ पुकारिकै कह्यो है, यह वात सुनिकै नायिका हुलसी औ विहसी, तव सषी राजी देषि हंसी, दोऊ नायिका औ सषी दुहुनि निहारि आपुस मै देषिकै दोऊ दुहुनि आपुस मै प्रसिद्ध है, रुचि सों दुहुनि दुहूनि के चूमे चारु कपोल, इहां को दोहा है, कोऊ कहत है, हुलसी छाती विहसी हसी ऐसो सुनि नायिका हुलसी विहसी, पहिले जाहि सषी सो छपावै थी, सो हंसी आजु तुमारी प्रीत्य जानी, परस्पर निहारिकै यह वात कोई सों कोई कहति है, किंवा दोय परकीया हैं, आपुस मै प्रीति है, तहां काहू ने कह्यौ है, दोऊ हुलसी दोऊ विहसी, दोऊ हसी, स्वभावोक्ति।

— ⋆ —

जद्दपि सुंदर सुघर पुनि। सगुनो दीपक देह। तऊ प्रकास करै तितौ। भरिए जितौ सनेह [६५८] [216]

---

[216] जद्दपि – यद्यपि - को०मो०; जदपि - चौ०; जद्यपि - वा०पा०वे०स०मु०ह०; जदिप - मि०। सुंदर – सुदार - चौ०; सौंदर - वा०। सुघर – सुघटि - चौ०; सुघ - वा०; (केवल हंसपद) - पा०; सुघरऊ - भा०मि०नी०; सुघट - मु०। पुनि – फुनि - उ०न०गा०स०मु०ह०; फुंनि - चौ०; फूनि - वा०; अरु - पा०मो०; फुन - वे०; (लुप्त) - भा०मि०नी०। सगुनो – सुगनौ - चौ०मि०; सगुनौ - वा०भा०नी०; गुना - पा०; सुगनी - वे०; सुगुनो - स०मु०। दीपक – दीपग - मि०। देह – देहु - मो०मि०नी०। तऊ – तस्मल्ल उ - चौ०वे०मि०मु०। प्रकास – प्रकाश - वा०भा०; प्रकासु - न०मि०नी०। करै – करे - को०चौ०मो०स०; करौ - नी०। तितौ – तितो - को०मो०वे०भा०; तकौ - चौ०; जितौ - मु०। भरिए – भरिये - को०पा०; भरीयै - चौ०वा०न०वे०गा०मु०; भरियै - स०भा०मि०नी०। जितौ – जितो - उ०को०मो०न०वे०गा०भा०; जिनौ - चौ०; तितौ - मु०। सनेह – सनेहु - मि०। [६५८]

[217] سوکہر - سوکہت - ظا ۔

جدپ سندر سوکہر[217] ہو سکنون دیپک دیہ • تاو پرکاس کري تیتو بہرئي جتو سنیہ [ظا• ٦٥٨]

अन० : सषी की उक्ति नायका सो, सिक्षा रूप वचन ते वोध व्यंगि करि मान व्यंजत है, ता करि नायका के अति मान ध्वनि है, जो यह उक्ति साधु की होय तो सांतरस है ऐसेही औरौ ठौर संक्रमित कै सकतु है वाच्य श्लेष रूपक को पोषत है, याते अलंकार संकर कहियतु है।

नर० : वासकसज्जा सषी कौ वैन सषी सौ हे सषी जोवन सुंदर है सुधर है और भी सुगुन है दीवा सी देह की ज्योति है तऊ तितनो सरीर कौ प्रकासपनो करति है जितनो सनेह सो भरति है –

> **रूप ते सुंदर है सुघरै पुनि यद्यपि देषतही यह रैहै। है सुगुनो सुभ लच्छन दीपक देह लषै तमतोम टरै है। याको सुभाव कियो विधना जग धाम के काम अनेक सरै है। जेतो सनेह जवै भरियै तऊ तेतो निदान प्रकास करै है [नर० ६५८]**

कृष्ण० : इह सनेह वढाइवे को सषी नाइका सौ कहै, नाइकहू सौ कहै –

> **जद्दपि चारु गहे चिकनाई सु ढार ढरयौ सु षरो किन होऊ। कृष्न कहै वहु मंडित कै गुन जोति जगाइ धरौ पुनि सोऊ। है यह वात प्रसिद्ध सवै जग एक सी रीति निवाहत दोऊ। नेह भरे विनु दीपक देह प्रकास करै न कितो करौ कोऊ [कृष्ण० ६५८]**

हरि० : सषी नायिका विषै अनुराग वटावति है, देह दीपक सो रूपक करति है, जद्यपि जौ भी सुंदर है, सुघट सुघाट सुंदर तरह है, सुघट सुंदर अंतःकरन है, पुनि सगुनो है, दुगुनी तिगुनी जामे वाती है, रूप आदि जामे गुन है, दीपक सोई देह है, तौभी तेतोई प्रकास करै जेतनो स्नेह तेल किंवा प्रेम जेतनो भरे, श्लेष रूपक को उपकार करै है, संकर है उपकार कहै, एक को जहां संदेह लषात, एक पद में भूषन वहुत त्रै संकर कहि जात।

—★—

पलनु प्रगटि वरनीनु वढि। नहि कपोल ठहरात। अंसुवा परि छतियां छिनक। छनछनाय छपि जात [६५९] [218]

پلن پرکٹ برنین برہ نہین کپول ٹہرات • انسوا پر چہتیا چہنک چہن چہناي چہپ جات [ظا• ٦٥٩]

[218] पलनु – पलन - को०स०भा०; पलनि - पा०मो०मु०ह०। प्रगटि – पृगटि - पा०; प्रगट - मो०वे०स०ह०; प्रगढि - न०; द्रगनु - नी०। वरनीनु – वरुनिन - को०; वरुनीन - चौ०पा०भा०; वरुनीनि - वा०मो०मु०ह०; वरनीन - वे०स०। नहि – नही - मो०; नंहि - गा०; नहिं - ह०। ठहरात – ठहराति - न०गा०; ठहराइ - मु०। अंसुवा – असुआं - को०मो०; असुआ - चौ०मु०; असुवा - पा०न०; असुवां - वे०गा०; असुंवां - स०; अशुवा - भा०; अंसुआ - ह०। परि – परे - को०; पर - वे०स०; भरि - नी०। छतियां – छतीयां - चौ०मो०गा०; वत्तिया - वा०; छतिया - पा०भा०नी०; छतीया - न०मु०; छतिआं - ह०। छिनक – छिनुकु - उ०चौ०; छिनकु - पा०न०गा०नी०। छनछनाय – छिनछनाय, इकार बाद में मिटाया गया - उ०; छनछनाइ - चौ०भा०; छनछनई - पा०; छिनछिनाई - मो०; छिनछनाइ - न०; छिनछिनाइ - वे०गा०स०; छिनछिनाय - मु०; छिनछिनाई - नी०; छिनिछिनाय - ह०। छपि – छिपि - उ०वा०मु०; छिप - न०वे०गा०स०। जात – जाति - न०गा०; जाइ - मु०। दोहा लुप्त - मि०। [६५९]

अन० : जो सषी की उक्ति होय विषाद करि सषी सो तो प्रोषितपतिका जो नायक सो होइ तो विरह निवेदन दूतत्व व्यंगि जो नायका की दूती की उक्ति होय तो पुरुष वियोग पूर्वानुराग, ह्यां वक्ता की उक्ति में व्यंग है, विभाव की उक्ति क्लिष्टता सों है क्लिष्ट रस पुष्टि दूषिता है, पर्यायोक्ति अलंकार।

नर० : प्रोषितपतिका गमांतर विरह सषी कौ वैन नायक सो, हे कान्ह राधिका कै पलनु तै प्रगट ह्वैकै अरु वरनी तै वढिकै और कपोल पर ठहरि सकै नाही, सो अंसुवा छातियां ऊपरि आनिकै छनछनाय कै छिप जात है –

> **नैनन के पल ते प्रगटै पुनि भीतर ओर ते वाहिर ऐहै। और वढे वरुनीन के ऊपर नेक कपोलनही ठहरैहै। आंसू वियोग के दुःष तै दीह अनेक षरे छतियान परैहै। ताहि समै इह आइ अचानक छीन छिनेकन मै छपि जैहै** [नर० ६५९]

कृष्ण० : इह नाइका मध्या प्रोषितपतिका सषी औ वचन सषी सौ, नाइकहू सौ निवेदन करै तौहू संभवै –

> **वाल नंदलाल के वियोग ते विकल यातै पल पल विधि के से वासर विहात है। विरह तताई की वढनि न वरनी जाति एते मान तचे वाके कुसुम से गात है। पलन ते प्रगटि वढत वरनीनुहू ते परत कपोल पै तुरत ढरि जात है। सलिल की वूंद ताते तए पै परति ऐसे छाती परि असुआ छनकि छपि जात है** [कृष्ण० ६५९]

हरि० : पल में प्रगट होयकै वरुनीनि मै वढिकै कपोल में नहीं ठहरात है, आंसू छाती पर परिकै विरह सों तपी है, तासों छनछनायकै छपि जात है, सषी सों सषी कहति है, सषी नायक सों विरह निवेदन करति है, छाती पै छनछनाय छपै झूठी वात है, अत्युक्ति अलंकार।

— ★ —

फिरि सुधि दै सुधि द्याइ प्यौ। इह निरदई निरास। नई नई वहुर्‌यौ दई। दई उसास उसास [६६०] [219]

پہر سودہ دي سودہ دياي پيو انہ نردي نراس • نئي نئي بہرون دئين دي اوساس اوساس [ظا• ٦٦٠]

अन० : सषी की उक्ति सषी सो, विधाता की निंदा करति है, प्रोषितपतिका नायिका की स्मृति संचारी व्याधि दसा, अनुप्रास यमक को संसृष्टि।

---

219 फिरि – फिर - वे०स०। सुधि – सुद्धि - वा०; सुध - वे०। दै – दे - वा०; दौं - मु०। सुधि – शुद्धि - वा०; सुध - वे०। द्याइ – द्याई - वा०; द्याय - मो०वे०ह०; पाइ - भा०; पाय - मि०। प्यौ – यौ - चौ०; प्यो - पा०; प्यों - मो०; वौ - वे०स०; धौ - भा०। इह – इहिं - उ०चौ०; यह - पा०मु०ह०; इंहि - मो०; इहि - न०नी०। निरदई – निरदै - को०। निरास – रास - भा०नी०; निरासि - मि०। वहुर्‌यौ – वहुर्‌यो - को०पा०न०वे०; वहुर्‌यौं - चौ०; वौहरयौ - वा०; वहुर्‌यों - मो०; वहुरौ - भा०नी०ह०। उसास – उसासि - उ०पा०मि०; उसासी - नी०। उसास – उसासि - उ०मि०। इस दोहे के आदि में [६५९] दोहे की प्रथम दो यतियाँ लिखी जाकर काटी गई हैं, 'फिरि' से 'इहि' तक पाठ लुप्त - को०। [६६०]

नर० : जडता दसा सषी कौ वैन सषी सौ, हे सषी तैं इनकौ प्यौ की सुधि दैकै सुभाव चेत करि दिवाइ पै इन निरदई निरास नै याको उसास उसास कै साथ वहुर्‌यौ नई नई सी व्याधि दई है -

है सुधि वारही वार अचानक पीतम की सुधि द्याइ लई है। या विधि की जु अनेक करी
इह निर्दय देष निरास भई है। फेरि नई वहुर्‌यो जु दई सुनि आपने जीय विसास गई है।
देह मै दुःष दसा दरसी तव दीह उसास अनेक दई है [नर० ६६०]

कृष्ण० : इह नाइका प्रोषितपतिका, याकी अवस्था सषी सषी सौ कहति है -

आली वियोग भए वनमाली कौ व्याकुल वाल षरी अकुलाई। पाहन की पुतरी ह्वै परी
उपचारु विचारु कछू न वसाई। ऐसे मै वाहि दई सुधि दै सुधि द्याइ पिया दुषरासि जगाई।
वा निरदै सौ कहा कहियै जिनि प्रेम मरूर की पीर न पाई [कृष्ण० ६६०]

हरि० : मूर्छा में नायिका थी, सषिन मूर्छा छोडाई, तव नाइका कहति है, फेरि हमें सुधि चेतन दैकै मूर्छा छोडायकै सुधि द्याय प्यौ नायक कौ सुधि इयादि दिआयकै वहुगिर्‌यो फेरि हे दैव नई नई उसास ऊपर को, सास सो उसासि दै, उकसाय दई, फेरि हमे ऊपर मीच ली, कैसी सषी निरदै हैं, पूरव में निरास गाली है, लुगाई को लुगाई निरासी गाली देति हैं, किंवा यह जो पिय निरदई ताकी सुधि दिआयकै मैं कैसी हों निरास हों, जीवन की आसा नहीं है, औरि वही अर्थ, किंवा यह जो निरदई दया रहित दैव विधाता है, ताही ने हमैं सुधि चैतन्य दैकै फिरि पिय को सुधि आयकै मैं निरास हों, जीवन की आसा नहीं है, औरि वही अर्थ, निर्दई सषी को विधाता को नायक को विशेषन साभिप्राय है, जाको दया न होय सो ऐसो करै, परिकरालंकार है।

—★—

ज्यौं कर त्यौं चिकुटी चलति। ज्यौं चिकुटी त्यौं नारि। छवि सौं गति सी लै चलति। चातुर कातनहारि [६६१] [220]

جیون کر تیون چوتکي چلت جیون چوتکي تیوں نار • چهب سون کت سي لي
چلت چاتر کاتن ہار[ظا• ٦٦١]

नर० : चेष्टा वरनन नाइक को वचन सषी सौ, हे सषी या चातुर कातनहारि तिनकै ज्यों हाथ चालत है त्यौं चुटकीही चालति है और ज्यों चुटकी चालति है त्यौं नारिही चालति है, सो छवि सों गति लियै चालति है -

220 ज्यौं - ज्युं - चौ०; ज्यौ - न०भा०मि०; ज्यो - वे०; ज्यों - गा०स०। कर - करि - चौ०। त्यौं - त्युं - चौ०; त्यों - वे०गा०स०; त्यौ - भा०नी०। चिकुटी - चुकटी - को०वे०गा०स०मि०; लकुटी - न०; चुटकी - भा०; चुंहटी - नी०; छुहटी - ह०। चलति - चलत - उ०वे०स०मु०; चिलत - को०; चलै - भा०ह०। ज्यौं - ज्युं - को०चौ०; ज्यो - वे०; ज्यों - गा०स०; ज्यौ - भा०। चिकुटी - चुकटी - वे०गा०; चिकटी - स०; चुटकी - भा०मि०; चहुंटी - नी०; चुहटी - ह०। त्यौं - त्यो - उ०वे०; त्युं - चौ०; त्यों - गा०स०; त्यौ - भा०मि०। सौं - सुं - चौ०; सौ - न०भा०मि०; सो - वे०; सों - गा०स०ह०। गति - गत - वे०। लै - लैं - को०; ले - चौ०वा०न०वे०गा०स०मि०ह०। चलति - चलत - वे०स०मु०; चलै - भा०ह०। चातुर - चातुरि - ह०। कातनहारि - कातनुहारि - को०न०नी०; कातनहार - वे०; कातुनकार, 'र' में इकार बाद में - गा०; कातनुहार - स०; कातनिहारि - भा०; कातनिहार - ह०। दोहा लुप्त - पा०मो०। [६६१]

ज्यों कर त्यों चुकटीन चलावति वार वडे औ पयोधर भारी। ज्यों चुकटी तिहि भांति चलै अति नारि नईन की नारि निहारी। छैल छवीली षरी छवि सों गति सी चलि ले ले मनोहर डारी। नैन नचावति वांह झुलावति सुंदर चातुर कातनहारी [नर० ६६१]

कृष्ण० : जाति वर्नन, नाइक को वचन सषी सौ, कविहू की उक्ति होइ –

ज्यो करु त्योही चलै चुटकी उघरे भुजमूल चढी छवि भारी। चारु कलाई की मोरनि ग्रीव की ढोरनि जी तै टरै नहि टारी। भौह उचै तिरछे करि लोचन लेति किधौ गति रूप उजारी। पातुर मानौ मनोज महीप की चातुर कातनहारि निहारी [कृष्ण० ६६१]

हरि० : नायक की उक्ति सषी सौ, जैसे हाथ चलै है तैसे चिकुटी चलै है, जैसे चिकुटी चलै है तैसेही नारि छवि सों गति सी ले चलै है, नाच मै गति जैसे लेति है, यह चतुरि जो कातनहारि है, किंवा नायक कहै है, हे चातुरि सषी हमारे मन की वात जानति है, कातनिहारि सो मिलाय यह अर्थ, स्वभावोक्ति, गति सी गति मानो ले चलै है, अनुक्तास्पद वस्तूत्प्रेक्षा।

— ★ —

पार्‍यौ सोरु सुहाग कौ। इन विनही पिय नेह। उनदोही अंषियां ककै। कै अलसौंही देह [६६२] [221]

پارو سور سوہاک کو ان بن ہین پیہ نیہ • اندون ہین انکہیان کی کی کی ؟ ؟ ؟ [ظا• ٦٦٢]

अन० : जो याही नायक की सषी की उक्ति होय तौ याही कोऊ ओर टोकै नहीं याते कहति है जो सौति की उक्ति होयकै वाकी सषी की उक्ति तौ अमर्ष ईर्ष्या संचारी, विभावना अलंकार।

नर० : मुग्धा स्वाधीनपतिका सषी कौ वैन सषी सौ, हे सषी इन राधिका विनही भरतार सौ नेह सुहाग कौ सोर पार्‍यो है सो कैसे कि नायका के अलसौही देह करनै तै नाइक दोनुंही अषियां करिकै देषी सो चित चढी –

कृष्ण० : इह नाइका सौति कौ आलस वलित आंषि देषि सषी सौ कहै, अन्यसंभोगदुःषिता –

---

221 पार्‍यौ – पार्‍यो, ‘प्या’? पर ‘पा’ संशोधन - उ०; पार्‍यो - को०मो०वे०; पर्‍यौ - वा०स०मु०; पर्‍यो, ‘प’ पर दीर्घ का चिह्न - पा०; पारो - भा०। सोरु – सौर - वा०नी०; सोर - मो०न०वे०गा०स०मु०ह०। सुहाग – सौहाग - वा०। कौ – को - को०पा०मो०वे०भा०। इन – इनु - उ०वा०; ईन - मो०; इत - गा०स०; इनि - नी०। विनही – विनुही - को०वा०पा०मि०मु०नी०; विनुहीं - मो०ह०। पिय – पीय - चौ०मु०। नेह – नेहु - मो०। उनदोही – उनदोंही - उ०; उनदोहीं - को०; उनदुंही - चौ०; इनदौही - वा०; उनदौंही - मो०मु०ह०; उनिदौही - भा०; उनदेही - मि०; उनिहौंही - नी०। अंषियां – अंषीयां - चौ०गा०; अषिआ - पा०; अषियां - मो०वे०स०नी०; अषियानि - भा०; अषिया - मि०; अंषिया - मु०; अंषिआं - ह०। ककै – ककैं - मो०न०; कै - भा०। कै – करि - पा०मो०। अलसौंही – अलसोहीं - उ०मो०गा०; अलसोही - को०चौ०वे०स०; अलसौहै - पा०; अलसौही - भा०मि०मु०। देह – देहु - मो०। [६६२]

सौ करि आषि उनीदी करी अध ऊतर सो मुष वोल उचार्यो। वारहि वार जम्हाइकै यौही षरो तनु आरस कै ढर ढार्यो। झूठी जतावत है सुष सैन जगी यह जामनि जामनि चार्यो। देषि तौ प्रीतम की विनु प्रीति सुहाग को सोरु कितो इहि पार्यो [कृष्ण० ६६२]

हरि० : सौति की सषी को वचन, ईर्षा सों काहू स्त्री सों, इन नायिका ने पिय के नेह विना सोहाग को सोर पार्यो, सौभाग्य प्रसिद्ध कियो, उनीदी आंषें करि करि आलस भरी देह करिकै राति नायक के संग जागी हो याते आंषि मैं नींद लागी है, पी को नेह सोहाग प्रसिद्ध होन को कारन है, सो नहीं है, विभावना, किंवा सोहाग प्रसिद्ध होनो इष्ट है, ताको छल करि साध्यो, पर्जायोक्ति, संदेह जहां अलंकार को होइ तहां संका।

— ⋆ —

इन दुषियां अषियांन कौ। सुष सिरज्यौई नांहि। देषै वनै न देषतै। अनदेषै अकुलांहि [६६३] [222]

ان دوکھیا انکھیان کوں سکھ سرجوئي ناہ • دیکھین بنے نہ دیکھتین اندیکھیں اکلاین [ظا• ٦٦٣]

अन० : उक्ति परकीया की वचन अनुभाव ते वितर्क संचारी ते पूर्वानुराग व्यंगि विशेषोक्ति अलंकार।

नर० : चिंता दसा वर्नन नायिका कौ वैन सषी सौ हे सषी इन मेरी दुषहारी अषियां को सुष सिरज्यो नाहीं है सो कैसे कि जो देषियै तो देषत वनत नाहीं है अरु विन देषै ते अकुलावति है –

हे सषी ए अंषिआं दुषियान को या विधि की इन आनि वनी है। नाहिन सुष्ष कछू सिरज्यो सव वातन आतुरताई सनी है। देषत देष वनै नहिं सुंदर तो कह वार अनेक भरी है। याको सुभाव कह्यो न परै कछू देषै विना अकुलान घनी है [नर० ६६३]

कृष्ण० : यह नाइका अपने नेत्रन की लगनि नाइक औ सषी सौ कहति है –

लागत न पलक ललक रूप लषिवे को वाही ध्यान पगति जगत दिन राति है। ज्यों ज्यों निरषति त्यों त्यों उमहति भूष क्योंहू होति न अहूषी षरी षरी ललचाति है। ओट भए वरति

---

222 इन – इनि - ह०। दुषियां अषिआं - को०; दुषीया - चौ०मो०मु०; दौषियां - वा०; दुषिया - पा०; दुषीयां - गा०; दुषिञा - भा०; अषिया - मि०; अंषिआ - नी०; दुषिआ - ह०। अषियांन – अंषियांनु - उ०; अंषीयांन - चौ०स०; दुषियोंन - को०; दुषियांन - वा०; अषियानि - पा०; अषियान - मो०; आषियांनि - न०; अषीयांनि - गा०; अंषिञानि - भा०; दुषियान - मि०; अंषीयान - मु०; दुषिआन - नी०; अंषिआनि - ह०। कौ – कौं - को०न०; को - पा०गा०; कों - मो०ह०; कुं - वे०स०। सुष – सुषु - न०। सिरज्यौई – सरज्योई - को०; सरज्यौही - चौ०; सिरज्योई - पा०गा०; सिरज्योही - मो०वे०; सिरज्योई - स०; शिरजोई - भा०; सिरजौइ - मि०; सिरज्यौही - मु०; सिरजोही - नी०। नांहि – नाहि - पा०भा०मि०नी०। देषै – देषें - को०ह०; देषे - वा०पा०मु०नी०; देषत - मो०; देषैं - न०; डेषत - भा०। वनै – वने - को०; वनें - मो०मु०ह०। देषतै – देषितें - को०; देषतें - चौ०मो०ह०; देषते - पा०; देषितै - न०; देषतैं - वे०मि०; देषितैं - गा०स०; देषतो - भा०; देषते? - मु०। अनदेषै – अनदेषैं - उ०ह०; अनदेषें - को०मो०गा०मु०; अनदेषे - चौ०वा०नी०; विन देषे - पा०; विन देषै - मि०। अकुलांहि – अकुलाइ - उ०वे०गा०भा०नी०; अकुलात - वा०; अकुलाहि - पा०मो०मि०; अकुलांइ - न०; अकुलाय - स०। चरण विपर्यय - न०वे०गा०स०। [६६३]

विषम विरहागिनि मै मीन जलहीन की सी गति दरसाति है। सिरज्यो न सुष इन दुषिहाई आषिन को देषे न अघाति अनदेषे अकुलाति है [कृष्ण० ६६३] [223]

हरि० : परकीया की उक्ति सषी सों, जे हमारी दुषी आंषि हैं, उत्कंठा सौं ताको विधाता नै सुष सिरज्यो उपजायो नहिं, लोगन के देषत देषे नहीं वनत है, किंवा देषे विना नहीं वनै है, या वात नैक तै देषि विचारौ, अनदेषे अकुलात है, विना नायक के देषे आकुल होति है, जो नायक के देषतें देषे नहीं वनै लज्जा सों, तौ मध्या होय, निर्वेद विषाद संचारी पिय को दरसन सुष को हेतु है, सुष रूप कार्ज नहीं उपजत है, विशेषोक्ति अलंकार।

— ⋆ —

लगी अनलगी सी जु विधि। करी षरी कटि षीन। किये मनो वेही कसरि। कुच नितंव अति पीन [६६४] [224]

لكي انلكي سے جو بدہ كري كہري كت كہين • كئے او واہے كسر كوچ نتمب ات پين [ظا• ٦٦٤]

अन० : जो सषी की उक्ति सषी सो होइ तौ वितर्क भावध्वनि, जो नायका की उक्ति होय तो वितर्क संचारी वचन अनुभाव करि अनुराग व्यंगि, उत्प्रेक्षालंकार।

नर० : मुग्धा ग्यातयोवना सषी को वैन सषी सो, हे सषी याकी विधि नै ऐसी कटि षरी षीन करी है सो है तो लगी पै अनलगी सी जानियतु है और मनौ उनकी कसरि लैकै कुच कौ अरु नितंव कौ अति पीन किये है –

लागी कछू अनलागी सी है अति सांची कहौ अति संक लिये है। छीन षरी कटि आप करी कमलासन सर्गनि सर्ग हिये है। वेई निकाल लई कसरै मन वाहि वहै जु लगाइ दिये है। भामनी भूरि नितंवन को अति ओप पयोधर पान किये है [नर० ६६४]

कृष्ण० : इह नाइका की कटि जोवन के आए ते घटि वढि ह्वै गई है सु सषी नाइक सौ कहति है, कविहू की उक्ति होइ –

रूप साचे ढारे रचि पचिकै सुधारे विधि अंग अंग सकल सुदेस रस भीने है। तापै तरुनाई नै वनाई कछू औरै विधि षीन करे पीन अरु पीन करे षीने है। छोलि छांटि लांक अति

---

223 भा०मि०मु० प्रतियों में यहाँ ऊधोराम का निम्नलिखित छंद है –

आपुही ते लागे एतौ कहै काहू के न लागे रैन दिन जागे है वियोग आगि भषिया। रूपमाधुरी कौ ज्यौ ज्यौ पीवै त्यौ त्यौ भूषी रहै होहि न अहूषी ए विदूषी सदा लषिआ। लंपट निपट पल संपट न रोकी रहै अकुलाइ ढहै जाइ मधु की सी मषिआ। चैन है न आठौ जाम इनही कौ ऊधौराम सुष पायो तनु तामै दुषहाई अषिआ [भा० ६६३]

224 विधि – वुधि - उ०; वि - वा०; विध - वे०; कटि - मु०; (लुप्त) - नी०। षरी – षरी षरी - नी०। कटि – कट - चौ०गा०। षीन – षींन - उ०को०; छीन - मो०; षीनि - न०गा०। किये – कियें - उ०; कीयै - चौ०वा०; करे - पा०; कीए - मो०मु०; कीये - वे०गा०; किए - भा०ह०; कियौ - मि०; कियो - नी०। मनो – मनौं - उ०; मनौ - वा०न०भा०मि०नी०; मनों - गा०स०मु०। वेही – वैही - उ०चौ०; वेई - को०मु०; वाही - पा०ह०। कसरि – कससरि - को०; कसर - वा०वे०स०मु०। कुच – कुचि - चौ०। अति – अरु - वे०गा०स०। पीन – पींन - उ०; पीनि - न०गा०। [६६४]

सूछम कै राष्यो ताहि लचकति जानिकै जतन ऐसे कीने है। करिहा की कृसता की साधिकै कसरि मानौ उरज नितंव अति पीन करि दीने है [**कृष्ण०** ६६४]

हरि० : सषी वचन नायक सों, विधाता ने कटि को षरी कहिए अति षीन करी है, लगी अनलगी सी यह पद संदेह को जतावे है, लगी है कि वा अनलगी है, वाही की कमर सों मानो, कुच को नितंव को अति पीन अति पुष्ट किए हैं, लगी अनलगी इहां संदेह अलंकार, आधा में हेतूउत्प्रेक्षा अलंकार।

— ★ —

छिनकु उघारति छिनु छुवति। राषति छिनक छिपाइ। सव दिन पिय षंडित अधर। दरपन देषत जाइ [६६५] [225]

چهنک اوکهارت چهن چهوت راکهت چهنک چهپاي • سب دن پيه کهندت ادهر درپن
ديکهت جاي [ظا• ٦٦٥]

अन० : सषी की उक्ति सषी सो, जो नायिका परकीया होइ तौ हर्ष स्मृति संका संचारी, कृपा अनुभाव ते याके तौ रसही है, अरु उपपतिहू कौ व्यंगि है, जो स्वकीया नायिका होइ तौ प्रहर्ष स्मृति संका नायिका के रस व्यंगि है स्वकीया ते परकीया कहिये, लाटानुप्रास है।

नर० : चेष्टा वरनन सषी को वैन सषी सो हे सषी राधा के भरतार ने जो अधर षंडित किये हैं सो छिनकु तौ उघारति है अरु छिनकु छुवति है और छिनकु में ढाकि राषति है सो ऐसी परै सारो दिन आरसी लैकै देषति जाति है –

आप उघारति है छिनही छिन वारही वार हुलासन लैहै। राषति है छिन माझ छिपाइकै रंचक ना गम ज्यों चित देहै। और सुनो अपनै कर सों वह आदर कैकै छिनेक छुवै है। पीतम षंडित ओठ सवै दिन दर्पन लै कर देषति जैहै [नर० ६६५]

कृष्ण० : इह नाइका प्रौढा है, नाइक सो सनेह अधिक है, नाइक कृत सुरति के चिन्ह दुरावति है सो सषी को वचन सषी सौ –

राति रतिरंग पति संग मिलि कीनी अंग अंग मनमथ की तरंग रंग सरसै। भोर भए वाल राजनीगन मै वैठी वै निसा की वातै सुमिरि सुमिरि जिय तरसै। प्यारे के दसन को अधर पर चिन्ह ताहि आरसी लै वार वार देषै रस वरसै। कवहू उघारै कवहुक ढांकि राषै अनुराग मै उमगि पानि पल्लवनु परसै [**कृष्ण०** ६६५]

225 छिनकु – छिनुक - को०चौ०मो०मु०; छिनक - वा०वे०स०ह०; छनकु - पा०। उघारति – उघारित - चौ०; उघारिति - वा०; उघारवि - पा०; उघारत - मो०वे०गा०नी०; उघार - स०। छिनु – छिन - वा०न०स०मि०ह०; छनु - पा०। छुवति – छवति - उ०को०चौ०; छुवत - मो०वे०स०मि०; छवत - नी०। राषति – राषित - उ०; राषत - मो०वे०स०मि०नी०। छिनक – झिनुकु - उ०; छिनुकु - चौ०; छनकु - पा०; छिनुक - मो०; छिनकु - न०गा०मि०नी०; छिनै - भा०; किनक - ह०। छिपाइ – छिपाय - को०चौ०वा०मि०; छपाइ - पा०; छिपाई - मो०; छपाय - ह०। सव – सवु - उ०; निसि - को०मु०। दिन – दिनु - उ०चौ०। पिय – पिथ - चौ०; पय, 'प' में इकार बाद में - गा०। षंडित – षंडितु - उ०चौ०; षंडतु - न०; षंडन - वे०गा०स०; षंडत - मु०। अधर – अधरू - उ०। दरपन – दरपण - वा०; दरपनु - न०गा०; दर्पन - भा०मि०ह०; दरप्पन - मु०; दर्पनु - नी०। देषत – देषति - को०वा०पा०गा०; देषिति - न०; देषि - भा०। जाइ – जाई - उ०मो०; जाय - को०चौ०वा०मि०ह०; लजाइ - भा०। [६६५]

हरि० : नायक अधर षंडन करि परदेस गयो है, तव नायिका की चेष्टा सषी सषी सों कहति है, अति अनुराग जानिए, छन एक उघारति है, छन एक आंगुरी सों छुवति है, काहू के देषत छन एक छपाय राषति है, किंवा एक छन उघारै है, प्रिय इयादि आवै है तव छन सों उत्साह सों छुवै है, प्रेम सों जानति है नायक नजीक है याते विरहनी में उत्साह, प्रेम लछन सभाप्रकास में, मान जोग वियोग में जोगहुं माहि वियोग, द्रवत चित्त ताकौ कहैं प्रेम सवै कवि लोग, आंगुरी दिए जव छनकै है, छन लागत है तव छपाय राषति है, और स्पष्ट।

— ★ —

मुह पषारि मुडतरु भिजै। सीस सजल कर छ्वाइ। मौर उचै घूटैनु नै। नारि सरोवर न्हाइ [६६६] [226]

[227]مہ پکہار موندہي بہچي سيس سجل کر چہواي • مور اوچي کہوتين نجي نار سرو ور نہاي [ظا• ٦٦٦]

अन० : उपपति नायक की उक्ति साक्षात दर्शन वचन अनुभाव ते पूर्वानुराग व्यंगि, भरतसूत्र मत नाइका परकीया, मुंडतर सो केस पर्यंत मुहु भिजै फिरि पषारि धोई अरु सीस जो मस्तक सो सजल कर छ्वाइ स्पर्ष करि, मोरि एडी ताते ऊचे घूटेन सों घूंटी परजंत जो सरोवर ताके विषै स्नान करति है, जाति वर्णन अलंकार।

नर० : सषी को प्रत्युत्तर नाइक सो, हो कान्ह पहिलै तो मुहु पषारिकै मुडतर भिजोयौ और कर सजल करिकै सीस कौ छ्वायौ, अरु अव नारि घूटैनु ऊंचे मोरिकै सरोवर में न्हाति है –

> **आप पषारि भली विधि आनन संग अनेक समान अली है। और षर्यो मुहुवार भर्यो पुनि सुंदर श्रीवृषभानलली है। सीस सवै कर छ्वाइ भिजै इत मोर उचै हियरान ढली है। घूटन नै अंजली भरि देहन नारि सरोवर न्हाइ चली है** [नर० ६६६]

कृष्ण० : जाति वर्णन, कवि की उक्ति –

> **वैठिकै तीर पषारिकै आननु हाथ भिजै जल केसनि छैकै। कृष्न कहै कर सो उसराइ कंधा धर्यो सीस को चीरु भिजैकै। दोऊ कर पंकज दोऊ षए धरि मौर उचै कटि षीन लचैकै। यौ व्रजवाल सरोवर न्हाति महा छवि सौ घटुवानि तै नैकै** [कृष्ण० ६६६]

[226] मुह – मुहु - उ०न०गा०; मुष - पा०; मुंहु - मो०; मुंह - मु०। पषारि – पषार - वे०स०। मुडतरु – मुडहरि, 'रि' के इकार पर हरताल - को०; मुडहरु - चौ०भा०नी०; मुहतरु - वा०; मुडहर - पा०मि०ह०; मुंडतर - मो०; मुंडतरु - गा०; मुंडहर - मु०। भिजै – भिजें - को०; भिजैं - वे०। सीस – सी - मो०; शीस - भा०। कर – कन, 'न' काटकर ऊपर 'र' - ह०। छ्वाइ – छाय - को०चौ०; छाइ - वा०; छ्वाई - मो०; छाह - मि०; छाई - नी०; छ्वाय - ह०। मौर – मोर - को०चौ०पा०मो०न०वे०गा०स०नी०; मौउ, 'र' ऊपर रिक्त स्थान में - वा०; भौह - भा०; मोरि - मु०। उचै – उंचे - को०; उंचै - चौ०; रछै - वा०; उचे - मो०; उचैं - मु०। घूटैनु – घुटैनु - को०; घुंटैनु - चौ०; घोटैन - वा०; घूंटनि - पा०; घूंटेन - मो०ह०; घूंटैनु - न०; घुटैन - वे०; गुंघैनु - गा०; घूटैन - स०; वूटेनि - भा०; घुंटैनि - मु०; घूटैनि - नी०। नै – न - को०; तैं - वा०स०नी०; चै - पा०भा०; सों - मो०; तै - न०वे०गा०; सौं - मु०। नारि – नारी - नी०। सरोवर – सरोवरि - उ०; शरोवर - भा०। न्हाइ – न्हाय - को०चौ०ह०; न्हाई - वा०मो०नी०; न्हाह - मि०। [६६६]

[227] نار - نال - ظا•

हरि० : सषी सो सषी, मुह धोयकै मुडहर, पूरव में मथर कहत हैं, ताहि भिजाइकै सीस को सजल जो है हाथ ताको छुवायकै मोरि ग्रीवा के पीछे ताकौ उचौ करिकै घुटना, पूरव में वेहुन कहत हैं, तासों नै करि नीची होयकरि नारि सरोवर में नहाति है, स्वभावोक्ति अलंकार।

— ⋆ —

कोरि जतन कोऊ करौ। तन की तपन न जाइ। जौ लौं भीजे चीर ज्यौं। रहै न प्यौ लपटाइ [६६७] [228]

کور جتن کواو کرو تن کے تپت نہ جاي • جو لون بهجي چير جون رہے نہ پو لپتاي
[ظا• ٦٦٧]

नर० : प्रोषितपतिका सषी को वैन सषी सौ हे सषी जो कोरि एक जतन कोऊ करि देषौ पै याके तन की तपति जाति न है सो जौ लौं भीना चीर की परै प्यौ लपटाइकै रहै नहीं तौ लौं –

> **आपने जीय की वात कहो सुनि काय मनो वच ही ठहरानो। कोरिक कोऊ जतन्न करो अरु भांति अनेक लै साहस ठानो। सोषक इंद्रन को तन ताप मिटै नहिं रंचक हे सव जानो। नीर भिजै अति चीर लों अंगन जो लो रहै तन प्यो लपटानो [नर० ६६७]**

कृष्ण० : यह नाइका प्रौढा है, काम को आधिक्य है, नाइका को वचन सषी सौ –

> **किए कोटि जतन न तन की तपन जाइ अतन की पीर अति उर सरसाति है। दूरि ते विलोकै चित चौगुनौ उमगि चाउ ढिग आए भेटिवे को मति अकुलाति है। लीजिए भुजान भरि कीजिए न न्यारो क्यौहू जीवन सुफल जौ लौं यौही दिन राति है। आले पट की सी भांति प्रानपति आठौ जाम रहै लपिटानो छाती तौही लौ सिराति है [कृष्ण० ६६७]**

— ⋆ —

चटक न छोडत घटतहूं। सज्जन नेह गंभीर। फीको परै न वरु फटै। रंग्यो चोल रंग चीर [६६८] [229]

---

228 कोरि – कोटि - भा०। कोऊ – कौऊ - वा०गा०; कीजे - भा०मि०नी०। करौ – करो - को०वा०वे०; तऊ - भा०नी०; तउ - मि०। तन की – तनु की - वा०। तपति – तपन - को०; तपनि - वा०; तपत - वे०स०मि०नी०। जाइ – जाय - को०चौ०मि०; जाई - वा०। जौ – ज्यौं - को०न०; ज्युं नौ०; जौं - वा०; जो - वे०स०; ज्यों - गा०। लौं – भीजे – भीज्युं - चौ०; भीजै - वा०न०वे०गा०स०मि०नी०। ज्यौं – लों - को०वे०स०; जुं - चौ०; लौं - वा०मि०; ल्यों - गा०: लौ - भा०। रहै – हरै - उ०; रहे - को०। प्यौ – प्यो - को०वे०मि०; प्युं - चौ०गा०। लपटाइ – लपटाय - को०चौ०मि०; लपि जाइ - भा०; लपिटाइ - नी०। दोहा लुप्त - पा०मो०मु०ह०। [६६७]

229 छोडत – छाडतु - उ०; छोडतु - चौ०नी०; छांडत - वा०मो०; छोटत - वे०; छाडत - ह०। घटतहूं – घटतउ - को०; घटतहुं - चौ०वे०; घटतहौ - वा०पा०भा०; घटहूं - मो०; घटतहू - मि०; ?टतहू - मु०। सज्जन – सजन - वा०भा०मि०मु०; सज्जनु - न०। नेह – नेहु - उ०नी०; सनेह - मि०। गंभीर – गभीर - को०पा०मो०; गभीरु - मि०। फीको – फीकौ - चौ०न०मि०मु०नी०ह०; फीक्यौ - वा०। न – नं - को०। वरु – वर - को०पा०वे०गा०मि०नी०; वरौ - वा०। फटै – पतें - चौ०। रंग्यो – रंग्यौ - चौ०वा०न०मु०नी०ह०; रग्यो - भा०। चोल – चौल - वा०; चाल - गा०। रंग – रंगु - मो०; रग - वे०। चीर – चीरु - उ०न०मि०। [६६८] से [६७७] तक पाठ लुप्त - स०। [६६८]

چتک نہ چہاندت کہتت ہون سجن نیہ کنبہیر • پہیکو پري نہ بر کہتي رنکیو چول رنک[230] چیر [ظا• ٦٦٨]

अन० : अवर काव्य, अर्थांतरन्यास अलंकार।

नर० : उत्तमा नायका कौ वैन सषी सौ हे सषी जो सजन गंभीरु हैं तिनकौ नेह घटै तऊ चटक छोडै नहीं सो कैसी परै कि ज्यों चोल कै रंग्यो चीर जौ फाटै तऊ फीकौ परै नांही है त्यों –

> **छाडत नाहि न नैक षरी चटकै घटतैहू सरासर जानो। सज्जन नेह गभीर सवै दिन काय मनो वचही सरसानो। फीकै परै न फटै वरहूं वह वैसे को वैसो भये ते पुरानो। क्योंहू घटै न मिटै जग जानत चोल के रंगन चीर रंगानो** [नर० ६६८]

कृष्ण० : प्रस्ताविक, कवि की उक्ति –

> **सज्जन जे जगदीस रचे तिनकी इक वानि सदा निवटै। सील सुभाइ गहै सहजै अनुराग समूह हियै उपटै। नेह करे सु षरो गहरो उनहू के घटै सु न क्यौहू घटै। चोल के रंग निचोल रंग्यो सु न फीको परै फटतैहू फटै** [कृष्ण० ६६८]

हरि० : चटक चमत्कार पर को मनोरंजन ताको नहीं वाढत है, सज्जन जिनमैं स्नेह गंभीर है, जौनी घटि या संपत्ति जाती रहे तौ भी, चोल रंग चीर वस्त्र जैसे, षरुआ को रंग सो चोल रंग, वरु घटै वाको वल तौ घटि जात है पै फीका नहिं परत है, मित्र मनोरंजन नहीं छाडै, वस्त्र चटक नहीं छाडै, दृष्टांत अलंकार।

—★—

दुसह विरह दारुन दसा। रहै न और उपाइ। जात जात ज्यौ राषियतु। प्यौ कौ नाम सुनाइ [६६९] [231]

دوسہ بره دَارُن دسا رہي نہ اور اوپاي • جات جات جیو راکہیت پو کو نام سوناي [ظا• ٦٦٩]

अन० : सषी की उक्ति सषी प्रति, विषाद भाव ध्वनि करि सषी सो, प्रोषितपतिका नायिका, उत्तम काव्य, काव्यलिंग अलंकार।

---

[230] رنک - نیک - ظا•

[231] दारुन – दारुन, 'न' ऊपर रिक्त स्थान में - उ०। दसा – दशा - वा०पा०भा०। रहै – रहि - को०; रह्यो - पा०मो०; रह्यौ - मु०ह०। और – उंर - को०; ओर - मो०वे०; औरि - ह०। उपाइ – उपाय - को०चौ०मो०गा०मि०ह०; उपाई - वा०। जात जात – ज्यात ज्यात - को०; जाति जाति - मि०। ज्यौ – ज्युं - को०चौ०; ज्यौं - वा०नी०ह०; ज्यो - पा०; ज्यों - मो०वे०गा०। राषियतु – राषीयतु - चौ०न०गा०; राषियत - वा०भा०मु०; राषिये - पा०; राषीएं - मो०; राषीयत - वे०; राषिए - ह०। प्यौ – पिय - को०पा०मो०ह०; प्यो - वे०। कौ – को - को०वे०भा०; की - पा०मो०ह०। नाम – नाउं - उ०; नांउ - चौ०; नांउं - वा०; वात - पा०मो०ह०; नांम - न०वे०गा०मु०; नाव - मि०; नाउ - नी०। सुनाइ – सुनाय - को०चौ०मो०मि०ह०; सुनांइ - न०; शुनाइ - भा०। [६६९]

नर० : प्रोषितपतिका सषी कौ वैन सषी सौ हे सषी राधिका की इन दारुन दसा के विषै दुसह विरह तिनकौ और कछ्रु उपाव रहो नांही, याकै जीव कौ जाते जाते कौ भरतार कौ नाम सुनायकै राषियतु है –

> **दारुन दुस्सह दुष्ट वियोग दसा दरसै अति देह दहै है। और उपाय किये न रहै कछ्रु जीव कलेवर छाड्यो चहै है। दूर भई प्रति न्यास जनी सुनि वारही वार उसास लहै है। नाही तो यो न रह्यो छिन एक पै पीतम नाम सुनाए रहै है** [नर० ६६९]

कृष्ण० : प्रोषितपतिका विरहनी, व्याधि दसा, सषी को वचन सषी सो –

> **प्रानपिया परदेस कियौ तिय अंग अनंग तरंगन ताए। सीरी ह्वै जाति जरै कवहू उपचार विचार जिते सव छाए। ईठिन धाइ षवासहि तू मुरझाइ रही न कछ्रू मन भाए। ऐसे कहै ते वचै तो वचै कहौं गांव ते भाउते मोहनु आए** [कृष्ण० ६६९]

हरि० : सषी सों सषी वचन, दुसह विरह है, दारुन भयानक दसा है, औरि उपाय नहीं रह्यो, जात जात कै ज्यौं प्रान कौ राषिए, पिय के आवने की वात सुनायकै, किंवा पिछ्रवारे जाय नायक के तरह वोलिकै वात सुनाय सुनावौ छ्रल करि कार्ज साध्यो याते पर्जाजोक्ति अलंकार।

— ★ —

फिरि फिरि दौरत देषियत। निचले नेक रहैं न। ए कजरारे कौन पर। करत कजाकी नैन [६७०] [232]

پهر پهر دورت دیکهیت نچلي نیک رہین نہ ۰ اي کجراري کون پر کرت کجاکي نین
[ظا۰ ٦٧٠]

अन० : सषी की उक्ति नायिका परकीया प्रति, हास्य करि अथवा हेतु लक्षिता नायका है नायक निकट वोधव्य है, कटाक्ष विक्षेप अनुभाव, लुप्तोपमालंकार।

नर० : चेष्टा सषी कौ वैन नाइका सौ हे राधे ए तेरे नेत्रां फिरि फिरि दौरतही देषियतु है नैकहूं निचला रहतु नाही हैं ताते मैं वूझति हौं कि कजरारे भए ए कौन पर कजाकी करतु है –

> **दौरत है फिरही फिर व्याकुल देषत है अरसाइ अरै है। नैक रहै नचलै न चलै सम हेरतही हियरान हरै है। कौन के ऊपर ए कजरारे षरे रतनारे उछाह धरै है। षंजन गंजन चंचल चौगुने नैन न दीन कजाकी करै है** [नर० ६७०]

---

232 फिरि फिरि – फिर फिर - वे०गा०। दौरत – दोरत - उ०मो०; दोरति - को०; दौरति - चौ०; दाउरे - न०; दोरे - वे०गा०; दौरे - भा०; दौरतु - मु०। देषियत – देषियति - को०; देषीयत - चौ०; देषियतु - पा०मो०न०; देषीयतु - गा०मु०; देषियै - भा०; देषिए - मि०; देषिये - नी०। निचले – निचलै - चौ०गा०; निचलें - मो०। नेक – नैंक - उ०; नेंक - को०; नेकु - पा०भा०; नेंकु - मो०गा०; नैकु - न०; नैक - वे०मि०; नैंकु - ह०। रहैं – रहै - उ०पा०वे०भा०मि०नी०; रही - चौ०; रहें - मो०; रहे - गा०। ए – ये - नी०। कौन – कौंन - उ०को०मु०ह०; कुंन - चौ०; कोन - मो०वे०; कौनु - न०। पर – परि - मो०मि०; पै - मु०नी०; पैं - ह०। करत – करतु - न०गा०; करति - मि०। कजाकी – कजाके - मो०; कजाकि - नी०। नैन – नैंन - उ०को०वे०ह०; नेंन - मो०मु०। दोहा लुप्त - वा०। [६७०]

कृष्ण० : यह नायिका परकीया कुलटा, कौन पर करत कजाकी नैन, या पद ते वहुत नायक सौ प्रीति जानिए, सषी को वचन नाइक सो –

> **कानन के निकट निसंक ह्वै विहार करै काहू ते न डरै चितु वितु हरि लेन ए। नृपति मनोज के प्रवल असि वाहक है घाइल करत उर धरक धरै न ए। घूघट की ओट गहे घात हेरि फेरि फेरि दौरतही देषियत निचले रहै न ए। चंचल ढरारे अनियारे रतनारे कारे कौन पर करत कजाकी तेरे नैन ए** [कृष्ण० ६७०]

हरि० : परकीया नायिका सों सषी अजान सी होयकै हंसी करति है, मिलिकै फिरति है, फेरि दौरि देषियै है, कजाकु लुटेरा की भी यही तरह है, निश्चल थोरे भी नहीं रहत है, ए जो तेरे कजरारे काजर सहित नेत्र हैं, सो कौन पै कजाकी करत हैं, जो नायक सों सषी को वचन होय तौ विना काजरही कजरारे नेत्र जानिए, इहां लुप्तोपमा अलंकार है, नैन उपमेय है, दौरिवो धरम, वाचक उपमान को लोप है, कजाक से एतना ऊपर ते जानिए।

— ⋆ —

को छूट्यो इहि जाल परि। कत कुरंग अकुलात। ज्यों ज्यों सुरझि भज्यौ चहतु। त्यों त्यों उरझत जात [६७१] [233]

کو چهوتیو انہ جال پر کت کورنک[234] اکلات • جیون جیون سورجہ بہجو چہت تیون تیون ورجہت جات [ظا• ٦٧١]

नर० : अन्योक्ति कवि विहारीदास कहतु हैं रे कुरंग इन जाल के विषै परिकै को छूट्यो है, तूं अकुलातु क्यों है, रे देषत नाहीं है कि ज्यौं ज्यौं सुरझिकै भज्यौ चाहत है त्यौं त्यौं उरझत जातु है, ज्यानवंत क्रियाहीन –

> **कौन छुट्यो इह जालन मैं परि पार न आवत मोहमयो है। क्यों अकुलात कुरंग अजानत आप विचार कहा उनयो है। ज्यों ज्यों चहै सुरझाय भज्यो कछु या विधि जीय उछाह लयो है। त्यों त्यों षरो उरझातही जात कहा कहिये दुषदंद भयो है** [नर० ६७१]

कृष्ण० : अन्योक्ति, संसार जाल अथवा प्रेमजाल के वंधन मै कहिए –

---

[233] को – कौ - वा०। छूट्यो – छूट्यौ - चौ०वा०न०गा०नी०ह०; छूटो - वे०भा०; छुट्यो - मु०। इहि – 'ह' में इकार बाद में - को०गा०; इह - वे०मु०; यहि - भा०। जाल – जार - भा०। परि – पर - वे०; पर, 'र' में इकार बाद में - गा०; तै - भा०। कत – कति - मि०। कुरंग – कुलंग, 'ल' के ऊपर रिक्त स्थान में 'रं' - उ०; कुलंग - नी०। अकुलात – अकुलातु - उ०; अकलात - चौ०; अकुलाइ - न०वे०गा०भा०; अकुललति - मि०; अकुलाय - ह०। ज्यों ज्यों – ज्यौं ज्यौं - को०वा०मि०मु०नी०ह०; ज्युं ज्युं - चौ०; ज्यौ ज्यौ - भा०। सुरझि – सुरझ - को०; शुरझि - न०; सुरझत - वे०। भज्यौ – भत्यौ - को०; भजु - चौ०; भज्यो - न०गा०; ज्यो - वे०; भजो - भा०; भजौ - मि०। चहतु – चहत - को०चौ०वा०; चहै - वे०भा०मि०मु०ह०। त्यों त्यों – त्यों, ऊपर के रिक्त स्थान में २ - उ०; त्यौं त्यौं - को०वा०न०मि०मु०नी०ह०; त्युं त्युं - चौ०; त्यौ त्यौ - वे०भा०। उरझत – उरझित - न०; उरझति - गा०मि०; उरझतु - नी०; अरुझत - ह०। जात – जातु - चौ०; जाइ - न०गा०भा०; जाति - मि०; जाय - ह०। दोहा लुप्त - पा०मो०। [६७१]

[234] کورنک - بہتنک - ظا•

तव तौ न जान्यौ लगि लालच भुलान्यो चित अव परवस परि काहे पछितातु है। कहै कवि कृष्न याके वंधन की यहै रीति नैक अटकत अंग अंग वंधि जातु है। देष्यौ तै पषेरू कोऊ छूट्यो इहि जाल परि काहे को तू वावरे कुरंग अकुलात है। ज्यौही ज्यौ सुरझि भज्यो चाहत सयान करि त्यौही त्यौ षरोई षरो उरझतु जातु है [कृष्ण० ६७१]

हरि० : या जाल मै परिकै कौन छूट्यौ है, कुरंग, हरिन, तूं क्यौं अकुलात है, जैसे जैसे सुरझायकै भाज्यो चाहत है, तैसे तैसे अरुझात जात है, स्त्री पुत्रादिक मायाजाल है, स्त्री पुत्रादिक को संपत्ति आनि दैके निकसौ, तहां यह उपदेस, गूढोक्ति।

— ★ —

अव तजि नांउ उपाव कौ। आयो पावस मास। षेल न रहिवो षेम सौ। कैम कुसुम की वास [६७२] [235]

اب تج نانو اوپي کو ایو پاون ماس • کہیل نہ رہیو کہم سون کیم ہکوسم کي باس
[ظا• ٦٧٢]

अन० : प्रोषितपतिका उक्ति, सषी को वर्षा वर्नन, काकूक्ति अलंकार।

नर० : स्वयंद्रूत नाइका कौ वैन नाइक सौ हो कान्ह अव तौ निचंत उपाइ कौ नांउ छाडि देहु अव पावस को मास आयौ है सो केम कौ वृक्ष और कुसुम की वास तहां षेलनो अरु षेम सौ रहिवौ है –

नाव उपाय अवै भज एकहि और उपायन छांडि दए ते। आए है पावस मास महाघन घोर घटा नभ छाइ लए ते। षेमहीं को तरिवो सुष पेम सो आपनी और हुलास नए ते। और कहा कहियै सुनि मानव कंज के फूल की वास भए ते [नर० ६७२]

कृष्ण० : इह वर्षा समय प्रोषितपतिका नाइका कौ वचन सषी सौ –

जौ लौ मनु रह्यो हाथ तौ लौ न उसासी गाथ आंग यौ विरह दुष सूलन को सहिवो। प्यारे नंदनंदन की आवन अवधि आस जैसे तैसे रह्यो जीउ अव कहा कहिवो। आयो सषी सावन न आयो मनभावन री अव तू उपाइन कौ छोडि व्रथा वहिवो। कदम कुसुम की सुवासु को प्रकासु भयो षेलु है न प्रानन को कुसल सौ रहिवो [कृष्ण० ६७२]

हरि० : परकीया नायिका है, रूठी है, सषी नायक सो कहति है, मैं वाने कुंज मै वहकायकै लै आवति हों, तुम मिलौ, किंवा तुम सषी भेष कर चलौ, तहां नायक को वचन, अव तूं मिलाइवे के

[235] तजि – तज - को०न०वे०; भजि - वा०; तजु - पा०। नांउ – नाम - को०; नांऊ - वा०; नाव - पा०ह०; नाउ - मो०भा०नी०; ना, 'म' तथा 'व' - मु०। उपाव – ऊपाव - उ०मि०; उपाय - को०चौ०वा०गा०; उपाइ - न०वे०भा०; उपाई - नी०। कौ – को - को०पा०मो०वे०भा०ह०; कौं - वा०। आयो – आयौ - चौ०वा०मु०नी०। पावस – पावसु - उ०; सावन - को०; पाउस - चौ०; शावन - भा०; सांवनु - मि०; सावन - नी०। मास – मासु - उ०न०गा०भा०मि०नी०। षेल न – षेलत - मो०; षेलु न - नी०। रहिवो – रहिवौ - चौ०वा०न०गा०मि०मु०; रहीवौ - नी०; रहियौ - ह०। षेम – षेम, मूल में 'षेल', ऊप्र रिक्त स्थान में 'म' - उ०; षेन - मि०; षैम - नी०। सौ – सौं - को०न०ह०; सुं - चौ०; सों - मो०गा०; सो - वे०; सै - नी०। कैम – कैंम - उ०मि०; केम - को०चौ०; कमल - वा०; केव - मो०। कुसुम – कुसम - उ०चौ०मि०मु०नी०; लुसम - मो०; कुसमु - न०। की – के - भा०। वास – वासु - गा०भा०मि०नी०। [६७२]

उपाय को नाम तजि दै, कामोद्दीपक सावन मास आयो, वह षेलनि सों आपनो मन वहरावै है, षेल जो है सो षेम सौं कल्यान सौं नहीं रह्यौ, कैन कदंव के कुसुम की वास सों, एक कदंव कुसुम की वास ने औरि सव क्रीडा उठाय दीनी, एक नायक सों विहारही रह्यौ षेल षेम सों नहीं रह्यो, इहां लोकोक्ति अलंकार है।

— ⋆ —

लसै मुरासा तिय श्रवन। यौं मुकतनु दुति पाइ। मानौ परस कपोल के। रहे स्वेदकन छाइ [६७३] [236]

لست مراسا تیہ سرون یون مکتن دوت پاي ۰ مانون پرس کپول کین رہي سویدکن چہاي [ظا۰ ٦٧٣]

अन० : सषी की उक्ति नायिका सो परिहास करति है, उत्प्रेक्षालंकार।

नर० : मुरासा सोभा सषी को वैन नायक सो हो कान्ह राधा के श्रवनु के विषै मोती की दुति पाइकै मुरासा ऐसे सोभत है कि मानहु कपोल के विषै परसनै ते स्वेद के कनिये छाइ रहे है –

> **कामिनि कान मुरासा लसै अति देषत सोभ समूह लहै है। यो मुकताफल की दुति पाइ वहै गजराजनि कुंभन देहै। सुंदर गोल षरे है अलोल वडे लहि मोल विलोकि चहै है। मानु अवै परसे ते कपोल के स्वेदन के कन छाइ रहै है** [नर० ६७३]

कृष्ण० : इह मोतीन कौ मुरासा नाइका के श्रवन मै है, ताकी सोभा देषि सषी नाइका सो कहति है अथवा नाइका के कपोल पै स्वेदकन देषि सषी नाइका सौ मुरासा कौ वरनन करि कहै तौ लच्छिता जानियै –

> **आजु नवनागरी की आंग री विलोकि छवि देषिवे को नैन ललचाइ ललकत है। कहै कवि कृष्न वही वानिक विलोकि ठगे रीझि पगे तव ते लगत पल कत है। तरुनी के श्रवन अमोल मुकताफल के करनाभरन ऐसी आभा छलकत है। मेरे जान परसि कपोल इनही के उर उलह्यौ प्रस्वेद तेई वुंद झलकत है** [कृष्ण० ६७३]

हरि० : सषी वचन किंवा नायक वचन नायिका सों, तिय तेरे श्रवन में कान में मुरासा जराऊ ताकी तरकी जानिए, हीन पद दूषन, विहारी कौ दोहा नहीं, यौं वा तरह लसै है, मानों कपोल के परस सों भयो स्वेद रूप सात्विक ताकी कना सों छाय रह्यौ है मुकुता सो स्वेदविंदु, स्वेद की संभावना, हेतूत्प्रेक्षा।

---

[236] लसै – लसें - को०; लसे - मो०। मुरासा – सुरामा - वा०। तिय – त्रियत्र - को०; निय - चौ०; तीय - वा०; त्रिय - मु०। श्रवन – श्रवनु - वा०; श्रवनि - मु०। यौं – यो - उ०पा०वे०गा०; यों - को०मो०मु०; युं - चौ०; यौ - न०नी०। मुकतनु – मुरतन - को०; मुकुतनि - पा०नी०; मुक्तन - मो०; मुकतन - वे०; मुकतिन - मि०; मुकतनि - मु०; मुकुतिनि - ह०। दुति – द्विति - पा०; द्युति - मो०। पाइ – पाय - को०चौ०मो०वे०मि०मु०ह०। मानौ – मांनहुं - उ०गा०; मानों - को०; मांनहु - चौ०न०वे०; मानहौ - वा०; मानै - पा०; मानो - मो०; मांनो - मु०ह०। कपोल – कपोंल - वा०। के – कैं - उ०चौ०; कै - वा०वे०गा०। रहे – रहें - चौ०; रहै - वा०वे०मु०। स्वेदकन – श्वेदकन - पा०; स्वेदकनि - वे०ह०; स्वादकन - नी०। छाइ – छाय - को०चौ०वा०मो०मि०मु०ह०। दोहा लुप्त - भा०। [६७३]

— ⋆ —

मिलि परछांही जोन्ह सौं। रहे दुहुन के गात। हरि राधा इक संगही। चले गली महि जात [६७४] [237]

مل پرچھائین جو نہ سون رہي دوہون کے کات ۰ ہر رادہا اکہ ہے چلے کلي مین جات [ظا۰ ٦٧٤]

अन० : सषी की उक्ति सषी सो, दंपति कै संका अवहित्था धृति संचारी संयोग शृंगार, परकीया नायिका, मीलित अलंकार।

नर० : दंपति अभिसार, सषी कौ वैन सषी सौ हे सषी श्रीहरि अनै राधिका दोनौ कौ परछाही अरु जोन्ह सौ मिलिकै गात रह्यो है सो दोनों एक साथ भयो गली मै चल्या जात है –

> **जोन्ह सो जाइ मिली परछांहि वडी सुषमा जग की सव पैहै। गात रहे है दुहून के सुंदर भांति अनेकन के सुष लैहै। छांह सु छांह लगाइ परस्पर कैकै कटाछन नैन नचैहै। राधिका श्रीहरि एकही संग चलेई गली महि षेलन जैहै [नर० ६७४]**

कृष्ण० : इह दुहुन कौ मिलिवौ, गली मै जात एकही जाने परत है सु सषी सषी सौ कहति है –

> **दोऊ रस भीजे रूप रीझे तरुनाई भरे दुहू के सनेह उमगत गात गात है। दंपति करत चतुराई के चरित्र चारु और कौन जानै ए प्रवीनन की वात है। जहां परछाही तहां प्यारियौ विलोकियत जोन्ह को प्रकास तहां कान्हही लषात है। कहै कविकृष्ण केलि कुंज कौ निसंक भए दोऊ एक साथही गली मै चले जात है [कृष्ण० ६७४]** [238]

हरि० : सषी सो सषी कहति है, परछांही सों, जोन्ह चांदिनी सों मिलिकै दुहुन के गात रहे हैं, नायक स्याम है सो नायिका की परछांहीं सों मिल्यो है, नायिका जोन्ह सों मिली, हरि औ राधिका एकही संग गली मैं चले जात हैं, इहां संका, अवहित्था आपु को छपावनो, धृति संचारी, परकीया नायिका संयोग सिंगार, मीलित अलंकार, किंवा मान करावै मान छोडावै यह सषी को कर्म, सषी वचन नायिका सों, हे राधा, हरि एक नायिका के संग में होए गली में चले जात हैं, औरि वही अर्थ।

---

237 मिलि – मिल वे०गा०। परछांही – परिछांही - वा०; परछाही - पा०भा०मि०; परछाहीं - नी०; परछांहीं - ह०। जोन्ह – जोंन, ‘न’ का ‘न्ह’ बाद में - उ०; जौन्ह - वा०; जोन्हि - मो०, जोनि गा०; जोंन्ह - भा०ह०; जौंन्ह - मि०। सौं – मैं - को०; सुं - चौ०; सो - पा०; सों - मो०वे०गा०ह०; सौ - भा०मु०। रहे – रहै - को०चौ०। दुहुन – दुहन - उ०पा०; दुहौन - वा०मो०; दुंहुंनि - गा०; दुहुनि - मु०ह०; दुहूं - नी०। के – कै - चौ०। इक – यक - पा०नी०; एक - मि०। संगही – ह्वै रहै - को०; साथही - भा०; वेरही - मु०; संगहीं - ह०। चले – चलै - वा०; जात - मो०। गली – न - मो०। महि – सहि - उ०; मिहि - को०; मे - पा०नी०; जाने - मो०; मै - भा०मि०; मैं - ह०। जात – जाति - को०। [६७४]

238 भा० प्रति में यहाँ पर उपरोक्त छंद के स्थान पर निम्नलिखित उदाहरण छंद है –

हरि राधिका आपुस मै रसमै वतरात हुते छवि आजु जितै। कहते सजनी वर औरनि की जुरि औचक आइ गई सु तितै। जिनके द्रग जापर जाइ परे तिन ताही तक्यो सव ज्ञानि वितै। अति कौतुक जो उपज्यो दुहु छाडत दोऊ दवे कछु पै न इतै [भा० ६७४]

— ★ —

विधि विधि कौन करै टरै। नहीं परेहू पान। चितै कितै तै लै धर्‌यौ। इतै इतै तन मान [६७५] [239]

अन० : सषी की उक्ति सषि सो, गुरुमान, नायका मानिनी, विशेषोक्ति अधिक अलंकार की संसृष्टि।

नर० : मानमोचन प्रनत उपाय सषी कौ वैन नाइका सौ हे राधे विधाता कौ नहीं सौ जौ विधि करै सो पाइ परैहू टरै नाही सो तेरे चित के विषै इतने तन मैं इतनौ मानु कहां तै लैकै धर्‌यौ है –

कौन करै विधि की विधितै कहुं देषतही हियरा हहर्‌यो है। याही को आनि लष्यो सो लग्यो कछु प्रान परेहू न नैक टर्‌यो है। वोलत नांहिन मोन गह्यो अति याही के जीव गरूर गर्‌यो है [नर० ६७५] [240]

कृष्ण० : इह मनाइवौ, सषी वचन नाइका सौ –

पाइ परे मनमोहनहूं वहु भाति हिए रस भाइ भरे तौ। प्रीति की चोप चढाइ अलीनि कही समुझाइ विनै करि केतौ। लोचन तेरे तऊ न चले अनषाइ नचे अति रोस रचे तौ। नैक चितै मृगनैनी कितै तै धर्‌यो भरि मान इतै तन एतौ [कृष्ण० ६७५] [241]

हरि० : मानिनी सों सषी वाक्य, विधि विधि के वचन को ऊपर सों ले आए, निकरै या पद के सामर्थ्य तें, तरह तरह की वात कहति है, पान को अर्थ पावन परें भी मान टरै नहीं, चितै हमारी ओर देषि कितै तें, कहां ते लेकरि धर्‌यो, राष्यौ इतै एतनो वडो मान, एतनो छोटो तन हाथ सों देषाय कहति है, किंवा विधि व्रह्मा तिनकी विधि करि क्रिया करि निकरै, आदमी को साध्य नहीं, किंवा विधि व्रह्मा तिनकौ जो विधि वनावनिहार परमेश्वर को अर्थ करि, परमेश्वर निकारै तो निकरै औरि अर्थ वही, किंवा ऐतै इहां ते सरीर तें चितै चित्त को कितै लै धर्‌यौ, तेरो मन ठिकाने नहीं पूर्वी भाषा में ई को अर्थ यह जोत है तूफान है छल है, न मान मान नहीं है, मानिनी तौ जो कोई कहै है सो सुनै

239 **विधि विधि – विध विध - चौ०वे०। कौन – कौनि - उ०पा०नी०; कोनि - को०; कौम - वा०; कोंन - मो०; कौंन - न०मु०; कैनि - भा०; केनि - ह०। करै – कटै - वा०; करें - मो०; करे - भा०। टरै – टरें - मो०; टरे - भा०। नही – नहीं - चौ०वा०पा०मो०गा०मि०ह०। परेहू – परैहु - उ०; परेहुं - को०; परैहुं - चौ०वे०नी०; परैहौं - वा०; परेंहू - मो०; परैहू - न०मु०; परैहूं - गा०; परैंहू - मि०; परैंरूं - ह०। पान – पांनु - उ०चौ०गा०; पानि - को०; पांन - वा०वे०ह०; पांनि - मो०; पानु - न०भा०नी०; प्रांन - मु०। चितै – चिते - को०; चितें - मो०; चितैं - ह०। कितै – कितें - को०मो०मु०। तै – तें - को०मो०ह०; तैं - चौ०; तै - वा०पा०; ते - गा०मि०मु०। लै – ले - उ०चौ०न०वे०गा०मि०मु०ह०; त्र?, ऊपर रिक्त स्थान में - को०; हू - पा०; लें - मो०। धर्‌यौ – धर्‌यो - पा०मो०वे०; धरो - भा०। इतै इतै – इते इते - को०; इतौ इते - चौ०नी०; इतो ईतें - मो०; इतो इते - भा०; इतौ इतै - न०वे०गा०मु०; इतै इतौ - ह०। तन – तनु - चौ०वा०पा०न०गा०मि०। मान – ?आनु, प्रथम व्यंजन 'पां', 'प्रां' अथवा 'मां' - उ०; मांनु - चौ०न०गा०; मांन - मो०वे०; मानु - भा०नी०; मांनि - मु०। [६७५]**

240 सभी प्रतियों में एक चरण लुप्त है।

241 भा० प्रति में यह भिन्न उदाहरण छंद है –

नाहु निहोरि हहा करि हारि गयो हठि आपुहि तै परिपाते। कौनु कथा हम लोगनु कीनै सौ वलि जाउ गही तिन दाते। सोचति हौ सिषई जिनि हो वह आइ मिली सजनी कहि घाते। आषरु एकु ना जानति ही तुम पाटी पढी हठही की कहा ते। [भा० ६७५]

है, याही ते परमेश्वर सों किंवा विधाता की क्रिया करि निकरै, पाव परिवो मान छोडायवे को कारन है, मान छूटिवो कार्ज नहीं भयो, विसेसोक्ति, सरीर आधार ते मान आधेय वडो, अधिक अलंकार।

— ⋆ —

मोरचंद्रिका स्याम सिर। चढि कत करत गुमान। लषिवी पायन पर लुठति। सुनियत राधा मान [६७६] [242]

مور چندرکا سیام سر چده کت کرت کمان • دیکهي پاین پر لوتهت سونیت رادہا مان [ظا• ٦٧٦]

नर० : भयानकरस सषी कौ वैन नाइक सौ, हो स्याम इन मोरचंद्रिका कौ सिर चढाइकै गुमान कत करत हौ सो क्योंकि अव इनकौ पगां परि लुटती देषनी है कि राधा मान कर्यौ सुनियतु है –

> **मोर की चंद्रिका तू सुनि वात अवै घनस्याम के सीस चढै तै। मो सम जीय मै जानति हौ तुम और न कोर किरीट मढै तै। काहि गुमान धरै अपने मन काय मनो वच नेह पढै तै। भांति भली लषिवी वह पाइन लूटति राधिका मान वढै तै** [नर० ६७६]

कृष्ण० : यह अन्योक्ति, लघु मानस वडी ठौर पाइ गरव करै तहां कहिए –

> **घनस्याम नै आपनै सीस पै राषी वनाइकै चाइन सौ धरिहै। जिनि याकौ तू जी मै गुमान करै अवतौ सव जोम लषो परिहै। कहि काहे को मोर की चंद्रिका ऐसी ढिठाई के ढार रही ढरि है। व्रषभानकुमारी के मान समै तरवानि तरै लुठिवो करिहै** [कृष्ण० ६७६]

हरि० : सपत्नी ने नायक को शृंगार बनायो है, सपत्नी के सुनत राधिकाजी के पच्छ की सषी मोरचंद्रिका को मिस करि कहति है, हे मोरचंद्रिका तूं स्याम के सिर पै चढिकै केतनो गुमान करति है, लषिवी देषौगी तोकौ राधिकाजी के पायनि पर लोटत है, सुनियत है सु आज राधिकाजी मान कियो है, नायक को शृंगार वनायकै तूं गुमान करति है, तेरो वनायो शृंगार श्रीराधिकाजी के पायन पर लोटैगो, गूढोक्ति अलंकार।

— ⋆ —

चीरजीवौ जोरी जुरै। क्यौं न सनेह गभीर। को घटि ए वृषभानुजा। वे

---

[242] मोरचंद्रिका – मोरिचंद्रिका - वा०; मोरचंद्रका - न०वे०गा०मि०; मोरचंद्र, 'द्र' में इकार बाद में - मु०। स्याम – स्यांम - उ०चौ०वा०मि०मु०; श्याम - भा०। सिर – सिरि - उ०चौ०न०गा०; शिर - को०वा०भा०। चढि – चटि - न०; चढ - वे०। कत – कत, 'त' ऊपर के रिक्त स्थान में - उ०; कित - भा०। करत – धरत - वा०; करति - न०भा०नी०। गुमान – गुमांनु - उ०चौ०गा०; गुंमांन - वा०; गुमांनुं - न०; गुमांन - वे०मु०; गुमानु - नी०। लषिवी – लषवी - चौ०वे०। पायन – पाइनि - उ०; पांइनु - चौ०; पायनि - वा०मु०ह०; पाइनु - न०गा०भा०; पाईनु - नी०। पर – परि - मु०ह०। लुठति – लुटत - पा०ह०; लुटति - न०गा०; लटत - वे०; लुठत - भा०। सुनियत – सुनीयतु - चौ०; शुनियत - वा०; शुनियति - भा०; सुनियतु - मु०नी०। मान – मांनु - उ०चौ०न०गा०; मांन - को०वा०वे०मु०ह०; मानु - नी०। प्रति खंडित - मो०। [६७६]

हलधर के वीर [६७७] [243]

چرجيوو جوري جوري كيون نه سنيه كنبهير ٠ كو كهت وي بركهبهانجا يي هلدهر كي
بير [ظا ٠ ٦٧٧]

नर० : भक्तजन कवि विहारीदास कहतु है कि ऐसी जोरी जुरै चिरजीवने ह्वौ और इनके सनेह गंभीर क्यौं न ह्वै, ए द्वै कि इनमें कौन घात्यो है, ए तौ वृषभान की पुत्री है अरु वे हलधरजू के वीर हैं, –

> **जोरी जुरै चिरजीवौ दुहू जन या व्रज वीच वडी छवि छाजै। क्यों न सनेह गंभीर वढै अति सुंदरताई मनोज से लाजै। को घटि ये वृषभान की नंदनी याके विलोकतही अघ भाजै। वाकी तो वात कहा कहियै सषी वे हल भाइ के वीर विराजै** [नर० ६७७]

कृष्ण० : परस्पर मान, सषी कौ वचन सषी सौ –

> **मानतु कौनु हमारी कही जहां दोउन माझ भरी गरुवाई। दोऊ षरे अति तेज भरे तहां क्यों न वढै हित की सरसाई। को घटि है चिरजीवौ करै यह एक सी जोरी विरंचि वनाई। हौ उत वै व्रषभानसुता इत ये हलधारी के वीर कन्हाई** [कृष्ण० ६७७] [244]

हरि० : सषी सों सषी की उक्ति, यह जो राधाकृष्न की जोरी है सो चिरजीवौ, जुरे मिले ते क्यौं नहीं गंभीर प्रीति होय, होतही है, प्रीति वरोवरही सोभा पावति है, लायकही सों कीजिए वैर व्याह अरु प्रीति, यामे कौन वढि है, दोऊ वरोवरि हैं, ए वृषभानु की वेटी हैं, वै तो कृष्न सो हलधर वलदेवजी तिनके वीर कहिए भाई हैं, इहां सम अलंकार भयो, इहां वचन को मेल नहीं भयो, जौ इन्है वृषभानुजा कह्यौ तो उनै नंदनंदन कह्यो चाहिए, मान मै सषी कौ प्रश्न तहां नायिका कौ वचन, सषी कहै है, चिरजीवौ यै जोरी, जुरे मिले क्यौं नहीं गंभीर सनेह होत है, इहां घटि कौन है, ए वृषभानुजा, तव नायका की उक्ति, वै हलधर के वीर, हलधर पद सों गंवार जानिए, ताको भाई गंवार।

—⋆—

औरै गति औरै वचन। भयौ वदन रंग औरु। द्यौसक तै पिय चित

---

243 चीरजीवौ – चिरंजीवो - को०; चिरंजीव - पा०; चिरजीवो - वे०मि०मु०नी०ह०; चिरुजीवो - भा०। जोरी – योरी - को०वा०। जुरै – जुरे - को०; जुरौ - चौ०गा०; जुरी - वे०; जुरें - ह०। क्यौं – क्यो - उ०पा०वे०; क्युं - चौ०; क्यों - गा०ह०; क्यौ - भा०नी०। सनेह – सरेहु - चौ०; सनैह - वा०; सनेहु - मु०नी०। गभीर – गंभीरू - उ०; गंभीर - चौ०वा०न०वे०गा०मु०ह०; गभीरु - मि०; गंभीरु - नी०। को – कौ - वा०। घटि – घट - न०वे०गा०मु०। ए – यै - वा०; ये - पा०; वे - भा०नी०; है - मि०। वृषभानुजा – वृषभांनुजा - चौ०न०; व्रषभानजा - वे०मि०; वृषभांनुंजा - गा०; व्रषभानुजा - भा०; व्रषभाननी - नी०। वे – वै - उ०पा०ह०; वें - वा०; ए - मि०; ये - नी०। हलधर – हरधर - चौ०; अलधल - पा०; हलधरि - न०; हलधरु - मि०। वीर – वीरु - उ०मि०नी०। प्रति खंडित - मो०। [६७७]

244 भा०मि० प्रतियों में केसौराइ (सं० १७३९, रसललित के रचयिता?) की छाप का यह छंद है –

अनगनै ओट पाइ रावरे गनै न जाइ वेहु आहि तरक करैया अति मान की। तुम जोई सोई कहौ वेऊ जोई सोई सुनै तुम जीभ पातरे वे पातरी है कान की। केसौ केसौराइ काहि वरजौ मनावौ काहि आपनै सयान कौधौ सुनत सयान की। कोऊ वडवानल की ह्वैहै सोई ऐहै वीच तुम वासुदेउ वेऊ वेटी व्रषभान की [भा० ६७७]

चढी। कहै चढौहै त्यौर [६७८] [245]

اوري كت اوري بچن بہئي بدن چهت اور ٠ ديوسک تين پيہ چت چدہي کہين
چدہي اہين تيور [ظا٠ ٦٧٨]

अन० : सषी को वचन नायिका सों, विभावनालंकार।

नर० : प्रेमगर्विता सषी कौ वैन नाइका सौ हे राधे ए तेरी औरही मति भई है अरु औरही वदन कौ रंग भयौ है सो कहै नहीं ए चढौहै से त्यौरु किये है सो तोको तौ दिनेकही जु भरतार के चित चढी कौ भयौ है –

> **और भई गति और सयानप अंग नई सव रीति गहै है। आनन रंग भयो अव औरही नैन वडी चतुराइ चहै है। वैननि भांति अनैसी लषी हम भोंहन भेद अनंत लहै है। द्यौसक तै पिय चित्त चढी कछु त्योर चढे चिहुं ओर कहै है** [नर० ६७८]

कृष्ण० : इह नाइका नैक के प्रेमगरव ते काहू कौ मन आनत नाही, सु सषी सौ कहै, नाइकाहू सो कहै तो वनै –

> **औरही चालि विलोकनि औरही देषिये आननहू रंग औरही। वोलति आनही भांति गुमान सौ ज्यों निधनी निधि पाइकै वौरहि। वूझेहु वातहि ऊतरु देति न डीठि कहूं ठहराति न ठौरहि। द्वैक दिना ते चढी पिय के चित प्यारी चढाएही राषति त्यौरहि** [कृष्ण० ६७८]

हरि० : मोसों मिलवति चातुरी याके आगे चाहिए, सषी वचन नायिका सौं, किंवा सोति की सषी की उक्ति, सोति की सषी सों आगे औरि तरह थो, अव औरिही गति औरै वचन औ मुष को रंग औरिही भयो है, एक दिन तें पिय के चित्त चढी है, चढौही त्योर सो कहति है, औरें पद तें भेदकासयोक्ति।

— ⋆ —

वेंदी भाल तवोल मुह। सीस सिलसिले वार। दृग आंजे राजै षरी। एही सहज सिंगार [६७९] [246]

245 औरै – ओरे - को०; ओरें - मो०; ओरै - वे०; औरें - ह०। गति – मत - न०वे०; मन - गा०स०। औरै – ओरे - को०; आरें - चौ०; ओरें - मो०; ओरै - वे०; औरें - ह०। वचन – वचनु - उ०चौ०मि०; चलन - न०वे०गा०स०। भयौ – भयो - को०मो०वे०गा०स०भा०मु०; भए - ह०। वदन – वदनु - मो०मि०नी०। रंग – रंगु - मो०नी०। औरु – ओर - को०मो०मु०; और - वा०वे०स०मि०ह०; ओरु - गा०। द्यौसक – घोसक, ऊपर भिन्न क़लम से 'द्यो' - को०; द्यौअकि - चौ०; घोसक - मो०; द्योसक - स०। तै – 'त' में इ तथा ए की मात्राएँ - उ०; तिं - को०; तें - मो०स०मु०ह०; ते - भा०नी०; तैं - मि०। पिय – पीय - चौ०गा०। चित – चितु - मु०। कहै – कहे - स०; कहें - ह०। चढौहै – चढौहू - उ०; चढोहै - को०; चढौहौ - चौ०नी०; चढैहौ - वा०; चढ्योहै - मो०; चढोहे - वे०स०; चढौंहै - मि०; चढोंहे - ह०। त्यौर – त्योरु - उ०; त्यौरु - चौ०भा०नी०; त्योर - मो०स०; त्यौंर - न०; चीर - वे०। दोहा लुप्त - पा०। [६७८]

246 वेंदी – वैदी - उ०मि०नी०; वैंदी - वा०; वेदी - पा०भा०। भाल – भालु - मि०। तवोल – तंवोरु - चौ०; तंवौल - वा०; तमोल - पा०नी०; तमोर - मो०मि०; तमोरु - भा०। मुह – मुंह - उ०; मुष - पा०मो०नी०ह०। सिलसिले – मिलसिले - चौ०; सिलहिले - भा०। वार – वारु - मि०। दृग – द्रिग - वा०मो०मि०; द्रग - भा०नी०। आंजै – आंजे - उ०; आजै - चौ०; आजैं - वा०; आजे - पा०भा०; आंजें - मो०; आंजैं - ह०। राजै – राजैं - वा०; राजें - मो०; राजे - भा०। एही – एई - वा०; साजे - पा०; साजें - मो०; याही - भा०; येही - नी०। सहज – सज - भा०। सिंगार – सिगार - भा०; सिगारु - मि०। दोहा लुप्त - को०न०वे०गा०स०मु०। [६७९]

بيندي بہال تمور مہ سيس سلسلي بار ۰ درک انجن راجي کہري ساجين سہج سنکار [ظا۰ ٦٧٩]

अन० : सषी की उक्ति नायक सो होइ तो रुचि उपजावति है, जो नायक की युक्ति है तो गुनकथन इहां वक्ता की उक्ति ते व्यंग्य है, सुभावोक्ति अलंकार।

कृष्ण० : इह नायिका की सहज की सोभा सषी नायक सो कहति है –

> **वेंदी छवि छाजति है ललित लिलार पर नीकी नवजोवन की जोतिन रषति है। सिलसिले स्याम सटकारे सुकुमार वार निमिष सिवार पांति सर निसरति है। अंत मुह अध अति अरुन तमोर भरे षंजनु से द्रगनु मै अंजन धरति है। सहज सिंगार येही राजति अपार द्युति सौतिनु की आंषिनि मै छार सी परति है** [**कृष्ण० ६७९**] [247]

हरि० : सषी नायिका को अभिसार करावै है, तूं वहुत सिंगार काहे को करति, तू योंही सुंदरी है, लिलार में वेंदी, मुष मै पान, सीस पै सिलसिले चीकने वार, दृग अंजन दिए है, एही जो सहज सिंगार है, तासों तू षरी अति राजै है सोभै है, जाति अलंकार।

— ★ —

अंग अंग प्रतिविंव परि। दरपन से सव गात। दुहरे तिहरे चौहरे। भूषन जाने जात [६८०] [248]

انک انک پرتبمب پر درپن سي سب کات ۰ دوہري تہري چوہري بہوکہن جانے جات [ظا۰ ٦٨٠]

अन० : जाने जात या पद मै संभावना है ताते उत्प्रेक्षालंकार।

नर० : अंग सोभा सषी को वैन नायक सो हो कान्ह राधा के सगलौ गात आरसी सरोषै हैं सो अंग प्रति अंग के विषै प्रतिविंव परि रह्यो है सो भूषन जो पहिर्‌यो है सो दोवरो तेवरो चौवरो जाने परतु हैं –

> **अंगन अंगन मै प्रतिविंवतु होइ षरे मधि आन षरै है। दर्पन से सव गात विराजत देषतही हियरान हरै है। संक वडीये वडी रहै मानस आपने जीव वितर्क धरै है। दोहरे और षरे तिहरे कछु चौहरे भूषन जाने परै है** [नर० ६८०]

247 भा०मि० प्रतियों में यह भिन्न उदाहरण आया है –

केसरि की वेंदी भारी भाल मधि राजति है सुरंग कपोल तिल सोहत अपार है। पान भरे आनन कटाछ द्रग कानन लौ सोहै कच स्याम मषतूल के से तार है। वेसरि को मोती छवि नेहु उपजावन कौ भरमी सुकवि अंगु अंगु सुकुमार है। लाषही की चूरी कर लाषन लहति यह सादिगी की सादिगी सिंगार को सिंगार है [भा० ६७९]

248 अंग अंग – अंगु अंगु - मो०। परि – पर - वे०स०। दरपन – दरे?पन, ‘रे’ की मात्रा पर काटने का चिह्न? - उ०; दर्पन - चौ०मो०वे०स०मि०ह०; द्रप्पन - न०गा०। से – सैं - उ०; सौ - वा०न०गा०; सो - वे०; अओं - स०। सव – सवु - वा०। दुहरे – दोहरे - को०; दुहरै - वा०; दुहुरे - मो०। तिहरे – सिहरे - को०; तिहरौ - वा०; तिहुरे - मो०। चौहरे – चोहरे - को०वे०स०मु०; चाहरे - वा०; चोहरो - मो०। भूषन – भूषत - उ०। जाने – जानै - उ०मि०; जानि - को०; जांनै - चौ०वा०; जांने - न०गा०स०मु०। [६८०]

कृष्ण० : यह नायिका के अंग की उजराई सषी नायक सो कहै अरु सषी सौ कहै तौहू संभवै जो नाइका सषी सो कहै तो रूपगर्विता होइ –

> **वदन विलोकि ससि समता लहै न क्योंहू लोचन विलोके जलजातऊ लजात है। नागर नवेली नष सिष लौ निकाई भरी वानक विचित्र लषि लोचन सिरात है। कृष्न प्रानप्यारे अति उज्जल लसत वाके मुकर से गात महा सोभा सरसात है। अंग अंग प्रतिविंव परिकै डिठौना किए एक एक भूषन अनेक जाने जात है** [कृष्ण० ६८०]

हरि० : सषी को वचन नायक सो, किंवा दोउनि के वचन नायिका सो, दर्पन से साफ गात है, परि की ठौर परे जानिए, अंग अंग में प्रतिविंव परे हैं, तासों एक भूषन दोहरे तिहरे चौहरे जाने जात हैं, प्रतिविंव को प्रतिविंव परिकै दर्पन से इहां से को अर्थ मानौ भी भासै है, तासों उक्तास्पद वस्तूत्प्रेक्षा, गात मानौ दर्पन है, गात वस्तु विषै दर्पन की संभावना, उपमा लगावै तो उपमा भी लगि जाय।

— ★ —

पूछै क्यौं रूषी परति। सगिवगि गई सनेह। मनमोहन छवि परकटी। कहै कत्यानी देह [६८१] [249]

پونچھیں کیوں روکھي پرت سکبک رہي سنیہ • من موہن چھب پرکھتے کہے کتیانئے دیہ [ظا• ٦٨١]

अन० : सषी की उक्ति नायिका प्रति, हेतु लच्छित कियो है, पूर्वानुराग अवहित्था संचारी, रोमांच सात्विक अनुबाव ते लच्छिता नायिका है, काव्यलिंग अलंकार।

नर० : सुरतगोपना सषी को वैन नायका सो हे राधे मेरे पूछै ते रूषी क्यौं परति है नायक श्रीमनमोहनजू सौ नेह करिकै सगवग रही है सो छवि तो परगटही कंपानी देह कहे देति है –

> **पूछत क्यों सषी रूषी परै अहो क्यो न कहै मन मोद लहै है। नेह षरी सगवग्ग भई पुनि जानत जीय उछाह चहै है। तो मन मोहन की प्रगटी छवि आनन ओप अनोप गहै है। क्यों दुरिहै चित चाह लगी सुनि ए री कंपानी सी देह कहै है** [नर० ६८१]

कृष्ण० : यह नाइका लच्छिता है, रुषाई करिकै सषी सौ दुरावति है, पै रोमांच देषि सषी सषी सों प्रगट करति है, सषी को वचन नाइका सो –

> **पूछे ते क्यों वहरावती वात कहा तै अनोषी रुषाई है ठानी। प्यारे के प्रेम मै पागि रही अव होतु कहा मुकुरै हम जानी। क्यों उर अंतर की दुरै प्रीति सनेह की रीति रहै न छिपानी। तू मनमोहन की छवि पै जु कटी सु कहै यह देह कट्यानी** [कृष्ण० ६८१]

249 पूछै – पूछे - को०भा०नी०; पूछैं - वा०ह०; पूंछें - मो०; पूछयौ - गा०। क्यौं – क्यों - उ०; क्युं - चौ०; क्यो - मो०वे०; क्यौ - भा०। रूषी – रूषी, 'रू' के ऊपर रिक्त स्थान में संशोधन - उ०। परति – परत - को०मो०वे०गा०स०नी०; परै - ह०। सगिवगि – सगवगि - को०चौ०; सगवग - मो०न०वे०गा०स०मि०। गई – गईं - मो०; रही - भा०मि०नी०ह०। सनेह – सनैह - वा०। मनमोहन – मनमौहन - वा०। परकटी – परगटी - को०वा०मो०न०वे०गा०स०; परिकटी - चौ०; परकढी - मि०। कहै – कहैं - मो०न०। कत्यानी – कत्यानी, मूल के 'ट्' पर 'ह्', ऊपर रिक्त स्थान में 'हा' - उ०; कटीली - को०मो०; कहांनी - वा०; कपानी - चौ०गा०; कपांनी - न०वे०; कंपानी - स०; कटानी - भा०मि०नी०। प्रति खंडित - पा०; दोहा लुप्त - मु०। [६८१]

हरि० : सषी वचन लछिता सों, हमारे पूछे सों तू रूषी क्यों परति है, कोप करति है, नायक सों स्नेह प्रीति करिकै सगिवगि रही है, अति मिल रही है, मनमोहन की छवि पर तू कटी, टूक टूक होय रही है, अति आसक्त होय रही है, ऐसी वोलनि प्रेम में है, आपु टूक टूक भई गागरि छूटि कहै, किंवा मोहन की छवि तेरे मन में परकटी है, प्रगट भई है, सो तेरी कल्यानी जो देह है सो कहति है, कंटक से रोम उठि आए हैं, ऐसी पुलकित देह, किंवा मनमोहन की छवै को प्रगट करी है, कल्यानी देह नै, तूं कहै क्यों नहीं, अन्यसंभोगदुःषिता मैं भी लगै है, स्नेह दृढ कियो रोमांच सात्विक सों, काव्यलिंग अलंकार।

— ★ —

मोहि भरोसौ रीझिहै। उझकि झांकि इक वार। रूप रिझावनहार वह। ए नैना रिझवार [६८२] [250]

موہ بہروسو ریجہ ہے اوجہک جہانک اک بار ۰ روپرجہاون ہار وي ي نینا رجہوار [ظا۰ ٦٨٢]

अन० : दूति की उक्ति परकीया नायिका प्रति, सिक्षा मति भाव ध्वनि करि पूर्वानुराग व्यंगि, समालंकार।

नर० : अधीरा नाइका कौ वैन नाइक सो हो कान्ह मेरे तांई इन तमारे नेत्रां को भरोसौही हौं कि एक वार के उझकि झांकने ते रीझिहैं सो क्यों कि उन स्त्री कौ रूप तौ रिझावनवारौ है और ए तमारे नेत्र रीझनवारे हैं –

> **मोहि भरोसो षरोई रहै सुनि रीझिहै वे जिय आनि अरे है। झांकि भली विधि तू उझकायकै एकहि वार हुलास भरे है। रूप रिझावनहार इहै कछु और सवै सुष भूलि परे है। तोहि निदान जिताइ कहूं अव नैनन ए रिझवार षरे है** [नर० ६८२]

कृष्ण० : इह नाइका कौ रूप सषी नाइक सौ निवेदनु करति है, सषी को प्रयोजन प्रीति कराइवो –

> **सुंदर जो कहियै तो तिहू पुर मै इक नंददुलारोइ है। यामै कहा कहनावति है कछु प्रेम को पंथ नियारोइ है। नैक झरोषा ह्वै झांकि वलाइ ल्यों मोहि भरोसो तिहारोइ है। रिझवारहि ते दृग रीझहिगे रूप रिझावनहारोइ है** [कृष्ण० ६८२]

---

250 मोहि – मौहि - वा०; मोह - वे०। भरोसौ – भरोसो - को०पा०मो०वे०स०मु०; भरौसौ - वा०; भरोसों - गा०; भरोसौं - नी०; भरौसो - ह०। रीझिहै – रिझिहै - उ०; रीझहै - को०चौ०वे०स०; रीझिहौ - भा०; रीझिहैं - ह०। उझकि – उझक - वे०स०; उझिक - मु०; उझुकि - ह०। झांकि – झाकि - पा०भा०; झांक - वे०स०मु०। इक – यक - पा०; ईक - मो०। रूप – रूपु - उ०को०चौ०। रिझावनहार – रिग्झांवनहारु - उ०; रिझावनहारु - चौ०न०; रिजांवनहारु - गा०; रिझांवनहार - मि०; रिंझावनहांरि - मु०; रिझावनिहार - ह०। वह – उह - वा०; यह - पा०; य - मो०; वे - मु०; वै - नी०। ए – ऐ - को०; वै - पा०; ये - भा०नी०। नैना – नैंनां - उ०वा०ह०; नेना - को०; नेंना - चौ०; नेंनां - मो०मु०; नेनां - न०; नैनां - वे०गा०; नैंना - स०। रिझवार – रिझवारि - वा०गा०। [६८२]

हरि० : सषी वचन परकीया सों, मोहि भरोसो है, तेरे नैन देषिकै रीझेंगे, झरोषा मै उझुकि कै उचकिकै एक वार तूं झांकै वह नायक रूप करिकै रिझावनहार है, ए तेरे नैन रिझवार हैं, वै रिझावनहार ए रिझवार, जथाजोग को संग है, समालंकार।

— ★ —

भौंहनु त्रासति मुह नटति। आंषिन सौं लपटाति। ऐंचि छुडावति करु इची। आगै आवति जाति [६८३] [251]

بهوہین تراست موکہ نتت انکہین سون لپتات • اینچ چہوداوت کر ایچی اکین اوت جات [ظا• ٦٨٣]

अन० : उक्ति नायक की सषी प्रति, रतिकोविदा प्रौढा, विभावना।

नर० : सषी कौ वैन सषी सौ हे सषी राधिका भौंह करिकै डरावति है, और मुहु करिकै नटति है और आंषिन सौ लपटि जाति है और इची सौं हाथ कौ ऐंचिकै छुडावति है पै आगे आवति जाति है –

> **भौहनि मैं हसती त्रसती कछु वार अनेकन सो अनषै है। आनन सो नटि जाति छिनेक मै आंषिन सों लपटाति सी ऐहै। ऐंचिकै आपनो हाथ छुडावति नारि अनेकन सों अनषैहै। चाह भरी चतुरा चपला सम ऐचे तै आगेही आवत जैहै [नर० ६८३]**

कृष्ण० : सुरतांत के समै प्रौढा नाइका की जु क्रिया चेष्टा है सु सषी सषी सौ कहै, वा नाइका सषीहू सौ कहै तौहू संभवै –

> **तिय सूनै अवास सरोजमुषी दुति पुंजनि कौ उमगावति सी। तहां कृष्न अचानक आनि गही चढी भौहनु सो डरपावति सी। अरु आंषिन मै लपिटाति सी आनन ना करि नाक चढावति सी। वह ऐंचि छुडावति वांह इही मिस आपु इंची ढिग आवति सी [कृष्ण० ६८३]** [252]

---

[251] भौंहनु – भोंहन - को०स०; भुंहनु - चौ०; भोहन - पा०; भोहनि - मो०; भोहन - वे०भा०; भोंहनु - गा०; भौंहनि - मि०मु०ह०। त्रासति – त्रास्ति - चौ०; त्रासात - मो०वे०स०भा०। मुह – मुंह - उ०चौ०; मुहु - मो०न०; मन - मु०; मुष - ह०। नटति – नटत - मो०वे०स०भा०; नटत, 'त' में इकार बाद में - गा०। आंषिन – आषनि - उ०; अषिन - पा०; आषिन - मो०भा०मि०; आंषिनि - न०नी०; आंषन - वे०गा०मु०। सौं – सो - उ०; सुं - चौ०; मे - पा०; में - मो०; सौ - न०भा०नी०; सों - वे०गा०स०ह०। लपटाति – लपटात - वे०स०; लपिटात - भा०। ऐंचि – एंचि - उ०मो०; एचि - को०; एरि - चौ०; ऐचि - पा०भा०मि०; ऐचे - न०; ऐच - वे०; येचि - गा०; एंच - स०। छुडावति – छुडावत - वा०मो०वे०स०भा०मि०; वुझावति - गा०; छुटावति - ह०। करु – कर - को०वा०पा०मो०वे०स०मि०मु०ह०; करि - न०गा०। इची – ईची - वा०; ईंचें - मो०; रची - भा०; इछै - मु०नी०; इंची - ह०। आगै – आगैं - को०मि०; आगें - चौ०ह०; आगे - पा०मो०न०भा०। आवति – आवत - वे०स०भा०। जाति – जात - वे०स०भा०मि०। [६८३]

[252] भा० प्रति में यहाँ अन्य उदाहरण छंद है –

प्यारे पानि गह्यो आनि भौन मै अकेली जानि भौहनि चढाइकै सलोनी सतराति है। नैननि हसोही डीठि राषति न सौही मुसिकाइकै लजौही अंग अंग ठहराति है। भयो मन भायो ज्यौ सुमेर सुष पायो हियै आनद वढायो नेक नैन दै डराति है। झटकि छुडावै वाह मिलो चाहै मन माहि करै नाहि नाहि याही मिस नियराति है [भा० ६८३]

हरि० : सषी सों सषी, भोंहनि सों डरपावति है, मुष नटति मुष सों नाहीं करति है, आंषिन सों लपटाति जाति है, प्रीति सों देषति है, ऐंचिकै षैंचिकै कर को छोडावति है, आपु इंची षैंची सी आगे आवती जाति है, स्वभावोक्ति अलंकार।

— ★ —

रुक्यौ सांकरै कुंज मग। करतु झांझि झकरातु। मंद मंद मारुत तुरग। षूंदनु आवतु जातु [६८४] [253]

روکیو سانکري کمج مک کرت جہانجہ جہکرات ٠ مند مند مارت ترنک کہوندن اوت جات [ظا٠ ٦٨٤]

अन० : रूपक अलंकार।

नर० : वसंत वरनन पवन सोभा, कवि विहारीदास कहतु है मारुत क० पवन तिन रूप तुरंग सांकरे कुंज के मारग में रुक्यो थकै झांझ क० सवद करतु है अरु झुकलावत है अरु मंद मंद सी षुरी करतु आवतु जातु है –

> **सांकरे कुंजन के मग माझि रह्यो रुकि आपते होत हिरान्यो। झांझ करै झुकरात घनो तऊ वारही वार षरो अकुलान्यो। फेरि कछू झपट्यो दपट्यो पुनि कै झकझोर जवै वल ठान्यो। मंदही मंद समीर तुरंगम षूदत षूदत आवत जान्यो** [नर० ६८४]

कृष्ण० : वायु वर्नन कवि की उक्ति –

> **सोहतु सिगार वहु भातिन जराऊ साज रंग रंग कुसुम तरल अति अंगु है। कलिका ललित भ्रमरावलि लसति मुष पुहप पराग ढक्यो उमग अभंगु है। झझकतु सांकरे निकुंज मग निरषत झांझ सी करत झुकरातु भर्‌यो रंगु है। षुदी सी करत मंद मंद मलयाचल तै आवतु पवन कामदेव कौ तुरंगु है** [कृष्ण० ६८४]

हरि० : कवि वचन, संकीर्न ठौर कुंज तामै रोक्यो, सांकरि लगाम मै होत है, तासौं पथ में रोक्यो है, दौरिवे नहीं पावै है, करत झांक झुकरात, झांकत है झझकत है, मंद मंद गति सो मारुत पवन सो तुरंग वेगहै षूंदनि सों षुरी सों आवत जात है, रूपक अलंकार।

— ★ —

---

253 रुक्यौ – रुक्यो - को०पा०मो०वे०भा०। सांकरै – सांकरे - को०मो०स०भा०नी०ह०; सांकरें - चौ०; सांकरी - पा०। कुंज – कौज - वा०; कुज - गा०। रुक्यौ सांकरै कुंज, रिक्त स्थान में - मु०। मग – मे - पा०। करतु – करत - को०वा०पा०वे०स०मु०ह०; करकु - न०; करतिं - गा०। झांझि – झाझि - उ०; झांकि - चौ०वा०न०ह०; झांझ्य - पा०; झांझ - वे०गा०स०; झाझ - भा०; झांक - मु०। झकरातु – झकुरातु - उ०न०; झतुरीत - को०; झकुरात - वा०; झकुनात - पा०; झकुराति - मो०; झकरात - वे०स०; झकराति - गा०; झुकरातु - भा०मु०; झुकिरात - नी०; झुकुरात - ह०। मंद मंद – मंदु मंदु - मो०। मारुत – मारुतु - उ०न०मु०; मारत - वे०। तुरग – तुरेंगु - उ०; तुरंग - न०गा०मु०नी०ह०; तुरंगु - भा०। षूंदनु – षुंदन - को०; षूंदन - चौ०; षौंदत - वा०; षूदत - पा०; षुदत - मो०; षूदतु - न०भा०; षूदन - वे०स०; षूंदतु - गा०; छूंदितु - मु०; षुंदनि - नी०; षूंदनि - ह०। आवतु – आवत - को०चौ०वा०पा०वे०स०ह०; आवति - न०गा०; आतप - भा०। जातु – जाति - को०गा०; जात - वा०पा०वे०स०ह०। दोहा लुप्त - मि०। [६८४]

जदपि लोंग ललितौ तऊ। तू न पहिरि इक आंक। सदा संक वढिये रहै। रहै चढी सी नांक [६८५] [254]

جدپ لونک للتو تاو تون نہ پہر اک انک ۰ سدا سنک برہي رہي رہي چدہي سي ناک [ظا۰ ٦٨٥]

अन० : उक्ति सषी की अथवा नायक की नायका सो परिहास उल्लेषालंकार वृत्यानुप्रास।

नर० : सषी की सिक्षा सषी को वैन नायका सो हे राधे जद्यपि तेरे तांई यौ लौंग नाक के विषै पर्यौ ललितै है तऊ तूं इनकौं इक आंकहू पहिर मति ना, सो क्यों कि तू जो नाक चढी सी रहति है ताते नायक कौ सदा सांक वढी सी रहतु है –

> **जद्यपि लोंग षरो ललितो तऊ सुंदर मोहनी सोभ गहै है। नांहिन तू पहिरै इक अंक न याकी सवै कछु रीति लहै है। संक सदा चढियै रहै चित्तन केतिय वार मै तो सों कहै है। ताते अवेर ज्यों तो सुनि सुंदरि जानति नाक चढी सी रहै है [नर० ६८५]**

कृष्ण० : इह नाइका की नाक मै लौंग है, ता करि नाक चढी सी दीसति है, सु सषी नाइका सौ कहति है –

> **किधौ है वदनु छवि दीप कौ सुमेरु जाकी जगर मगर जोति पूरन प्रकासिका। किधौ कवि कृष्न चारु चंपक की कलिका है सहज सुगंध निकसति जाकी स्वासिका। जदपि लवंग अति ललित लसति तऊ तू मति पहिरि कर पति उर दासिका। मान के भरम भूलि मोहन विलोकि रहै मृगनैनी निरषि चढी सी तेरी नासिका [कृष्ण० ६८५]** [255]

हरि० : सठ नायक कहत है, सापराध देषि नायिका ने मान की चेष्टा वनाई है सो देषिकै, जदपि जौ भी लवंग सुंदर है तौ भी तूं एक आंक न पहिरि, एक आंक को अर्थ निश्चय न पहिरि, लवंग है कटु तासौं सदा मान की संका हृदय मै चढी रहति है, स्वभावही ते यह तेरी चढी सी नाक है, मुंह मीठी वातें करै निपट कपट जिय जानि, जाहि न डर अपराध को सठ करि ताहि वषानि, रसिकप्रिया को लच्छन, लेषालंकार, लौंग ललित कहि दोष दियो गुन में दोष अरु दोष मैं गुन कल्पना सु लेष।

— ★ —

254 जदपि – यदपि - को०; जदिपि - न०; जद्यपि - वे०स०; जद्दपि - नी०। लोंग – लौंग - को०वा०पा०न०मि०ह०; लुंग - चौ०; लोग - वे०। ललितौ – ललितो - को०मो०; ललतै - न०; लतै - वे०गा०स०। तऊ – तउ - को०मि०। तू – तुं - को०वे०; तूं - चौ०वा०गा०स०नी०ह०; पहिरि - पा०। पहिरि – पहरि - उ०वा०मि०मु०; तू - पा०; पहिर - न०गा०; पहर - वे०; पहिरैं - स०। इक – एक - को०; यक - पा०। आंक – आक - पा०न०; आंकु - मो०। संक – शंक - वा०; सक - गा०। वढिये – चढीयै - चौ०; वढियै - वा०न०स०मु०; वढिए - पा०मि०; वढएं - मो०; वढीयै - वे०; वढिएं - गा०; चढिऐ - ह०। रहै – रहत - को०। रहै – रह - को०; रहे - गा०; इहै - ह०। नांक – नाक - वा०पा०मि०नी०। दोहा लुप्त - भा०। [६८५]

255 मु० प्रति में यह भिन्न छंद मिलता है –

नेह की घात लगी जव तें तव ते रसरीति रहै नहि ढांकी। देषतही अति मोद भरै उर कौनु करै कुल कानि कहां की। जद्यपि सेनि चवाइ सनी उपहास समै तव लै चहुधां की। तद्दपि छांडे से नैन दुहू के रसीली हसीरु विलोकनि वांकी [मु० ६८५]

वरजै दूनी हठ चढै। ना सकुचै न सकाइ। टूटति कटि दुमची मचक। लचकि लचकि वचि जाइ [६८६] [256]

برجين دوني ؟ نا سکوچي نه دماي ٠ توتت کت دومچي مچک لچ لک تو ؟ [ظا٠ ٦٨٦]

अन० : उक्ति सषी की सषी सो केवल आलंवनही ते रस ध्वनित है, लुप्तोत्प्रेक्षालंकार, वीप्साहू है।

नर० : सषी की सिक्षा सषी कौ वैन नाइका सौ, हे राधे मेरे वरजे ते दूनो हठ चढत है, ना सकुचति है अरु ना सकाति है पै जो या कटि वीच सौं लचकि जाति है सो दुमची की मचक तै टूटि जाति है –

> **तोसौं जवै वरजै कोउ सुंदर दूनी वढै पै नही मन ऐहै। ना सकुचै न सकाइ छिनै कहुं वारही वार कह्यो समुझैहै। टूटि परीगी अरी कटि भामिनि क्यों मचकै दुमची अति लैहै। मै वरज्यो न धरै हिय रंचक ए लचिकै लचिकै वचि जैहै** [नर० ६८६]

कृष्ण० : यह वर्षा समय हिडोरे की सोभा सषी नाइका सो कहति है, सषी को वचन सषी सो –

> **झूलिवे कौ चसकौ लग्यो है इनु द्यौसनु मै छाडि सव ठौर उही ओर ढहराति है। वरजियौ ज्यौ ज्यौ त्यौ त्यौ मानति न एक आन हठु कै चढति न सकुचै न सकाति है। गात की न सुधि है सम्हार उर अंचल की हार विलुलित पिंडुरीन थहराति है। मचे दुहूं ओर के हिडोरे की मचक कटि टूटति सी लचकि लचकि वचि जाति है** [कृष्ण० ६८६] [257]

हरि० : सषी सों सषी, वरजे तें दूनी हठिकै हुलास वढति है, किंवा दूनी हठ चढति, दूनी हठ करति है, ना सकुचै न सकाय, डुमची छोटी डार सो मचकै है, कटि टूटी सी लचकि लचकि वचि जाति है, वरझिवो वाधक है, तौ भी झूला चढै है, विभावना, कटि टूटै है मानौ, गम्योत्प्रेक्षा।

—★—

कर समेटि कच भुज उलटि। षए सीसपट डारि। काकौ मनु वांधे न यह। जूरौ वांधनहारि [६८७] [258]

---

[256] वरजै – वरजैं - को०; वरजें - मो०मु०ह०। हठ – हठि - मो०न०मि०नी०ह०। चढै – चढैं - को०; चाढै - चौ०पा०नी०; चढें - मो०मु०। तूं वरजै दूनी वढै - उ०; तौं वरजै दूनी चढै - वा०। ना – न - मो०; नां - वे०गा०। सकुचै – सकुचे - को०मो०; सुकुचै - वे०; संकुचै - गा०; संकुछै - ह०। न – नां - वे०; ना - स०। सकाइ – सकाय - को०चौ०मो०; संकाई - वा०नी०; संकाय - ह०। टूटति – टूटत - उ०चौ०वे०स०मि०; टुटति - को०। कटि – कटी - पा०; कट - वे०गा०स०। दुमची – डुमची - मो०; दुमकी - गा०स०; हुमची - मि०। मचक – मचक, 'कि'? - उ०; चमक - को०; मचकि - वा०मो०गा०नी०। लचकि लचकि – लचक लचक - वे०स०मि०। वचि – (केवल काकपद) - को०; वच - वा०वे०गा०; विच - न०; लच - मु०; वंचि - ह०। जाइ – जाय - को०चौ०मो०ह०; जाई - वा०। प्रथम द्वितीय यति, 'दूनी वरजैं हठ चढै ना सुकचै न सकाइ' - स०। दोहा लुप्त - भा०। [६८६]

[257] मि० प्रति में भिन्न उदाहरण आया है –

न रही षिस सीस तै सारी सुरंग सम्हारै नहीं जक जूटत है। छवि सौ अवलोकति नंदलला हिलगी रहै रैन अहूटति है। उछरै कवरी छलकै छवि पीठि मैं डीठि तहां सुष लूटति है। चमकै मृगलोचनी केलि भरी लचकै कटि यौं मनो टूटति है [मि० ६८६]

[258] कर – कच - पा०मो०गा०ह०। समेटि – समेट - न०वे०स०मु०। कच – कुच - को०वा०मु०; कर - पा०वे०; करि - मो०; भुज - ह०। भुज – करि - ह०। उलटि – उट्ट - वे०; उलट - स०मु०। षए – षएं - को०मो०ह०;

کر سمیت کچ بہوج اولت کہءین سیس پت تار • کاکو من بندہي نہ یہ جورا باندن ہار [ظا• ٦٨٧]

अन० : उक्ति नायक की साक्षात दर्शन, गुनकथन वचन अनुभाव करि अनुराग व्यंगि वंधिवो लच्छना काकोक्ति, जाति वर्णन अलंकार की संसृष्टि।

नर० : चेष्टा नायका कौ वैन सषी सौ हे सषी या सीस तै पटु टारिकै और भुज उलटि और कर सौ कच समेटिकै जौ जूरा कौ षयै क० ऐचिकै वांधति है सो काकौ मन वांधति नाही है एतावता सव कौ वांधै है –

आपन पानि समेटि दुहू कच और भुजा उलटी करि डारी। सीस षयै पट डारि भली विधि नैन नवाइ उचावति नारी। दर्पन लै कर आनन देषत सुंदर सोभ सवै उर धारी। काको न या मन वांधै अचानक कै कस जूरन वांधनहारी [नर० ६८७]

कृष्ण० : जाति वर्नन, यह जूरौ वांधति नाइका नायक नै देषी है सो सषी सौ कहति है –

नैन ऐन मैन केसे वान षर सान धरे आनन की ओप कछू जैसी चंद पूरे की। कनकलता सी भुज उरज उतंग गोरे षुली षुभी कंचुकी सवज रंग रूरे की। कहै कविकृष्न मटकीली चारु चितवनि चटकीली चूनरी चटक चोषी चूरे की। सीसपटु टारि भुज उलटि समेटि कच क्यो न मन वांधै वाकी वांधनि सु जूरे की [कृष्ण० ६८७]

हरि० : नायक जूरा वांधत है, देषिकै स्मरन करै है केस को, भुजा औ हाथ कौ उलट करि सीस को पट सो षए कहिए कांधा पर डारिकै कौन को मन को नहीं वांधि सकै, यह कहिए या तरह सूं जूरा की वांधनिहारी जेतनी जगत मै नायिका हैं, स्वभावोक्ति अलंकार है।

— ⋆ —

सघन कुंज छायौ सुषद। सीतल सुरभि समीर। मन ह्वै जात अजौ वहै। उहि जमुना के तीर [६८८] [259]

षयें - चौ०मु०; षयै - वा०न०वे०गा०; षये - स०; षयैं - मि०; लषाइ - नी०। सीसपट – सीशपट - वा०; सीसपटु - न०मि०नी०। डारि – डा?रि - उ०मु०; टारि - चौ०वा०पा०न०मि०नी०; डार - स०। काकौ – काको - को०पा०मो०वे०गा०स०मु०नी०ह०। मनु – मन - को०चौ०वा०पा०मो०वे०गा०स०मु०ह०। वांधै – वांधे - को०मो०गा०स०; वांधें - चौ०; वांध्यो - पा०; वंधै - वे०; वाधै - मि०; वेधै - मु०। न – नही - वे०। यह – इह - वा०; यहि - पा०; हि - मो०; (लुप्त) - वे०। जूरौ – जूरा - को०वा०मो०वे०गा०स०मु०नी०; जूरो - पा०ह०; जूरे - न०। वांधनहारि – वांधनिहारि - पा०; वंधनहार - वे०स०; वंधनहारि - गा०; वाधनहारि - मि०; वांधनहार - मु०; वांधनिहार - नी०; वांधनिहार - ह०। दोहा लुप्त - भा०। [६८७]

259 सघन – छघन - वे०; सघनि - मि०। कुंज – कुंज, 'कुं' अपठ - उ०; कौंज - वा०। छायौ – छाये - को०नी०; छायें - चौ०; छाया - वा०पा०मो०; छायो - वे०गा०; छाए - मि०। सीतल – शीतल - वा०; सीतलु - मो०; सरसिज - मि०नी०। सुरभि – मंद - पा०ह०; मंदु - मो०; सुरभ - न०वे०गा०मु०; सुरभी - मि०। मन – मनु - चौ०पा०न०मि०नी०। जात – जातु - उ०न०नी०; जामु - चौ०; जाति - मि०। अजौ – अजों - मो०; अजौं - न०मि०मु०ह०। वहै – उहै - वा०; चहै - मि०। उहि – (लुप्त) - वा०; वा - पा०ह०; वे - मो०; वह - मु०; वहि - नी०। जमुना – जमुनां - को०चौ०ह०; कालिंदी - वा०। के – की - मि०। दोहा लुप्त - स०भा०। [६८८]

260 سکہن - سکہي - ظا•

سکہن[260] کُنج چہایا سکہد سیتل سربہ سمیر ۰ من ہون جات اجون وہئي وہ جمنا کي تیر [ظا ۰ ٦٨٨]

अन० : परकीया की उक्ति, विप्रलंभ श्रृंगार, स्मृति संचारी स्मृति अलंकार तै उत्प्रेक्षा पुष्टकारी याते संकर कहिए।

नर० : पूर्वानुराग वर्नन नायका कौ वैन सषी सो हे सषी उही जमुना के तीर जहां सुष कौ दैनहार कुंज छायौ है और जहां सीतल और भलीये समीर आवतु है सो मेरौ मनु अजौंही उहां ह्वै जातु है –

कुंज घनो घन सुंदर छाइ सषी सुषदायक सोभ लहै है। सीतल मंद समीर लसै सरसी झकझोरत ज्यो उलहै है। हे सजनी अजहूं उहि ठोर भयो मन जात उसास गहै है। फेरतहूं न फिरै कछु रंचक वा यमुना उहि तीर रहै है [नर० ६८८]

कृष्ण० : इह पूर्वानुराग है, जमुना के तीर संजोग मै जु चित्त की वृत्ति होति ही सु वही भावना फेरि वैसीही होति है सु नाइका सषी सौ कहति है –

सघन निकुंज छाये सुषद सुहाए अरु मंडित सरस गुंज पुंज मधुपन की। प्रफुलित मंजु अरविंदन के वृंद आवै त्रिविधि वयारि लै सुगंध कुसुमन की। लतिका ललित छवि वलित लहलहाति जे हुती विहारभूमि नंद के सुवन की। कृष्न प्रानप्यारे की सौं वेई जमुना कौ नीर अजहू निरषि वहै गति होति मन की [कृष्ण० ६८८]

हरि० : श्रीकृष्णजी मथुरा गए तव विहार की कुंज देषि सषी सो नायिका वचन, हे सषी सघन निविड कुंज है, ताकी छाया भी सुषद है, तहां सीतल मंद सुगंध समीर पौन है, जव आवै थी तव जमुना के वा तीर जो है कुंज तहां नायक कौ वैठ्यो पावै थी, अजों अवभी वहै मन ह्वै जात है, उहां वैठे हैं पावैगे, विरहनी के सीतल मंद समीर सुषद क्यौं करिकै, जव जान्यो नायक उहां वैठ्यो है तव विरह को भयो नास तासौं तासों छाया सीतल मंद समीर कह्यौ, इहां स्मृति अलंकार है सुमिरन भ्रम संदेह जहं लछन नाम प्रकास, किंवा नायिका उहां गई है नहीं, दूर सों कहति है, सघन कुंज की छाया सो सुषद है, औ समीर सुषद है, अजौं अवभी जो कोई उहां जात है ताको मन वहै वैसोई ह्वै होत है, जैसो श्रीकृष्ण रहते राजी होतो तैसोई राजी होत है, स्थान ऐसो है, जाहि देषै लागत है अवही श्रीकृष्ण उठिकै औरि कुंज मैं गए हैं जमुना के वा तीर मैं, ह्वै को अर्थ होत है भी है, मंद हसै सुष प्रीतम को मुष चोयनि की उपमा तव ह्वै, तीसरो अर्थ, षंडिता नायक सौ कहति है, घन को अर्थ कठोर, कठोर जाको रहै सो सघन, हम तुमै देषे विना दुषी होति हैं, तुमै दया नहीं आवति है, याते कह्यो हे सुघन कुंज मैं वैठी छाया सुषद जो वहु नायिका है, छाया कहिए कांति, सो जाकी तुम को सुष की देनिहारी है, सपत्नी की उक्ति व्यंग्य लिए, जोवन की जो कांति सो तुमको सुषद अहै, वाके अंग आछो नहीं, वचन अछा नहीं, षंडिता को लछित है, कहि वात जो चित चढै अनुचित उचित समान, जैसे षद्योत में राति के समै में जोति आवै है पै अंग सुंदर नांही, किंवा जाकी कांति सुषद है, सुष कौ षंडन करन

वारी है, जाहि देषे सुष जातो रहै ऐसी तुमारे मन वसी है, हे मंद मूढ तुम रूप गुन मै समद्रुत नहीं, जहां सीतल समीर है, ह्वै को अर्थ करि भी है, जैसे या राह ह्वै आए, या राह करि आय जानिए, मन ह्वै मन करि जात है, अजौं अव भी वहै वा नायिका जहां है, वाकौ ह्रस्व करि पढ्यौ, आंगुरी सौं वतावै है, वा देषौ जमुना के तीर मैं।

— ★ —

सोहत ओढे पीतपटु। स्याम सलौने गात। मनौ नीलमनि सैल पर। आतप पर्‌यौ प्रभात [६८९] [261]

سوہت اودہین پیت پت سیام سلونین کات ۰ منو نیلمن سئیل پر اتپ پریو پربہات
[ظا۰ ۶۸۹]

अन० : जौ सषी की उक्ति होय तौ जनावति है, जौ नायका की उक्ति होय तौ सषी प्रीति तोसौ दूतत्व करायौ चाहति है।

नर० : अंग सोभा पट सोभा सषी कौ वैन सषी सौ तथा नायका सौ, हे राधे श्रीस्यामजू के सलोने गात पर पीत वस्त्र ओढ्यौ सोभत है सो कैसो कि मानौ मनि कौ सैल क० परवत तिनके ऊपरि प्रभात को तावरो सो पर्‌यो है –

> **ओढ्यो है सुंदर पीत महा पट सोहत सोभ अनंत लस्यो है। स्याम सलोने सुगात के ऊपर हेरत हीय हुलास धर्‌यो है। ताहि समै उपमा इहि आवत जीय जगत्त मै आइ अर्‌यो है। मानहु नील सिलोच्चय ऊपर आतपही परभात पर्‌यो है** [नर० ६८९]

कृष्ण० : इह श्रीकृष्णजू कौ ध्यान पीतांवर की सोभा, नाइका को वचन सषी सो, वा सषी को नाइका सो, भक्त को वचन –

> **वनि जा छ्वि सौ हरि नैननु मै अरु प्राननु मै अवरोहतु है। समता कह ता छ्वि को कहियै कवि यौ तिहु लोक मे कोहतु है। सषि सुंदर स्याम कलेवर मै पटपीत लसै मन मोहतु है। मनि नील के सैल के ऊपर मानौ प्रभात को आतप सोहतु है** [कृष्ण० ६८९]

हरि० : सषी नायक की अद्भुत सोभा सुनायकै नायका को मिलायो चाहति है, सलोने गात लावण्य सहित हैं, अंग जाके ऐसो जो स्याम कृष्ण पीत पट ओढे सोहत हैं, किंवा स्याम के सलोने गात पर

---

261 सोहत – सोहतु - उ०नी०; सौहत - वा०; सोवित, नीचे रिक्त स्थान में 'सोहत' - पा०; शोहत - भा०; सोहति - मि०। ओढे – वोढयौ - उ०; ऊढ्यौ - चौ०; उंढ्यौ - वा०मु०; वोढे - पा०; ओढै - मो०नी०; औढ्यौ - न०; उठ्यौ - वे०; ओढ्यौ - गा०; वोधै - मि०; ओढें - ह०। पीतपटु – पीतपट - को०वा०पा०मो०न०वे०भा०मु०ह०; प्रीतपटु - मि०। स्याम – स्यांम - उ०चौ०वा०वे०गा०मि०मु०ह०; श्याम - पा०भा०। सलौने – सलोने - को०पा०मो०वे०गा०भा०; सलुंने - चौ०; सलौंनै - मि०; सलौंने - मु०; सलौनै - नी०; सलोंने - ह०। मनौ – मनो - को०मो०वे०; मनु - चौ०; मनौं - न०मु०; मनों - गा०ह०; मानौ - नी०। नीलमनि – नीलमन - वे०मि०मु०। सैल – सेंल - चौ०; शैल - वा०। पर – परि - वा०मो०न०गा०। आतप – आतपु - उ०मो०न०गा०। पर्‌यौ – पर्‌यो - को०पा०; परो - मो०भा०। दोहा लुप्त - स०। [६८९]

ओढे सों पीतपट सोहत है, नीलमनि को जो है सैल पहार तापर मानो प्रभात को आतप धूप परी है, इहां उक्तास्पद वस्तूत्प्रेक्षा, गात पट वस्तु है, तापै नीलमनि सैल की औ आतप की संभावना।

— ⋆ —

भाल लाल वेंदी ललन। आषत रहे विराजि। इंदुकला कुज मैं वसी। मनो राह भय भाजि [६९०] [262]

بہال لال بيندي للن اکہت رہي براج ۰ اند کلا کوج مين بسي منون راہ بہي بہاج [ظا۰ ٦٩٠]

अन० : उक्ति नायक की, वचन अनुराग व्यंगि उत्प्रेक्षा अलंकार। –

नर० : वैंदी सोभा सषी को वैन सषी सो तथा नायक सो, हो कान्ह ललना के भाल के विषै लाल वेंदी है तिनके विषै अक्षत विराजतु है को कैसे सोभतु है कि मनौ राह के भय ते भाजकै इंद्र क० चंद्रमा तिनकी कला कुज क० मंगल के विषै वसी है –

> **लालनु भाल मै लाल वनी विदुली सुभ सोभ अनूप लसी है। तामहि अच्छत राजि रहे अति हेरतही हियरा नह सी है। ताहि विलोकि विलोकि ससंभ्रम यो मन को उपमा विलसी है। राह महाभय भाजि कला ससि की मनो मंगल माझि वसी है** [नर० ६९०]

कृष्ण० : इह सिषनष मै नाइका के ललाट वेंदी आषतन की सोभा है, सषी नाइक सौ कहति है, कविहू की उक्ति होइ –

> **उदये समै के राका चंद सो वदन तैसी नई तरुनाई की उमंग गोरे रंग मै। कंचन किनारीवारी काकरेजी सारी तामै दुर्‌यो दरसतु कैसी मंग उतमंग मै। भाल पर रोचन कौ विंदु छवि देत तामै आषत लसै ज्यौ गंग सरसुती संगमै। त्रास मानि तन कौ सुधाधर की कला मानौ वसी है निसंक अवनीसुत के अंग मै** [कृष्ण० ६९०]

हरि० : सषी नायिका की सोभा वषानि नायक को ले जान चाहति है, हे ललन भाल विषै लालि जो है वेंदी तामे आषत कहिए अछत विराजि रहे हैं, मानो चावल नहीं हैं, इंदु की कला है वेंदी सो कुज, मंगल, है, तामै वसी है, राहु के डर सों भाज़िकै, वेंदी आषत में संभावना, राहु को भय हेतु है, इहां हेतूत्प्रेक्षा।

— ⋆ —

262 भाल – लाल - गा०स०। लाल – भाल - गा०स०। वेंदी – वैंदी - उ०वा०न०मि०ह०; वेदी - पा०वे०; वैदी - गा०। ललन – ललित - मो०; ललनि - मि०। आषत – आवत - उ०वा०पा०; आवत, 'व' ऊपर रिक्त स्थान में - चौ०; अषित - मो०; अषति - न०; अक्षत - वे०गा०स०। रहे – रतहै - चौ०; रहै - वा०; रहें - मो०। विराजि – विराज - चौ०न०वे०गा०स०। इंदुकला – चंदकला - को०; ईंदुकला - मो०। कुज – कुंज - उ०चौ०; कंज? - वा०; कुंज - नी०। मैं – में - को०मो०न०स०ह०; मिलि - पा०; मै - वे०मि०; न - नी०। वसी – दुरी - वा०; धसी - न०वे०गा०स०। मनो – मनों - उ०मो०ह०; मनौ - चौ०वा०मि०नी०; मनौं - न०; मनों - गा०; मानों - स०। राह – राहु - नी०। भाजि – भाज - चौ०न०वे०गा०स०। दोहा लुप्त - भा०मु०। [६९०]

अंग अंग छबि की लपट। उपटति जाति अछेह। षरी पातरीऊ तऊ। लगै भरी सी देह [६९१] [263]

انک انک چھب کي لپٹ وپٹت جات اچیہ • کھري پاترياو تواو لکي بھري سي ديہ
[ظا• ٦٩١]

अन० : विरुद्ध मति कृति संभावनालंकार।

नर० : अंग सोभा सषी को वैन नायक सो हो कान्ह राधिका अंग के विषै षरीही पातरी है तऊ अंग की छवि ताकी लपट अछेह उपटति क० वाहिर आवति जाति है ताते भरी सी देह लागति है –

> **अंग अनंगन की छवि की लपटै लषि जीय अनंग जगै है। जात अछेह षरी उपटी अरु हेरतही मन पेम पगै है। सुंदर जोति समूह छटा छलकै ललकै चष चौध षगै है। पातरी यद्यपि नारि तऊ सुभ सोभन देह भरी सी लगै है [नर० ६९१]**

कृष्ण० : इह नाइका की नाजुकता अरु दीपति सषी नाइक सौ कहति है –

> **कंचन कंज कुरंग कलानिधि कंवु की भाइ सुभाइ हरी सी। ता नवनागरि की निसि द्यौस रहै दुति नैननु माझ धरी सी। अंगनि अंग उमंग अछेह प्रभा की तरंग सुरंग षरी सी। पातरी वाकी अगोठि तऊ छविपुंजनु लागति देह भरी सी [कृष्ण० ६९१]**

हरि० : सषी को वचन नायक सो, किंवा दोऊ के वचन नायक सो, अंग अंग के विषै छवि की जो लपट ज्वाला, किंवा ज्वाल सरीषा प्रकास, सो उपटत जात है, उघरत जात है, अछेह छेह कहिए, अंत छेह कहिए अनंत, षरी अति पातरी तऊ तौ भी छवि सों भरी सी पुष्ट सी देह लागति है, मानो पुष्ट है, भरी क्रिया शव्द है ताके आगे सी वाचक है तासों, अनुक्तास्पद वस्तूत्प्रेक्षा, जा विषै संभावना करिए है सो नहीं कह्यो।

— ⋆ —

दृग थिरकौहै अधषुले। देह थकौहै ढार। सुरत सुषित सी देषियति। दुषित गरभ के भार [६९२] [264]

---

263 अंग अंग – अंगु अंगु - मो०। छवि – छव - वे०। लपट – लपटि - मो०मि०। उपटति – उपटत - उ०वे०स०; झपटति - को०। जाति – जात - उ०वा०पा०वे०स०; ज्योति - मो०। पातरीऊ – पातुरी है - को०; पातरीहू - पा०मि०नी०; पातरीउ - वे०; पानरीऊ - गा०; पातरी सी - भा०। तऊ – तहु - को०। लगै – लगे - को०मो०। दोहा लुप्त - मु०। [६९१]

264 दृग – द्रिग - को०मु०; द्रिगु - न०; द्रग - भा०मि०नी०। थिरकौहै – थिरकैहै - चौ०; थिरकोहे - मो०वे०स०; थिरकोहै - गा०; थिरकौहे - भा०; पूरकोहें - मि०; थरकौहैं - मु०नी०; थिरकौंहे - ह०। अधषुले – अधषुलै - को०चौ०गा०; अधुषुले - भा०; अधषु - मि०। देह – देहि - वा०। थकौहै – थकोहो - मो०; थकौहे - न०भा०; थकोहै - वे०गा०; थकोहे - स०; थकौहें - मि०; थकौंहे - ह०। ढार – हार - ह०। सुरत – सुरति - न०। सुषित – सुषी - को०चौ०; सषित - वा०वे०; शुषत - न०; सुषत - गा०; सुषद - मि०; सषी - मु०। सी – सु - नी०। देषियति – देषियत - को०स०; देषीयति - चौ०; देषियत, 'त' एं इकार बाद में - वा०; देषियतु - मो०न०गा०; देषीयत - वे०; देषियै - भा०; दुषिए - ह०। दुषित – दुषी - को०; दुषीयत - चौ०; दुषत - वे०। गरभ – गर्भ - मो०; गव - मि०। के – कै - उ०चौ०वा०न०वे०। दोहा लुप्त - पा०। [६९२]

درک تہرکونہین اده کہولي دیہ تہکونہین دہار • سورت سوکہي سي دیکہیت دوکہي کربہ کے بہار [ظا• ٦٩٢]

अन० : सषी को वचन सषी प्रति, गर्भिणी वर्णन, उपमालंकार।

नर० : सषी को वैन सषी सौ हे सषी अधषुले नेत्र थिरकौहे से हैं और देह की थकौही सी ढार है, अरु जो सुरत के समै सुषित देषी है सो अव गरभ के भार तै दुषित है –

> **नैन षरे थिरकोहे षुले अध आनन ओप अछेह भई है। देह थकोही सी ढार विराजति अंग अनंग तरंग छई है। होय रही रतिरंग सुषी सम देषत देह उछाह लई है। निच्चल नैक हलै कछु दुःषित गर्भ के भारन भार नई है** [नर० ६९२]

कृष्ण० : जाति वर्नन, गर्भिनी नाइका की सोभा, सषी नाइक सौ कहै, सषी सषी सौ कहै, नाइक सषी सौ कहै –

> **वोलति वैन हरेई हरेरु भई छवि आनन की पियरी है। आधे षुले अलसोहे से लोचन देह थकोहे से ढार ढरी है। गर्भ को भार धरै सुकुमारि जऊ दुषितौ नवनारि षरी है। नीकी तऊ अति लागति है मनौ केलि कलोल के रंग भरी है** [कृष्ण० ६९२]

हरि० : सषी सों सषी, दृग स्थिर से हैं अधषुले, देह थकी सी, तहां वहुत भूषन नहीं हैं, हार मात्र है, सुरत में भी यह दसा होति है, सुरति सुषी सी देषिए है, गर्भ के भार सों दुषी है, सुरत सुषी उपमान, गर्भिनी उपमेय, सी वाचक, थिरकोहें आदि धर्म, पूर्णोपमा।

— ★ —

विहसति सकुचति सी दियै। कुच आंचर विच वांह। भीजै पट तट कौ चली। न्हाइ सरोवर मांह [६९३] [265]

بہست سکچت سي دین کوچ انچر بچ بانہ • بہیجي پت تت کو چلي نہاي سرو ور مانہ [ظا• ٦٩٣]

अन० : जिन सषी लच्छित करी है सो सषी सो कहति है, त्रपा भाव स्मित अनुभाव ते हर्ष संचारी श्रृंगाररस उपपति नायिका परकीया, वोध व्यंगि करि व्यंजित है, ललित हाव जाति वर्णन अलंकार।

---

[265] विहसति – विहसित - वा०वे०मु०; विहसत - गा०स०। सकुचति – सकुसैचति, 'सै' पर काटने का चिह्न - उ०; सकूचति - को०; सकुचित - चौ०वा०न०गा०स०मु०; सुकचत - वे०। दियै – दीये - उ०; दियै - को०पा०मि०; दीयै - चौ०वा०गा०; हीयै - मो०; हियै - वे०; दई - मु०; हिएं - ह०। कुच – कुचि - गा०। आंचर – आचरि - को०; आचरा - पा०; आंचरु - मो०; अंचर - स०; आचर - भा०मि०; अंचरि - मु०। विच – वीचि - वा०; विचि - गा०मु०; विव - नी०। वांह – वाह - पा०भा०मि०; वांहि - मो०ह०। भीजै – भीजे - को०पा०मो०न०भा०मि०नी०ह०। तट – घर - नी०। कौ – को - पा०न०वे०; कों - मो०गा०ह०; कौं - स०; तट - नी०। न्हाइ – नारि - को०न०गा०स०मु०; न्हांहि - मो०; न्हाय - मि०ह०; न्हाई - नी०। सरोवर – शरोवर - भा०। मांह – मांहि - उ०वा०मो०ह०; न्हाय - को०; माह - पा०भा०; न्हांह - न०; न्हाह - वे०गा०; नांह - स०; माहि - मि०; न्हाइ - मु०। इसके आगे प्रति खंडित - स०। [६९३]

नर० : प्रलाप दसा कान्ह को वैन सषी सो अथवा सषी को वैन नायका सो, हे राधे कान्ह मेरे तांई पूछ्यो कि विहसति सकुचति सी कुच अनै अंचर विचालै वांह दिये नारि सरोवर मै न्हाइकै भीने पट तट को चली सो नारि कोन है –

आपने हीय हसै सकुचै अति जानत कोऊ वडी की लली है। वारहि वार दियै सिसकार विराजत ज्यों मन कंजकली है। पीन पयोधर अंचर सों ढपि और मनोहर वांह भली है। भीजे षरे पट नीर तै सुंदर न्हाइ सरोवर तीर चली है [नर० ६९३]

कृष्ण० : जाति वर्णन, सषी नाइका की सोभा नाइक कौ दिषावे को कहै तौ संभवै –

देव दिवाकर कौ करि वंदनु कृष्न कहै मनही मै मनावति। वांह दियै कुच अंचल वीच लजाइ हियै हसि नैन नवावति। भीजि दुकूल रहे लपिटाइ महाछ्छवि कंचन से तन छावति। यौं व्रजनागरि रूप उजागरि न्हाइ सरोवर तीर कौ आवति [कृष्ण० ६९३]

हरि० : सषी सों सषी वचन, विहसति है, हृदय में मानो सकुचति है, वांहि कुच और आंचर के वीच में है, दोऊ हाथ मोरिकै गला सों लगाए है, तव वांहि कुच के वीच में आवै, भीजे पट में तट को तीर को चली है, नहायकै सरोवर मांहि सौ, इहां सकुचत सी क्रिया के आगे सी है मानौ के अर्थ में, अनुक्तास्पद वस्तूत्प्रेक्षा औ स्वभावोक्ति है।

— ⋆ —

वरन वास सुकुमारता। सव विधि रही समाइ। पषुरी लगी गुलाव की। गात न जानी जाइ [६९४] [266]

برن باس سکمارتا سب بده رہي سماي • پکھوري لکي کلاب کي کات نہ جاني جاي
[ظا• ٦٩٤]

अन० : जो उक्ति नायक की कै सषी की होइ तौ स्तुति, जो नाइका की होइ तौ रूपगर्विता है, मीलित अलंकार।

नर० : मुष सोभा सषी कौ वैन नायक सो ह्वो कान्ह राधिका के गाल के गुलाव की पांषरी लागी सो वरन करि वासु करि सुकुमारि करि सगलीही विधि समाइ रही है ताते जानी जाति नांही है –

अंग ओ वास षरी सुकुमारता सुंदरताइन ही उलही है। भांति अनेक सवै विधि सो अंग अंगन सो जु समाइ रही है। याके सरूप समान तिलोक न मै लषि आपतै मौन गही है। पांषुरी लागि रही है गुलाव की गात लषै तऊ जानी नही है [नर० ६९४]

[266] वास – वाशु - न०। सुकुमारता – सुकमालता - उ०; कुमारतां - चौ०; शुकुमारता - न०; कुसुमरता - वे०; सुकमारता - मि०। विधि – विध - वे०। समाइ – समाय - को०मि०मु०ह०; समाई - वा०। पषुरी – पषरी - चौ०वा०; पंषुरी - मु०। लगी – लगें - मो०; लगै - मु०। गुलाव – गुला - को०। गात – गाल - उ०चौ०न०वे०गा०ह०। जानी – यानी - को०; जांनी - चौ०न०वे०गा०मु०। जाइ – जाय - को०न०मि०ह०; जात - वे०; जांय - मु०। [६९४]

कृष्ण० : इह नाइका की सहज सुगंध जोवन की अरुनाई सुकुमारता सषी नायक सो निवेदन करति है, जो नाइक की सेज की पाषुरी जानि सषी नाइका सो कहै तो लच्छिता होइ –

> **वीनत फूल भरे उर फूल प्रभात समै सुष सेज तै जागी। आयो तहां मनमोहन प्यारो प्रभा लषि रीझि रह्यो अनुरागी। वैसोई रंग सुगंधहु वैसिय कोमलता रस रंग मै पागी। कौनहू भांति सौ जानि परी न गुलाव की पांषुरी गात सौ लागी** [कृष्ण० ६९४]

हरि० : सषी की उक्ति नायक सों, सुंदरता सराहति है, वरन रंग वास गंध औ सुकुमारता सौं सव विधि सव तरह सौं समाइ रही मिलि रही गुलाव की पंषुरी गाल में लगी है, सो न जानी जाति है, वरन वास सुकुमारता याको अर्थ वर कहिए श्रेष्ठ नहीं है, वास सुकुमारता जो गुलाव की पंषुरी की सव विधि रही समाय, मिलिवे की जो सव विधि है वास औ सुकुमारता सो गुलाव की पंषुरीही में समाय रही, कपोलन में नहीं फैली, जैसे दीपक की जोति दिन में दीपक में समाय रहति है, वाहिर नहीं फैलै तैसे, पंषुरी लगी है गुलाव की गालन में सो जानी जाति है, पहिला अर्थ में मीलित अलंकार, दूसरा अर्थ में विसेष है।

— ⋆ —

रंच न लषियति पहिरि यौं। कंचन से तन वाल। कुमिलाने जानी परै। उर चंपे की माल [६९५] [267]

رنچ نہ لکھیت پہر یئں کنچن سے تن بال ٠ کومہلانی جانی پری اور چمپے کی مال
[ظا٠ ٦٩٥]

अन० : उन्मीलित, और सव पूर्ववत।

नर० : तन सोभा सषी को वैन नायक सो हो कान्ह राधिका उर कै विषै चंपै की माल पहिरी है सो वाला को तन कंचन सरीषो है ताते नैकहू जानी जाति न है पै जानी जाति है सो कुमलाने ते जानी जाति है –

> **रंच न जानियै जाति हियै पहिरी अति सुंदर सोभ धरै है। कंचन से तन वाल विराजत देषतही हियरान हरै है। दोउन को रंग एकहि सोहत मोहत है मन ते न टरै है। चंपक माल विसाल धरी सजनी कुमलान ते जानी परै है** [नर० ६९५]

---

[267] रंच – रंचि - मु०। न – नि - भा०। लषियति – लषीयति - चौ०; लहियै - पा०; लषियत - मो०मि०ह०; लषिऐं - न०; लषीयै - वे०; लषियै - गा०; लषिपति - भा०; लषियत - नी०। पहिरि – पहरी - चौ०गा०; पहिर - पा०; पहरि - मो०न०मि०। यौं – यौ - चौ०; नै - पा०; यो - मो०भा०नी०; यैं - न०; यै - वे०गा०; ये - मु०; यें - ह०। से – सैं - उ०न०; सै - चौ०। तन – तन तन - नी०। कुमिलाने – कुमिलानैं - उ०; कुंमिलानै - चौ०; कुमलानी - पा०; कुमीलानी - मो०; कुमलाने - वे०; कुम्हिलाने - भा०; कुमलानै - मि०; कुंमिलानी - मु०; कुंभिलानी - नी०। जानी – जांनी - उ०चौ०न०वे०गा०; (खंडित) - पा०। परै – (खंडित) - पा०; परत - मो०वे०नी०; परति - भा०मि०मु०; परैं - ह०। उर – उरु - गा०। चंपे – चंपै - मु०। दोहा लुप्त - को०वा०। [६९५]

कृष्ण० : इह नाइका के अंग की गुराई ऐसी है जु चंपे की माल जानी नाहीं जाति सु सषी नायक सो कहति है –

लाई वनाइ प्रवीन अली नव चंपक माल सुगंध भरी है। लै अपने कर मै नवनागरि कृष्न कहै उर मै पहिरी है। कंचन से तन की छवि माझ गई मिलि रंच नही उघरी है। चाहि रही सजनी चकि सी कुम्हिलाई गई तव जानि परी है [**कृष्ण०** ६९५]

हरि० : सषी की उक्ति नायिका सौं, हे वाल कंचन से तेरे तन में चंपा की माला पहिरि एं नाम पहिरे सों रंच थोरो भी लषियतु है नहीं, जानी जातु है नहीं, जव कुमिलात है तव जानी परै है, उन्मीलित सादृष्य तें भेद परै तव मान, कुमिलायवो भेद।

— ★ —

गोधन तूं हरष्यौ हियै। घरीकु लेहु पुजाइ। समुझि परैगी सीस पर। परत पसुन के पाइ [६९६] [268]

جودہن تون ہرکھون ہین ندہرک لیہ پوجاي • سمجہ پریکي سيس پر پرت پسن کے پاي
[ظا• ٦٩٦]

अन० : कवि की उक्ति, अन्योक्ति अलंकार।

नर० : अन्योक्ति, कवि विहारीदास कहतु है कि रे गोधन तू हिया के विषै हरष्यौ न थकौ घरीक पुजाय लेहु पै सीस पर पसुन के पाय परैंगे तव जानि परैगी –

गोधन तू हरष्योइ रहै कछू हीय हुलास कलान अरैगी। लेहि पुजाइ घरीक घने सुष भांति अनेकन ताप हरैगी। या विरिया तो भलीही वनी पुनि सीसन पै जव मार परैगी। पाय परैंगे पसून के पीठन ता षिनही सव जानि परैगी [**नर०** ६९६]

कृष्ण० : अन्योक्ति कोऊ काहू कौ विष्यात होइ सु पाछै देनौ आवै तहां कहिए –

सुनि कौलमुषी कल गावति गीत जे कोकिलकंठ सुभाइन सौ। वहु भांतिन के पकवान वनाइ मनावै सवै सतभाइन सौ। अव गोधन तू करि मोद्द हिये वहु भांति पुजाइ लै चाइन सौ। परिहै सुधि तोहिं सवै तवही पसु षूदहिगे जव पाइन सौ [**कृष्ण०** ६९६]

हरि० : कोई दुष्ट पुरुष को राजा को अधिकार मिल्यो है, ताको सुनाय गोधन सों कोऊ कहत है, हे गोधन, तूं हिय में मन में हरष्यौ, घरी एक तूं पुजाय ले, हिये आदर कराय लेहि, तव तुम्हें समुझि

268 तूं – तुं - को०गा०; तो - वा०; तू - पा०मो०भा०मि०नी०ह०। हरष्यौ – हरष्यो - को०पा०मो०वे०भा०। हियै – हियें - उ०; हीयै - चौ०गा०; हिए - पा०; हियैं - मो०मि०; हिये - भा०नी०; हिए - ह०। घरीकु – निधरक - को०भा०मि०नी०; घरीक - चौ०वा०वे०ह०; गरि यकु - पा०; घरी एक - मु०। लेहु – लेह - उ०चौ०; लेहि - भा०नी०ह०। पुजाइ – पुंजाइ - उ०; पुजाय - को०; पूजाय - चौ०ह०; पुजांई - मो०; पुजाय - मु०। समुझि – समझि - वा०मु०; जानि - भा०; समझ - मि०। परैगी – परेगी - उ०को०मो०। सीस – शीश - भा०। पर – परि - वा०मो०। परत – परतु - न०; परति - मु०। पसुन – पशुन - वा०पा०; पिसुन, इकार पर काटने का चिह्न - न०; पिसुन - गा०; पशुनु - भा०। के – कै - वा०। पाइ – पाय - को०चौ०मु०ह०; पांई - मो०। [६९६]

परैगी जव तेरे सीस पर पसुनि के पाय परैंगे, जव राजा तुम पै वेराजी होयगो तव जानहुगे, किंवा कोई पापिष्ट को सुनावै है, पाप सों पिपीलिका कौ कृमि को जन्म पावौगे तव पसुन के पाव परत के जानौगे, गूढोक्ति अलंकार है, याको अन्योक्ति कहत हैं।

— ⋆ —

मुह धोवति एडी घसति। हसति अनगवति तीर। धसति न इंदीवरनयनि। कालिंदी के नीर [६९७] [269]

منہ دہو وت ایدي کہست ہست انکوت تیر • دہست نہ اندیبر نین کالندي کي نیر
[ظا • ٦٩٧]

अन० : जिन सषी ने लछित करी है सो सषी सो कहति है, नायिका क्रियाविदग्धा, परकीया नायक निकट वोध व्यंगि है, विलास हाव, जाति वर्नन अलंकार।

नर० : चेष्टा सषी को वैन नाइक सो हो कान्ह वा राधिका अनगवति क० नदी कालिंदी तिनकी तीर हसति सी मुहु धोवति है और एडी घसति है अरु इंदीवरनैनी नीर के विषै धसति नाही है –

> **धोवति आनन एडी घसै अति संग समान सषी विलसै है। अंग महा मदमाती षरी अरसात सी ओठन वीच हसै है। तीर लषै जु भयो है कुतूहल देषत आपने जीय त्रसै है। पंकजलोचनि पीन उरोजनि वा यमुना नहि नीर धसै है** [नर० ६९७]

कृष्ण० : जाति वर्णन, नाइका की चेष्टा सषी सषी सो कहति है –

> **न्हाइवे कौ आई अति रीझ मडराइ हिये कृष्न प्रानप्यारे को सरूप दरसति है। इंदीवरनैनी अनगवति अनेक भांति पै वहै कालिंदी के न सलिल धसति है। परसि उसारै करु कोरि कोरि सोभा निधि नासिका सिकोरि मुह मोरि विहसति है। वदन पषारति है वांके दृग ढारति है गुलफ घसति अति रंग वरसति है** [कृष्ण० ६९७]

हरि० : नायिका नायक को देषति है, सो वात जानिकै सषी नायिका सों परिहास करि कहति है, मुह धोवति है तूं एडी गसति है, घसै है औ अकारन हसति है, और तीर में अनगवति विलंव करति है, हे इंदीवरनयनि नीलोत्पल नयनि कालिंदी जमुना के नीर मै क्यों नहीं धसति है, इंदीवर उपमान नैन उपमेय वाचक धर्मलुप्ता उपमालंकार, नायिका क्रियाविदग्धा, किंवा तीर में अनंग काम तुल्य जो है नायक ताको देषिकै नीर में नहीं धसति है।

— ⋆ —

[269] मुह – मुहुं - उ०; मुंह - चौ०मु०ह०; मौंह - वा०; मुहु - मो०न०; मोह - भा०। धोवति – धोवत - मो०वे०। एडी – येदी - नी०; एड - ह०। घसति – घसत - मो०वे०; घिसति - नी०। हसति – हसत - को०वे०। अनगवति – अनंगवति - को०चौ०मो०न०; अनगवत - वे०। तीर – नीर - चौ०। धसति – घुसति - वा०; धसत - मो०न०वे०गा०। इंदीवरनयनि – ईदीवरनयनि - उ०; इंदीवरनयन - न०वे०गा०मि०नी०। कालिंदी – कालंदि - को०; कालंदी - न०गा०मु०। के – कै - उ०वा०; कौ - मु०। नीर – तीर - उ०भा०। [६९७]

वढत निकसि कुचकोर रुचि। कढत गौर भुजमूल। मनु लुटिगौ लोटनु चढत। चूंटत ऊंचे फूल [६९८] [270]

بدہت نکس کوچکور روچ کدہت کور بہوج مول ۰ من لوت کے لوتن ؟ چوتتت
اونچي پہول [ظا۰ ٦٩٨]

अन० : उक्ति नायक की स्मृति संचारी, वचन अनुभाव स्मृति संचारी गुनकथन दसा करि पूर्वानुराग असंलक्ष्यक्रम ध्वनि व्यंगि, जाति वर्णन अलंकार।

नर० : चेष्टा वर्णन नायक को वैन सषी सो हे सषी या जो ऊचे फूल चोटति है सो इनके कुचनु की निकसकोर है कि रुचि वाढति है और गोरे भुजन के मूल काढनु तै अरु लोटन क० पसवाडो तिनके के चढनै ते मेरो मन लुटि गयो है –

वाढति है निकसी कुचकोर षरी सुथरी रुचि राजत भारी। गोर घने भुजमूल मनोहर काढति सी सुषमा मन धारी। देषतही लुटिगो मन सुंदर लोचनही चढतै सुषकारी। चूंटत ऊंचे षरे तरु फूल सो या विधि की जव रीति निहारी [नर० ६९८]

कृष्ण० : इह नाइका जा छवि सो देषी है सो नाइक सषी सौ कहत है –

वन आजु लषी व्रजभानुसुता जग जोति रही चहु कूलनि की। चिहुटी चित मै उकसाए भुजा उह चोटति उन्नत फूलनि की। वढती कढती कुचकोरन की रुचि चारु प्रभा भुजमूलनि की। लुटिगौ मनु लोट विलोकतही छवि मोहि न कैसेहू भूलनि की [कृष्ण० ६९८] [271]

हरि० : सषी सो सषी, चोली सों निकसिकै कुचकोर की रुचि छवि वढति है, वस्त्र सों गौर भुजमूल कढत है, नायिक को मन लूट्यौ गयौ, लौट त्रिवली, ऊंचै फूल ताको छोटत तोरत कै लोट ऊपर सरकि गई, छवि विशेष वढत इत्यादि करि मन लुटिवो दृढ कियो, काव्यलिंग।

— ⋆ —

270 **बढत – वढति - वा०मो०न०गा०मि०ह०; चडत - भा०। निकसि – नकसि - को०; निकस - न०वे०। कुचकोर – कुचकौर - वा०न०; कुचकोरि - गा०। रुचि – सचि - न०; इचि - नी०। कढत – कढतु - न०; चढति - गा०; कडत - भा०; कढति - मु०। गौर – गोल - को०भा०मि०; गोर - वा०पा०मो०वे०मु०नी०। भुजमूल – मुजमूल - मो०। मनु – मन - को०वा०मो०न०वे०गा०भा०मु०ह०; मनि - मि०। लुटिगौ – लुटगो - को०; लुटिगो - वा०पा०मो०भा०मु०नी०ह०; लुटगौ - न०गा०; लटुगो - वे०। लोटनु – लो?नु, मध्यवर्ती अक्षर 'म' अथवा 'य', ऊपर रिक्त स्थान में 'ट' - उ०; लोनट, ऊपर क्रमशः १ ३ २ की संख्याएँ - को०; लोटन - वा०नी०; लोटनि - - मि०; पा०; लूटन - मो०मु०; लौटनु - न०; वटन - वे०; लोटन - ह०। चढत – वढत - को०; चढा - मो०; चढति - गा०। चूंटत – चोटत - उ०चौ०गा०; चुंटत - को०; चौटत - वा०नी०; चोथत, 'थ' पर 'ट' संशोधन - पा०; चौंटत - न०; चोरत - भा०; चौटत - मि०; चोटति - ह०। ऊंचे – उचे - चौ०; ऊचे - पा०मो०मि०नी०; उंचे - वे०ह०; ऊके - भा०। [६९८]**

271 भा० प्रति में यह भिन्न उदाहरण छंद मिलता है –

गुंजन भौरन कुंज के पुंज मै डोलत सुंदरि प्रेम पगी है। चोरत चारु कली कर सौ उसरो अचरा कटि डीठि षगी है। रोमनि अवली त्रवली पर हेरि हिए उपमा उमगी है। नाभि सुधा सरसी की सीढिनु मनौ सुकुमारि निवार लगी है [भा० ६९८]

अहे दहेंडी जिन धरै। जिन तूं लेहि उतारि। नीकै है छीकौ छुयै। ऐसैही रहि नारि [६९९] [272]

اہي دہيدي جن دہري جن تون ليہ اوتار • نيکين ہين چہيکون چہوين ايسين ہين رہ نار [ظا• ٦٩٩]

अन० : उक्ति नायक की क्रियाविदग्धा, ताकरि औत्सुक्य संचारी ते वचन अनुभाव करि रस व्यंगि जाति वर्नन अलंकार।

नर० : स्वयंदूत नायक कौ वैन नायिका सौ हे नारि या छवि मोकौ नीकी लागति है ताते या दहेडी धर मति न अरु उतारहू मति न यौ जो तै छीका कौ छुयौ है सो नीकौ लागतु है सो योंहीजु रहि –

> **ऐसे लषे सुष होत कहूं हूं अहे वा दहेडी भरी न धरो री। तू जिनि लेहि उतारि वहै सुनि**
> **या विधि मेरो कह्योइ करो री। नीकैही छीकै छुवै मन भावत कैसे हमारे कहै तै टरो री।**
> **सोंह करै औ हहा करै नायक ऐसियै नारि रहै ठहरो री** [नर० ६९९]

हरि० : नायिका के अंग देषि नायक के वचन, अहे संवोधन अहे नारि दहेडी को जनि धरि, जनि तू उतारि लेहु तूं नीकै है, छीका को छूए, छीका को पूरव में सिकहर कहत हैं, ऐसेही रहै, किंवा तें छीकत में छूयो है, तासों ऐसेही रहै, छीकत में जो काम आरंभिए सो वैसेही राषिए, स्वभावोक्ति।

— ★ —

न्हाइ पहरि पटु डटि कियो। वेंदी मिस परनाम। दृग चलाय घर कौं चलत। विदा किये घनस्याम [७००] [273]

---

272 अहे – अहें - चौ०। दहेंडी – दहैडी - को०चौ०; दहेडी - वा०पा०मो०वे०ह०। जिन – जिनि - चौ०ह०; मति - पा०। धरै – धरैं - चौ०; धरौ - पा०; धरें - मो०; धरे - वे०गा०। जिन – जिनि - चौ०ह०; मति - पा०; जित - गा०। तूं – तू - उ०मो०वे०; तौ - वा०; तुव, 'तु' पर दीर्घ सूचक चिह्न, 'व' पर काटने का निशान - पा०; तुं - गा०। लेहि – लेहु - को०पा०न०गा०ह०। उतारि – उतार, 'र' में इकार बाद में - वे०; उतार - मु०। नीकै है – नीकौ है - उ०; नीकैही - को०; नीकै ह्वै - वा०गा०; छीकतही - पा०; नीकौ है - मो०; नीकेही - वे०; नीकी ह्वैं - मु०; नीकें है - ह०। छीकौ – छीकों मूल में, ओ की खड़ी पाई काटने का प्रयास - उ०; छिको - को०; सीको - पा०; छीछा - मो०न०वे०; छीका - गा०; छीकै - मु०ह०। छुयै – छुएं - उ०मो०; छूये - को०; छुवै - वा०; छुवौ - पा०; छुयैं - मु०; छुवे - ह०। ऐसैही – एसैही - उ०को०; एंसेहो - चौ०मो०; ऐसैइ - वा०; ऐसेही - पा०; ऐसीही - वे०गा०; ऐसेहीं - ह०। दोहा लुप्त - भा०मि०नी०। [६९९]

273 न्हाइ – न्हाय - को०मि०; न्हाई - मो०; न्हाव - मु०। पहरि – पहर - वे०; पहिर, 'र' में इकार बाद में - गा०; पहिरि - भा०नी०ह०। पटु – पट – पट्ट - गा०। डटि – डटि, इकार की मात्रा मिटाई गई है - उ०; डट - मो०वे०मु०; उठि - भा०; ढर - मि०। कियो – कयों, 'क' में इकार बाद में - उ०; कीयै - चौ०; कीयौ - वा०मु०; कीयो - मो०; कियौ - न०; कियों - गा०। वेंदी - चौ०मो०नी०; वैंदी, ईकर का ऊपरी गोलार्ध मिटाया गया है - उ०; वैदी - को०; वाइदी - वा०; वींदी - न०वे०गा०; वेदी - भा०; वैंदी - मि०मु०ह०। मिस – मिसि - वा०मो०न०वे०गा०; मिसु - मु०। परनाम – परिणाम - को०; परनांम - चौ०वे०; परिनाम - वा०; परनांनु - न०गा०; परिनांम - मु०; परिनामु - नी०। दृग – चष - मो०; द्रिगु - न०गा०; द्रिग - वे०मि०मु०; द्रग - नी०। चलाय – चलाइ - चौ०वा०मो०न०वे०गा०भा०मु०नी०। कौं – कों - को०मो०वे०नी०ह०; कुं - चौ०; कौ - वा०मि०। चलत – चली - मो०न०वे०गा०मु०ह०। किये – कीयें - उ०; कीयै - चौ०वा०; कीये - मो०गा०मु०; कियै - न०वे०; किए - ह०। घनस्याम – घनस्यांमु - उ०न०गा०; घनस्यांम - चौ०वे०मि०मु०; घनश्याम - भा०; घनस्यामु - नी०। प्रति खंडित - पा०। [७००]

نهاي پهر پت دت کيو بيندي مس پرنام ۰ درک چلاي کهر کون چلي بداکين جهنسيام [ظا۰ ٧٠٠]

अन० : सषी की उक्ति सषी सो क्रियाविदग्धा नायिका सूक्ष्मालंकार।

नर० : वोधक हाव सषी कौ वैन सषी सौ हे सषी राधिका न्हाइ पटु पहिरि अरु डटे अरु वेंदी के मिस परनाम कियो अरु नेत्र चलाइकै घनस्यामजू को विदा किये अरु आपु घर को चली –

> **न्हाइ तरंगन सूरसुताजल अंवर आपने हाथ लिये है। वा पहिरै टटको विंदुली मिसि कै परनाम जु वाहि दिये है। आपने नैन चलाइ भले घर को चलतै छिन छांह लिये है। वोलि सकी न छकी सी रही घनस्याम निहारि विदाय किये है** [नर० ७००]

कृष्ण० : यह परकीया नाइका क्रियाविदग्धा, सषी कौ वचन सषी सौ –

> **न्हाइ पट पहिरि मृगाक्षी चारु चातुरी सो उठि मनभावन कौ मुरि मुसिकानी है। कृष्न कहै वेंदी के सुधारिवे कौ मिसु करि कीनी प्रानपति हित सुष सरसानी है। कहा कहौ आली कछू कहत वनै न क्यौंहू जैसी उहि सरस सनेह रीति ठानी है। घर कौ चलत चारु लोचन चलाचलकै चातुरी सो चाहि विदा कीनो दधिदानी है** [कृष्ण० ७००]

हरि० : सषी सों सषी, नहायकै पट पहिरकै नायक की ओर डटिकै अंत करकै देषिकै यह अर्थ, टीकी देनकै मिस छल सों प्रनाम कियो, दृग सों नायक को चलायकै घरे मिलाप होयगो, आपने घर को चली, किंवा नायक के घर को चली, वा ठौर सो घनस्याम को विदा किए, किंवा मानी नायक थो, ताको प्रनाम करि मनायो, घर संकेत वतायो, पराया के अभिप्राय को जानै तासौं अभिप्राय सहित चेष्टा करै सूछम अलंकार।

— ★ —

कर उठाइ घुंघट करत। उसरत पट गुझरौट। सुष मोटै लूटी ललन। लषि ललना की लौट [७०१] [274]

کر اوتهاي کهو نجت کرت اوسرت پت کوجهروت ۰ سوکه موتين لوتين للن لکه للنا کي لوت [ظا۰ ٧٠١]

अन० : सषी की उक्ति सषी सो, मोट शव्द लक्षक है, संवंधातिसायोक्ति अलंकार।

[274] उठाइ – उठाय - को०चौ०वा०मो०वे०मि०ह०। घुंघट – घूंघटु - उ०; घौंघट - वा०; घूघुट - पा०; घूंघट - न०मु०नी०; घूघट - भा०मि०ह०। करत – करति - को०गा०मु०; उरसि - भा०। उसरत – उझरत, 'झ' ऊपर के रिक्त स्थान में - उ०; उझरत - वा०; उससत - पा०; उसरतु - न०; उसरत, 'त' में इकार तथा उकार की मात्राएँ - गा०; (लुप्त) - भा०; उसरति - मि०। पट – पटु - उ०न०; तपट - भा०। गुझरौट – गुझरोट - को०वा०वे०गा०ह०; गुझरौंट - चौ०; गुजरोट - मो०; गुहरोट - भा०; गुझरोंट - मु०; गुजरौट - नी०। मोटै – मोटें - चौ०मो०; मोटैं - वा०मु०नी०। लूटी – लुटी - चौ०; टी, 'लू' पार्श्व पर - गा०। ललन – ललनु - को०मो०न०गा०। लषि – दरषि?, ऊपर के रिक्त स्थान में 'लषि' - उ०। ललना – ललनां - उ०न०वे०गा०; ललनी - भा०। की – (लुप्त) - भा०। लौट – लौंट - को०चौ०मु०; लौटैं - वा०; लोंट - मो०मि०; लोट - न०वे०गा०ह०; ओट - भा०। [७०१]

नर० : चेष्टा सषी को वैन सषी सो हे सषी राधिका कर तै पटु उठाइकै घूंघटो कर्‌यो सो पटु के उसरनै ते गुझरौट क० पसवाडौ निकरि आयौ सो ललना की लौट जानिकै ललनजू सुष की मोटन लूटी है –

> **आपने हाथ उठाइकै घूंघट भांति भली करि नैनन चोटै। ताहि समै लषि आपन तैं उरझै पट की सजनी गुझरोटै। श्रीवृषभानसुतानि निहारत लालन लूटि लई सुष मोटै। दीठि वचाइ सषी जिनकी तव देषि लई ललना करि लोटै** [नर० ७०१]

कृष्ण० : इह ललना के लोटन की सोभा नायक ने देषी है सु सषी सषी सौ कहति है –

> **जाति ही वाल गली मै अली संग आवत मोहन देष्यो अगोटै। ज्यों कियो घूंघट हाथ उठायकै त्यौं उसरी पट की गुझरोटै। सो छवि मोपै कही न परै कछु कोरनि कोर लुटी सुष मोटै। लाल लह्यो अति मोद हियै नवनागरि की निरषी जव लोटै** [कृष्ण० ७०१] [275]

हरि० : सषी सो सषी वचन, हाथ उठाय घूघट करति थी, उसरत जुदा होत गुझरौट पट अंचल वस्त्र ता समै ललन ने ललना की लोट त्रिवली देषिकै सुष की मोट गांठि लूटी है मानौ, गम्योत्प्रेक्षा अनुक्तास्पद।

— ⋆ —

परसत पोंछतु लषि रहतु। लगि कपोल कै ध्यान। कर लै प्यौ पाटल विमल। प्यारी पठए पान [७०२] [276]

سرست پونچہت لکہ رہت لک کپول کي دہيان ۰ کرلے پو پاتل بمل پياري پٹہي پان
[ظا۰ ۷۰۲]

अन० : सषी की उक्ति सषी सौ नायका के स्मृति दशा स्मृति अलंकार।

नर० : पूर्वानुराग सषी कौ वैन सषी सौ हे सषी प्यारी राधा ये पाट तै लपेट विमल नागरवेल के पान पठए है सो प्यौ नाइका के कपोल के ध्यान लषि कर के विषै लैकै परसतु है और पोछतु है और देषै रहे है –

---

275 भा० प्रति में यह भिन्न उदाहरण है –

कर सो किवार गहे कंचुकी उसरि रही कटि ज्यौंही कुचकोर कंचन से गात है। कृष्नचंद चाहिकै चतुर चषक लावे कच कुच भार कटि लचकति पेट लौट की लपेट माह लपटात है। घरी कौ न घर जात घाइल लौ घहलात ऐसी घर घालिनु के घाले घर जात है [भा० ७०१]

276 परसत – परसतु - न०; पसरत - वे०; सरसतु - मि०नी०; परसित - मु०; सरसत - ह०। पोंछतु – पोंछत - को०मो०; पुंछत - चौ०वे०; पोछत - पा०; पौंछतु - न०मि०; पौछतु - गा०; पौंछित - मु०; पोछतु - नी०; पौंछत - ह०। लषि – लष, 'ष' में इकार बाद में - गा०। रहतु – रहत - को०पा०मो०वे०मु०ह०। लगि – लगै - चौ०; लग - वे०। कै – के - को०पा०मो०वे०गा०मि०नी०ह०। ध्यान – ध्यांन - को०चौ०वे०गा०मि०मु०; धान - न०। लै – ले - - मि०; को०चौ०वे०गा०; लैं - मो०; लौ - नी०। प्यौ – प्यो - को०पा०मो०न०वे०; ष्यो - मि०। पाटल – पाल - मो०। पठए – पटस्मल्ल ऐ - न०; पठयें - गा०। पान – पांन - उ०को०चौ०मो०न०वे०गा०मि०मु०। दोहा लुप्त - भा०। [७०२]

पोंछति है अति अंचल औ परसै वहुर्यौ दरसैई रहै है। ध्यान कपोलन के लगि ह्वै रहै फेरही फेर विलोक चहै है। आपने हाथ लै पीतम पाटल निम्मल देष परै उमहै है। जीय हुलास अपार लह्यो पुनि प्यारी के पान पठाए गहै है [नर० ७०२]

कृष्ण० : इह नाइक की आसक्ति नायका सो अधिक है सु वाके हाथ के पान देषि जु चेष्टा करतु है सु सषी सषी सो कहति है –

प्रानपियारे की प्यारी तिया पठये करि हेत हियौ सरसै। पाटल पान षरे सुथरे जिनकी छवि देष हिये तरसै। पोछति है पटु लै कवहू कवहू दरसै कवहू परसै। ध्यान कपोलन कौ कवहू कर चूमत यौं रस कौ वरसै [कृष्ण० ७०२]

हरि० : सषी सों सषी कहति है, पाटल थोरी ललाई जामे ऐसे विमल निर्मल प्यारी ने पान पठाए हैं, ताहि पान कौ प्यौ नायक कर मैं लैकै सरसतु है, अनुराग सहित होत है, पोछै है, नायिका के कपोल को ध्यान सों लागिकै, पान को लषि रहत है, ऐसेई वाके गोरे कपोल हैं, स्मृति अलंकार।

—⋆—

वामा भामा कामिनी। कहि वोलो प्रानेस। प्यारी कहत षिसात नहि। पावस चलत विदेस [७०३] [277]

باما بہما کامني کہ بولو پرانیس • پیاري کہت کہسات نہ پاوس چلت بدیس [ظا• ۷۰۳]

नर० : प्रवत्सतभर्तृका नायिका को वैन नायक सो हो कान्ह मेरे ताई तुम वामा कहौ और भामा कहौ और कामिनि कहौ पै प्यारी ऐसे मति कहौ अरु ऐसे कहतु षिसात न हौ कि पावस रित के विषै छाडिकै वदेस चालतु हौ –

कामिनी भामिनि वाम कहौ कछु काहे को या विधि नाम टले हौ। ऐसेन सौ कत नाहिन वोलत प्रानन के तुम ईस भले हौ। प्यारी कहै तै षिसात न रंचक काहे ते कै छल छैल छले हौ। ऐसी घटा घनघोर समै तजि पावस काल विदेस चले हौ [नर० ७०३]

कृष्ण० : इह नाइका प्रौढा, प्रवत्सत्भर्तृका, नाइका वचन नाइक सौ –

आए हौ मांगन मोपै विदा इत पावस के घुमडे घन कारे। कामिनि भामिनि वामिकै वोलहु प्यारी कहौ जिन नंददुलारे। रंचकहू न लजात हियै हितु कै अव ए दुष दीजतु भारे। ऐसे मै छाडि विदेस चले कहौ मेरी कहा गति प्रानपियारे [कृष्ण० ७०३]

---

277 वामा – वांमा - न०वे०। भामा – श्यामा- को०; भांमा - न०वे०। कामिनी – कामनी - चौ०मि०मु०; कांमिनी - न०। वोलो – वोलै - उ०; वोलौ - चौ०न०भा०मि०ह०; वोलैं - मु०। प्रानेस – प्राणेस - उ०; प्रांणेस - चौ०मु०; प्रानेश - भा०। षिसात – षिसातु, संशोधन द्वारा 'त' - गा०; लजात - भा०मु०नी०ह०; नलाज - मि०। नहि – नहीं - को०; नहिं - न०। पावस – पाउस - उ०चौ०। विदेस – विदेश - भा०; प्रदेस - नी०। दोहा लुप्त - पा०मो०। [७०३]

हरि० : गच्छत्पतिका की उक्ति नायक सों, हे प्रानेस, कांता हमै वामा भामा कमिनी कहिकै वोलौ, वामा कौ अर्थ दुष्ट भामा, प्यारी कहत कै लजात नहिं हौ, पावस वरषा रितु मै विदेस चलत कै, वामा भामा प्यारी विसेषन नायिका विसेष्य, अलंकार परिकर, वामा भामा विसेष्य लीजियै तौ परिकरांकुर।

— ⋆ —

उठि ठकु ठकु एतौ कहा। पावस कै अभिसार। जानि परैगी देषियौ। दामिनि घन अंधियार [७०४] [278]

اوتہ تہک تہک ایتو کہا پاوس کے ابہسار ۰ جان پریکي دیکہو دامن کہن اندہیار [ظا۰
[٧٠٤

नर० : सषी की सिक्षा सषी कौ वैन नायका सौ हे राधे उठि पावस के अभिसार के विषै इतनौ ठकुठकु कहा करतु है, देषि तौ यौं जानी परैगी कि घन अंधियार के विषै दामिनी सी –

> **देषवौ ऊ उठि वैठि कहा कछू काहे को नैनन वाद दये ते। क्यौं उर पै सकुचै कत भामिनि पावस के अभिसार दये ते। छोडि दयो चलिवो कत पीतम राह लषै अधराति गये ते। जानि परैगी यो देषियै दामिनि मेह घने अंधियार छये ते** [नर० ७०४]

कृष्ण० : कृष्नाभिसारिका, परकीया, सषी नाइक सौ कहति है कि अभिसार कौ सहजही समय है –

> **क्यों तन नील निचोल सजै सषि क्यौ मृगमेद को लेपु करैगी। पावस के अभिसार को एतो विचार कहा चित माझ धरैगी। कुंज के भौन निसंक ह्वै क्यौ न चलै हरि कंतहि अंक भरैगी। स्याम घटा की अधेरी मै तेरी तनदुति जामिनि जानि परैगी** [कृष्ण० ७०४]

हरि० : सषी वचन नयिका सों, उठौ चलौ, ठक ठक विलंव यह भूषन पहिरो, यह वस्त्र पहिरो या तरह को विलंव कहा क्यों, पावस वर्षाकाल के अभिसार में नायक पास जाने में देषि परी तूं, काहू को देषिवे में आई तौ या जानिवी, यों जानैंगे दामिनी वीजुरी है, घन मेघ के अंधियार में, दामिनी है मानौ तौ गम्योत्प्रेक्षा, किंवा भ्रांति, किंवा नायक नजीक प्रस्थानो कियो है, तव सषी अभिसार करावति है, देषि परी देषी किनहूं तौ परी अप्सरा जानैंगे, या तरह लगाए प्रसंग मिलै है, और पावस के प्रसंग करि लिष्यौ।

— ⋆ —

278 ठकु ठकु – ठक ठक - चौ०वे०भा०नी०ह०; टकु टकु - न०; ठकु - गा०। एतौ – एतो - वे०; यातौ - नी०; इतनो - ह०। कहा – कहां - न०। पावस – पाउस - उ०चौ०। कै – के - चौ०न०गा०भा०ह०; में - मु०। जानि – जांनि - उ०चौ०न०मि०; जांन - वे०गा०। परैगी – परेंगी - चौ०न०। देषियौ – देषीयौ - चौ०; देषीयौं - गा०। दामिनि – दांमिनि - उ०चौ०; दांमनि - न०; दांमन - वे०; दामिन - गा०मु०; दामनि - मि०। अंधियार – अंधीयार - न०; अधियार - भा०मि०ह०। तीसरी यति, ‘देषि परीयो जानिवी’ - ह०। दोहा लुप्त - को०पा०मो०। [७०४]

कै वा आवत इहि गली। रहौ चलाइ चलें न। दरसन की साधै रहै। सूधे होंहि न नैन [७०५] [279]

کي بان اوت اه کلي رہون چلاي چلين ن • درسن کي سادہي رہي سودہي ہونہ نہ نين [ظا• ٧٠٥]

नर० : अभिलाष दसा सषी कौ वैन नायिका सो हे राधे नाइक को तेरे देषनै की साधि लागी रहति है सो मारग के विषै जानैक इन गली तथा इन गली वा आवैगी सो मैं चलाइ रहौ पै चालै नहीं अरु नेत्रां कूं सूधे करतु नाहीं है –

> **केतिओ वार इही गली आवत जानत है वह आज न एहै। नैक रहो अचलाइ चलै नहि काहे ते ऐसे कुढंग लए है। साधे असेष रहै तजन्दी सुनि दर्सन की इन नैक गए है। कू कन्त वात करै लडवावरी या विधि नैनन सोधे भए है** [नर० ७०५]

कृष्ण० : यह नाइका अपने नेत्रन की दसा सषी सौ कहति है, देषौ तो लाज ते देषि ना सकति अनदेषे अकुलात है, मध्या परकीया –

> **काहू अली वहु वेर गली इहि आवतु चारु सिंगार कियेहू। देषिवे कौ तवही तव हौ ललचाइ रहौ न चलाए चलेहू। लाज अचानक आइ दहै पछितात इहै अपने जिय मेहू। सौहैं चितैवे की साधे रहै उर सूधे विलोचन होत न केहू** [कृष्ण० ७०५]

— ★ —

वेसर मोती धनि तुही। को वूझै कुल जाति। पीवौ करि तिय ओठ कौ। रसु निधरक दिन राति [७०६] [280]

بيسر موتين دہن توہين کو پوچہي کل جات • پيبو کر تي اوٹہ کو رس ندہرک دن رات [ظا• ٧٠٦]

अन० : कवि की उक्ति, साधारनजन प्रति काहू को वचन, अन्योक्ति अलंकार। - मो०;

नर० : प्रस्ताविक कवि विहारीदास कहतु है रे वेसर के मोती तूंही धन है तेरो कुल अरु जाति कौन वूझतु है निधरक भयौ तिया ओठ कौ रस राति अरु दिन पीवोही करि –

---

[279] कै वा – कैं वा - उ०वे०; कै वां - को०; कै वां, अनुस्वार विंदु बाद में काटा गया है - चौ०। आवत – आवतु - न०; आवति - गा०। इहि – इह - उ०को०वे०गा०। रहौ – चलाइ – चलाय - को०। चलें – चलौं - उ०; चले - को०; चलैं - न०; चलै - गा०नी०; चलें - मु०। साधै – सौधै, 'सौ' मात्र का ऊपरी भाग काटा गया है - उ०; साधे - को०वे०गा०मु०। रहै – रहे - मु०। सूधे – सुधे - चौ०। होंहि – होह - को०; हैहि - चौ०; होहि - न०वे०गा०; होइ - मु०नी०। न – त - वे०गा०। नैन – नैंन - उ०को०; नेंन - चौ०गा०मु०। दोहा लुप्त - पा०मो०भा०मि०ह०। [७०५]

[280] वेसर – वेसरि - उ०पा०भा०ह०। मोती – मोति - को०; मौती - नी०। धनि – धन - को०न०वे०गा०मि०मु०; धन्य - पा०भा०ह०। तुही – तुंही - चौ०; तू - पा०भा०; तूही - मु०; तूं - ह०। वूझै – वुझै - को०; वूझे - मो०; पूछै - मि०मु०ह०। जाति – जात - वे०गा०मि०मु०। पीवौ – पीवो - को०मो०वे०गा०भा०मि०मु०ह०; लीवो - पा०। करि – कर - चौ०वे०मि०मु०; करु - पा०भा०। तिय – तीय - चौ०मो०गा०मु०। ओठ – कोठ - उ०; ऊठ - चौ०; अधर - पा०भा०मि०; औट - न०; उंट - वे०; औठ - नी०। कौ – को - को०पा०मो०वे०भा०ह०; कौं - गा०। रसु – रस - को०पा०मो०वे०मु०ह०। दिन – दिनु - चौ०न०। राति – रात - वे०। [७०६]

तेही तप्यो तप औ जप संजम जीवन को फल सोई धरै है। वेसर मोती षरो धन तू सुनि और सवै दिन योंही भरै है। जो जुग वूझति है कुल जाति न जाति सुने हियारन हरै है। रैन दिवा निरसंक तिया लगि ओठन को रस पीवो करै है [नर० ७०६]

कृष्ण० : यह अन्योक्ति कोऊ ओछै कुल तै भयो लघु मानस वडी ठौर जाय पहुंचै तहां कहिए –

कौनु विनासु करै कुल जाति कौ जीवन आपनोई जग मै गनि। है सवते वडभागी तुही अरु आई है तेरीयै वात भली वनि। तैही लह्यो कृत पूरव को फल है तुही वेसरि के मुकुता धनि। द्यौस निसा तिय कौ अधरामृत नीके निसांक ह्वै पीवो करै कनि [कृष्ण० ७०६]

हरि० : विरह में नायक को प्रलाप, हे वेसरि मोती तूं धन्य है, कुल जाति को कौन वूझै है, सीपी को कुल जाति पथरा, तिय को ओठ को रस निधरक निसंक पियो करै दिन राति में, यह दोहा अन्योक्ति में भी लगै है, धन्य तू याते स्तुति सों निंदा व्याजस्तुति।

— ⋆ —

तिय मुष लषि हीरा जरी। वैंदी वढै विनोद। सुत सनेह मानौ लियौ। विधु पूरन वुध गोद [७०७] [281]

تیہ مکہ لکہ ہیرا جري بيندي بدہت بنود ٠ سُت سنیہ مانون لیو بدہ پورن بدہ کود [ظا٠ ٧٠٧]

नर० : वेंदी तथा मुष सोभा सषी को वचन नायक सो हो कान्ह तिय जो राधा तिनके मुष पर हीरा जरी वेंदी देषिकै विनोद वढतु है कि मनहू सुत कौ सनेह जानिकै विधु क० चंद्रमा पूरन तिन वुध के तांई गोद मै लियो है –

तीय के आनन हीरा जरी सुथरी छवि अच्छि अछेह छियो है। सुंदर वेंदी लसै सजनी सुनि देषि सनेह वढाइ दियो है। वाकी षरी उपमा कहिवे कहुं भांति अनेक उपाय कियो है। आपने पूत सनेह संपूरन चंद मनो वुध गोद लियो है [नर० ७०७]

कृष्ण० : इह नाइका के भाल हीरा की वेंदी है, सो सषी वाकी सोभा नायक सो कहति है, कविहू की उक्ति होइ, नाइका सो नाइकु कहै –

कनक वरन तन जगरमगर होत ओप उजास भौन आसपास कीनो है। सकल सकेलि रूप विरची विरंचि वाल षीन कटि कठिन उरोज जुग पीनो है। ललित ललाट पर हीरा की लसति वेंदी कहै कवि कृष्न देषे मनु नेह भीनो है। मेरे जानि मोद भरि अधिक सनेह करि पूरन मयंक भरि अंक वुध लीनो है [कृष्ण० ७०७]

---

281 तिय – तीय - चौ०। हीरा – हीरां - नी०। वैंदी – वैदी - को०न०गा०; वेदी - चौ०; वेंदी - नी०। वढै – वढे - को०; वढति - मि०; वढत - मु०नी०। सनेह – सनेहु - चौ०। मानौ – मांनहुं - उ०; मानौं - को०; मांनहु - चौ०; मनहु - न०; मनहुं - गा०; मानौं - मु०। लियौ – लीयो - को०; लीयौ - चौ०; लसयु - न०; लयौ - गा०; लियो - मि०; लियौं - मु०; लोये - नी०। विधु – वुधु - उ०; वंधु - चौ०; वुध - गा०नी०; विधि - मि०। पूरन – पूरण - चौ०। वुध – विधु - उ०न०नी०; वधु - चौ०; विधि - गा०; सुत - मि०। दोहा लुप्त - पा०मो०भा०ह०। [७०७]

— ★ —

गोरी गदकारी परै। हसत कपोलनु गाड। कैसी लसति गवारि यह। सुनकिरवा की आड [७०८] [282]

كوري كدكاري پرين ہنست كپولي كاد ٠ كيسے لست كنوار يہ سونكروا كي اد [ظا٠ ٧٠٨]

अन० : सषी की उक्ति सषी सो वा नायक की उक्ति दूती सो आश्चर्य संचारी ते गुनकथन व्यंग, जाति वर्णन अलंकार। - मो०;

नर० : कपोल सोभा सषी को वैन नायक सो हो कान्ह सुनौ तो या गोरी गुदगुदी है और हसतै कपोल के विषै कारी गाड परति है सो कैसी विधि कि इन गवालन के किरवा की आड सी लसति है –

> **गोरी षरी गदकारी परै अति देषतही जिय मांझ वसै है। गाडि कपोलन सुंदर सोहत ओठन वीच हुलास हसै है। और उरोज अनोपम छाजत या विधि संग सषी समझै है। आड विराजत है किरवा सुन वा इह कैसी गवारि लसै है** [नर० ७०८]

कृष्ण० : कैसी लसति गिवार सषी सै सषी कहति है –

> **सुन तरुन तन गौरव ढक विनु चपल चलति है। हसति कपोलन गड परत लषि मदन जगावत। षिन षिन करत कटाछ रूप मन मोह वढावत। सुनिकरि वा आड कीय डिगमिगति। मधुर मधुर गावत षरीय। कुच पीन षीन कटि उदर सुभ विधि विवेक करि इह घरीय** [मु० ७०८]

हरि० : सषा नायक को देषावत है, गोरी है, गदकारी भरे अंग हैं, हंसत कै कपोलनि मैं षाडा परत है, कैसी आछी लसै है, सोभै है, यह गवारि नायिका, सुनकिरवा जनावर होत है, ताकी पांषि सवुज होति है, ताकी आड दिए है, स्वभावोक्ति, जो ऐसो अर्थ करै यह गवारि सो सोनकिरवा की आड कैसी आछी लागै है तो अन्योन्यालंकार।

— ★ —

जौ लौं लषै न कुलकथा। ठिक तौ लौं ठहराइ। देषै आवत देषिही।

---

282 गोरी – गोरे - मु०। गदकारी – गदकारे - मु०। परै – परे - मो०मु०। हसत – हसति - चौ०गा०; हसतु - न०; हंसति - ह०। कपोलनु – कपोलिनि - को०पा०मो०; कपोलन - गा०; कपोलन, 'न' में इकार बाद में - मु०; कपोलनि - ह०। गाड – गाडि - को०; गाड्ड - न०। कैसी – कैसै - चौ०। लसति – लसत - चौ०; लसतु - गा०; लसत, 'त' में इकार बाद में - मु०। गवारि – गवारी - चौ०; गवार - गा०; रुचालि - मु०; गंवारि - ह०। यह – के - पा०; कै - मो०; यहू - गा०; यै - मु०। सुनकिरवा – सनकीरवा - को०; सुनिकिरवां - चौ०; सनकिरवा - पा०; सुनिकरिवा - मो०; शुनिकिरवा - न०गा०; सैनकरवै - मु०। आड – आडि - को०मो०। दोहा लुप्त - वा०भा०मि०नी०। [७०८]

क्यौहूं रह्यौ न जाइ [७०९] [283]

تو لون لکھون نہ کل کتھا تہک تولون تہراي • ديکہين اوت ديکہ ہي کيونہون رہو نہ جاي [ظا• ۷۰۹]

नर० : सषी कौ वैन सषी सौ हे सषी जव तक वाको देषै नहीं तव तक तौ कुल की कथा मैं ठीक रहि रहै और देष कि जव देषनी आवै तव पीछे क्यौंहू किये रह्यो जातु नांही है –

> **जौ लौ लष्यो नहि हो सजनी अपनै कुलकाजु कथा मन ऐहै। तौ लगि ठीक षरो ठहराइ अचानक आइ हियान हरै है। दुस्सह ऐसो सुभाव पर्यो कछु भांति अनेकनि संक करै है। चारही वार सु देषै हियै अव देषत क्योंहु रह्यो न परै है** [नर० ७०९]

कृष्ण० : इह प्रौढा नाइका अपनी दृढता सषी सौ कहति है अरु नाइक कौ सरूप ऐसौ सुंदर है सु देषे ते क्यौं रह्यो नाहीं जात, नाइका कौ वचन सषी सौ –

> **जौ लौ न डीठि परै मनमोहन हौ न वदौ सषी तौ लौं सयानहि। ठीक जु ठानि पतिव्रत कौ करिलै कुलकानि कथा के वषानहि। लोचन क्यौंहू न रोके रहै जव देषत वा मृदुमूरति कान्हहि। देषे विना न रह्यो परै कैसेहू मेरौ कह्यौ किनि साचकै मानहि** [कृष्ण० ७०९] [284]

हरि० : सषी सीष देति है, तासो नायिका को वचन, जौ लौं जव तांई लषौं न नायक को देषौं नहीं, कुलकथा कुल धर्म की वात, तव तांई ठीक निश्चल ठहराति है, नायक के देषे देषनोई आवत है, सोहात है, कोई तरह रह्यो नहीं जात है, सषी नायक सों प्रीति छोडावति है, याते विरोधी, तासों कार्ज्य साध्यो, व्याघात अलंकार।

— ⋆ —

सामा सैन सयान कौ। सवै साहि के साथ। वाहुवली जयसाहिजू। फते तिहारै हाथ [७१०] [285]

---

283 जौ – यो - को०; जो - गा०; जौं - मु०। लौं – लु - चौ०; लों - गा०; लौ - भा०। लषै – लषे - को०; लषौ - चौ०मि०नी०; लषम - भा०; लषौं - ह०। ठिक – तौ - भा०; ठिकु - मि०नी०; (लुप्त) - ह०। तौ – तो - चौ०गा०मु०; लौ - भा०। लौं – लुं - चौ०; लों - गा०; ठिकु - भा०; लौ - मि०मु०। ठहराइ – ठहराय, 'ठ' के ऊपर रिक्त स्थान में 'त'? - को०; ठराय - चौ०मि०मु०; ठहराई - नी०; ठिक ठहराय - ह०। देषै – देषें - न०मु०ह०; देषे - गा०; षेषे - भा०; देषैं - मि०नी०। आवत – आवतु - उ०; आवति - मि०। देषिही – देषही - न०गा०भा०मि०नी०; देषतै - मु०; देषिवो - ह०। क्यौहूं – क्योंहू - उ०; क्युंहुं - को०; क्युंह्वै - चौ०; क्यौंहूं - न०मु०ह०; क्यौहू - भा०; क्यौंहौ - मि०। रह्यौ – रह्यो - को०; रहो - भा०। जाइ – जाय - को०चौ०मि०ह०। दोहा लुप्त - पा०मो०। [७०९]

284 भा० प्रति में यह भिन्न उदाहरण है –

सील भरी करी षरी आपने कहै मै आषै चरी घरीही मै नि घूघट सुधारि लै। गोकुल मै वसि कुलकामिनि कहाइ ससि सूर ते छिपाइ मुषु नीचेही निहारि लै। कहै कविकृष्न कासी राम सीता इंदमती कैसो सती पारवती कैसो पतिव्रत पारि लै। जौ लौ तेरी दीठि न परत नंदलाल तौ लौ गरवीली ग्वालिनि गमारि गालु मारि लै [भा० ७०९]

285 सामा – साम - उ०मु०; सामी - को०; स्वांमा - मि०। सैन – सेंन - को०; सेन - चौ०मु०; सैंन - मि०। सयान – समान - को०; समाज - भा०; सयांन - मि०। कौ – को - को०; की - भा०; सुष - मु०नी०। साहि – साह - को०मि०। के – कै - मि०। वाहुवली – वांहवली - मि०। जयसाहिजू – जयसाहजु - को०; जयसाहिजु - चौ०; जैसाहजू - मि०; जयसाहिजू - नी०। फते – फतै - चौ०। तिहारै – तिहारे - भा०मु०; तिहारी, ईकार पर एकार - नी०। दोहा लुप्त - पा०मो०न०गा०ह०। [७१०]

سامان سین سیان کون سبي ساه کي ساتهہ ٠ باہبلي جیساه جو پہتہ[286] تہاري ہاتہ [ظا٠ ٧١٠]

कृष्ण० : इह राजा की जै सिद्धि वर्नन कवि की उक्ति –

जगमग्यो दिल्ली छत्रपति कौ प्रताप नवषंड मै अषंड दावे अरिनु के माथ है। तेरेई उदंड भुजदंड के भरोसे सोऊ रहति निसंक अवदात इह गाथ है। सुभट समाज सन्या सयन सयान सुष संचै सव भातिनु कौ साहिजू के साथ है। रहति सवाई जयसिंह महाराज सदा समर विजै की सिद्धि रावरेई हाथ है [कृष्ण० ७१०]

— ★ —

यौं दल काढे वलष तै। तैं जयसिंघ भुवाल। उदर अघासुर के परे। ज्यौं हरि गाइ गुवाल [७११] [287]

یون دل کادہي بلکہ تین تین جیساه بہوال ٠ اودر اگہا سُر کے پرین جیون ہر کاي کوال [ظا٠ ٧١١]

अन० : दया वीररस, कवि की उक्ति, सनमुष उत्तम काव्य, उपमालंकार।

कृष्ण० : राजा की सूरता वर्नन कवि की उक्ति –

एक रसना सौ मोपै कैसे कहै परै जेते विक्रम अमित कीने नृपति सवाई तै। केसव अघासुर तै राष्यो व्रज जैसे ऐसे हसन अली की गिली दिली उगलाइ तै। जै जै या निवार्यो दावानल सौ प्रवल दुष वल कै विपति हिंदुआन की वहाई तै। काली ज्यौं कुचाली काढि दूरि कर्यो मुहकमा कीरति प्रकास जगु ओप्यो उजराइ तै [कृष्ण० ७११]

हरि० : वलक को पातसाह सों साहिजहां सों विरोध भयो, तहां पातसाह की भीर डिल्ली की फौज गई थी, सो कथा वडी है, तहां लराई भई, महाराज वडा जयसिंघजी लरिकै पतसाही फौज निवाही, या तरह दल वलक तें काढे तैने, तैं जैसाह भूपाल अघासुर के उदर मैं परे जैसे हरि ने गायनि को गोपालनि को काढे, दृष्टांत अलंकार।

— ★ —

286 پہتہ - سو پہتہ - ظا٠

287 **यौं** – यो - उ०पा०; युं - चौ०; जौ - भा०; यों - मु०ह०; यौ - नी०। **काढे** – काढै - उ०चौ०; काढ्यौ - पा०मो०। **वलष तै** – वलक ढै - उ०; वलष ति - को०; वलक ते - चौ०पा०; वलक तै - मो०भा०मि०नी०; वलक तें - मु०ह०। **तैं** – तें - को०चौ०मु०ह०; तै - पा०भा०नी०। **जयसिंघ** – जैस्यंघ - उ०चौ०; जैसाहि - पा०; जैसाह - मो०; जयसाहि - भा०; जैयसिंघ - मि०; जयसाह - ह०। **भुवाल** – भूथालि - को०; भूवाल - चौ०; भुआल - भा०। **उदर** – उदरु - मि०। **के** – कै - चौ०मु०ह०। **परे** – परै - चौ०नी०; परैं - मि०; परौ - मु०। **ज्यौं** – ज्युं - चौ०; ज्यो - पा०; ज्यों - मो०; ज्यौ - भा०। **गाइ** – गाय - उ०को०मि०ह०; गांई - मो०; गाई - नी०। **गुवाल** – गुवालि - को०; गोवाल - मो०; गुपाल - भा०; गुआल - ह०। दोहा लुप्त - चौ०न०गा०। [७११]

घर घर तुरकिनि हिंदुनी। देति असीस सराहि। पतिनु राषि चादर चुरी। तैं राषी जयसाहि [७१२] [288]

کہر کہر ترکن ہندني ديت اسيس سراہ • ہين راکہي چادر چورين تين راکہين جيساہ [ظا • ۷۱۲]

अन० : कवि की उक्ति, विनिमयालंकार।

कृष्ण० : राजा को पराक्रम सव पै उपकार कवि की उक्ति –

आयौ इत उमडि अजीतसिंघ ऐडाइल संग लै विकट सुभटन के समाज कौ। कहै कवि कृष्न इत दिल्ली के प्रवल दल निकसे सकल साजे समर के साज कौ। ऐसे समै वीर विसुनेस के अजानवाहु राषी तू दुहू की लाज करिकै इलाज कौ। घर घर तुरकिनि हिंदुनी दुनी मै सव देति है असीस जयसाहि महराज कौ [कृष्ण० ७१२]

— ★ —

288 घर घर – घरि घरि - मो०। तुरकिनि – तुरकनी - को०; तुरकन - शि०; तुरकनि - चौ०मो०मि०मु०। देति – कहै - उ०चौ०; देत – असीस – अशीस - भा०। सराहि – सराही - को०; सिराहि - मि०; सुराहि - मु०। पतिनु – पतिन - को०चौ०भा०मि०; पति - शि०; पतिहि - मो०। राषि – राषी - शि०; राष - चौ०। चादर – चादरि - उ०भा०। तैं – तिं - को०; तें - शि०चौ०मो०; तै - भा०नी०; ते - मु०। राषी – राषि - को०। जयसाहि – जयसाह - को०; जयशाह - शि०; जैसाहि - मो०; जैसाह - मि०; जैयसाहि - नी०। दोहा लुप्त - पा०न०गा०ह०। [७१२]

संपादकीय

§ [५०१]

हई = यह शब्द संस्कृत 'हृति' शब्द का अपभ्रंश रूप है। 'हृति' का अर्थ विस्मय, भय, विवशता, निराशता इत्यादि होता है। यहाँ इसका अर्थ भय अथवा विस्मय होता है। किसी-किसी ने, 'हई' को अरबी शब्द 'हयरत' का बिगड़ा रूप मानकर, बिहारी पर शब्दों के मरोड़ने का धप्पा धरा है। पर 'हई' शब्द का प्रयोग बिहारी ने बिगाड़कर नहीं किया है। यह शब्द अबभी सामान्यतः अवध प्रांत में भय के अर्थ में बोला जाता है, जैसे 'उस खेत में बंदरों की बड़ी हई है'।[1]

'रत्नाकर' जी को 'हृत' पद में संस्कृत के किस शब्द का भ्रम हुआ है, बता सकना संभव नहीं! 'हृ' संस्कृत में तो, सौ पीछे निन्न्यानबे शब्द संदर्भों में, 'हरण' या इससे मिलता अर्थ व्यक्त करता है, जैसे हृतज्ञान, हृतधन आदि।[2]

यही पालि में 'हिअ' है, 'हृ' का समानार्थी, 'अपहृत, छीना हुआ'![3] वास्तव में तो 'रत्नाकर' जी ने यहाँ भी हरि० की व्याख्या स्वीकार कर ली है, 'हिय मै हई, आश्चर्ज छई छाअई रहत है'। क्या छीना गया है या कि अपहृत हुआ है? देह, 'देह दूबरी' हुई है!

§ [५०२] दोहा पा०न०वे०गा०स०मि० प्रतियों में लुप्त है; अन्य में भी पाठ बिखरा हुआ है। ध्यान देने योग्य पाठ भेद ये हैं –

उझकि – उझक - को०; झुकति - भा०; उझकति - मु०; झुकि - नी०। झांपति – ढांपति - को०; वदन - भा०; पिय - मु०; झापति - नी०। वदन – झपति - भा०मु०; वदनु - नी०। झुकति – विहसति - भा०नी०; विहसित - मु०। पिहसि – वह - शि०; वीहसी - वा०; अति - भा०मु०नी०। 'तत्यौ गुलाल मुठी झुठी झझ' रिक्त छूटे हुए स्थान में भिन्न क़लम से - उ०। मुठी – झुठी - उ०को०; - ह०; मौंठी - वा०; मूठी - भा०; मुंठी - मु०। झुठी – मुठी - उ०को०; - ह०; झुकी - भा०।

पाठ विकल्पों पर ध्यान दें तो स्पष्ट होगा कि वे ही पद क्रम में भिन्न तो हैं ही, 'विहसि' और 'अति' जैसे पाठ संशोधन भी हैं! इन सब को मूल पाठ के पार्श्व पर अथवा ऊपर या नीचे टीपा गया था – अलग-अलग टीकाओं के मूल आदर्शों में ये आगे-पीछे हो रहे हैं।

अधिक संभव है कि दोहा पाठ साफ़ न होने के सबब अन० नर० की आदर्श प्रतियों में यह दोहा सम्मिलित न किया गया हो।

---

[1] **बि०र०** पृ० २०७।
[2] **MMW** p. 1302. **आप्टे०** पृ० ११७६-७८।
[3] **पाइअ०** पृ० ९४६।

'ज्यौं ज्यौं' के स्थान पर 'जज्यौं' - उ०; ' जित्यो' - मो०; 'ज्युज्यौं' - ह० निरर्थक पद तो हैं ही, यह एक अधिक मात्रा को छिपाने का लिपिकों (और संपादकों!) का कृत्रिम प्रयास है। वस्तुतः तो यहाँ अधिक मात्रा है नहीं; प्रथम 'ज्यौं' को दीर्घायित न करने पर मात्रा पूरी है। इसी प्रकार 'त्यौं त्यौं' और 'तित्यो' - मो०; 'त्युत्यों' - ह०। 'रत्नाकर' जी ने भी गि०कुं० के 'ज्यौं ज्यौं' के स्थान पर 'जज्यौ' पाठ स्वीकार किया है!

§ **अंगुरिनु उचि भरु भीति दै। उलमि चितै चष लोल। रुचि सौं दुहू दुहून के। चूमे चारु कपोल** [**५०५**]

एक अप्रचलित पद 'उलमि' के पाठांतर विचारणीय हैं, साथ ही इस शब्द का अर्थ।

> उलमि – उलमि, 'म' पर संशोधन - उ०; उलटि - को०शि०वा०पा०; उझकि - मो०; उलवि - न०; उलव - वे०गा०स०; उलम - मि०; उलिमि - मु०; उलभि - नी०।

उ० के साक्ष्य से प्रगट होता है कि आदि ही से यह शब्द, कदाचित् अर्थ दुरूहता के कारण, अस्पष्ट रहा है। लिपिकों ने तरह-तरह से इसे लिखा है – ज़ा० और को० आदि कुछ लेखों में इसे सार्थक रूप दिया गया है, 'उलटि'। एक रा० प्रति में तो 'उलमि' पाठ है; आ०ष० प्रतियों में 'उलवि' – ष० में लिपिक ने अर्थ भी टीपा है, 'उंचो होयनै देषइ'। 'रत्नाकर' जी ने 'उलमि' पाठ ग्रहण करते हुए अर्थ किया है, 'झुक कर'। (उनकी टी०कुं० प्रतियों में 'उलटि' रूप है।)

प्रसंग पर ध्यान दें तो 'भीति उलमि भरु दै, लोल चष चितै, दुहू दुहून के कपोल चूमे', इतना ही है न! दोहरा 'दुहू दुहू' होने पर दोनों के झुकने से मुद्रा हास्यास्पद हो जाएगी! मुझे तो 'उलमि' सं० अवलम्बित से निःसृत लगता है, पा० 'ओलंबित' के अर्थ में, 'आश्रित, जिसका सहारा लिया गया है वह'।[4] अर्थात् बीच की भीति का सहारा ले, उस पर देह का भार देकर आदि।

इससे भी कि लटकने की व्यंजना किसी भी प्राचीन टीकाकार ने नहीं की है।

§ **विथुर्‍यौ जावक सौति पग। निरषि हसी गहि गांस। सलज हसोही लषि लियो। आधी हसी उसांस** [**५०७**]

'गांस' 'रत्नाकर' जी के अनुसार गांसु = (ग्रास) किसी की ओर हृदय में गुप्त भावना रखना' है।

'गास-' देव में देखें :

> **फांसी से फुलेल लागे गांसी से गुलाव अरु गाज अरगजा लागे चोवा लागे चहकन** [**सुष० १३१**]

और मिश्र श्रीपति से लीजिए यह ललित प्रयोग –

[4] **पाइअ०** पृ० २०१।

भरी दीह सांसी मोहि गांसी सी लगी है कहै आई सुनि वांसी आजु सीपति सुजान की [अ० १४]

भरैं दीह सांसी मोहि गांसी सी लगत कहूं आई घरनांसी सुनि वांसी वा अहीर की [अ० २०]

'हृदय में गुप्त भावना' तो नहीं जान पड़ती, गांसी! 'गांसी' वही है जो सूर में 'जा उर लागै गांसी' [5] या कि मतिराम में, 'प्रीतम के उर वीच भए दुलही को विलास मनोज को गांसी।' [6] तीर या किसी दूसरे नुकीले अस्त्र की टूटी हुई नोक।

§ **दूजै करि डारी षरी। वौरी वौरै आम** [५१०]

वौरै - नी० वोंरै - उ०; वोरे - को०; वौरैं - वा०; वौरे - पा०; मोरी - मो०; वोरी - न०; मोरे - न०गा०; मोरै - वे०स०मु०; मौरे - भा०ह०।

न० आदि प्राचीन प्रतियों में 'वौरै' के स्थान पर 'मौरै' तनिक भी असंगत नहीं, अर्थ दोनों का एक ही है फिर भी यहाँ 'मौरै' न होगा। एक तो अनुप्रास की हानि होने से; दूसरे, यह तो फ़ा० بو में مو के दृष्टिभ्रम का परिणाम है!

ज़ा० प्रति में 'वौरे' का 'बौराए' विकल्प पाठ हाशिए पर है!

§ **पहिरतही गोरे गोरै। यौं दौरी दुति लाल। मनो परसि पुलकित भई। वौलसिरी की माल** [५१३]

ध्यान दें, फ़ारसी ज़ा० प्रति में यहाँ तथा दोहा संख्या [२०४] में पाठ है, بولسري كي مال

منون پرس پولكت بهئي بولسري كي مال [ظا٠ ٥١٣] نول سري اوري چرہي بولسري كي مال [ظا٠ ٢٠٤]

यहाँ दो ही पद विचारणीय हैं, 'वौल' या 'मौल' तथा 'सिरी' कि 'सरी' – हाँ, यह ध्यान रहे कि अंतिम युग्म में मात्र वर्तनी भेद न होकर, गहरी अर्थी भिन्नता भी छिपी है! इस पर चर्चा आगे चलकर। 'रत्नाकर' जी ने इस दोहे की विस्तृत व्यख्या की है अतः पहले उसे देख लें। 'रत्नाकर' जी ने 'वौलसिरी' पाठ स्वीकार किया है – उनके यहाँ इसका कोई पाठभेद नहीं है। 'रत्नाकर' जी की व्याख्या लंबी है पर आवश्यक जान उसे प्रायः पूर्ण रूप में नीचे उद्धृत किया जा रहा है –

> **बौलसिरी** (वकुलश्री) = मौलसिरी। मौलसिरी के वृक्ष को संस्कृत में बकुल तथा मकुल कहते हैं। *बकुलश्री अथवा मकुलश्री का अर्थ बकुल अथवा मकुल की शोभा अर्थात् पुष्प होता है।* प्राकृत में श्री का रूपांतर सिरी हो जाता है, अतः बकुलश्री से बोलसिरी अथवा बौलसिरी तथा मकुलश्री से मोलसिरी अथवा मौलसिरी बनता है। सतसैया के केवल दो दोहों में बिहारी ने इस शब्द का प्रयोग किया है और दोनों ही स्थानो पर 'बौलसिरी' रूप ग्रहण किया है।

[5] सूर० १३५।
[6] हिं० १२६६।

(महत्वपूर्ण अंश पर ध्यान आकर्षित कराने के लिए मैंने उसे भिन्न प्रकार के अक्षरों में दिया है।)

इतने पर पहले विचार कर लें। पहले ही कहा जा चुका है कि यहाँ 'वौल' या 'मौल' तथा 'सिरी' या कि 'सरी', इन्हीं की परीक्षा करना है।

बौल - बौलि, वौल - वौलिः; मौल - मौलि (ये दोनों ही पुष्प कि पादप के अर्थ में); सरी - सिरी (ये भी वनस्पति के अर्थ में) संस्कृत, पालि, प्राकृत, कहीं नहीं हैं! तो हम यह मानकर आगे चलते हैं कि ये शब्द इनके बाद के युग में विकसित हुए होंगे!

हाँ, 'रत्नाकर' जी का यह कथन उचित ही है कि मौलसिरी के वृक्ष को संस्कृत में बकुल तथा मकुल कहते हैं।

बकुल *bakula* m. (also written *vakula*) a kind of tree, Mimusopa Elengi (said to put forth flowers when sprinkled with nectar from the mouth of lovely women), MBh; **-daman,** a garland of Bakula flowers. [7]

'मकुल' पालि के स्वभावानुरूप 'मउर' हो जाता है!

मउर - ४ बकुल का पेड़। [8]

इस चर्चित पद का प्रयोग **सतसई** में अन्यत्र केवल यह मिलता है –

नौलसिरी औरै चढी वौलसिरी की माल [२०४]

(यहाँ उ०न०मो० हस्तलेखों में 'सरी' है, 'सिरी' के स्थान पर।)

ऊपर उद्धृत 'रत्नाकर' जी की व्याख्या में विशेष रूप से अंकित अंश पर पुनर्बार ध्यान दें, *"बकुलश्री अथवा मकुलश्री का अर्थ बकुल अथवा मकुल की शोभा अर्थात् पुष्प होता है।"*

'श्री' का अर्थ शोभा अर्थात् पुष्प, इसका न प्रमाण मिलता है न कविप्रयोग – लगता तो यह है कि 'रत्नाकर' जी ने 'सरी' हो कि 'सिरी' – वह भी विवृत पद! – तक पहुँचने की त्वरा में 'श्री' का सहारा पकड़ा है! ऐसा इस लिए कि 'सरि-' रेंगने आदि का व्यंजक है। कवि देव ने माला के अर्थ में 'सरि' का प्रयोग किया है। [9] 'सर', रलयोरऽभेद से, 'त्रिसल' (त्रिपुंड) जैसे पद में भी देखा जा सकता है। [10]

अतः यहाँ पुष्पों की माला के संदर्भ में 'सिरी' को संदिग्ध ही मानना होगा।

रहा 'मौल' और 'बौल', पुष्प पादप के अर्थ में यह भी संदेह से रहित नहीं है!

9116 **bakula** - m. 'the tree Mimusops elengi', n. 'its flower' MBh. 2. **vakula**- m.n. MBh. 3 **makula**, *mukuram.* lex. [Prob. of same nor-Aryan origin as Drav. words for this tree, e.g,. Kan. *papade*, Tel. *popada*, DED 3148. – CF. similar interchage of initials in MUKULA.]

[7] **MMW.** p. 719.

[8] **पाइअ०** पृ० ६६१।

[9] कंचनहू रुचि रंच रुचै नहि मोतिन की सरि मो तन की सरि [सुजान० ५-५४]

[10] भौहनि मध्य मृगंमद केसरि वंदन लीक सु वेरु पुरानो। भू पर ते नभ ऊपर को त्रिसरा सर मैन तरूपर तानो [सुष० २४६]

3 Pk. *maura-* m. H. *maulasai, siri.* f. (cf. Pk. *baula-siri-* f.) [11]

इस शब्द के अनार्यभाषी होने की आर टर्नर का संकेत बड़ा सारगर्भी लगता है - क्या यही कारण तो नहीं कि 'वकुल' का प्रयोग तो संस्कृत और ब्रजभाषा के सभी कवियों ने अनेकशः किया मगर 'मौलसिरी' संस्कृत, पालि आदि और जायसी, तुलसी, देव प्रभृत कवियों में एक सिरे से ग़ायब है!

मुझे तो यह अकेले बिहारीदास का प्रयोग जान पड़ता है! वह भी सकारण! **सतसई** के [२०४] दोहे के उत्तरार्ध पर विचार करें, 'नौलसिरी औरै चढी। वौलसिरी की माल'। 'नौलसिरी' के अनुप्रास के सहारे खड़ा है 'वौलसिरी'! यद्यपि 'मौलसिरी', समस्थानीय उच्चारण होने से अधिक अच्छा अनुप्रास हो सकता था।

'बौलसिरी' **हिं॰** में केवल बिहारीदास ही के साक्ष्य सहित पड़ा मिलता है! [12] वह भी लापता सं॰ पद 'वकुलश्री' से व्युत्पन्न!

§ **रस भिजए दोऊ दुहुन। तौ टिकि रहे टरैं न। छवि सौ छिरकत पेम रंग। भरि पिचकारी नैंन** [**५१४**]

एक ही शब्द है किंतु रोचक!

तौ - भा॰ह॰; तौ, ऊपर भिन्न क़लम से 'उ' - उ॰; तोउ - को॰; तौउ - शि॰वा॰; त्यौ - न॰; त्यो - वे॰; त्यों - गा॰स॰; त्यौं - मि॰; नौ - मु॰; तो - नी॰।

ध्यान दें, प्राचीनतम उ॰ पोथी में 'तौ' के ऊपर किसी ने मात्रापूर्ति से अधिक अर्थगत संगति बैठाने के विचार से 'उ' टीपा है, अर्थात् 'तौउ'। 'रत्नाकर' जी ने भी अपनी बि॰गि॰ प्रतियों के 'तौ' की अपेक्षा उ॰ के समान मान॰ की अपनी प्रति का 'तउ' पाठ रखा है, 'तो भी' के अर्थ में। विचार करें तो यहाँ 'तौ' संक्षेप है 'तौहू' का। यह अपवाद प्रयोग नहीं है। घनानंद आदि कवियों में संक्षेप के उदाहरण बहुसंख्या में मिलते हैं, देवदत्त में सबसे अधिक।

यहाँ ज़ा॰ प्रति में भी पाठ تو 'तौ' है, ت او 'तउ' नहीं!

§ **कारे वरन डरावने। कत आवत इहि गेह। कै वा लषी सषी लषै। लगै थरथरा देह** [**५१५**]

थरथरा - को॰मो॰भा॰नी॰; थरथर, दूसरे 'र' में ईकार बाद में - उ॰; थरथरी - शि॰पा॰न॰वे॰गा॰स॰मि॰; थरहरी - वा॰; - ह॰; घरघरा - मु॰।

क्लिष्ट कल्पना तो है पर मुझे यहाँ 'थरथरा' इस प्रकार उद्घाटित होता है, 'देह थरथरा (**इ**) लगै'। आ॰ में भी 'थरथराँ' पाठ मिलता है; ष॰ में 'थरथरां'। ज़ा॰ प्रति में यह دہرہرا है।

§ **टेढीये टेढी फिरति। टेढे तिलक लिलार** [**५१८**]

टेढी तिलक - उ॰शि॰पा॰गा॰; टेढि तिलक - को॰। यह त्रुटि मूल पाठ फ़ा॰ लिपि में होने का परिणाम है। تیدہي تیدہي پئے پہري تیندہي تلک للار यहाँ तो 'टेढी' बड़ी ये ے के स्थान पर छोटी ये ي

[11] **Turner** p. 514.

[12] **हिं॰** पृ॰ ३५८१।

है ही, यह त्रुटि दस पीछे नौ स्थलों पर देखी जाती है। इसके सर्वथा विपरीत ब्रिटिश लाइब्रेरी की फ़ारसी प्रति में छोटी ये की जगह बड़ी ये! बहुत ही प्रगट दोष न हो तो संपादक ने त्रुटि परिमार्जन नहीं किया है! कारण, कदाचित्, इस वर्ण का नाम 'ये' है, अर्थात् इसमें यह धारणा निहित है कि 'इ' और 'ए' दोनों नागरी अक्षरों का स्थानपन्न इन दो फ़ारसी वर्णों में से कोई भी वर्ण हो सकता है!

§ **ढोरी लाई सुनन की। कहि गोरी मुसकात। थोरी थोरी सकुच सौं। भोरी भोरी वात** [५२२]

'ढोरी' का अर्थ अन० की मो० प्रति में 'स्वभाव कियो है' दिया है तो हरि० ने 'ढोरी वानि' इसका अर्थ बताया है। 'रत्नाकर' जी ने 'ढोरी = धुन, उत्कट अभिलाषा। ... सुनने की ढोरी (धुन) लगा दी है।' इनमें से कोई भी अर्थ संगत नहीं लगता। **राजस्थानी०** में भी कोई संगत अर्थ नहीं है। 'लाई' क्रिया किसी एक पदार्थ की ओर संकेत करती जान पड़ती है, बस!

§ **आज कछू औरै भए। छए नए ठिक ठैन। चित के हित के चुगल ए। नित के होंहि न नैन** [५२३]

शुद्ध अर्थ ग्रहण न हो पाने का कारण दुरूह पुराना तथा अप्रचलित पद 'छए' है। पावस ऋतु के मधुरकंठ गायक श्रीपति मिश्र ने मेघ गर्जन सी अनुप्रास पुष्ट पदावली में इसका प्रयोग किया है, यद्यपि अभिधेयार्थ 'छाए हुए' के अर्थ में –

धूमधार धूसरित धूम से धुधारे धौरे धुरवान धारे धावै छवि सों छए छए [श्री० १५]

कविवर देवदत्त ने इसका प्रयोग उस अधिक पुराने अर्थ में किया है जिसमें यह प्राकृत में था –

और की छाह न छ्वावत छाह वही छविही के उछाह छए है [जय० ६-२१]
छाकि रही छवि सों तवते छिन छूटति ना छतिया मै छए है [भाव० ५-७३]
देव मनोरम नीरमई हिय मोहन सारस हंस छए है [काव्य० ७-१५]

ऊपर के तीनो ही छंदों में यह '**छइअ** – वि [स्थगित] आवृत्त, आच्छादित, तिरोहित।' [13] का अर्थ प्रगट करता है।

'रत्नाकर' जी ने 'ठिकठैन' को समस्त पद मानते हुए इसका अर्थ 'ठाठबाट' किया है, 'आज नए ठाठबाट से छाए हुए कुछ और ही से हो गए हैं।' उन्होंने संकेत ग्रहण किया है हरि० की व्याख्या से – 'आजकलु औरही भए हैं नए ठीकठाकनि सों ठए हैं वने हैं।'

अन्य प्राचीन टीका देखें। नर० ने इसकी व्याख्या इस प्रकार की है – 'आजु नवे छया की परै ठीक ठरत न हैं सो कछू और से भए हैं, देत कहै चित के हित की चुगली ठिग ठैन नएइ ठये है' - नर०;

तुलनीय प्रयोग देव में है –

लाज गडे गुरु लोगन की पट गाठि दै ठाढे करे इक ठीक सो [भाव० १-२०]

[13] **पाइअ०** पृ० ३३३।

'ठीक' अर्थविवृति की अपेक्षा रखता है। 'ठाह' [सं० स्थान] का 'ठीक' अन्य अंत्यानुप्रासों के दबाव से हुआ है। श्रीपति मिश्र ने भी स्थान के अर्थ में इसका प्रयोग अनेकशः किया है –

दरभ गहन को जोग नहि जा ठाहर मै होइ [स० ३-७]
जा ठाहर मे होत है विषई विषै समान [स० ३-२५]
जा ठाहर के वाच्य की वहुत विवक्षा नाह [स० ३-७३]

तुलसीदास जी ने भी इसे समान अर्थ में लिखा है –

रघुवर कहेउ लषन भल घाटू। करहु कतहु अव ठाहर ठाटू॥ [14]

बिहारीदास का विवेच्य दोहा इतने से स्पष्ट हो जाना चाहिए। 'आज के ये तुम्हारे नैन नित के से नहीं हैं; कुछ और ही नए स्थान पर टिके हुए हैं। मगर ये नैन तुम्हारे चित्त में दुराए गए प्रेम की चुगली कर उसे प्रगट किए देते हैं!'

§ [५२८] दोहा पाठ पर विचार करें इसके पहले 'रत्नाकर' जी द्वारा निर्धारित पाठ के साथ उनकी व्याख्या देख लें।

फिरत जु अटकत कटनि विनु, रसिक, सु रस न, षियाल। अनत अनत नित नित हितनु चित सकुचत कत, लाल॥

(*अवतरण १*) – नायिका नायक को अन्य स्त्रियों के साथ हँसते बोलते देखकर कुछ रुष्ट हुई है, तिस पर नायक ने उससे कहा है कि मैं उन स्त्रियों से कुछ प्रेम संबंध से बातचीत नहीं करता था, प्रत्युत केवल आमोद प्रमोद में उलझा था। यह कहते समय नायक का मन अपनी बनावटी बात पर कुछ संकुचित हुआ। यह संकोच उसकी चेष्टा में लक्षित करके एवं सच्ची बात निर्धारित करके नायिका कहती है –

(*अर्थ १*) – हे रसिक [तुम] जो 'कटनि' (प्रेम की काट, प्रेम के प्रभाव) बिना अटकते (अन्य स्त्रियों से उलझते) फिरते हो [वह अटकना] रस नहीं है (प्रेम के कारण नहीं है), [प्रत्युत] 'खियाल' (खिलवाड़) [मात्र] है, हे लाल [यदि तुम्हारा यह कथन सच है, और तुम अपराधी नहीं हो, तो फिर तुम बतलाओ कि] नित नित (नितप्रति) 'अनत अनत' (अन्य अन्य स्त्रियों के) हितों से चित्त में संकुचित क्यों होते हो [वे हित तो तुम्हारे कथनानुसार केवल खिलव़ाड़ संबंधी हैं, कुछ प्रेम संबंधी नहीं कि संकोच के कारण हों।]

मैं क्षमायाचना करते हुए स्वीकार करता हूँ कि यह व्याख्या मैं तनिक भी हृदयंगम नहीं कर पाता! मुझे इसमें स्थान स्थान पर असंगति और अर्थ की निरर्थक खींचतान दिखलाई देती है! 'कटनि (प्रेम

[14] मानस २-१३३-१।

की काट, प्रेम के प्रभाव)' – अर्थ २ में इसी 'कटनि' का अर्थ पैंतरा बदलता है, 'कटनि (प्रेम की काट अर्थात् चोट)'!

'रत्नाकर' जी 'काट' का जो अर्थ हमें बता रहे हैं वह तो ताश या शतरंज के खेल में विरोधी की चाल को निष्प्रभावी बनाने वाली, प्रतिरोधी चाल के प्रसंग में कही जाती है! 'प्रेम की काट' से भला क्या व्यंजित होता है!

कवि की उक्ति पर ध्यान दें, 'जु अटकत फिरत' '००० बिन' – वह तो कोई भौतिक पदार्थ ही होगा जिसके बिना! जैसे कि टोपी, जूता, छाता जैसा, न! नहीं, वह टोपी छाता आदि नहीं, 'कटन' है, घर द्वार! [15]

बिहारीदास की **सतसई** में 'कट-' के जितने भी प्रयोग मिलते हैं, सर्वत्र यह पद अभिधेयार्थ में आया है –

षल वढई वल करि थके। कटै न कुवत कुठार [४४४]

करत जात जेती कटनि। वढि रस सरिता सोत [४५२]

दूसरे उदाहरण में 'कगार कटना' है। बिहारीदास छोड़ अन्य किसी कवि में 'कटन्-' 'रत्नाकर' जी के सुझाए हुए अर्थ में आया है, ऐसा मेरे ध्यान में नहीं आता!

'रत्नाकर' जी की आलोच्य प्रतियों में से बि० हस्तलेख में पाठ है 'कत सकुचावत लाल' तथा कुं० में 'चित सकुचित कत लाल'। 'रत्नाकर' जी ने बि० के वाचन की व्याख्या इस प्रकार की है –

> (*अवतरण* २) – परकीया नायिका, नायक के बहुत दिनों न मिलने से यह समझकर कि वह अब अन्य स्त्रियों में उलझा रहता है, उसको उलाहना देती है –
>
> (*अर्थ* २) [तुम] जो 'कटनि' (प्रेम की काट अर्थात् चोट बिना) नित नित (नित्यप्रति) 'अनत अनत' (नई नई स्त्रियों से) अटकते फिरते हो, [सो] हे रसिक वह [तुम्हारा अटकना] रस नहीं, प्रत्युत खिलवाड़ [मात्र] है। हे लाल, [इस बिना रस के अटकने से] तुम हितों को (प्रेम के भावों को) क्यों संकुचित करते हो [अर्थात् तुम्हारी इस बिना प्रेम की क्रीड़ा से प्रेम बेचारा संकुचित होता है]
>
> विपरीत लक्षणा से इस अर्थ में रसिक का अर्थ अरसिक होता है। [16]

इस संपादन में प्रयुक्त टीकाओं पर दृष्टिपात् करें तो स्पष्ट हो जाएगा कि सभी ने रसिक नायक को प्रेम रस से खेलते हुए दरसाया है। इस कारण 'रत्नाकर' जी का 'रस न, षियाल' मुझे 'रसन षियाल' सुनाई देता है।

अब दोहा पाठ पर आएँ।

---

15 कटकः ११ घर या आवास। **आप्टे०** २३८।
16 **बि०र०** पृ० २१८।

'कटन्- विनु' के स्थान पर को० प्रति में है 'कटवि', एक वर्ण के लिए रिक्त स्थान फिर 'नु'। मो० प्रति में 'नित नित हितनि' में अंतिम 'नि' यति सूचक विराम के बाद है, 'नित नित हित। निकत'! ज़ा० प्रति में दूसरी यति का पाठ है, رسک سو رس کہاں ('रसिक सु रस') अर्थात् यहाँ 'न्-' लुप्त है। इसी पोथी में दूसरे चरण का पाठ ध्यान देने योग्य है, انت انت نت نت ؟ چت سکوچت انہ لال – 'नित नित' के आगे एक शब्द (अन्य प्रतियों में 'हितन्-') का पाठ गोलमोल है और 'कत लाल' की अपेक्षा यहाँ भी 'इन्ह लाल' है, 'कत' का स्थानपन्न 'इन्ह'! नी० में यहाँ 'नहि लाल'!

इस पूरे विवेचन को सार-संक्षेप में कहें तो फ़ारसी मूल पाठ में एक नून लेखक की लापरवाही से छूट गया था और वह बाद में संशोधन के रूप में पार्श्व पर टीपा गया – ज़ा० प्रति में वह अब भी लुप्त है! मेरा अनुमान है कि वह नून दूसरी यति का न होकर प्रथम यति में 'कट' के आगे वाला था, जो को०शि० लेख में छूटा हुआ है। पूरे दोहे के पाठ तथा वर्तनी भेदों पर एक दृष्टि डालने से स्पष्ट होगा कि नून के विविध नागरी वर्तनी रूप, यथा न, नु, नि, चार-चार शब्दों के अंत में मिलते है। इतने विविध रूप मात्रा रहित नून के तो हो सकते हैं लेकिन विवृत पद 'रस न' में 'न' के नहीं – यह तो संपृक्त शब्द 'रसन्-' ही में संभव है।

इस एक मात्रा की पूर्ति लिपिकों ने की है, अंतिम यति में 'सकुचत' के स्थान पर 'सकुचावत' से!

लौटकर देखें तो साँगानेरवाली सं० १७१७ की प्राचीनतम प्रति में सुरक्षित पाठ मूल के निकटतम है। दोहापाठ इस रूप में स्वीकार किया जा रहा है –

फिरत जु अटकत कटनि विनु। रसिक सु रसन षियाल। अनत अनत नित नित हितनु। चित सकुचत कत लाल [५२८]

यह दोहा इस प्रकार अन्वित होता है, 'रसिक, जु कटनि विनु, सु रसन षियाल अटकत फिरत [हौ]'। द्वितीय चरण नायिका का व्यंग्य वाक्य है, सीधा कटाक्ष।

§ [५२९] 'रत्नाकर' जी ने 'जरैं पर जार', में 'जार' को पृथक् रखते हुए इसका अर्थ 'जलन' किया है,

> मेरा हृदय विरह से भलीभांति जले हुए होने पर भी इस लेप से शरीर में और भी जलन उत्पन्न करता है।

यह तो 'रत्नाकर' जी की नहीं, हरिप्रकाश की टीका है, शब्दशः! 'हृदय षरे अति जरे पर विरह सों जरि रह्यो है उपचार सों फेरि जारै है।' हरि० को छोड़ अन्य सभी टीकाओं से 'परजार' की पुष्टि होती है –

> 'यातै हियौ जर्यो पर्यो है ताको प्रजारति है' - न०, 'और परै न करै हिय जार षरे षर ए परजार करै है' - न० छंद; 'तोहि कहा जक ऐसी करी पजरी उर आगि षरी पजरावै' - कृष्ण०।

मुझे भी यह समस्त पद, 'परजार', होने पर अधिक संगत जान पड़ता है, इस कारण भी कि बामुहावरा 'जले में जलन' है, 'जले पर जलन' नहीं, इत्यलम्!

तुलना के लिए प्राचीन प्रयोग प्रमाण देखें।

चंदन आंक दाग होइ परे। वुझहिं न ते आषर परजरे॥ पदमावत २००।
अस परजरा विरह कर कठा। मेध स्याम भै धुआं जो उठा॥ पदमावत ३७०।
सुनत वचन रावन परजरा। मानस ६-२७-४।
पारि परजारि जलजंतु जारि वारि वारि वारिधि ह्वै वाडव पताल पसरतु है [भाव० ३-७४]
वाहि न घूंघट की घट की सुधि अंग अनंग जरै पजरै से [सुष० ६१३]
भीजि सनेह सौ देहदसा विरहागिनि लागि षरी पजरी जू [सुष० ६१५]
नेह रच्यौ विरहागि तच्यौ प्रियप्रेम पच्यौ पजरै तन तूल सो [सुष० ६८८]

'रत्नाकर' जी ने 'मलै मिलै घनसार' पाठ स्वीकार किया है। उनके पाठभेद हैं, 'मलय मिलैं' - टी०; 'मिले मिले' - गि०; 'मलय मिले' - कुं०। इसकी व्याख्या उन्होंने इस प्रकार की है, 'घनसार (कपूर) में 'मलै' (मलय, चंदन) मिलाकर एवं गुलाब जल से घोलकर' आदि। मेरी आलोच्य प्रतियों में 'मलय' या 'मलै' का प्रमाण क्षीण है – वस्तुतः तो यह फ़ा० ملي ملي के वर्तनी भेद ही हैं। अतः 'मिला मिलाकर' के अर्थ में 'मिलै मिलै' गृहीत हुआ है।

§ **मिसही मिस आतप दुसह। दई और वहटाइ। चले ललन मनभावती। तन की छांह छिपाइ** [५३१]

वहटाइ - उ०न०वे०स०; वहटाय - को०; वहराइ - शि०पा०भा०मु०नी०; वहटाई - वा०मो०; विहटाइ - गा०; वहकाय - ह०। बहंटाइ - आ०ष०; वहटाय - रा० (ऊपर टीप है 'वरुकाय')। 'और सवै वहटाइ दई कछु कै कै टराटरी क्योंहु टरे है' - नर०।

बड़े दिनों बाद यह शब्द दिखलाई दिया, 'वहटाइ'! है तो यह अवधी प्रदेश का और कोश देखने पर केवल एक में मिला, रामाज्ञा द्विवेदी 'समीर' के **अवधी कोश** में।

भारी अंतर है 'वहराइ' और 'वहटाइ' में! 'मीर की कोई ग़ज़ल गाओ कि कुछ रात कटे', यह बहलाना है मगर रोते हुए बच्चे को उँगली के इशारे से बाहर की ओर ध्यान दिलाने को, भुला कर ध्यान दूसरी ओर हटाना 'बहटाना' कहा जाएगा। हो सकता है यह अपनी मातृभाषा की ओर मेरा पक्षपात हो मगर अधिक महीन व्यंजना है 'वहटाना' में।

§ **मै लै दयो लयो सु कर। छुवत छिनक गौ नीर। लाल तुम्हारौ अरगजा। उर ह्वै लग्यौ अवीर** [५३५]

'तिहारो' का 'तुम्हारो' मूल प्रति पर किया हुआ पाठ परिवर्तन है - कदाचित् इसे कुछ अधिक श्रुति मधुर समझ कर। एक ही मान० क्रम की आ० प्रति (सं० १७२४) में 'तुम्हारो' वाचन मिलता

है, तो इसी क्रम की रा० पोथी (सं० १७३५) में वैकल्पिक 'तिहारो'। 'रत्नाकर' जी की प्रतियों में से टी०कुं० में 'तुम्हारौ'।

§ **चलौ चलै छुटि जाइगौ। हठ रावरे सकोच। षरे चढाए हे ते अव। आए लोचन लोच** [५३६]

पाठ की गुत्थी है तृतीय यति के मात्र एक शब्द 'ते' में! उपलब्ध पोथियों में पाठ है, 'ति' - उ०शि०वा०न०वे०मु०; 'त' - को०पा०मो०गा०स०भा०मि०नी०ह०। 'रत्नाकर' जी के यहाँ 'ति' निर्विवाद रूप में है और यही पाठ उन्होंने ग्रहण भी किया है, यद्यपि अर्थ किया है इसे 'ते' मानते हुए! 'जो तब खरे चढ़ाए हुए थे, वे लोचन अब लोच पर आ गए हैं।' मान० वर्ग के आ० ष० लेखों में 'ति' पाठ मिलता है; रा० प्रति में है तो 'ते' मगर नीचे टेढ़ी रेखा बाद में बनाकर इसे इकार की मात्रा में परिवर्तित किया गया है। यहीं पर ज़ा० प्रति का पाठ भी अस्पष्ट है, ہی تیر با (हे तेर् बा) कदाचित् यह 'हे ते रब' का भ्रष्ट रूप है!

टीकाएँ देखें तो कुछ सहायता प्राप्त होती है। 'जो षरे से चढाए हैं तऊ नेत्रां में अव लोच क० नरमाई आयो है', 'मान मरोरि षरेइ चढाए है तै अव लोचन लोचन आई' - नर०; 'क्यौहू कै जौ न टरै द्रग भौह कछूक नई जु हुती अति तानी। लाल चलौ अवलोकि तुम्है छुटि जाइगो मानु अवै हम जानी' - कृष्ण०।

प्रसंग तथा टीकाओं के साक्ष्य से 'ते' संशोधन संपादक की ओर से किया गया है।

§ **कहे जु वचन वियोगिनी। विरह विकल अकुलाइ। किये न को असुवा सहित। सु वातैं वोल सुनाइ** [५३७]

प्रथम तुकांत पर 'अकुलाइ' परिवर्तित पाठ है; मूल का 'विललाइ' प्राचीनतर प्रतियों में मिलता है, विललाइ - उ०शि०; विललाई - वा०मो०।

पाठ की गुत्थी है अंतिम यति, 'सु वातैं वोल सुनाइ' में! पहले सारे उपलब्ध पाठ भेद देख लें, सु - उ०को०शि०वा०न०भा०मु०नी०; (लुप्त) - मो०वे०गा०स०ह०; सू - मि०। वाति - उ०शि०वा०मो०; वानि - को०; वाती - मो०; वात - न०; वोलत - वे०गा०स०; वासे - भा०; वा - मि०मु०; चातिक - नी०; सुआति - ह०।

'सु' अनवर० और नर० समूह की प्रतियों में लुप्त है। पार्श्व पर लिखा होने से छूट गया होगा। (प्रा० प्रति में यह दोहा लुप्त है।)

प्रसंग क्या है? 'सो वातन के वोल सुनाइकै', 'को न किए असुवान समेत सु वात सु वोल सुनाइ नवीने' नर०। कृष्ण० में अधिक स्पष्ट है, 'ते वतिया अव वोलि सुवा सवही असुवानि समेति करे है'।

वस्तुतः यहाँ भारी श्लेष है, बिहारीदास में इसके जोड़ का प्रायः दुर्लभ! 'सु वातैं' और 'सुवा तैं'! 'रत्नाकर' जी की पकड़ में यह न आया, तो इसमें आश्चर्य कुछ भी नहीं! उन्होंने पाठ स्वीकार किया

है, 'सुवा ति, बोल सुनाइ' **बोल**! इसी से उन्हों ने इसकी व्याख्या की है, 'उन बोलों को सुग्गे ने सुनाकर'। पुरानी पोथियों के लिपिक 'व्' 'ब्' में भेद न करते थे। वे हमारे अवधी प्रदेश की इस चतुराई भरी लोकोक्ति के मानने वाले थे, 'केका खेत, केकी भँइस; जो हाँकै सो पापी होए!' सो वे सर्वत्र 'व्' ही रखकर विद्वानों को आपस में निपट लेने के लिए छोड़कर स्वयं टर जाते थे!

'रत्नाकर' जी ने पिछले दोहे के समान यहाँ भी 'ति' का अर्थ 'ते' किया है! 'ति' का प्रयोग इस अर्थ में किसी भी कवि ने नहीं किया – केशवदास ने भी नहीं!

'रत्नाकर' जी ने दोहे की व्याख्या करते समय हरिचरणदास की टीका का अंधानुसरण किया है, 'जो वचन वियोगिनी ने कहे कोनको आंसू सहित नहीं किए यह अर्थ काकु स्वर सों सुवा ने ति वोल सुनाय ताहि वोल को सुनायकै'।

तुलनीय भंगपद श्लेष 'सु कहू' देव कवि का है,

> **काल्हिही साझ उड्यो कर माझ ते देव षर्यो तवते उर साल्यो। एक भली भई वाग तिहारेही श्रीफल औ कदली चढि हाल्यो। वंचक विंवनि चंचु चुभावत कुंज के पिंजर मै गहि गाल्यो। हौ सु कहू नहि राषि सकी सु कहू सुनि तैही परोसिनि पाल्यो** [रस० ७-५९]

§ **छिप्यौ छवीलो मुष लसै। नीले आंचर चीर। मनौ कलानिधि झलमलै। कालिंदी के नीर** [५३८]

ध्यान देते हुए पढ़ें तो दोहा पाठ में किए गए परिवर्तन का कारण प्रगट होगा। है यद्यपि बड़ा ही सूक्ष्म भेद। मुख्यतः संशोधन इन पदों का हुआ है। 'झीने' (को०मि०) मूल में अंचर का विशेषण था; 'नीले' पाठ परिष्कार से अब अंचर ही नहीं, यमुना के वर्ण साम्य का द्योतन करने से रूपक का अंग बन जाता है! 'जलमलै' हो चाहे 'कलमलै', अर्थ के विचार से दोनों ही बड़े सटीक प्रयोग हैं!

> **अस गयंद साजे सिंघली। गवन कुरुम पीठि कलमली। पदमावत। ५१४-७।**
>
> **लै राजहिं चितउर कहं चले। छूटेउ मिरिग सिंघ कलमले॥ पदमावत ६२६-१।**
>
> **अमल कमल दलहू ते अति कोमल कलमलात गातनि न वात वहरैवे की** [सुष० २१६]
>
> **साजिकै सिगार सेज सरस सदन केलि अति अवसेर वैठी अंगनि कलमलै। सेत पट झीने मुष झांई सी झलक देव सूक्षम सलिल माहि सोम सो झलमलै** [रस० ६-१८-ब्र० ०२]

'झलमलै' :

> **वालकेलि वात वस झलति झलमलत** - तुलसी० पृ० १८४।
>
> **उज्जल उज्यारी सी झलमलाति झीनी सारी झाई सी दिपति देह दीपति विसाल सी** [सुष० ३११]
>
> **कुंडल हलत मुषमंडल झलमलत झूलत दुकूल भुजमूल भहरात है** [सुष० ५११]

सांझ को सरद ससि अंवर मै अधषुल्यो वारिजत पून्यो की प्रभा झलमलनि को [जय० ४-१४]

'कलमलै' में गति पर बल है तो 'झलमलै' में दृश्य पर, मगर एक को या कि दूसरे को निश्चयपूर्वक मूल का नहीं स्थिर किया जा सकता क्योंकि एक या कि दूसरा राजस्थानी लिपि में दृष्टिभ्रम का परिणाम हैं!

§ [५४२]

चुटाकि कै = चुटकारी दे कर। चुटकने के विषय में लाला भगवानदीन जी की टिप्पणी द्रष्टव्य है अतः वह नीचे उद्धृत की जाती है – 'सन की एक गाबद्दुम लंबी रस्सी सी (वेणी के आकार की) बनाई जाती है। उसे चुटकी कहते हैं। घोड़ा निकालते समय जब घोड़े को 'उड़ान' सिखाना होता है, तब वह चुटकी घोड़े के पीछे तड़ाक तड़ाक बजाई जाती है, जिससे डरकर घोड़ा उड़ना (कूदते हुए चलना) सीखता है।' खूँद – इस शब्द पर श्रीपंडित पद्मसिंह जी शर्मा की टिप्पणी उद्धृत की जाती है – 'लघुद्रुत गति से जमीन को काटते हुए चलना, जहाँ से पैर उठाया फिर वहीं रखना, इत्यादि खूँद करना का अर्थ है। इधर की ग्रामीण भाषा में 'खौरु खोदना' भी कहते हैं। जब बछेरे को औधी में फेरते वक्त चाबुक सवार उसके चाबुक या कोड़ा मारता है तब वह ऊपर को उठ जाता है, और भागना चाहता है, परंतु बागें खिंची रहने के कारण भाग नहीं सकता, झुककर वहीं आ रहता है।' [17]

§ [५४९] 'धरनि' तथा 'जगत' समानार्थी होने से पहले मुझे 'धुवा धरनि' के समस्त पद होने का संदेह हुआ था। भ्रमित होने का कारण था **हिं०** में 'धूमधर' का अर्थ 'अग्नि'। [18] प्रस्तुत प्रसंग में यह खपता भी जान पड़ा था, इस प्रकार अन्वित होते हुए, धुवाधरनि अर्थात् आग चारों ओर से जगत तो जलाती हुई आ रही है, पर नहीं, अग्नि नहीं, यह तो वर्षा ऋतु का 'प्रथमोदविंदु' है!

जिस एक शब्द, धुवांधरनि' को अग्नि का व्यंजक मानने से यह व्याख्या टिकी थी वह शब्द और अर्थ पुष्ट नहीं होते। संस्कृत के किसी भी कोश में ऐसा कोई पद नहीं है।

§ [५०१]

हई = यह शब्द संस्कृत 'हृति' शब्द का अपभ्रंश रूप है। 'हृति' का अर्थ विस्मय, भय, विवशता, निराशता इत्यादि होता है। यहाँ इसका अर्थ भय अथवा विस्मय होता है। किसी-किसी ने, 'हई' को अरबी शब्द 'हयरत' का बिगड़ा रूप मानकर, बिहारी पर शब्दों के मरोड़ने का धप्पा धरा है। पर 'हई' शब्द का प्रयोग बिहारी ने बिगाड़कर नहीं किया है। यह शब्द अबभी सामान्यतः अवध प्रांत में भय के अर्थ में बोला जाता है, जैसे 'उस खेत में बंदरों की बड़ी हई है'। [19]

[17] **बि०र०** पृ० २२४।
[18] **हिं०** पृ० २४७५।
[19] **बि०र०** पृ० २०७।

'रत्नाकर' जी को 'हृत' पद में किस संस्कृत शब्द का भ्रम हुआ है, बता सकना संभव नहीं! 'हृ' संस्कृत में तो, निन्न्यानबे शब्द संदर्भों में, 'हरण' या इससे मिलता अर्थ व्यक्त करता है, जैसे हृतज्ञान, हृतधन आदि।[20]

यही पालि में 'हिअ' है, 'हृ' का समानार्थी, 'अपहृत, छीना हुआ'।[21] वास्तव में देखें तो 'रत्नाकर' जी ने यहाँ भी हरि० की व्याख्या ले ली है, 'हिय मै हई, आश्चर्ज छई छाई रहत है'। क्या छीना गया है या कि अपहृत हुआ है? देह 'देह दूवरी' हुई है!

§ [५०२] दोहा पा०न०वे०गा०स०मि० प्रतियों में लुप्त है; अन्य में भी पाठ बिखरा हुआ है। ध्यान देने योग्य पाठ भेद ये हैं –

> उझकि – उझक - को०; झुकति - भा०; उझकति - मु०; झुकि - नी०। झांपति – ढांपति - को०; वदन - भा०; पिय - मु०; झापति - नी०। वदन – झपति - भा०मु०; वदनु - नी०। झुकति – विहसति - भा०नी०; विहसित - मु०। विहसि – वह - शि०; वीहसी - वा०; अति - भा०मु०नी०। 'तत्यौ गुलाल मुठी झुठी झझ' रिक्त छूटे हुए स्थान में भिन्न क़लम से - उ०। मुठी – झुठी - उ०को०; - ह०; मौंठी - वा०; मूठी - भा०; मुंठी - मु०। झुठी – मुठी - उ०को०; - ह०; झुकी - भा०।

पाठ विकल्पों पर ध्यान दें तो स्पष्ट होगा कि वे ही पद क्रम में भिन्न तो हैं ही, 'विहसि' और 'अति' जैसे पाठ संशोधन भी हैं! इन सब को मूल पाठ के पार्श्व पर अथवा ऊपर या नीचे टीपा गया था – अलग-अलग टीकाओं के मूल आदर्शों में ये आगे-पीछे हो रहे हैं।

अधिक संभव है कि दोहा पाठ साफ़ न होने के सबब अन० नर० की आदर्श प्रतियों में यह दोहा सम्मिलित न किया गया हो।

('ज्यौं ज्यौं' के स्थान पर 'जज्यौं' - उ०; ' जित्यो' - मो०; 'ज्युज्यौं' - ह० निरर्थक पद तो हैं ही, यह एक अधिक मात्रा को छिपाने का लिपिकों (और संपादकों!) का कृत्रिम प्रयास है। वस्तुतः तो यहाँ अधिक मात्रा है नहीं; प्रथम 'ज्यौं' को दीर्घायित न करने पर मात्रा पूरी है। इसी प्रकार 'त्यौं त्यौं' और 'तित्यो' - मो०; 'त्युत्यों' - ह०। 'रत्नाकर' जी ने भी गि०कुं० के 'ज्यौं ज्यौं' के स्थान पर 'जज्यौ' पाठ स्वीकार किया है!)

§ **अंगुरिनु उचि भरु भीति दै। उलमि चितै चष लोल। रुचि सौं दुहू दुहून के। चूमे चारु कपोल** [५०५]

एक अप्रचलित पद 'उलमि' के पाठांतर विचारणीय हैं साथ ही इस शब्द का अर्थ।

> उलमि – उलमि, 'म' पर संशोधन - उ०; उलटि - को०शि०वा०पा०; उझकि - मो०; उलवि - न०; उलव - वे०गा०स०; उलम - मि०; उलिमि - मु०; उलभि - नी०।

---

20 **MMW** p. 1302. **आप्टे०** पृ० ११७६-७८।

21 **पाइअ०** पृ० ९४६।

उ० के साक्ष्य से प्रगट होता है कि आदि ही से यह शब्द, कदाचित् अर्थ दुरूहता के कारण, अस्पष्ट रहा है। लिपिकों ने तरह-तरह से इसे लिखा है – ज़ा० और को० आदि कुछ लेखों में इसे सार्थक रूप दिया गया है, 'उलटि'। एक रा० प्रति में तो 'उलमि' पाठ है; आ०ष० प्रतियों में 'उलवि' – ष० में लिपिक ने अर्थ भी टीपा है, 'उंचो होयनै देषइ'। 'रत्नाकर' जी ने 'उलमि' पाठ ग्रहण करते हुए अर्थ किया है, 'झुक कर'। (उनकी टी०कुं० प्रतियों में 'उलटि' रूप है।)

प्रसंग पर ध्यान दें तो 'भीत उलमि भरु दै, लोल चष चितै, दुहू दुहून के कपोल चूमे', इतना ही है न! दोहरा 'दुहू दुहू' होने पर दोनों के झुकने से मुद्रा हास्यास्पद हो जाएगी! मुझे तो 'उलमि' सं० अवलम्बित से निःसृत लगता है, पा० 'ओलंबित' के अर्थ में, 'आश्रित, जिसका सहारा लिया गया है वह'।[22] 'भीति उलमि दै' अर्थात् 'सहारे की दीवार पर देह भार देकर'।

इससे भी कि लटकने की व्यंजना किसी भी प्राचीन टीकाकार ने नहीं की है।

§ **विथुर्‌यौ जावक सौति पग। निरषि हसी गहि गांस। सलज हसोही लषि लियो। आधी हसी उसांस** [५०७]

'गांस' 'रत्नाकर' जी गांसु = (ग्रास) किसी की ओर हृदय में गुप्त भावना रखना'

'गास्-' देव में :

> **कंत विनु वासर वसंत लागे अंतक से तीर ऐसे त्रिविधि समीर लागे लहकन। सान धरे सार से चंदन घनसार लगे षेद लागे षरे मृगमेद लागे महकन। फांसी से फुलेल लागे गांसी से गुलाव अरु गाज अरगजा लागे चोवा लागे चहकन। अंग अंग आगि ऐसे लागे है केसरिनीर चीर लागे जरन अवीर लागे दहकन** [सुष० १३१]

और मिश्र श्रीपति में लीजिए प्रचुर प्रयोग –

> **घरी घरी घिरि घिरि फिरि फिरि गिरि गिरि धरि धरि दिसत है डहरि विथांन की। वकि वकि जकि जकि झकि झकि टकि टकि तकित कि तकि यन होत विनु प्रांन की। विरह लपेटी देह धुरनि धुरेटी कहा भयो ठकुरेटी तोहि वेटी व्रषभांन की। भरी दीह सांसी मोहि गांसी सी लगी है कहै आई सुनि वांसी आजु सीपति सुजान की** [अ० १४]
>
> **अषिआं भरत आसी परत विथान कासी विरहाग झांसी सुधि राषत न चीर की। परी गरे रोग सांसी धरै व्रज लोग हांसी परै प्रेम पीर षांसी अधिक अधीर की। सीपति रसिक हो मदन कारे नाग डांसी पास अवलोकियतु सोने से सरीर की। भरैं दीह सांसी मोहि गांसी सी लगत कहूं आई घरनांसी सुनि वांसी वा अहीर की** [अ० २०]

[22] पाइअ० पृ० २०१।

'हृदय में कुछ गुप्त भावना' तो नहीं जान पड़ती, गांसी! 'गांसी' वही है जो सूर में 'जा उर लागै गांसी' [23] या कि मतिराम में, 'प्रीतम के उर वीच भए दुलही को विलास मनोज को गांसी।' [24]

§ **दूजै करि डारी षरी। वौरी वौरै आम** [५१०]

वौरै - नी० वोंरै - उ०; वोरे - को०; वौरैं - वा०; वौरे - पा०; मोरी - मो०; वोरी - न०; मोरे - न०गा०; मोरै - वे०स०मु०; मौरे - भा०ह०।

न० आदि प्राचीन प्रतियों में 'वौरै' के स्थान पर 'मौरै' तनिक भी असंगत नहीं, अर्थ दोनों का एक ही है फिर भी यहाँ 'मौरै' न होगा। एक तो अनुप्रास की हनि होने से; दूसरे, यह तो फ़ा० بو में مو के दृष्टिभ्रम का परिणाम है।

ज़ा० प्रति में 'वौरे' का 'बौराए' विकल्प पाठ हाशिए पर है!

§ **पहिरतही गोरे गोरै। यौं दौरी दुति लाल। मनो परसि पुलकित भई। वौलसिरी की माल** [५१३]

ध्यान दें, फ़ारसी ज़ा० प्रति में यहाँ तथा दोहा संख्या [२०४] में पाठ है, بولسري كي مال

منون پرس پولكت بہئي بولسري كي مال [ظا۰ ٥١٣]

نول سري اوري چرہي بولسري كي مال [ظا۰ ٢٠٤]

यहाँ दो ही पद विचारणीय हैं, 'वौल' या 'मौल' तथा 'सिरी' कि 'सरी' – हाँ, यह ध्यान रहे कि अंतिम युग्म में मात्र वर्तनी भेद न होकर, गहरी अर्थी भिन्नता भी छिपी है! इस पर चर्चा आगे चलकर। 'रत्नाकर' जी ने इस दोहे की विस्तृत व्यख्या की है अतः पहले इसे देख लें।

'रत्नाकर' जी ने 'वौलसिरी' पाठ स्वीकार किया है – उनके यहाँ इसका कोई पाठभेद नहीं है। 'रत्नाकर' जी की व्याख्या लंबी है पर आवश्यक जान उसे प्रायः पूर्ण रूप में नीचे उद्धृत किया जा रहा है –

> **बौलसिरी** (वकुलश्री) = मौलसिरी। मौलसिरी के वृक्ष को संस्कृत में बकुल तथा मकुल कहते हैं। *बकुलश्री अथवा मकुलश्री का अर्थ बकुल अथवा मकुल की शोभा अर्थात् पुष्प होता है।* प्राकृत में श्री का रूपांतर सिरी हो जाता है, अतः बकुलश्री से बोलसिरी अथवा बौलसिरी तथा मकुलश्री से मोलसिरी अथवा मौलसिरी बनता है। सतसैया के केवल दो दोहों में बिहारी ने इस शब्द का प्रयोइग किया है और दोनों ही स्थानो पर 'बौलसिरी' रूप ग्रहण किया है।

(महत्वपूर्ण अंश पर ध्यान आकर्षित कराने के लिए मैंने उसे भिन्न प्रकार के अक्षरों में दिया है।)

इतने पर पहले विचार कर लें। पहले ही कहा जा चुका है कि यहाँ 'वौल' या 'मौल' तथा 'सिरी' या कि 'सरी', इन्हीं की परीक्षा करना आवश्यक है।

[23] सूर० १३५।
[24] हिं० १२६६।

बौल - बौलि, वौल - वौलि; मौल - मौलि (ये दोनों ही पुष्प कि पादप के अर्थ में); सरी - सिरी (ये भी वनस्पति के अर्थ में) संस्कृत, पालि, प्राकृत, कहीं नहिं हैं! तो हम यह मानकर आगे चलते हैं कि ये शब्द इनके बाद में विकसित हुए होंगे!

हाँ, 'रत्नाकर' जी का यह कथन उचित ही है कि मौलसिरी के वृक्ष को संस्कृत में बकुल तथा मकुल कहते हैं।

बकुल *bakula* m. (also written *vakula*) a kind of tree, Mimusopa Elengi (said to put forth flowers when sprinkled with nectar from the mouth of lovely women), MBh; **-daman,** a garland of Bakula flowers.[25]

'मकुल' पालि के स्वभावानुरूप 'मउर' हो जाता है!

मउर - ४ बकुल का पेड़।[26]

इस चर्चित पद का प्रयोग **सतसई** में अन्यत्र केवल यह मिलता है –

नौलसिरी औरै चढी वौलसिरी की माल [२०४]

(यहाँ उ०न०मो० हस्तलेखों में 'सरी' है, 'सिरी' के स्थान पर।)

ऊपर उद्धृत 'रत्नाकर' जी की व्याख्या में विशेष रूप से अंकित अंश पर पुनर्बार ध्यान दें, *"बकुलश्री अथवा मकुलश्री का अर्थ बकुल अथवा मकुल की शोभा अर्थात् पुष्प होता है।"*

'श्री' का अर्थ शोभा अर्थात् पुष्प, इसका न प्रमाण मिलता है न कविप्रयोग – लगता तो यह है कि 'रत्नाकर' जी ने 'सरी' हो कि 'सिरी' – वह भी विवृत पद! – तक पहुँचने की त्वरा में 'श्री' का सहारा पकड़ा है! ऐसा इस लिए कि 'सरि-' रेंगने आदि का व्यंजक है। कवि देव ने माला के अर्थ में 'सरि' का प्रयोग किया है।[27] 'सर', रलयोरऽभेद से, 'त्रिसल' (त्रिपुंड) जैसे पद में देखा जा सकता है।[28]

अतः यहाँ पुष्पों की माला के संदर्भ में 'सिरी' को संदिग्ध ही मानना होगा।

रहा 'गौल' और 'बौल', पुष्प पादप के अर्थ में यह भी संदेह से रहित नहीं है!

9116 **bakula** - m. 'the tree Mimusops elengi', n. 'its flower' MBh. 2. **vakula**- m.n. MBh. 3 **makula**, *mukuram.* lex. [Prob. of same nor-Aryan origin as Drav. words for this tree, e.g,. Kan. *papade*, Tel. *popada*, DED 3148. – CF. similar interchage of initials in MUKULA.]

3 Pk. *maura-* m. H. *maulasai, siri.* f. (cf. Pk. *baula-siri-* f.)[29]

---

[25] **MMW.** p. 719.

[26] **पाइअ०** पृ० ६६१।

[27] कंचनहू रुचि रंच रुचै नहि मोतिन की सरि मो तन की सरि [सुजान० ५-५४]

[28] भौहनि मध्य मृगंमद केसरि वंदन लीक सु वेरु पुरानो। भू पर ते नभ ऊपर को त्रिसरा सर मैन तरूपर तानो [सुष० २४६]

[29] **Turner** p. 514.

इस शब्द के अनार्यभाषी होने की ओर टर्नर का संकेत बड़ा सारगर्भी लगता है - क्या यही कारण तो नहीं कि 'वकुल' का प्रयोग तो संस्कृत और ब्रजभाषा के सभी कवियों ने अनेकशः किया मगर 'मौलसिरी' संस्कृत, पालि आदि और जायसी, तुलसी, देव प्रभृत कवियों में एक सिरे से ग़ायब है!

मुझे तो यह अकेले बिहारीदास का प्रयोग जान पड़ता है! वह भी सकारण! **सतसई** के [२०४] दोहे के उत्तरार्ध पर विचार करें, 'नौलसिरी औरै चढी। वौलसिरी की माल'। 'नौलसिरी' के अनुप्रास के सहारे खड़ा है 'वौलसिरी'! यद्यपि 'मौलसिरी', समस्थानीय उच्चारण होने से अधिक अच्छा अनुप्रास हो सकता था।

हिं० में यह केवल बिहारीदास ही के साक्ष्य सहित पड़ा मिलता है! [30] वह भी लापता सं० 'वकुलश्री' से व्युत्पन्न!

§ **रस भिजए दोऊ दुहुन। तौ टिकि रहे टरैं न। छवि सौ छिरकत पेम रंग। भरि पिचकारी नैंन** [५१४]

एक ही शब्द है किंतु रोचक!

तौ - भा०ह०; तौ, ऊपर भिन्न क़लम से 'उ' - उ०; तोउ - को०; तौउ - शि०वा०; त्यौ - न०; त्यो - वे०; त्यों - गा०स०; त्यौं - मि०; नौ - मु०; तो - नी०।

ध्यान दें, प्राचीनतम पोथी 'तौ' के ऊपर किसी ने मात्रापूर्ति से अधिक अर्थगत संगति बैठाने के विचार से 'उ' टीपा है, अर्थात'रत्नाकर' जी ने भी अपनी बि०गि० प्रतियों के 'तौ' की अपेक्षा उ० के समान मान० की अपनी प्रति का 'तउ' पाठ रखा है, 'तो भी' के अर्थ में। विचार करें तो यहाँ 'तौ' संक्षेप है 'तौहू' का। यह अपवाद प्रयोग नहीं है। घनानंद आदि कवियों में संक्षेप के उदाहरण बहुसंख्या में मिलते हैं, देवदत्त में सबसे अधिक।

यहाँ ज़ा० प्रति में भी पाठ تو 'तौ' है, ت او 'तउ' नहीं!

§ **कारे वरन डरावने। कत आवत इहि गेह। कै वा लषी सषी लषै। लगै थरथरा देह** [५१५]

थरथरा - को०मो०भा०नी०; थरथर, दूसरे 'र' में ईकार बाद में - उ०; थरथरी - शि०पा०न०वे०गा०स०मि०; थरहरी - वा०; - ह०; घरघरा - मु०।

क्लिष्ट कल्पना तो है पर मुझे यहाँ 'थरथरा' इस प्रकार उद्घाटित होता है, 'देह थरथरा(इ) लगै'। आ० में भी 'थरथराँ' पाठ मिलता है; ष० में 'थरथरां'। ज़ा० प्रति में यह دہرہرا है।

§ **टेढीये टेढी फिरति। टेढे तिलक लिलार** [५१८]

टेढी तिलक - उ०शि०पा०गा०; टेढि तिलक - को०। यह त्रुटि मूल पाठ फ़ा० लिपि में होने का परिणाम है। تیدہي تیدہي یئے پہري تیندہي تلک للار यहाँ तो 'टेढी' बड़ी ये ے के स्थान पर छोटी ये ي है ही, यह त्रुटि दस पीछे नौ स्थलों पर देखी जाती है – यहाँ तक कि, बहुत ही प्रगट दोष न हो

[30] **हिं०** पृ० ३५८१।

तो, संपादक ने त्रुटि परिमार्जन नहीं किया है! कारण, कदाचित्, इस वर्ण का नाम 'ये' है, अर्थात् इसमें यह धारणा निहित है कि 'इ' और 'ए' दोनों नागरी अक्षरों का स्थानपन्न यह हो सकता है!

§ **ढोरी लाई सुनन की। कहि गोरी मुसकात। थोरी थोरी सकुच सौं। भोरी भोरी वात** [५२२]

'ढोरी' का अर्थ अन० की मो० प्रति में 'स्वभाव कियो है' दिया है तो हरि० ने 'ढोरी वानि' इसका अर्थ बताया है। 'रत्नाकर' जी ने ',धोरी = धुन, उत्कट अभिलाषा। ... सुनने की ढोरी (धुन) लगा दी है।' इनमें से कोई भी अर्थ संगत नहीं लगता। **राजस्थांनी०** में भी कोई संगत अर्थ नहीं है। 'लाई' क्रिया किसी एक पदार्थ की ओर संकेत करती जान पड़ती है, बस!

§ **आज कछू औरै भए। छए नए ठिक ठैन। चित के हित के चुगल ए। नित के होंहि न नैन** [५२३]

'रत्नाकर' जी ने 'ठिकठैन' को समस्त पद मानते हुए इसका अर्थ किया है, 'ठाटबाट' – तेरे नयन नित के नहीं अपितु 'आज नए ठाटबाट से छाए हुए कुछ और ही हो गए हैं।'[31] कदाचित् उनके मन में आम बोलचाल के प्रयोग, 'ठीकठाक' की अनुगूँज रही हो पर मुझे तो यहाँ ये दो भिन्नार्थी तथा पृथक् शब्द लगते हैं।

उ० प्रति में इस शब्द के ऊपर टीपा हुआ है 'ठहराइ'। स्थापित अथवा दृढ़ होने के अर्थ में 'ठई' पुराने काव्य में खूब मिलता है – दे० **तुलसी०** पृ० १८८। देवदत्त में यह अनेकशः प्रयुक्त हुआ है –

चित दै चितऊं जित ओर सषी तित नंदकिसोर की ओर ठई [सुष० १०२]
कहि देव वडो दुष याही को मोहि कठोर रही उहि ठौर ठई [सुष० ५५०]
देषे अनुकूल कहू दूलह हिये की फूल उलही अनूप रूपुलही दुलही ठई [सुष० ८२५]
चरन की दासी सौ उदासी कत कीजै चितु दरस की प्यासी द्वार देहरी ठई रहै [सुष० ८२८]

अर्थात् 'ठहराइ'! 'ठीक' स्थान के अर्थ में आता है –

लाज गडे गुरु लोगन की पट गाठि दै ठाढे करे इक ठीक सो [भाव० १-२०]
चौकि परी चहु ओर चितै गुर लोगनि देषि उठी नही ठीक ते [भाव० ४-६३]

'छए' अर्थात् आच्छादित –

और की छाह न छ्वावत छाह वही छविही के उछाह छए है [जय० ६-२१]

किससे आच्छादित? ये तुम्हारे नेत्र आज नित के से नहीं हैं; 'चित के हित' से 'छए' होने से हित, प्रीति, की चुगली किए दे रहे हैं!

---

[31] **बि०र०** पृ० २१५-१६।

§ [५२८]

दोहा पाठ पर विचार करें इसके पहले 'रत्नाकर' जी द्वारा निर्धारित पाठ के साथ उनकी व्याख्या देख लेना चाहिए।

> **फिरत जु अटकत कटनि विनु, रसिक, सु रस न, षियाल। अनत अनत नित नित हितनु चित सकुचत कत, लाल॥**
>
> (*अवतरण १*) – नायिका नायक को अन्य स्त्रियों के साथ हँसते बोलते देखकर कुछ रुष्ट हुई है, तिस पर नायक ने उससे कहा है कि मैं उन स्त्रियों से कुछ प्रेम संबंध से बातचीत नहीं करता था, प्रत्युत केवल आमोद प्रमोद में उलझा था। यह कहते समय नायक का मन अपनी बनावटी बात पर कुछ संकुचित हुआ। यह संकोच उसकी चेष्टा में लक्षित करके एवं सच्ची बात निर्धारित करके नायिका कहती है –
>
> (*अर्थ १*) – हे रसिक [तुम] जो 'कटनि' (प्रेम की काट, प्रेम के प्रभाव) बिना अटकते (अन्य स्त्रियों से उलझते) फिरते हो [वह अटकना] रस नहीं है (प्रेम के कारण नहीं है), [प्रत्युत] 'खियाल' (खिलवाड़) [मात्र] है, हे लाल [यदि तुम्हारा यह कथन सच है, और तुम अपराधी नहीं हो, तो फिर तुम बतलाओ कि] नित नित (नितप्रति) 'अनत अनत' (अन्य अन्य स्त्रियों के) हितों से चित्त में संकुचित क्यों होते हो [वे हित तो तुम्हारे कथनानुसार केवल खिलवाड़ संबंधी हैं, कुछ प्रेम संबंधी नहीं कि संकोच के कारण हों।]

मैं क्षमायाचना करते हुए स्वीकार करता हूँ कि यह व्याख्या मैं तनिक भी हृदयंगम नहीं कर पाता! मुझे इसमें स्थान स्थान पर असंगति और अर्थ की निरर्थक खींचतान दिखलाई देती है! 'कटनि (प्रेम की काट, प्रेम के प्रभाव)' – अर्थ २ में इसी 'कटनि' का अर्थ पैंतरा बदलता है, 'कटनि (प्रेम की काट अर्थात् चोट)'!

'रत्नाकर' जी 'काट' का जो अर्थ हमें बता रहे हैं वह तो ताश या शतरंज के खेल में विरोधी की चाल को निष्प्रभावी बनाने वाली, प्रतिरोधी चाल के प्रसंग में कही जाती है! 'प्रेम की काट' से भला क्या व्यंजित होता है!

कवि की उक्ति पर ध्यान दें, 'जु अटकत फिरत' '००० बिन' – वह तो कोई भौतिक पदार्थ ही होगा जिसके बिना! जैसे कि टोपी, जूता, छाता जैसा, न! नहीं, वह टोपी छाता आदि नहीं, 'कटन' है, घर द्वार! [32]

बिहारीदास की **सतसई** में 'कट-' के जितने भी प्रयोग मिलते हैं, सर्वत्र यह पद अभिधेयार्थ में आया है –

षल वढई वल करि थके। कटै न कुवत कुठार [४४४]

[32] कटकः ११ घर या आवास। **आप्टे०** २३८।

करत जात जेती कटनि। वढि रस सरिता सोत [४५२]

दूसरे उदाहरण में 'कगार कटना' है। बिहारीदास छोड़ अन्य किसी कवि में 'कटन्-' 'रत्नाकर' जी के सुझाए हुए अर्थ में आया है, ऐसा मेरे ध्यान में नहीं आता!

'रत्नाकर' जी की आलोच्य प्रतियों में से बि० हस्तलेख में पाठ है 'कत सकुचावत लाल' तथा कुं० में 'चित सकुचित कत लाल'। 'रत्नाकर' जी ने बि० के वाचन की व्याख्या इस प्रकार की है –

> (*अवतरण* २) – परकीया नायिका, नायक के बहुत दिनों न मिलने से यह समझकर कि वह अब अन्य स्त्रियों में उलझा रहता है, उसको उलाहना देती है –
>
> (*अर्थ* २) [तुम] जो 'कटनि' (प्रेम की काट अर्थात् चोट बिना) नित नित (नित्यप्रति) 'अनत अनत' (नई नई स्त्रियों से) अटकते फिरते हो, [सो] हे रसिक वह [तुम्हारा अटकना] रस नहीं, प्रत्युत खिलवाड़ [मात्र] है। हे लाल, [इस बिना रस के अटकने से] तुम हितों को (प्रेम के भावों को) क्यों संकुचित करते हो [अर्थात् तुम्हारी इस बिना प्रेम की क्रीड़ा से प्रेम बेचारा संकुचित होता है]
>
> विपरीत लक्षणा से इस अर्थ में रसिक का अर्थ अरसिक होता है।[33]

इस संपादन में प्रयुक्त टीकाओं पर दृष्टिपात करें तो स्पष्ट हो जाएगा कि सभी ने रसिक नायक को प्रेम रस से खेलते हुए दर्साया है। इस कारण 'रत्नाकर' जी का 'रस न, षियाल' मुझे 'रसन षियाल' सुनाई देता है।

अब दोहा पाठ पर आएँ।

'कटन्- विनु' के स्थान पर को० प्रति में है 'कटवि', एक वर्ण के लिए रिक्त स्थान फिर 'नु'। मो० प्रति में 'नित नित हितनि' में अंतिम 'नि' यति सूचक विराम के बाद है, 'नित नित हित। निकत'! ज़ा० प्रति में दूसरी यति का पाठ है, رسک سو رس کہاں ('रसिक सु रस') अर्थात् यहाँ 'न्-' लुप्त है। इसी पोथी में दूसरे चरण का पाठ ध्यान देने योग्य है, انت انت نت نت ؟ چت سکوچت انہ لال – 'नित नित' के आगे एक शब्द (अन्य प्रतियों में 'हितन्-') का पाठ गोलमोल है और 'कत लाल' की अपेक्षा यहाँ भी 'इन्ह लाल' है, 'कत' का स्थानपन्न 'इन्ह'! नी० में यहाँ 'नहि लाल'!

इस पूरे विवेचन को सार-संक्षेप में कहें तो फ़ारसी मूल पाठ में एक नून लेखक की लापरवाही से छूट गया था और वह बाद में संशोधन के रूप में पार्श्व पर टीपा गया – ज़ा० प्रति में वह अब भी लुप्त है! मेरा अनुमान है कि वह नून दूसरि यति का न होकर प्रथम यति में 'कट' के आगे वाला था, जो को०शि० लेख में छूटा हुआ है। पूरे दोहे के पाठ तथा वर्तनी भेदों पर एक दृष्टि डालने से स्पष्ट होगा कि नून के विविध नागरी वर्तनी रूप, यथा न, नु, नि, चार-चार शब्दों के अंत में मिलते है। इतने

33 **बि०र०** पृ० २१८।

विविध रूप मात्रा रहित नून के तो हो सकते हैं लेकिन विवृत पद 'रस न' में 'न' के नहीं – यह तो संपृक्त शब्द 'रसन्-' ही में संभव है।

इस एक मात्रा की पूर्ति लिपिकों ने की है, अंतिम यति में 'सकुचत' के स्थान पर 'सकुचावत' से!

लौटकर देखें तो साँगानेरवाली सं० १७१७ की प्राचीनतम प्रति में सुरक्षित पाठ मूल के निकटतम है। दोहापाठ इस रूप में स्वीकार किया जा रहा है –

फिरत जु अटकत कटनि विनु। रसिक सु रसन षियाल। अनत अनत नित नित हितनु। चित सकुचत कत लाल [५२८]

यह इस प्रकार अन्वित होता है, 'रसिक, जु कटनि विनु, सु रसन षियाल अटकत फिरत [हौ]'। द्वितीय चरण नायिका का व्यंग्य वाक्य है, सीधा कटाक्ष।

§ [५२९]

'रत्नाकर' जी ने 'जरैं पर जार', 'जार' को पृथक् रखते हुए इसका अर्थ 'जलन' किया है,

> मेरा हृदाय विरह से भलीभांति जले हुए होने पर भी इस लेप से शरीर में और भी जलन उत्पन्न करता है।

यह तो 'रत्नाकर' जी की नहीं, हरिप्रकाश की टीका है, शब्दशः! 'हृदय षरे अति जरे पर विरह सों जरि रह्यो है उपचार सों फेरि जारै है।' हरि० को छोड़ अन्य सभी टीकाओं से 'परजार' की पुष्टि होती है –

> 'यातै हियौ जर्‌यो पर्‌यो है ताको प्रजारति है' - न०, 'और परै न करै हिय जार षरे षर ए परजार करै है' - न० छंद; 'तोहि कहा जक ऐसी करी पजरी उर आगि षरी पजरावै' - कृष्ण०।

मुझे भी यह समस्त पद, 'परजार', होने पर अधिक संगत जान पड़ता है, इस कारण भी कि बामुहावरा 'जले में जलन' है, 'जले पर जलन' नहीं, इत्यलम्!

तुलना के लिए प्राचीन प्रयोग प्रमाण देखें।

> **चंदन आंक दाग होइ परे। वुझहिं न ते आषर परजरे॥ पदमावत २००।**
>
> **अस परजरा विरह कर कठा। मेध स्याम भै धुआं जो उठा॥ पदमावत ३७०।**
>
> **सुनत वचन रावन परजरा। मानस ६-२७-४।**
>
> **पारि परजारि जलजंतु जारि वारि वारि वारिधि ह्वै वाडव पताल पसरतु है** [भाव० ३-७४]
>
> **वाहि न घूंघट की घट की सुधि अंग अनंग जरै पजरै से** [सुष० ६१३]

भीजि सनेह सौ देहदसा विरहागिनि लागि षरी पजरी जू [सुष० ६१५]
नेह रच्यौ विरहागि तच्यौ प्रियप्रेम पच्यौ पजरै तन तूल सो [सुष० ६८८]

§ **मिसही मिस आतप दुसह। दई और वहटाइ। चले ललन मनभावती। तन की छांह छिपाइ** [५३१]

वहटाइ - उ०न०वे०स०; वहटाय - को०; वहराइ - शि०पा०भा०मु०नी०; वहटाई - वा०मो०; विहटाइ - गा०; वहकाय - ह०। बहंटाइ - आ०ष०; वहटाय - रा० (ऊपर टीप है 'वरुकाय')। 'और सवै वहटाइ दई कछु कै कै टराटरी क्योंहु टरे है' - नर०।

बड़े दिनों बाद यह शब्द दिखलाई दिया, 'वहटाइ'! है तो यह अवधी प्रदेश का और कोश देखने पर केवल एक में मिला, रामाज्ञा द्विवेदी 'समीर' के **अवधी कोश** में।

भारी अंतर है 'वहराइ' और 'वहटाइ' में! 'मीर की कोई ग़ज़ल गाओ कि कुछ रात कटे', यह बहलाना है मगर रोते हुए बच्चे को उँगली के इशारे से बाहर की ओर ध्यान दिलाने को, भुला कर ध्यान दूसरी ओर हटाना 'बहटाना' कहा जाएगा। हो सकता है यह अपनी मातृभाषा की ओर मेरा पक्षपात हो मगर अधिक महीन व्यंजना है 'वहटाना' में।

§ **मै लै दयो लयो सु कर। छुवत छिनक गौ नीर। लाल तुम्हारौ अरगजा। उर ह्वै लग्यौ अवीर** [५३५]

'तिहारो' का 'तुम्हारो' मूल प्रति पर किया हुआ पाठ परिवर्तन है - कदाचित् इसे कुछ अधिक श्रुति मधुर समझ कर। एक ही मान० क्रम की आ० प्रति (सं० १७२४) में 'तुम्हारो' वाचन मिलता है, तो इसी क्रम की रा० पोथी (सं० १७३५) में वैकल्पिक 'तिहारो'। 'रत्नाकर' जी की प्रतियों में से टी०कुं० में 'तुम्हारौ'।

§ **चलौ चलै छुटि जाइगौ। हठ रावरे सकोच। षरे चढाए हे ते अव। आए लोचन लोच** [५३६]

पाठ की गुत्थी है तृतीय यति के मात्र एक शब्द में! उपलब्ध पोथियों में पाठ है, 'ति' - उ०शि०वा०न०वे०मु०; 'त' - को०पा०मो०गा०स०भा०मि०नी०ह०। 'रत्नाकर' जी के यहाँ 'ति' निर्विवाद रूप में है और यही पाठ उन्होंने ग्रहण भी किया है, यद्यपि अर्थ किया है इसे 'ते' मानते हुए! 'जो तब खरे चढ़ाए हुए थे, वे लोचन अब लोच पर आ गए हैं।' मान० वर्ग के आ० ष० लेखों में 'ति' पाठ मिलता है; रा० प्रति में है तो 'ते' मगर नीचे टेढ़ी रेखा बाद में बनाकर इसे इकार की मात्रा में परिवर्तित किया गया है। यहीं पर ज़ा० प्रति का पाठ भी अस्पष्ट है, ہي تير با (हे तेर् बा) कदाचित् यह 'हे ते रब' का भ्रष्ट रूप है!

टीकाएँ देखें तो कुछ सहायता प्राप्त होती है। 'जो षरे से चढाए हैं तऊ नेत्रां में अव लोच क० नरमाई आयो है', 'मान मरोरि षरेइ चढाए है तै अव लोचन लोचन आई' - नर०; 'क्यौहू कै जौ न टरै द्रग भौह कछूक नई जु हुती अति तानी। लाल चलौ अवलोकि तुम्है छुटि जाइगो मानु अवै हम जानी' - कृष्ण०।

प्रसंग तथा टीकाओं के साक्ष्य से 'ते' संशोधन संपादक की ओर से किया गया है।

§ **कहे जु वचन वियोगिनी। विरह विकल अकुलाइ। किये न को असुवा सहित। सु वातैं वोल सुनाइ** [५३७]

प्रथम तुकांत पर 'अकुलाइ' परिवर्तित पाठ है; मूल का 'विललाइ' प्राचीनतर प्रतियों में मिलता है, विललाइ - उ०शि०; विललाई - वा०मो०।

पाठ की गुत्थी है अंतिम यति, 'सु वातैं वोल सुनाइ' में! पहले सारे उपलब्ध पाठ भेद देख लें, सु - उ०को०शि०वा०न०भा०मु०नी०; (लुप्त) - मो०वे०गा०स०हृ०; सू - मि०। वाति - उ०शि०वा०मो०; वानि - को०; वाती - मो०; वात - न०; वोलत - वे०गा०स०; वासे - भा०; वा - मि०मु०; चातिक - नी०; सुआति - हृ०।

'सु' अनवर० और नर० समूह की प्रतियों में लुप्त है। पार्श्व पर लिखा होने से छूट गया होगा। (पा० प्रति में यह दोहा लुप्त है।)

प्रसंग क्या है? 'सो वातन के वोल सुनाइकै', 'को न किए असुवान समेत सु वात सु वोल सुनाइ नवीने' नर०। कृष्ण० में अधिक स्पष्ट है, 'ते वतिया अव वोलि सुवा सवही असुवानि समेति करे है'।

वस्तुतः यहाँ भारी श्लेष है, बिहारीदास में इसके जोड़ का प्रायः दुर्लभ! 'सु वातें' और 'सुवा तैं'! 'रत्नाकर' जी की पकड़ में यह न आया, आश्चर्य! उन्होंने पाठ स्वीकार किया है, 'सुवा ति वोल सुनाइ' और इसकी व्याख्या की है, 'उन बोलों को सुग्गे ने सुनाकर'। पिछले दोहे के समान यहाँ भी उन्होंने 'ति' का अर्थ 'ते' किया है! 'ति' का प्रयोग इस अर्थ में किसी भी कवि ने नहीं किया – केशवदास ने भी नहीं!

'रत्नाकर' जी ने हरिचरणदास की टीका का अंधानुसरण किया है, 'जो वचन वियोगिनी ने कहे कोनको आंसू सहित नहीं किए यह अर्थ काकु स्वर सों सुवा ने ति वोल सुनाय ताहि वोल को सुनायकै'।

तुलनीय भंगपद श्लेष देव कवि का है,

> **काल्हिही साझ उड्यो कर माझ ते देव षर्यो तवते उर साल्यो। एक भली भई वाग तिहारेही श्रीफल औ कदली चढि हाल्यो। वंचक विंवनि चंचु चुभावत कुंज के पिंजर मै गहि गाल्यो। हौ सु कहू नहि राषि सकी सु कहू सुनि तैही परोसिनि पाल्यो** [रस० ७-५९]

§ **छिप्यौ छवीलो मुष लसै। नीले आंचर चीर। मनौ कलानिधि झलमलै। कालिंदी के नीर** [५३८]

ध्यान देते हुए पढ़ें तो दोहा पाठ में किए गए परिवर्तन का कारण प्रगट होगा। है यद्यपि बड़ा ही सूक्ष्म भेद। मुख्यतः संशोधन इन पदों का हुआ है। 'झीने' (को०मि०) मूल में अंचर का विशेषण था; 'नीले' पाठ परिष्कार से अब अंचर ही नहीं, यमुना के वर्ण साम्य का द्योतन करने से रूपक का अंग बन जाता है! 'झलमलै' हो चाहे 'कलमलै', अर्थ के विचार से दोनों ही बड़े सटीक प्रयोग हैं!

अस गयंद साजे सिंघली। गवन कुरुम पीठि कलमली। पदमावत। ५१४-७।

लै राजहिं चितउर कहं चले। छूटेउ मिरिग सिंघ कलमले॥ पदमावत ६२६-१।

अमल कमल दलहू ते अति कोमल कलमलात गातनि न वात वहरैवे की [सुष० २१६]

साजिकै सिगार सेज सरस सदन केलि अति अवसेर वैठी अंगनि कलमलै। सेत पट झीने मुष झांई सी झलक देव सूक्षम सलिल माहि सोम सो झलमलै [रस० ६-१८-ब्र० ०२]

'झलमलै' :

वालकेलि वात वस झलति झलमलत - तुलसी० पृ० १८४।

उज्जल उज्यारी सी झलमलाति झीनी सारी झाई सी दिपति देह दीपति विसाल सी [सुष० ३११]

कुंडल हलत मुषमंडल झलमलत झूलत दुकूल भुजमूल भहरात है [सुष० ५११]

सांझ को सरद ससि अंवर मै अधषुल्यो वारिजत पून्यो की प्रभा झलमलनि को [जय० ४-१४]

एक को या कि दूसरे को निश्चयपूर्वक मूल का नहीं स्थिर किया जा सकता क्योंकि ये राजस्थानी लिपि में दृष्टिभ्रम का परिणाम हैं!

§ [५४२]

चुटाकि कै = चुटकारी दे कर। चुटकने के विषय में लाला भगवानदीन जी की टिप्पणी द्रष्टव्य है अतः वह नीचे उद्धृत की जाती है – 'सन की एक गाबदुम लंबी रस्सी सी (वेणी के आकार की) बनाई जाती है। उसे चुटकी कहते हैं। घोड़ा निकालते समय जब घोड़े को 'उड़ान' सिखाना होता है, तब वह चुटकी घोड़े के पीछे तड़ाक तड़ाक बजाई जाती है, जिससे डरकर घोड़ा उड़ना (कूदते हुए चलना) सीखता है।' खूँद – इस शब्द पर श्रीपंडित पद्मसिंह जी शर्मा की टिप्पणी उद्धृत की जाती है – 'लघुद्रुत गति से जमीन को काटते हुए चलना, जहाँ से पैर उठाया फिर वहीं रखना, इत्यादि खूँद करना का अर्थ है। इधर की ग्रामीण भाषा में 'खौरु खोदना' भी कहते हैं। जब बछेरे को औधी में फेरते वक्त चाबुक सवार उसके चाबुक या कोड़ा मारता है तब वह ऊपर को उठ जाता है, और भागना चाहता है, परंतु बागें खिंची रहने के कारण भाग नहीं सकता, झुककर वहीं आ रहता है।' [34]

§ **अपने अपने मत लगे। वादि मचावत सोर। ज्यौं त्यौं सवको सेइवौ। एकै नंदकिसोर [५४५]**

वादि = वृथा। संसार भर के भिन्न भिन्न देव उपासक ... अपने अपने सिद्धांत का समर्थन करते हुए वृथा हौरा मचाया करते हैं। [35]

[34] बि०र० पृ० २२४।
[35] बि०र० पृ० २४१।

बचपन में सुना हुआ ठेठ बनारसी शब्द है, 'हौरा'! मगर 'वादि' यहाँ तर्क-वितर्क करने वाले विवादी के अर्थ में प्रयुक्त जान पड़ता है, जैसे कि कालिदास में, 'अन्योन्यजयसंरम्भो ववृधे वादिनोरिव।' [36]

§ [५४९] 'धरनि' तथा 'जगत' समानार्थी होने से पहले मुझे 'धुवा धरनि' के समस्त पद होने का संदेह हुआ था। भ्रमित होने का कारण था **हिं०** में 'धूमधर' का अर्थ 'अग्नि'। [37] प्रस्तुत प्रसंग में यह खपता भी जान पड़ा था, इस प्रकार अन्वित होते हुए, धुवाधरनि अर्थात् आग चारों ओर से जगत तो जलाती हुई आ रही है, पर नहीं, यह तो वर्षा ऋतु का 'प्रथमोदविंद्व' है!

जिस एक शब्द, धुवांधरनि' को अग्नि का व्यंजक मानने से यह व्याख्या टिकी थी वह शब्द और अर्थ पुष्ट नहीं होते। संस्कृत के किसी भी कोश में ऐसा कोई पद नहीं है।

§ **पट सौं पोछि परी करौ। षरी भयानक भेष। नागिनि ह्वै लागति दृगनु। नागवेलि रंग रेष** [५५५]

ष०रा०आ०प० सर्वत्र 'परी' पाठ है; ज़ा० में भी پري विभिन्न टीकाओं में भी 'परी' है; यथा, 'नागरवेल के रस की रेष है सो पट सो पोंछिकै परी करौ' - नर०; 'प्रीतम ए पटछोर सो पोछि परी करौ' - कृष्ण०; 'पट कपरा सों पोंछिकै परी करौ दूरि करौ' - हरि०।

दूर या कि परे के अर्थ में 'परी' राजस्थानी हिंदी में कहीं भी प्रयुक्त नहीं हुआ है। यह फ़ारसी में پري छोटी हे का सीधा लिप्यंतर भी नहीं जान पड़ता। कदाचित् 'षरी' के अनुप्रास पर कवि ने ऐसा रूप परिवर्तन किया हो!

कृष्ण कवि की टीका में एक शब्द आया है, 'मेषनि' – 'केलि समै अहिवेलि के रंग की रेषनि मेषनि पै उघरी है'। प्रसंग से इस शब्द का अर्थ कपोल या ललाट प्रगट होता है पर 'मेष' 'मेख' अप्रचलित शब्द है।

§ **जो तिय तुम जिय भावती। राषी हियै वसाइ। मोहि झुकावति दृगनि ह्वै। वहई उझकति आइ** [**५५८**]

उ० प्रति में 'झुकावति' के ऊपर टीप है, 'लजावति'। 'जिय भावती' मूल पाठ है, अनुप्रासपुष्ट भी। अन्य प्रतियों के पाठ से तुलना करें –

जिय भावती - मो०न०स०नी०; जीय भावती - उ०शि०गा०मि०; मनि भांवती - को०; जिय भावति - वा०; मन भावती - पा०भा०ह०; ही भावती - वे०; हिय भावती - मु०।

'मन भावती' को० के लिपिक का संशोधन है।

§ **वेऊ चिरजीवी अमर। निधरक फिरौ कहाइ। छिन विछुरै जिनकी नही। पाउस आउ सिराइ** [५६३]

---

[36] **रघुवंशम्** १३-९२।

[37] **हिं०** पृ० २४७५।

विचारणीय है अंतिम यति, लेकिन पूरे दोहे की भावभूमि और अर्थ पर पहले विचार कर लेना चाहिए।

'रत्नाकर' जी ने अंतिम यति का पाठ 'पावस आइ सिराइ' रखा है, उनकी बि० प्रति में 'आउ' पाठ है। दोहे का अर्थ उन्होंने इस प्रकार किया है –

(*अवतरण*) प्रवत्स्यत्पतिका नायिका की उक्ति नायक से –

(*अर्थ*) [यह पावस ऋतु ऐसी उद्दीपनकारिणी तथा वियोगियों की दुःषदायिनी है कि इसमें क्षण मात्र के वियोग से प्राण बचना दुस्तर है, सो ऐसी] पावस ऋतु में क्षण मात्र बिछुड़ने से जिनकी आयु सिरा नहीं जाती (समाप्त नहीं हो जाती), वे [लोग] भी [ऋषियों तथा देवतों की भाँति चिरजीवी (बहुत काल तक जीने वाले) [तथा] अमर (कभी न मरने वाले) कहलाकर निधड़क (निशंक) फिरा करो [क्योंकि जब वे पावस ऋतु में वियोग होने पर भी जीवित ही रह गए, तो फिर अब उनके ऐसे न मरने वालों को कौन मार सकता है]।

नायिका का तात्पर्य यह है कि आप तो कहते हैं कि तू घबरा मत, मैं शीघ्र ही लौट आऊँगा, पर इस पावस ऋतु में तो क्षण मात्र के वियोग से भी प्राण का बचना असंभव है।

पहले तो, उपरोक्त व्याख्या छापे में भूल होने से भ्रष्ट हो गई है, 'वे लोग भी – फिरा करो'! बीच में 'तुम भी' छूट गया है। यों तो यह दोहा ही पर्याप्त गुड्ढल है, फिर 'रत्नाकर' जी ने इसे हरि० की टीका के सहारे स्पष्ट करना चाहा है, 'वेई वेही लोग चिरजीवी कहायकै फिरौ'! (दे० हरि० की व्याख्या।)

چہن .بچہورین جن کي نہین پَاوس او سرَاي

सं० आउ सिराइ में आउ का अर्थ क्या है? आउ [आयुष्] १ जीवन, जीवनकाल। २ उमर, वय।[38] इसी अर्थ में यह पद तुलसीदास की **विनयपत्रिका** में प्रयुक्त हुआ है, 'लिए वेर वदलि अमोल मनि आउ मे' - विनय० २६१।[39]

दे० 1292 aayus **Turner** p. 58.

(**पदमावत** में भी 'आऊ' का प्रयोग मिलता तो है, किंतु सर्वत्र तुकांत पर होने से प्रस्तुत प्रसंग में प्रामाणिक न होगा।)

§ **वाही निसि ते ना मिट्यौ। मान कलह कौ मूल। भले पधारे पाहुने। ह्वै गुडहर कौ फूल** [५६५]

प्रथम यति में पाठ समस्या है, 'निस' कि 'दिन'? विभिन्न टीकाकारों ने स्वयं द्वारा गृहीत पाठ के अनुसार दोहे की व्याख्या की है। पर आश्चर्य है, एक ही टीका की प्रतियों में भेद दिखलाई देता है।

[38] **पाइअ०** पृ० १०३।
[39] **तुलसी०** पृ० ३७

यथा, मान० की प्रयुक्त प्रतियों शि०वा० में 'दिन' पाठ है किंतु इसी टीका की आ०रा०ष० में 'निसि' – चौ० प्रति के दोहा पाठ में 'निस' है, गद्य टीका में 'अहो श्री कन्हैयाजू वा दिन कौ हमारो अहंकार' आदि! इसी प्रकार अन० की मो० प्रति में 'निसि', पा० में 'दिन'। ऐसा कैसे हुआ?

उ० प्रति में इस भेद की कुंजी है, यहाँ 'ही' तथा 'नि' के बीच ऊपर के रिक्त स्थान में 'दि' उसी लिखावट में सुधारा गया है, अर्थात् मूल फ़ारसी प्रति में 'वाही' के आगे लिपिक की भूल से केवल नून लिखा गया, واہي ن تين نان متيو – बाद के लिपिकर्ता इसी नून के आगे पीछे जोड़कर पाठ सुधार रहे हैं, دن - نس – यद्यपि उ० के 'नि' का इकार यहाँ 'निसि' छोड़ 'दिनि' न होने देगा!

अर्थी व्याख्या में दोनों ही खप जाते हैं।

'उनके उर तै जो मान कलह कौ मूल है सो तौ वा राति तै मिट्यौ नांही' तथा 'वाही निसा ते मिट्यौ नहि मान सो' - नर०; 'वाही रजनी तै अज्यौ मिटो ना अनैसो मान सषी पचि हारी काहू मरमु न पायौ है' - कृष्ण०; 'सो वाही दिना ते ना मिट्यौ है मान सों कलह को मूल भले पधारे भले आए तुम काहू को पाहुना होयकै' - हरि०। इस अंतिम से तुलनीय है 'रत्नाकर' जी के लंबे व्याख्यान के ये अंश –

> एक दिन नायक, नायिका से यह कहकर कि मुझे पाहुने जाना है, बाहर गया, और रात भर न आया। ... इस बात को यद्यपि कई दिन हो चुके हैं पर नायिका ने अभी मान नहीं छोड़ा है। (सखी उत्तर देती है कि) आप ही उस दिन पहुनाई के बहाने गए ... आदि।

§ **रहे निगोडे नैन डिगि। गहै न चेत अचेत। हौं कसुकै रिस कै करौं। ए निसषे हसि देत** [५६८]

رہين نکودي نين دک کہين نہ چيت اچيت ٠ ہون کس کر رس کے کرون اي نسکہے ہنس ديت [ظا٠ ٥٦٨]

इस दोहे में जटिलता है एक शब्द के पाठ निर्धारण में तथा दुरूह है एक शब्द की व्याख्या! पाठ पहले लें।

निसषे - उ०वे०नी०; निशिषै - को०; निसुके - शि०वा०; निसकै - मो०; निसिषे - न०गा०स०; नसषे - भा०; निरभै - मि०; निरषे - मु०; निसिषै - ह०। ज़ा० प्रति में نسکہے – इसे कंप्यूटर परदे पर बड़ा करके देखने पर काफ़ और बड़ी ये के बीच हे का उलटा पेश नज़र आता है।

हमारी अन्य प्राचीन प्रतियों में से चौ० में 'निसषै', आ०ष० में 'निसषे', रा० में 'निसिषे' पाठ है। 'रत्नाकर' जी की बि० प्रति में भी 'निसषे'।

यह पाठ स्वीकार किया गया, विभिन्न टीकाकारों की व्याख्याओं के साक्ष्य पर, साथ ही इस पद के अर्थ को ध्यान में रखते हुए। अर्थ की चर्चा बाद में।

उ० प्रति में 'ए निसषे' के ऊपर रिक्त स्थान में टीप है, 'ए सषा नही'। 'ए निसषे हसि देत है'

'हों कसुकै रिस कै जु करो तऊ ये निठुरे निसषे हसि देहै' नर०। कृष्ण कवि के उदाहरण में, 'हौ कितनो कसुकै रिस कौ करौ ए निसषे हसिकै उमहे री'।

उपरोक्त के आधार पर यह दोहा मेरी दृष्टि में इस प्रकार अन्वित होता है,

निगोडे नैन डिगि अचेत [ह्वै रहैं], चेत न गहै; हौं रिस कै कसुकै [चेत] करौं [पै] ए निसषे हसि देत [हैं]

'निसषे' की अर्थी व्याख्या 'निगोडे' में छिपी हुई है इस लिए पहिले 'निगोड़े' ही को लें। मगर उससे भी पूर्व 'रत्नाकर' जी की व्याख्या को अविकल रूप में उद्धृत करना उचित होगा –

> निगोड़े = गोड़ रहित अर्थात् पादहीन पंगु। जब स्त्रियाँ किसी व्यक्ति, अथवा पदार्थ का नाम उसको कोसती हुई लेती हैं तो उसके साथ निगोड़े, दईमारे, दाढ़ीजार इत्यादि शब्दों को विशेषण के रूप में लगा देती हैं। निसुके = इस शब्द का अर्थ मानसिंह ने 'निपीते' लिखा है।[40] 'निपीते का अर्थ प्रीतिरहित अर्थात् मुझसे प्रीति न रखनेवाले अथवा मेरा शील न रखनेवाले हो सकता है। और किसी टीकाकार ने 'निसुके' पाठ नहीं रखा है। किसी ने 'निरखें' किसी ने 'निसिखे' किसी ने 'नसिखे' और किसी ने 'नसखे' पाठ रखा है, और प्रत्येक ने अपने पाठ के अनुसार अर्थ किया है। हमारी समझ में 'निसुके' पाठ ठीक है, क्योंकि बिहारी के आदि टीकाकार मानसिंह ने यही पाठ ग्रहण किया है। इसके अतिरिक्त हमारी एक अन्य प्राचीन पुस्तक में भी यही पाठ है। मानसिंह ने जो 'निसुके' का अर्थ किया है, वह अवश्य चिंतनीय है। हमारी समझ में 'निसुके' शब्द संस्कृत 'निस्वक' शब्द का अपभ्रंश है। निस्वक का अर्थ 'निज संपत्ति विहीन' है। अतः निसुके का अर्थ निर्धन, दरिद्र, रंक इत्यादि मानना चाहिए, और इस शब्द को भी 'निगोड़े' शब्द की भाँति, कोसने के निमित्त, स्त्रियों की बोलचाल का शब्द समझना चाहिए।
>
> (*अवतरण*) मान सिखाती हुई सखी से नायिका कहती है –
>
> (*अर्थ*) – (ये मेरे) निगोड़े नयन डिग [ही] कर रहते हैं (मैं लाख चाहती हूँ कि ये नीचे हुए स्थिर रहें, जैसे कि मान के समय इनको रहना चाहिए, परंतु ये, पादहीन होने पर भी नायक के सामने आने पर चंचल होकर उसकी ओर चले ही जाते हैं) [और ये] अचेत (बुद्धिहीन) चेत (चेतावनी, शिक्षा) नहीं गहते (ग्रहण करते) मैं [तो मेरे शिक्षानुसार] 'कसु' (बल काबू) कर के (बड़ी कठिनता से अर्थात् यद्यपि ऐसा करने में मुझे कष्ट होता है, तथापि मेरे अनुरोध से) [इनकी] रिस के बीच (क्रोध के अर्थात् क्रोध भरे हुए से) करती हूँ (बनाती हूँ), [पर] ये 'निसुके' (प्रियतम के दर्शन के ललाए हुए)

[40] श्रीराधाजू श्रीकृष्ण सुं कहै हैं षंडिता ते मेरे नेंन निगोडे श्रीकृष्ण रूप में गमि रहे हैं अचेत रूप अयान रूप ह्वै रहे हैं, याते चेत पकरै न हैं, हुं कस गाढकै रिसु रोस कै कियौ चाहौ पर ए निसुके निपीते हसि उठतु हैं - मान० की चौ० प्रति।

हँस देते हैं॥

इस दोहे में अनेक पाठांतर हैं। हमारी पहिली और चौथी पुस्तक में यह दोहा नहीं है। जिन तीन पुस्तकों में यह है, उनमें भी इसके पाठों में अंतर है, जो कि पादटिप्पणी में दिखाए गए हैं। बहुधा टीकाकारों ने 'रहैं' के स्थान पर 'दहैं', 'डिगि' के स्थान पर 'ये' एवं 'निसुके' के स्थान पर 'निसिषे' पाठ रखा है। इन पाठांतरों से अर्थ निःसंदेह सरल हो जाता है, पर हमारी तीन प्राचीन पुस्तकों से किसी में यह पाठ नहीं है। अतः उन तीनों पुस्तकों के मिलाने से जो पाठ उचित प्रतीत हुआ वह इस संस्करण में रखा गया है। कृष्ण कवि की टीका के पाठ में केवल 'निसिके' शब्द में अंतर पड़ता है। कृष्ण कवि की टीका में 'निसुके' के स्थान पर 'निसखे' पाठ है, और 'कै' तथा 'के' के स्थानों पर 'करि' तथा 'की'॥ [41]

अब आएँ पदार्थ पर। सच कहूँ तो 'रत्नाकर' जी की 'निगोड़े' शब्द की व्याख्या देख, इस शब्द को लेकर मेरे मन का पुराना संदेह जाग उठा। क्या अर्थ होगा, 'निगोड़े' का? इस पद के प्राप्त प्रयोग पहले देख लेना चाहिए।

प्रयोग प्रायः सभी प्रमुख प्राचीन कवियों में मिल जाएगा; यथा कबीर 'निगौड़ी (हि० निगुरा) अभागिन, जिसके आगे-पीछे कोई न हो। उ० का पचि मरै निगौडी वौरी' **कबीर कोश** पृ० २१४ ।; तुलसीदास 'निगोड़ा (?) ३ एक गाली। कमीना। उ० छलिन की छोडी सो निगोडी छोटी जाति पाति - कविता० ७ ।१८ **तुलसी०** पृ० २६१; सूरदास (सूर कोश पृ० ३०३)। कविवर देवदत्त में तो अनेकशः।

ओडी न परति री निगोडिनु की औडी डीठि लागे उडि आगे होति आडे हौ अडाइती [सुष० ६७]

और काहू ठौर ठहराति न निगोडी गडि ठोडी वीच गाड छवि छोडी नही जाति है [सुष० २३६]

ओडी न जाति निगोडी अनीति न छोडी परै उडि हूजतु आडे [सुष० ७३५]

उडिकै निगोडी डीठि गडि गडि गाडै परी उमडि उमडि आडे लोग लमकत है [सुष० ७९५]

उडिकै निगोडी डीठि गडि गडि गाडै परी उमडि उमडि आडे लोग लमकत है [कुसल० ३-११]

ज्यो न निगोडो तवै समुझो कवि देव कहा अव जो पछितान्यो [भाव० २-७६]
प्यास निगोडी रही गडि नैन जऊ जल सौ निचुरै नित कोए [भवानी० ८-४५]

इस कवि के प्रयोग अधिक संख्या में एकत्र किए गए ताकि शब्द प्रयोक्ता का मनोभाव अधिक स्पष्ट होकर सामने आए। विभिन्न कोशों में इस शब्द की व्युत्पत्ति देखने पर रोचक तथ्य सामने आते हैं।

41 **बिर०र०** पृ० २३५-३६।

फ़ेलन के कोश (सन् १८७९) में इस शब्द की व्याख्या यह है –

> निगोड़ा Wom. n. m. nigori, n. f. lit. without feet. 1 A cripple; a helpless, unfortunate person. 2. A wretch; trull, brute; ruffian.
>
> रौंदती फिरती है नीचे पैर के बांदी अंध
> तू नहीं डरती निगोड़ी पेट की भी मार से - जान साहिब।
>
> 3. An imp; a devil; bedlam; hellhag; jezebel. निगोड़ा नाठा 1. A singleman, one who has no relatives. 2. A rogue; knave; rascal; villain. p. 1170.

प्लाट्स के शब्दकोश (सन् १८८४) में उपरोक्त से मिलती-जुलती अर्थ विवृति है –

> نگوڑا निगोड़ा]Ap. Prak. निगवडउ; Prk. निग्गमडओ; S. निर्गम + र + कः], adj, & s.m. (f. i), Without feet; crippled; helpless; miserable (a word comm. used by women) - a cripple; helpless; unfortunate person; poor wretch; miserable creature; (as a form of indearment to a child;) poor little helpless one. - (as a term of abuse) one who has no heirs or relations; miserable wretch; - brute; churl; ruffian; imp; devil, &c. : - nigora natha s.m. One who has no heirs, or relatives; one who is miserably off; - an unmarried man, a bachelor; a rascal; villain, &c.i.q. (nigora). p. 1152.

फ़रहंगे आसफ़िया (सन् १९०१) में बहुत सारे अर्थ बताए गए हैं; यथा, जिसके घुटने या पैर न हों; लंगड़ा लूला; अपाहिज; बिन पाँव का; नाकारा; चंडाल; अभागी; नालायक़; जिसके आगे पीछे कोई न हो; मुहताज; अकेला; तनहा, आदि।[42]

इससे मिलती-जुलती व्याख्या मोहज़्ज़बुल लुग़ात[43] में देख सकते हैं।

श्री रामचंद्र वर्म्मा द्वारा निर्मित मानक कोश (सन् १९६२) में 'निगोड़ा' को पैर से संबंधित बताया गया है –

> **निगोड़ा** - वि० [हि० नि + गोड़] [स्त्री निगोड़ी] जिसके गोड़ अर्थात् पैर न हों अथवा टूटे हुए हों। फलतः अकर्मण्य। (स्त्रियों की एक प्रकार की गाली।)
> वि० दे० 'निगुरा'।[44]

यहाँ पर एक बार ऊपर दिए गए सारे कवि प्रयोग पढ़ने पर 'निगोड़ा' के विशेष्य शब्दों की यह सूची बनती है। (कबीर) बौरी; (तुलसी) छोटी जाति; (देव) डीठि, दीठि, अनीति, डीठि, डीठि, डीठि, ज्यौ (=जीय), प्यास।

---

[42] **फ़रहंगे०** पृ० ३-६००।
[43] **मोहज़्ज़बुल०** पृ० १३-१२३।
[44] **मानक०** पृ० ३-२६४।

इससे दो बातें प्रगट होती हैं। एक तो यह कि इन विशेष्यों का 'पैर' से दूर-दूर का भी वास्ता नहीं! यों भी 'गोड़', मुख्यतः, पूर्वी प्रयोग है, अवधी भोजपुरी का।[45] 'माँगि मधुकरी खाति ते सोवत गोड पसारि।' [46] केशवदास, श्रीपति मिश्र, देव में इस शब्द का अस्तित्व नहीं; ब्रजभाषा में अन्यत्र भी कहीं यह मेरे देखने में न आया! क्यों? क्योंकि ब्रजवाणी को परुष ध्वनि पसंद नहीं।

काशीवासी होने से श्री वर्मा जी को 'निगोड़ा' 'गोड़' से जुड़ा हुआ लगा हो, मात्र इतना ही न होगा। ऊपर जिन शब्दकोषों से अर्थ दिए गए हैं, उन कोशों के प्रकाशन काल पर ध्यान दें (इसी विचार से ऊपर ईसवी सन् के वर्ष दिए गए हैं) तो पता चलेगा कि कबीर, तुलसीदास आदि द्वारा 'निगोड़ा' के प्रयोग में जो 'गोड़' कहीं है ही नहीं, वह कब से इस पद के साथ जुड़ गया!

हिंदी के अँग्रेज़ कोशकारों के चिरस्थायी महत्व को तनिक भी कम नहीं किया जा सकता। निज की कहूँ तो मैं स्वयं को परम सौभाग्यशाली मानता हूँ कि फ़ेलन हों कि विशालबुद्धि बीम्स या गंभीर 'रत्नाकर' जी, इन सब के द्वारा अर्जित विपुल ज्ञान संपदा मेरी पीठ पर हैं! मगर यह तथ्य उस ज्ञान राशि को यथाशक्य स्वच्छ बनाए रखने का दायित्व भी मुझे सौंपता है!

ऐसी कहि मो कहुं डर पावहु।
"having thus said, you find (i.e. cause) fear to me." [47]

यहाँ 'पाना' 'पावना' भला कहाँ! मूल क्रिया तो 'डरपत' है, अकर्मक; 'डरपाना' उसी का सकर्मक रूप। 'एकहि डर डरपत मन मोरा। प्रभु महिदेव शाप अति घोरा॥ – रामचरितमानस। 'लागो डरपावन भयावन वचन कहि कटौ आजु सीस और जेती फौज घनी है' – श्रीपति मिश्र।

दूसरे, 'निगोड़ा' गाली या "term of abuse" नहीं है। भारतीयों के प्रसंग में गाली स्त्री अथवा पुरुष के प्रजनन अंग या कि अनुचित यौन संबंध को दरसाती है। 'घंटा' गाली है, 'लंगर' का समानार्थी।[48] 'देवानां प्रियः', 'बुद्धू', 'बारह बजे' गाली नहीं; पर 'कटुवा' गाली है। 'रसालिया' में गालीपन कहीं नहीं, मगर जिस शब्द का यह संस्कृत निष्ठ हिंदी अनुवाद है, उससे संबोधित होने वाल व्यक्ति खून करने पर आमाद हो जाएगा! इसके पीछे बड़े पुराने काल में छिपा हुआ कोई कारण हो सकता है, वही जिसके अधीन कौड़ी की एक समय में विनिमय मुद्रा के रूप में मान्यता थी।

किसी को 'निगोड़ा' कहना उस पर झीखना या उसे कोसना, (reproach,) है।

अब आएँ 'निसषे' के अर्थ पर। इस शब्द का अर्थ ऊपर उद्धृत अँग्रेज़ी, हिंदी, उर्दू के कोशों में से पैरवाला अंश निकाल दें तो सब में 'निसषे' का अर्थ निकलता है! यथा, "A singleman, one who has no relatives." "one who has no heirs or relations; miserable wretch; One who has no heirs,

[45] दे० **Turner** 4272 p. 229.
[46] **तुलसी०** पृ० १३०।
[47] **Beams.** p. 1-255.
[48] दे० [३८८] दोहे पर टिप्पणी।

or relatives." 'जिसके आगे पीछे कोई न हो; मुहताज; अकेला; तनहा।' वही जो उ० प्रति की टीप में है, 'ए सषा नही'!

इन सारे अभिधानों में प्रचुर संख्या में शब्दों द्वारा 'निसषे' का जो अर्थ खोला गया है, उस सब को अवधी का अकेला एक शब्द 'बाँड़ा' [49] प्रगट कर देता है! आगे नाथ न पीछे पगहा!

'निगोड़ा' की व्युत्पत्ति का सही-सही पता नहीं चलता। बोलचाल के प्रयोगों में विशेषतः, शब्दों का मूल कभी-कभी बड़ी गहराई में छिपा होता है।

§ [५७०] दोहे तथा [६४६] संख्यक दोहे का उत्तरार्ध एक समान है। संपादकीय टिप्पणी देखें [६४६] पर।

§ [५७१] मोषा – मूंका - उ०शि०; मुंकां - को०; मौंका - वा०; मूका - पा०न०वे०गा०स०भा०मि०मु०नी०; मूंकां - मो०।

विचित्र शब्द है, 'मूका' तथा इसके रूप भेद! यह न इसका कोई परिवर्तित रूप बिहारीदास में अन्यत्र कहीं नहीं मिलता; किसी अन्य कवि में भी यह पद सिरे से ग़ायब है! इतना ही नहीं, इसकी व्युत्पत्ति, कैसी खींचतान करने पर भी, पकड़ में नहीं आती। राजस्थानी में यह शब्द अथवा इसका कोई रूपांतर नहीं मिलता। हाँ, मोखौ है, अर्थ गवाक्ष। [50]

लगता है, मूल फ़ा० प्रति में موکہا का हे छूट जाने से موکا रह गया। वही जो ज़ा० प्रति में अब भी विद्यमान है!

'मोषा' पाठ संशोधन इस संपादक द्वारा किया गया है।

मूल पाठ में दो स्थलों पर कविकृत संशोधन हुए हैं। 'जनु' मूल का पाठ है; 'मनु' संशोधन। कदाचित् 'मनु' में 'मानों' तथा 'मन' श्लेष के आकर्षण से। इसी प्रकार 'मिल' पुराना पाठ है, 'इक' पाठ संशोधन।

§ **इह वसंत न षरी अरी। गरम न सीतल वात। कहि क्यौं झलके देषियत। पुलक पसीजे गात** [५७४]

یہ بسنت نہ کہري گرم اري سيتل بات

मूल प्रति में 'अरी' त्रुटित अंश पर निशान लगाकर सुधारा गया है, اري का संशोधन کہري करने के लिए کہ - ا।

§ **चित पितमारक जोग गनि। भयो भयैं सुत सोगु। फिर अति हुलस्यौ जोइसी। समझ्यो जारज जोगु** [५७५]

[49] वण्ट mfn. tailless, having no tale, Gaut. (cf banda); unmarried, L.; the handle of a sickle, L. **MMW.** p. 915.

[50] **राजस्थानी०** पृ० २-४१९।
4098 gavaksa - 'round window, loop-hole, air-hole' R., Pa. Pk. gavakkha - m. 'round window'; H. gaukh m. 'portico', gokha m. 'skylight'; OG. gaukha m. 'window', G. gokh m. 'balcony'. **Turner** p. 219.

तीसरी यति का स्वीकृत पाठ मूल का है, इसमें 'अति' का संशोधन 'जिय' हाशिए पर अंकित होने से अन० तथा कृष्ण० की प्रतियों में 'अति हुलस्यो जिय' पाठ मिलता है। पाठ परिवर्तन का उद्देश्य प्रगट नहीं है।

§ **विछुरे जिये सकोच इहि। वोलत वनत न वैन। दोऊ दौरि लगे हियै। किये लजोहे नैन** [५७८]

अंतिम यति में एक रोचक पाठभेद है।

लजोहे - उ०को०न०; लजोहै - शि०; लजौहैं - वा०; निचोहै - पा०मो०; हसोहे - वे०; सजोहै - गा०; सजोहे - स०; निचौहे - भा०; निचौहै - मि०; लजौहैं - मु०; निचौंहै - नी०; निचौहें - ह०।

'रत्नाकर' जी के संपादन में यहाँ पर कोई पाठांतर नहीं है; हमारी अन्य पुरानी पोथियों में, 'लाजोहें' - आ०; 'लजोहें' - रा०; लजौहे - ष० में। ज़ा० का पाठ है, کئین نچوہین نین

मोटे तौर पर वर्गीकरण करें तो 'लजोहे' सबसे पुराना पाठ है, उ०को० प्रतियों और नर० मान० प्राचीनतर टीकाओं का; 'निचोहै' अन० कृष्ण० टीकाओं तथा हरि० का। अर्थ की दृष्टि से नेत्रों के लिए 'लजोहै' और 'निचोहै', दोनों ही संगत हैं। मुझे यह दूसरा वाला पाठसंशोधन का परिणाम नहीं जान पड़ता। यह फ़ारसी लिपिजन्य विकृति लगती है, نچوہین में لجوہین का भ्रम होना आसान है।

§ **छिपै छपाकर छिति छवै। तमु ससहरि न संभारि। हसति हसति चलि ससिमुषी। मुष तैं आंचर टारि** [५८०]

यह 'रत्नाकर' जी द्वारा निर्धारित इस दोहे का पाठ तथा उनकी टीका है –

> **छिपै छिपाकर छिति छुवै तम ससिहरि न संभारि। हंसति हंसति चलि ससिमुखी मुख ते आंचरु टारि॥**
>
> (*अवतरण*) - अभिसारिका नायिका नायक के पास जा रही है। मार्ग में उसको चंद्रास्त हो गया और अँधेरा छा गया है, जिससे वह संकेतस्थल की ओर, जो कि कदचित् किसी निर्जन तथा सघन वन में है, बढ़ने से हिचकिचाने लगी है। यह देखकर उसके संग की दूती, उसके हृदय में ओज बढ़ाने तथा साहस बँधाने के निमित्त उसके रुप की प्रशंसा करती हुई, उससे बेखटक आगे चलने का अनुरोध करती है –
>
> (*अर्थ*) - 'छिपाकर' (क्षपाकर, चंद्रमा) के छिप जाने के कारण तम (अंधकार) के पृथ्वी को छूने (छा जाने) से [तू] मत 'ससिहर' (डर,) [प्रत्युत] सँभाल (१ अपने रूप के उत्कर्ष का स्मरण कर। २ अपने को सम्हाल ले, चैतन्य हो जा,) [और] हे शशिमुखी, [अपने] मुख से घूँघट हटाकर [१ जिसमें कि फिर चंद्रमा निकल आवे। २ जिसमें कि मार्ग भलीभाँति दिखलाई दे] हँसती हँसती (१ मुख को हास्ययुक्त करके, जिसमें कि मार्ग में प्रकाश हो जाए। हँसी खुशी से, जिसमें कि मार्ग गढ़ाय नहीं) [बेखटक] चली चल॥ [51]

[51] **बि०र०** पृ० २४०-४१।

सामने गि० प्रति का पाठ 'छपाकर' होते हुए भी उन्होंने 'छिपाकर' रूप स्वीकार किया, वह भी 'छपाकर' के अर्थ में तो अनुप्रास प्रेरित रूप परिवर्तन मानकर, यही कहा जा सकता है। अन्यथा इस अजूबे को स्वीकार करने का और कोई कारण समझ में नहीं आता।

इससे भी भारी अचरज, 'ससिहरि न' – यह तो प्रगट ही 'स + सिहरि' है, 'मत ससिहर (डर)'! हरिचरणदास के अनुसार 'तू ससिहै मति, संभारि चेत करि'! मगर हरिचरणदास का अभिप्राय तो 'ससाय' से है, [52] 'सिहरने' से नहीं!

'ससहरि' [53] तथा 'छपाकर' समानार्थी हैं। पूरा दोहा इस प्रकार अन्वित होगा –

छपाकर छिपै, तमु छिति छवै, ससहरि न (है); ससिमुषी, संभारि न चलि, मुष तैं आंचर टारि(कै) हसति हसति चलि।

§ **लहि सूने घर कर गहत। दिषादिषी की ईठि। गडी सु चित नांही करति। करि ललचोही दीठि** [५८२]

'रत्नाकर' जी ने अपनी वि०गि० प्रतियों के 'दिषादिषी' वाचन की उपेक्षा करते हुए 'दिठादिठी' पाठ न जाने किस आधार पर दिया! अर्थ तो उन्होंने 'देखादेखी' किया है! प्रतियों के पाठ देखें तो प्रथम नागरी लिप्यंतरण की प्रति उ० तथा मान० के केवल एक समूह की पोथियों में 'दिठादिठी' जैसा पाठ है – इसी समूह की आ०ष० प्रतियों में 'दिषादिषी'।

§ **विलषी लषै षरी षरी। भरीं अनष वैराग। मृगनैनी सैन न भजै। लषि वैनी के दाग** [५८७]

> सैन – यह शब्द संज्ञा से बना है। इसका अर्थ इंगित अर्थात् इशारा है। यह विशेषतः आँखों के इशारे के अर्थ में प्रयुक्त होता है। [54] लक्षणा शक्ति से इसका अर्थ आँख तथा पलक भी होता है। बोलचाल में भी लोग कहते हैं कि वह 'सैन नहीं भाँजता', अर्थात् पलक नहीं गिराता॥
>
> (*अर्थ*) – [प्रियतम के अंग में अन्य स्त्री की] वेणी के चिह्न [लपटे हुए] देखकर [वह] मृगनयनी सैन (पलक) नहीं भाँजती (गिराती), और अनख (आमर्ष) [तथा] वैराग (उदासीनता) से भरी [एक ही स्थल पर पुतली सी] खड़ी खड़ी बिलखी (दुखी) हुई [एकटक] देख रही है॥ [55]

'रत्नाकर' जी की व्याख्या मेरे विचार से त्रुटिपूर्ण है। 'भजै' को उन्होंने 'भँजै' न जाने किस आधार पर बनाया! उनकी न मेरी, किसी भी पोथी में इसका 'भंजे' रूप नहीं मिलता। पलक भाँजना, यह बेमुहावरा है। पलक मारना या झपकाना बोलचाल में है। 'भांजना,' [56] जिस अर्थ में तलवार, या

52 देव भगवंत के रिसाने ससवाने ते विलाने जात जाने न षजाने षौजि ब्वै गए [चित्त० २-४२]

53 ससहर - चंद्रमा। **पाइअ०** ८८४। अनु धनि तूं ससिअर निसि माहां। हुं दिनअर तेहि की तू छाहां॥ ३०७ ॥ **पदमावत**। पृ० २९७

54 षंजन मंजु तिरीछे नैननि। निज पति कहेउ तिनहि सिय सैननि॥ - **मानस०** २-११७-४।

55 **बि०र०** पृ० २४३।

56 भांज – १ तोड़ने मरोड़ने की क्रिया या भाव। **राजस्थांनी०** २-२७७।

लाठी, मुगदर भाँजा जाता है, पुराने काव्य में नहीं मिलता। 'भाज-' भागने के अर्थ में आया है, सर्वत्र। नेत्रों के संदर्भ में 'भगाना' या 'भागना' आँख चुराने या आँख कतराने के समान है –

लै गई भुजनि भाजि उरज मजेज माजि अंजन सो आजि मनु राजि रुचि रूप सो [कुसल० ३-१३]

भाजि परी भय भोन के भीतर सोच सकोच कपाट दै दोई [सुष० ४७४]

भीतरे सुरंगभौन चकित कुरंगनैनी भाजि दावि वेनी दुहू भुजनि भुजंगी सी [सूर्यो० २-३०]

बिहारीदास के दोहे की खंडिता नायिका शय्या पर उपटे हुए वेणी के चिह्न की ओर सतत इशारा किए हुए है, उस पर से दृष्टि भगाती या हटाती नहीं। तुलना करें तो देव कवि की मुग्धा किशोरी इसका उलटा करती है –

देव सु भौहन भै उपजाइ भजाइ लै जाइ लजाइकै लोचन [जय० ४-७]

§ **झुकि झुकि झपकोहैं पलनु। फिरि फिरि जुरि जमुहाइ। वीद पियागम नीद मिस। दी सव अली उठाइ** [५८९]

'झपकोहैं' समस्त पद है। 'हैं' यहाँ क्रिया नहीं, '-औहैं ' प्रकृति का द्योतक विशेषण है। अकेले देव काव्य में इसके दरजनों प्रयोग प्रमाण मिल जाएँगे। निम्नलिखित उदाहरणों में वक्राकार शब्दों पर ध्यान दें तो प्रगट होगा कि '-हे ' 'अथवा '-है ' विवृत न होकर विशेषण 'वाला' या 'का-सा' जैसा अर्थ देता है –

सौहै चितौति *हसौहै* हितौति सषी कहि सौति सौ सौति हिलाई [सुष० ८३६]

लालचु लाल चितौत लग्यौ ललचावत लोचन लाज *लगौहै* [सुष० १०१]

भौहै *अलसौहै* पल सौहै पगे पीक रंग जगमगे नैन रैनि जगे लगे लाग के [सुजान० ४-२५]

सोहै सरसोहै *अरसोहैउ* हसौहै हरि प्रीतम सौ देव प्रेम पूरन पुरै लयो [सुजान० ४-४८]

अंगिया *उचौहै* कुच वीच पचरंग पोतिसरी है तिफेरा की [रस० ३-२२]

पीछे तिरीछे कटाछनु सौ इत वै चितवै री लला *ललचौहै* [रस० ४-११]

सासै दरकि दरकि आंगी औचक *उचोहै* कुच फरकि फरकि उठै [रस० ५-८४]

नाह नाह सौहै कै *हसोहै* नाह सोहै करी क्योहू नाह सोहै नाह सोहै नैक चितई [प्रेम० ३-२१]

हरि हरि हेरतही हियरा हिराइ जैहै हरषि *हसौहै* हरि सोहे जनि होह री [सूर्यो० २-३३]

पीठि दै *हसौहै* ईठ सोहे जाति आवति दुहू की डीठि डोलै प्रेम डोरे के हिडोरेई [सूर्यो० २-७८]

अंगनि एठ चवै रसु ऊष ज्यो त्यो सुररूष ज्यो रंग *रुठौहै* [सूर्यो० ४-९]

सी करति ओठनि वसी करति आषिनि *रिसौही* सो हसी करति भौहनि हसी करति [सुष० ४२६]

'भरतार कौ आगम जानिकै ऐसो मिस करि सव अली कौ उठाइ दीवी है, जानी जवै पिय आवहिगो इत' - नर०; 'जानि समौ पिय आगमु कौ - कृष्ण०; पी को आगम वीदि जानिकै' - हरि०।

ऊपर 'आगम जानिकै' और 'आगम जानी' ऐसी नायिका आगतपतिका कहलाएगी। (कृष्ण कवि ने इसे 'परकीया वासकसज्जा' कहा है, जो अशुद्ध है।) इस संदर्भ में क्या अर्थ होगा, 'वीदि' का? प्रगटतः यह 'नीद' के अनुप्रास पर रूप परिवतित शब्द है, वैसे ही जैसे कि अगले दोहे, [५९०] में 'गअन' (प्राकृत-अपभ्रंश) से, 'नैन' के आग्रह पर 'गैन' पद। जानने वाले के अर्थ में 'विद्' [57] ही तो है न! 'रत्नाकर' जी ने 'बींदि' का अर्थ 'अनुमानित कर' बताया हैं और, कदाचित् यहीं से उठकर यह **हिंदी शब्दसागर** में गया है, 'बींदना'! [58]

§ **गह्यो अवोलो वोलि प्यौ। आए पठै वसीठि। दीठि चुराई दुहुन की। लषि सकुचोही दीठि** [५९१]

दूसरी यति में लिपिजन्य विकृति है, फ़ारसी वर्णमाला से हुई।

आए - मो०न०वे०गा०भा०मु०; अषे, ए की मात्रा काटकर ऊपर रिक्त स्थान में 'ए' - उ०; आप - को०स०; अवए - शि०; अषए - वा०; अप्पै - पा०; आपै - मि०ह०; आयै - नी०।

'रत्नाकर' जी ने 'आपुहिं' पाठ रखा है, यद्यपि पाठांतर हैं - 'आपे' - टी०; 'आपै' - गि०।

ऊपर के पाठ भेदों में 'आषे' प्राचीनतम प्रति उ० में है, ए की मात्रा बाद में काटी गई है - यह नागरी लिप्यंतरण में हुई भूल है, फ़ारसी آی के प्रथम छोटी ये में काफ़ का दृष्टिभ्रम होने से! इसी का संशोधन 'य' और 'प' करते हुए लिपिकों ने पाठ सुधारा है। फ़ारसी की ज़० प्रति में भी पाठ 'आए' है - 'आपै' तो यह होगा, آپی!

यह अंश इस प्रकार अन्वित होता है

वसीठिं पठै वोलि, आए प्यौ [सौं] अवोलो गह्यो।

§ **नटि न सीस सावित भई। लुटी सुषन की मोट। चुप रहि ए चारी करत। सारी परी सलोट** [६०६]

'चाली' का अर्थ 'चुगल' 'रत्नाकर' जी ने लिखा है। कदाचित् मान० तथा हरि० से ग्रहण करते हुए, "तेई तेरी चारी चुगली करै है" मान०। "सो चारी चुगली करति है" हरि०। संस्कृत पालि में

[57] to know, understand, perceive, , learn, become or be acquainted with, be conscious of, have a correct notion of. **MMW** p. 963.

[58] **हिं०** पृ० ३५१९।

'चार्' 'चाल्' से निःसृत पद गति के सूचक हैं।[59] 'रत्नाकर' जी ने 'चुप करि ए चारी करति' पाठ स्वीकार करते हुए इसका अर्थ किया है, 'ये तेरी सारी में पड़ी हुई सिलबटें चुप करि चुपके चुपके बिना बोले ही। ...'चुप करि' का अर्थ तू चुप रह भी हो सकता है।' मेरे संपादन में 'रहि' पाठ गृहीत हुआ है – 'रत्नाकर' जी की टी०कुं० प्रतियों में भी यही वाचन मिलता है। 'चुप रहि ए चारी करत' पर विचार करें तो यह 'चुगली' से भिन्न भाव प्रगट करता है। 'चारी' का एक अर्थ 'चालाकी' बताया गया है।[60] यहाँ भी प्रयोग प्रमाण न होने से निश्चयपूर्वक कुछ नहीं कहा जा सकता।

§ **जे तव होत दिषादिषी। भई अमी इकआंक। दगै तिरीछी दीठि अव। ह्वै वीछी के डांक** [६१५]

جي تب ہوت دکہادکہي بہئي امئين اک انک • دکين تريچہي ديٹہ اب ہوي بيچہو کے دانک [ظا• ٦١٥]

पहले 'रत्नाकर' जी की प्रायः पूरी टीका देख लें –

> इस दोहे में 'जे' शब्द बहुवचन है। अतः 'डीठि' शब्द भी बहुवचन हुआ। इसलिए 'बीछी कौ डाँक' एकवचन पद के स्थान पर 'बीछी के डाँक' बहुवचन पद, अथवा 'जे' के स्थान पर 'जो' होता तो बहुत अच्छा होता। इसी विचार से कई एक टीकाकारों ने 'बिछी कौ डाँक' के स्थान पर बीछी के डाँक' पाठ रखा। पर हमारी चार प्राचीन पुस्तकों में 'जे' तथा 'बीछी कौ डाँक' ये ही पाठ हैं, अतः इस संस्करण में ये ही रखे गए हैं।

'जे' अर्थात् 'जो' संबंधवाचक सर्वनाम है, बस। सभी वचनों पर लागू होता है। प्रधानता तो है 'तब' की, क्योंकि 'तब' जुड़ता है 'अब' से। तु० 'जेई तेई अब भई अनिल अनलहू ते तत्ती [सरोज० ६-४८]'

डांक दे० डक्क पाइअ पृ ३७२। यह इस प्रकार अन्वित होता है, जे तव इकआंक दिषादिषी होत अमीं भई [ते] अव' आदि।

'रत्नाकर' जी ने 'इक आँक' विवृत पद रखे, न जाने क्यों! मुझे तो यह یکایک (एकाएक) का परिवर्तित रूप लगता है।

§ **मिलि चलि चलि मिलि मिलि चलत। आंगन अथयौ भानु। भयो मुहूरत भोर कैं। पौरी प्रथम मिलानु** [६२४]

'रत्नाकर' जी 'नायक को अपने उस प्रातःकाल के मुहूर्त (प्रस्थान मुहूर्त) का पहिला मिलानु (डेरा पराव) पौरी में हुआ' बताते हैं, यद्यपि पाठ उन्होंने रखा है, 'भयो मुहूरत भोर को'! उनके भ्रम का कारण है, 'भयो महूरत' का इकट्ठा होना। वस्तुतः तो यहाँ दूरान्वय है, ' मिलान भोर के महूरत भयो।' पूरे का अन्वय यह होगा 'भोर के महूरत प्रथम मिलान भयो'।

§ **तौ वलि है भलिये वनी। नागर नंदकिसोर। जो तुम नीकै कै लषौ। मो करनी की ओर** [६२५]

59 **पाइअ०** पृ० ३२२-२३।

60 चारी = चालाकी; धूर्तता। **तुलसी०** पृ० १४७।

'वलि है' के पाठ भेद ये हैं, 'चलि है - उ०गा०मु०; वलि यै - चौ०; चलि ह्वै - वा०; वलि हो - पा०; चलि हो - मो०।'

(ध्यान रखें, यह दोहा कृष्ण० की टीकाओं में नहीं मिलता। मु० प्रति में केवल दोहा पाठ है, उदाहरण के लिए रिक्त स्थान छूटा हुआ है। इतना ही नहीं, फ़ारसी की ज़ा० प्रति में भी यह दोहा लुप्त है!)
नर० में इसकी गद्य टीका यह है,

> भक्तजन कवि विहारीदास कहतु है कि हो नंदकिसोर नागर तुमारी वलि जाऊं तौ मेरे भली सी वनी है जो मेरी करनी की दिसि कौ भली करिकै तुम जानौगे तौ।

यहाँ व्याख्या तो है 'वलि है' की लेकिन पद्य उदाहरण में 'चलिहै' मिलता है, 'तो चलिहै भलियै जु वनी अव या विधि की इह जीय झषै है।'

यहीं नहीं, हरि० ने भी 'चलना' के आधार पर टीका की है, 'जांउं हे नंदकिसोर, तौ यह वात भली वनी है'!

अर्थी व्याख्या, कि प्रसंग के आधार पर एक वाचन को दूसरे से घट-बढ़ भी नहीं दिखाया जा सकता, क्योंकि दोनों ही में खींचतान है! वस्तुतः तो यह (राजस्थानी पोथियों में विशेषतः!) 'व' 'च' में दृष्टिभ्रम का परिणाम है।

'रत्नाकर' जी ने 'तौ, वलियै, भलियै बनी' पाठ रखा है और 'वलियै' का अर्थ किया है, 'मैं तुम्हारी बलिहारी हो गया'।[61] इसका कोई पाठभेद भी नहीं है।

व्यक्तिगत रूप से मुझे इस दोहे के प्रामाणिक होने में संदेह है।

§ **पंचरंग रंग वेंदी षरी। उठी ऊगि मुष जोति। पहिरैं चीर चुनौटिया। चटक चौगुनी होति** [६२६]

'चुनौटिया' के विविध वर्तनी भेद मिलते हैं, यथा, चिनौंटिया - उ०; चणोठिया - को०; चुनौठीयां - चौ०; चीनंओटिया - वा०; चिनोठियां - मो०गा०; चंनौंठिया - न०; चिनोठीया - वे०; चनौटिया - मि०; चिनौठीया - मु०। ज़ा० प्रति में पाठ है, پہرین چیر جونوتہیا – हमारी अन्य प्राचीन पोथियों में 'चुनौठिया' आ०पो० लेखों में, (पो० में ऊपर टीप है 'रंग'); सं० १७३५ की रा० प्रति में मूलतः 'चुनौठिया' पाठ था, बाद में 'चु' के पूर्व इकार की मात्रा लगाई गई है। अनुमानतः प्रथम नागरी आदर्श प्रति में 'चि' भूल को बाद में सुधारा गया होगा। अप्रचलित शब्द होना भूल का एक कारण हो सकता है।

राजस्थानी भाषा में 'चिनौठ' या 'चुनौठ' आद्य से कोई पद है ही नहीं अतः 'ठ्' ग्राह्य न होगा। अंत्य 'या' वाला का व्यंजक है। फिर चुनौट क्या है? چنوٹی Gathering, folding; folding the sheet or mantle (sari);[62] बोलचाल में साड़ी के आगे तहदार हिस्से को 'चुनन' या 'चुन्नट' कहते हैं।

---

[61] बि०र० २५७।

[62] **Platts** p. 446.

तंजेब जैसे बारीक वस्त्र की बनी हुई दोपलिया टोपी या कुर्ते में कलफ़ देकर आस्तीन आड़ी सिकुड़नों में समेटकर उस पर सीपी ज़ोर-ज़ोर रगड़ने से लहरिया सिकुड़नें कड़ी पड़ जाती हैं। उसे चुन्नटदार टोपी या कुर्ता कहते हैं।

एक और चुन्नट है लोक भाषा में। बच्चों के पेट में कीड़े पड़ जाने से गुदा द्वार की चुनन में भीतर की ओर खुजली होती है, उसे चुन्ना काटना कहते हैं। (पंजाबी में चमूने काटना।) पेट के कीड़े मल के साथ निकालने के लिए बच्चों को बावबिड़ंग [63] खिलाते हैं।

'रत्नाकर' जी ने 'चिनौटिया' का अर्थ यह बताया है –

> **चीर चिनौटिया** = चूनरी। चिनपट अर्थात् चुन्नट देकर रँगे जाने के कारण एक विशेष प्रकार की रँगावट के चीर को चूनरी कहते हैं। इन्हीं को चिनौटिया चीर भी कहते हैं।

श्री रामचंद्र वर्मा के अनुसार यह एक विशेष रंग है –

> चुनौटिया - एक प्रकार का खैरा या काकरेजी रंग जो आकिलख़ानी रंग से कुछ अधिक काला होता है। [64]

§ **गिरै कंप कछु कछु रहै। कर पसीजि लपटाइ। लैयो मुठी गुलाल भरि। छुटत झुठी ह्वै जाइ** [६३३]

तृतीय यति के प्रथम दो पदों पर ध्यान दें। 'लैयो मुठी' में अल्प उच्चारण भेद की गुंजाइश है, 'लियो जु मूठि' – इसकी छाया अगली यति पर भी पड़ती है, 'मूठि' के वज़न पर 'झूठि'! अर्थ की दृष्टि से भी 'लैयो' ('ली हुई' - 'रत्नाकर' जी) अटपटा है! कदाचित् इसी से नर० समूह की पोथियों में संशोधन किया गया, लियौ जु - न०; लीयो जु - वे०; लियो जु - गा०; लयो जु - स०। अन्यत्र भी संशोधन मिलता है, 'छोडत लाल गुलाल की मुठी झुठी ह्वै जाइ' - पा०नी०।

§ **कर लै चूमि चढाइ सिर। उर लगाइ भुज भेटि। लहि पाती पिय की लिषित। वाचति धरति समेटि** [६३५]

तृतीय यति में 'लिषित' संशोधन मैंने विशेष रूप से किया है। पहले तो इसके अन्य वाचन देखें – सभी पाठांतर न होकर वर्तनी भेद हैं – लषित - उ०मि०; लषिन - को०; लषति - चौ०नी०; लिषत - वा०वे०स०; प्रिया - पा०; लषी - मो०; लिषति - न०भा०; लिषिति - गा०; लिषी - मु०ह०। इनमें से कुछ तो निरर्थक ही हैं, जैसे 'लषिन', 'लिषिति'।

प्रसंग पर ध्यान दें तो 'लहि पाती पिय की ०००' यह पूरी यति बँधी हुई है, दोहे के आदि में अन्वित होने के लिए, यथा, पिय की पाती लहि, कर लै आदि। यह विवेच्य शब्द 'वांधति धरति समेटि'

---

63 A medicinal seed given in cases of flatulency or rhuematism; Embelia ribes. **Fallon** p. 216.

64 **मानक** पृ० २-२६५।

क्रियाओं के साथ जुड़ी एक और क्रिया न होगा – भारी औत्सुक्य के समय प्रिया के लिए प्रिय की पाती को 'लषति' रहना, यह कैसे स्वाभाविक कहा जाएगा!

इसी लिए तो कुछ लिपिकों ने 'लिषी' पाठ रखा है – 'रत्नाकर' जी की कुं० प्रति में भी यही पाठ है! ऊपर दिए हुए वर्तनी भेदों पर सरसरी निगाह भी डालने से प्रगट होगा कि ये तो लिपिकों की अटकलें हैं! किस शब्द की? لکہت की! इसे 'लिषत', 'लषित', 'लषति', 'लिषिति', आदि अनेक रूप में पढ़ सकते है!

§ **पिय मन रुचि ह्वैवो कठिन। तन रुचि होउ सिंगार। लाष करौ आंषि न वढै। वढै वढाए वार** [६४०]

'रत्नाकर' जी सहित सभी टीकाकरों ने इस दोहे की व्याख्या पर्याप्त घुमावदार की है – कारण बड़े ही सरल शब्द मगर विकृत वर्तनी में होने से, अर्थ निष्पत्ति में बाधक होते हैं। जैसे कि "होउ' और 'आंषि न वढै'। मुझे तो यह दोहा सरल भाव की व्यंजना करता लगता है।

मन की रुचि और उसकी तुलना में तन की रुचि। दूसरे के मन में इधर की ओर रुचि उत्पन्न करना कठिन है, तन की ओर आकर्षित करना उतना कठिन नहीं। यह कैसे? लीपी-पोती देहरी और ओढ़े पहिरे मेहरी! यही है न! केश बढ़ाएँ तो लंबे होकर आकर्षक होते हैं। और आँख? आँखों का आकार किसी प्रकार भी नहीं बढ़ाया जा सकता।[65]

मन रुचि होना कठिन है, तन रुचि होना कठिन नहीं। क्रिया दोनों ही स्थलों पर 'होना' है; होना 'ह्वै' और होना 'होउ'। 'रत्नाकर' जी ने 'होहु' पाठ ग्रहण किया है – 'हु' तो राजस्थानी 'उ' में दृष्टिभ्रम का परिणाम है, प्रायः सर्वत्र! कुछ प्रतियों का 'होइ' या 'होहि' इसी 'होउ' का समानार्थी पद है।

§ **तनक झूठ निसवा दिली। कौन वात परि जाइ। तिय मुष रति आरंभ की। नहि झूठिये मिठाइ** [६४४]

निवेदन है, प्रथम खंड में [१३२] दोहे पर संपादकीय टिप्पणी ध्यानपूर्वक पढ़ने के बाद ही यहाँ आकर आगे पढ़ें, क्योंकि उस विवेचन का यह उत्तरार्ध है। उस दोहे का दूसरा चरण है, 'षिन षिन औटै षीर लौं। षरौ सवादि लहोइ।'

'रत्नाकर' जी ने यहाँ विवेच्य दोहे के प्रथम चरण का पाठ इस रूप में स्वीकार किया है, 'तनक झूठ न सवादिली कौन वात परि जाइ।'

('न सवादिली' 'रत्नाकर' जी द्वारा प्रयुक्त पाँच प्रतियों में से अकेली सिं० प्रति का पाठ है। अन्य के वाचन ये हैं, निसवादिली - बि०गि०; न सवादली - टी०; निसवादली - कुं०।)

इस बार भी 'रत्नाकर' जी की टीका अविकल रूप में पहले दी जाती है –

---

65 तुलनीय –
दीरघ होहि न नैकहूं। फारि निहारै नैन [५९०]
नैक न होइ नहीं सव जानत फारि निहारे ते नैन वडै से [नर० ५९०]
फारि निहारौ कितो करि हारौ पै दीरघ होइ न कैसेहु नैना [कृष्ण० ५९०]

सवादिली = स्वादुता, मिठास।

(*अवतरण*) नायक अपने अंतरंग सखा अथवा मन में कहता है कि संसार में झूठ से बात का स्वाद जाता रहता है, पर रत्यारंभ में स्त्री के मुख की झूठी ही 'नहीं नहीं' मीठी लगती है।

(*अर्थ*) – कौन बात (किस बात) में किंचिंमात्र [भी] झूठ पड़ जाने से (मिल जाने से) [उसकी] 'सवादिली' जाती रहती है (नष्ट हो जाती है), [अर्थात् सभी बातें किंचिंमात्र भी झूठ के मेल से फीकी पड़ जाती हैं, पर] स्त्री के मुख से रत्यारंभ की झूठी ही 'नहीं नही' मिठाती है (स्वादु लगती है)।

तुलना करने के लिए दे रहा हूँ, तोक्यो से प्रकाशित हिंदी के विलोमाक्षर कोश से, अंत्य 'दिली' शब्दों की सूची, इस पर 'सवादिली' को कसने के लिए –

एकदिली – संगदिली – संगीदिली – बुज़दिली – ज़िंदादिली – मुरदादिली – दोदिली – सिदक़दिली – संगीनदिली – साफ़दिली – बेदिली – दरियादिली – हौलदिली – खुशदिली।[66]

ऊपर सारे कि सारे संज्ञा पद फ़ारसी के हैं, जब कि 'सुवाद' या 'स्वाद' का अता-पता पालि और अपभ्रंश ही में नहीं मिलता! फिर भला कोई अंतर है 'सवादिली' और 'स्पष्टदिली में! 'सवादिली'! 'न सवादिली' क्या यह शब्द 'अक़्ल मंद' के समकक्ष बैठाने के लिए गढ़ा गया है?

बात विस्वादु होने का क्या अर्थ होगा? बात बेमज़े होना तो कहते हैं मगर ऊपर की अर्थी व्याख्या लपटन साहब को नहीं, हिंदी मुहावरे को खोते की सवारी करा रही है! और बात की मिठाई! बात का स्वाद से भला क्या ताल्लुक़! बात तो गृहीत होती है मन द्वारा। चित्त को मनोहारी होनी चाहिए बात; कागा काको धन हरै कोयल काको देय। मीठे वचन सुनायकै जग अपनो कर लेय॥ हितं मनोहारि च दुर्लभं वचः!

ज्ञान की अक्षय खानि **हिंदी शब्दसागर** में यह शब्द अनेक रूपरूपाय वर्धित हुआ है। 'निसवादला' सं० निःस्वाद' से व्युत्पन्न। (क्या जाने यह 'ला' लघुसूचक हो, 'खटोला' का!) बिहारीवाला तो हुई है, मगर 'निसवादली' 'निसवादला' की अर्धांगी, पत्नी![67] एक नया 'निसवादिल' और है, घनानंद का, प्रयोग प्रमाण सहित –

ह्वै निसवादिल जात रसौ मन तेरे सुभाव मिठासहि पागै।[68]

आचार्यजी ने निसवादिल का अर्थ स्वादरहित बताया है। मगर मेरे निकट आकर यहाँ भी यह 'निसवा दिल' अन्वित हो रहा है!

---

[66] A Reverse Dictionary Of The Hindi Language 東京外国語大学 p. 596. 1992.

[67] **हिं०** पृ० २७००।

[68] **घनआनंद पृ० २१।**

पदभंग के पचड़े में अभी न पड़कर पहले तो यह देखना चाहिए कि पद के आदि में 'नस्-' है या कि 'निस्', अन्यथा एक जीव विशेष के समान अपनी ही दुम मुँह में पकड़ने के प्रयास की भाँति गोल-गोल चक्कर काटते रहेंगे! देखें न, आचार्य पं० विश्वनाथप्रसाद मिश्र ने पाठ दिया है, 'निसवादिली' अर्थ 'स्वादुहीन।'[69] यह कैसी धाँधागर्दी है कि चित भी मेरी पट भी मेरी!

'रत्नाकर' जी की ५ पोथियों में से ३ में 'निस्' दृष्टिगोचर हो रहा है! मेरी प्रतियों के वाचन ये हैं –

निसवा - उ०को०मो०ह०; निसिवा - चौ०; निशिवा - वा०; सवा - पा०; नसवा - न०वे०गा०स०मु०। अन्य प्राचीन प्रतियों में 'निसवादिली' आ० (सं० १७२४), पो० (सं० १७४१), ष० (सं० १७६६), तथा 'निसवादली' रा० (सं० १७३५) में है।

इससे 'निस्' स्थिर करें।

पद के उत्तरार्ध में भी मात्रा भेद है, 'द' कि 'दि' – 'सवादली' या कि सवादिली'? 'रत्नाकर' जी की प्रतियों में से तीन में 'दिली' है न! मेरी प्रतियों में से अधिकांश में भी 'दिली'।

[१३२] के पाठ की व्याख्या करते हुए हम देख चुके हैं कि 'सवादिलहोइ' पद विवृत होता है 'सवादि लहोइ' में, क्योंकि 'स्वादिष्ठ' के लिए 'सवादिक' तो संगत है, 'दिक' का 'दिल' नहीं बनता – 'इल' प्रत्यय किसी कवि में नहीं मिलता। अतः यहाँ 'निसवादिल' के प्रसंग में भी पदभंग 'निसवा' और 'दिल' मानना होगा। अब अर्थ टटोलना चाहिए। क्या अर्थ होगा 'निसवा' का? अरबी मूल का यह शब्द फ़ारसी से होता हुआ उर्दू में आया है, 'औरताना' या 'औरत संबंधी' के अर्थ में।

نسون Woman, the female sex. نسوي Womanly, feminine, female.[70] सुदूर फ़ारसी ही नहीं, उर्दू के अनेक कोशों में इसके रूपांतर देखें। मद्दाह के **उर्दू-हिन्दी शब्दकोश** में ये शब्द हैं –

निसवाँ (نسواں) स्त्रियाँ, महिलाएँ। निसवानियत (نسوانیت) स्त्रीत्व, औरतपन, ज़नानापन, नरदारत्व। निसवानी (نسواني) स्त्रियों का, स्त्रियों से संबंध रखनेवाला।[71]

ऐसा प्रायः देखा जाता है, लिपिक अप्रचलित या क्लिष्ट अर्थ वाले शब्दों के सरल सार्थक पर्याय रख देते हैं – यहाँ तो लिपिक क्या, सभी पुराने नए टीकाकार तक चकरा रहे हैं! 'निसवा दिली' पाठ वर्तमान संपादक ने प्रामाणिक माना है। चरण इस प्रकार अन्वित होता है, 'तनिक निसवा दिली में कौन वात झूठ परि जाइ, पता नहीं'।

स्त्री की मति ठहरी, कहाँ से उड़कर कहाँ जा पहुँचे, कोई भरोसा नहीं। जापानी लोकोक्ति है, 'स्त्री का मन, शरत्काल का मौसम!' (女の心、秋の空) दोनों का कुछ ठिकाना नहीं, कब बदल जाए!

---

69 **बिहारी** पृ० २५२।

70 **Steingass** p. 1401.

71 **मद्दाह** पृ० ३५६।
फ़रहंगे आसफ़िय में पृष्ठ ४-३६५ पर; मुज़हब्बुल लुग़ात में पृष्ठ १३-२१३ पर भी इसके प्रयोग देख सकते हैं।

उसकी ठहरी क्षणिक बुद्धि – अवधी भाषियों ने इस क्षणिक पर और सान चढा दी है, 'छिनिक बुद्धी'!

§ [६४६] और [५७०] दोहों के उत्तरार्ध प्रायः पूरी तरह से एक समान हैं। [72]

पहले तो दोनों दोहों के प्रथम चरणों के पाठों पर विचार करें –

नावकसर से लाइकै। तिलक तरुनि इत ताकि [५७०]

नावक 'एक प्रकार का तीर, जिसकी मार कड़ी होती है।' [73]

ناوک A small aroow; an arrow flying swift and directly to the mark; an arrow for shooting birds, made of a reed, with a notch on the side; a tube through which an arrow is projected; a cross-bow; a reed or anything similar, naturally or artificially hollow. [74]

'रत्नाकर' जी के अनुसार 'तिलकु = तिलक मात्र, क्षण मात्र।' [75] है। पर यह अर्थ अशुद्ध है। 'तिलक' तो स्त्रियों के माथे का टीका होता है, विशेष रूपाकार का –

> माथे के ठीक मध्य में सोने की बनी हुई एक बड़ी बिंदी सी चिपकाई जाती है, जिसे तिलक कहते हैं। [76]

इसके साथ में तिलक का रेखाचित्र, ऊर्ध्वमुखी शंकु के आकार की लंबोतरी बिंदी का है। इसमें तथा नावक में रूप साम्य है।

ताकि - उ०शि०वा०पा०मो०मि०मु०नी०ह०; तांकि - को०; ताक - न०वे०गा०स०। ظا • - تاک

'रत्नाकर' जी ने 'ताकि' के स्थान पर 'ताँकि' पाठ रखा है, यद्यपि 'ताकि' उनकी टी०गी०कुं० प्रतियों में मिलता है। 'ताँकि' शब्द के विशिष्ट अर्थ की भी व्याख्या उन्होंने इस प्रकार की है –

> ताँकि = तर्क करके, मेरी स्थिति का पूरा अंदाज़ा करके। ताँकि शब्द 'तर्क' शब्द से बना है। जब किसी संयुक्त वर्ण में एक वर्ण का लोप होता है, तो प्रायः उसके पूर्व का वर्ण सानुस्वार हो जाता है, जैसे 'वक्र' से 'बंक' तथा 'कंकड़' से 'काँकड़'। [77]

'ताँकि' का अर्थ 'तर्क' कैसे हुआ, यह तो स्वर्गीय 'रत्नाकर' जी जानें या कि उनके अंतर्यामी भगवान्! ध्यान से देर तक देखते रहने के अर्थ में 'ताकि' पाठ स्थिर होता है। देखें, 'तिलक इतकौ ताक करी', ताकि इतै तरुनी कनकच्छवि भौंहन ऐंठि अमेठि लई है [नर० ५७०]।

इससे हम अन्य तीन अंत्य पदों का निरनुनासिक होना भी निश्चित करते हैं।

[६४६] पूर्वार्ध :

---

72 देखें समान विशेषता वाले दोहा [३६७] [३६८] पर संपादकीय टिप्पणी।

73 **मद्दाह** पृ० ३५१।

74 **Steingass** p. 1332.

75 **बि०र०** पृ० २३७।

76 **सुमन०** पृ० २५२।

77 **बि०र०** पृ० २३७।

सटपटात सी ससिमुषी। मुष घूंघट पट ढाकि [६४६]

'रत्नाकर' जी ने 'सटपटाति सैं' पाठ स्वीकार करते हुए टिप्पणी की है –

> **सैं** – यह शब्द 'सी ही' अथवा 'से ही' का लघु रूप बन गया है। 'सी ही' अथवा 'से ही' से 'सीयै' अथवा 'सेयै' और 'सीयै' अथवा 'सेयै' से 'स्यै' बना है। 'स्यै' के यकार के लोप तथा अर्धचंद्र के आगम से उसी का 'सैं' रूप हो गया है। काव्य-भाषा में बहुधा निरनुनासिक शब्दों का उच्चारण सानुनासिक किया जाता है। ...'सटपटात सैं' पद को सप्तम्यंत 'मुख' शब्द का विशेषण मान कर भी इस दोहे का अर्थ लग सकता है। उस दशा में दोहे के पूर्वार्ध का अर्थ यह होगा, वह चंद्रमुखी सटपटाते से मुख पर घूँघट पट ढाँप कर।[78]

'रत्नाकर' जी ने यह भारी द्राविड प्राणायाम कराने के बाद अर्थ किया है 'जैसी' का लघु रूप 'सी' – 'सटपटाती सी'! 'रत्नाकर' जी की गि० प्रति में पाठ है 'सी'; प्रस्तुत संपादन की प्रतियों में, सी - को०पा०मो०भा०मि०मु०नी०ह०; सैं - उ०वा०न०; सै - चौ०गा०; से - वे०स०।

'सै' अथवा इसके रूप भेद कैसे? इस पाठविकृति पर दृष्टि पड़ते ही मेरा ध्यान फ़ा० लिपिजन्य विकार की ओर गया था। रज़ा लाइब्रेरी की फ़ा० प्रति में पाठ है, ستپتات سے سسموکھے (ते पर चार बिंदियाँ) अर्थात् छोटी ये के स्थान पर बड़ी ये, 'सटपटात से ससिमुषे'। ध्यान से देखें तो इस सुलिखित पोथी में भी बड़ी ये की अपेक्षा, दस पीछे नौ स्थलों पर, छोटी ये है। **सतसई** की मूल फ़ा० प्रति में भी यह भूल कम न रही होगी।

अतः 'सै' को फ़ारसी लिपिजन्य विकृति मानते हुए पूरे चरण का पाठ होगा – सटपटात सी ससिमुषी। मुष घूंघट पट ढाकि।

उत्तरार्ध :

पावकझर सी झमकिकै। गई झरोषां झाकि [५७०] ('रत्नाकर' जी द्वारा स्वीकृत पाठ के समान।)

झरोषां - उ०को०शि०ह०; झरौषां - वा०; झरोषा - पा०मि०नी०; झरोंषों - मो०; औझकां - न०; उंझकां - वे०गा०स०; ओझका - मु०। جھروکہا - ظا٠; औझकां - आ०पो०ष०; झरोषनि, मूल के ऊपर 'उझका' - रा०।

पावकझर सी झमकिकै। गई झरोषा झाकि [६४६]

झरोषा - भा०मि०नी०; औझकां - उ०चौ०; ओझकां - को०मो०; औंझषां - वा०; झरो औझका - पा०; औझका - न०गा०मु०; उंझकां - वे०स०; झरोषां - ह०। جھروکہاں - ظا٠ हमारी अन्य प्राचीन प्रतियों में 'औझषां' - आ०पो०ष०; 'झरोषनि' - रा०।

दोनों दोहों की अंतिम यति में एक ही शब्द विवादास्पद है, 'झरोषा' कि 'औझका'?

[78] **बि०र०** पृ० २६५-६६।

क्या 'झरोषा' बाद मे किया ग्या संशोधन या कि प्रक्षेप है जो अन० की एक शाखा (झरो औझका - पा० [६४६]) से होता हुआ कृष्ण० में आया है, अन्यत्र नहीं – या कि अप्रचलित 'औझका' का सरलीकरण है, 'झरोषा'? क्या 'झमकि' के दबाव से 'ओजका' का 'ओझका' हुआ है? ष० प्रति में 'औझकां' के ऊपर टीप है, 'अचानक' [६४६]। [79] इतना उहापोह होना नहीं चाहिए। दोनों स्थलों पर मिलाकर देखें तो स्पष्ट होगा कि 'झरोषा' और 'औझका' प्रायः आधी-आधी पोथियों में मिलता है – एक ज़ा० में 'झरोषा' दोनों स्थलों पर। यह भी ध्यान रखना चाहिए कि पाँच स्वतंत्र टीकाओं की बहुसंख्यक पोथियों में एक जैसी विकृतियाँ बिखरी हैं, तो उनका उद्‌गम मूल प्रति को छोड़ अन्यत्र कहीं न होगा।

यह कैसे? 'झरो औझका' - पा० [६४६] पर ध्यान दें तो गुत्थी खुल जाएगी। दोहे के मूल पाठ में جهروکها ('झरोषा') लिखते हुए अनाड़ी लिपिक से बीच का रे वाव छूट जाने से جهکها (झषा) हो गया – पार्श्व पर त्रुटित वाव है, लेकिन अगले लिपिकों द्वारा अपने उचित स्थान पर नहीं, बल्कि 'झ' के पहले लगाया गया है - وجهکها – इसे 'वझषा' 'ओझषा' छोड़ और कुछ नहीं पढ़ा जा सकता। राजस्थानी लिपिक इसे तभी तो 'औझकां' - 'उंझकां' - 'ओझका' लिखकर राजस्थानी भाषा में सार्थक रूप दे रहे हैं। अर्थ के विचार से भी ये पाठ प्रसंग असंगत हैं।

दोनों ही स्थलों पर 'झरोषा' पाठ लिया जा रहा है। दूसरा चरण समान होने पर भी दोनों दो स्वतंत्र दोहे हैं।

बड़ी लज्जा होती है एक दिवंगत लब्ध प्रतिष्ठ कवि तथा सम्मान्य विद्वान् के लिए यह कहते हुए कि ऊपर उद्धृत उनकी व्याख्याएँ निरर्थक वाग्जाल के सिवा और कुछ नहीं! इस दूर परदेस में पड़े हो, अपनी घनी उदासी किसी दूसरे से कहला रहा हूँ –

ज़ुबाँ कट जाए गर मुँह से तुम्हारा कुछ गिला निकले।
मगर यह तो कहूँगा तुमको क्या समझा था क्या निकले॥

§ [६४७]

कपूत - भाषा में 'कपूत' शब्द 'कुपुत्र' के अर्थ में प्रयुक्त होता है। पर इस दोहे में यह शब्द 'कुपुत्र' का अपभ्रंश नहीं प्रतीत होता, क्योंकि 'कलिकाल' के निमित्त कुपुत्र विशेषण कुछ विशेष चिपकता हुआ नहीं है। [80]

ब्रह्मा की पीठ से उत्पन्न अधर्म के वंश में भाई-बहिन आपस में विवाह कर संतान उत्पन्न करते आए थे। पुत्र क्रोध ने अपनी भगिनी हिंसा के योग से पुत्र कलि और कन्या दुरुक्ति को जन्म दिया। आगे भी

[79] ओजक - स्त्री० १ घबराहट, बेचैनी।
साकुरां धिमक पौड़ां धमक साँवलैं लगी ओजक जजक अजक लाखां। – सुरताणसींग रौ गीत।
२ झिझक। चौंकने की क्रिया या भाव। - वि० चौकन्ना।
औझकणौ (बौ) – क्रि० चौंकना, चमकना। २ घबराना, बेचैन होना। ३ काँपना। ४ भयभीत होना। **राजस्थांनी०** पृ० १-४६९।

[80] **बि०र०** पृ० २७१।

इनकी वंश वेलि इसी प्रकार बढ़ती रही। बिहारीदास ने भागवत में वर्णित कलि की ऐसी वंश परंपरा को ध्यान में रखते हुए कलि को उचित ही तो 'कुपूत' कहा है।

> **मृषाऽधर्मस्य भार्यासीद्दम्भं मायां च शत्रुहन्। असूत मिथुनं तत्तु निर्ऋतिर्जगृहेऽप्रजः ॥ तयोः समभवल्लोभो निकृतिश्च महामते। ताभ्यां क्रोधश्च हिंसा च यद्दुरुक्तिः स्वसा कलिः** ॥ [81]

§ **वुधि अनुमान प्रमान श्रुति। किए नीठि ठहराइ। सूछिम गति परब्रह्म की। अलष लषी नहि जाइ** [६४८]

'रत्नाकर' जी ने 'गति' के स्थान पर 'कटि' पाठ स्वीकार किया है तथा इसके अनुरूप व्याख्या भी की है, देखें –

> **श्रुति** – इस शब्द में श्लेष है, ब्रह्म पक्ष में इसका अर्थ वेद है और कटि पक्ष में कान अथवा सुनना। **पर** – इस शब्द को टीकाकारों ने ब्रह्म के साथ मिलाकर 'परब्रह्म' पाठ माना है, इसी से उनके अर्थ में गड़बड़ पड़ती है। वस्तुतः यह शब्द स्वतंत्र है। इसका अर्थ यहाँ जोड़, प्रतिद्वंद्वी अथवा पर्याय है। 'सूछम कटि पर ब्रह्म की' का अर्थ ब्रह्म की प्रतिद्वंद्विनी, अर्थात् ब्रह्म से समान, सूक्ष्म कटि होता है।

अर्थी विवेचन भी उन्होंने उपरोक्त से भी अधिक सूक्ष्मता से की है। यद्यपि 'कटि' (पाठ!) ही बहुत दुर्बल है! हमारी प्रतियों के पाठ यह है, गति - को०पा०मो०न०वे०गा०भा०मु०ह०; करि - उ०चौ०वा०; गत - स०; कटि - मि०नी०। स्वयं उनके यहाँ बि० में 'गति'! विडंबना यह कि पहले तो यही निश्चित नहीं कि 'कटि' मध्य 'गति' है या कि 'गति' मध्य 'कटि'! पढ़ें, سوچہم کت پر برہم کے - ظا۰ – क्या है, کت ? – काफ़ - गाफ़ समान, ते 'त' भी 'ट' भी, तो इसे चाहे 'कटि' पढ़ें चाहे 'गति', जैसी आपकी मर्जी!

'रत्नाकर' जी उच्च कोटि के कवि तो थे ही, सूक्ष्म दृष्टि संपन्न आलोचक भी! कवि गण प्रायः उतने प्रखर विद्वान नहीं हुआ करते जितने कि आलोचक, इससे आलोचक कविता में वह भी देख-दिखा लेते हैं जो कविता में विद्यमान ही नहीं होता।

हमने प्रतियों के साक्ष्य तथा टीकाओं के विवेचन को ध्यान में रखते हुए 'गति परब्रह्म की' पाठ प्रमाणिक माना है।

§ **षलित वचन अधषुलित दृग। ललित स्वेदकन जोति। अरुन वदन छवि मद छकी। षरी छवीली होति** [६५३]

'रत्नाकर' जी ने इसे अन्यसंभोगदुःखिता का वर्णन मानते हुए, 'छवि मदन की' अर्थात् 'काम क्रीड़ा से उपजी हुई शोभा' बताया है। मुझे तो यह मदपान का वर्णन लगता है। स्खलित वाणी आदि

[81] भागवत० ४-८ २-३।

कायिक चेष्टाएँ, सब से ऊपर तो चेहरे पर आई अरुणिमा मदपान के निश्चित लक्षण हैं। पोथियों के साक्ष्य के साथ ही सभी टीकाकारों को भी वह ऐसी ही दिख रही है। 'मद करि छकी है' नर०; 'इह मदपान समय नायिका की सोभा', कृष्ण०। हरि० में यह दोहा मदपान के दोहों के बीच रखा गया है।

§ **वहकि न इह वहना पली। जव तव वीर विनास। वचै न वडी सवीलहू। चील्ह घोस वा मास** [६५४]

प्रसंग तथा संदर्भ आदि को फ़िलहाल छोड़ते हुए देखें, दोहे में वर्णित तथ्य कथन केवल मात्र यह है, 'चील के घोंसले में मांस रखने पर वह बचा न रहेगा, इस लिए बहक न!' इसके आगे,

इह - उ०न०वे०स०; यह - को०भा०; इहिं - चौ०; वहि - वा०; यहि - पा०; ई - मो०; इहि - गा०मु०ह०; ईहि - नी०।

वहिन - उ०चौ०; वहना - को०भा०; इहिन - वा०; वहिना - पा०; वेहिना - मो०वे०नी०ह०; वहिता - न०गा०; वहिला - स०; वहिनां - मु०। (वहितां - आ०; वहिनी - रा०; वँहिना - पो०; वहिना - ष०।)

'वहिना' या 'वहना' – राजस्थान में 'बहिन' की अपेक्षा 'बहन' ही अधिक सुनने में आता है; कोश में भी यही देखते हैं। यहाँ यह संबंध सूचक न होकर सखी-सहेली को संबोधन हो सकता है।

षुअली - उ०वा०; पुनी - को०मु०; षअनी - चौ०; पने - पा०भा०; पुली - मो०वे०न०गा०स०नी०ह०। (पुली - आ०पो०; पुलि, 'नु' ऊपर - रा०; पुनी - ष०।)

इस शब्द पर विचार करने के पूर्व देखना चाहिए, अन्य टीकाकारों ने इसे किस रूप में ग्रहण किया है।

मानसिंह ने 'निलज सषी' लिखा है, 'या निलज सषी तै वीर विनास है'; नर० ने 'पुनि' स्वीकार किया, 'तूं वहिके जिन ए वहिना पुनि'। कृष्ण कवि ने 'वहिनापुलि' जैसे का तैसा रख दिया है, 'भूलि तिया वहिनापुली के हित'; युवतर टीकाकार हरिचरणदास ने 'वहिनापुलि' का अर्थ 'वहिनापा' लगाया है, 'यह वहिनापुली यह वहिनापा तासों तू वहकै मति'।

और प्रत्याशित ही तो, 'रत्नाकर' जी ने हरि० का पाठ तथा अर्थ ग्रहण किया है, 'इस बहनापे से बहक मत'।[82]

इसमें 'बहिन' तक तो चल जाएगा मगर 'पली' हो या 'पुली', इन आद्यक्षरों सहित ('पुलीस' को छोड़!) भला कितने शब्द हैं हिंदी भाषा में! फिर, 'बहिनापा' का 'पा' क्या टोना टोटका कर देने से 'पुली' हो सकता है! क्या किसी और पद में भी अंत्य 'पुली' मिलता है? नहीं तो फिर मनगढ़ंत शब्द और ऊपर से उसका ऊलजलूल अर्थ भाषा के मत्थे मढ़ देना, यह भला कहाँ का न्याय है!

प्रायः सभी हस्तलेखों में 'पुली' होने से चलिए, हम भी आँख मूँदकर 'पुली' ले लेते हैं। मगर अर्थ? 'पुली' काले और भूरे रंग की एक चिड़िया जो ... इसके आगे रास्ता बंद!

[82] **बि०र०** पृ० २६१।

फ़ारसी लिपि में ज़ा० प्रति का वाचन है,

بهک نہ انہ بہنا پلي جب تب بير بناس

ख़ूब ध्यान देकर देखें, پلي यह तो 'पली' है, 'पुली' कदापि नहीं! 'पुली' अभीष्ट होता तो پولي इस प्रकार लिखा जाता! ज़ा० प्रति में 'पु' ५४ स्थलों पर आया है – सर्वत्र پو ! अतः मैं इसे 'पली' छोड़ और कुछ न स्वीकार करूँगा।

अर्थ के विचार से यह 'वहिना' का 'विशेषण होना चाहिए, 'वहिना मेरी', 'वहिना प्यारी'। प्रसंग में रखकर देखें, 'वहकि न, इह वहिना ... विनासु' – अब यह 'वहिना प्यारी' न होगी! यह तो 'वहिना पली' है! कोश उठाकर देखें, 'पली' के आगे शब्द कितने हैं! [83] 'पलीत', 'पलीता', 'पलीती', 'पलीद'। और कोई पाँचवाँ? तो इन्हीं चार में से कोई एक होगा, 'वहिना पली' में! देखें, 'पलीद' क्या है, फ़ा० में –

پليد impure, defiled, polluted, contanimated, unwashed, foul پليد چسم Malingnant eye. پليد زبان Foul-tongued, scurrius. پليد ناک Dirty, nasty, filthy. پليدي Uncleanness, foulness, excrament, dung, ordure. [84]

ज़ा० का पाठ 'पली' 'पलीद' का संक्षिप्त रूप है, समानार्थी। (ऊपर देखें।)

अंतिम यति, 'चील्ह गोस वा मास', 'रत्नाकर' जी ने 'चील्ह-घौं सुवा' पाठ लिया है, (संभवतः मुद्रण की भूल है।) पर अर्थ इसका किया है, 'घोंसला'। अन्य टीकाकारों ने भी। पुनः, 'घोसवा' से 'घोसला' न होगा; 'घोस वा' करने पर 'वा' मुक्त होकर अब यह पद पखेरू दूर-दूर तक उड़ान भर सकता है! 'वडी सवीलहू वा मास वचै न'; 'घोस' भी श्लेष में घोंसला ही नहीं, 'इह पली घोस वहिना', (ग्वालिन) आदि।

'ला - मो०वे०गा०; आ - भा०; आं - ह०' जैसी 'वा' की विकृतियाँ सकारण हैं। ज़ा० प्रति में पाठ کهوس وا ماس की बजाय کهوا ماس (घोआ मास) है; सीन वाव लुप्त। लगता है, मूल पाठ पर 'घोस' का 'घोसु' کهوس او संशोधन किए जाने से अलिफ़ वाव ये दो वर्ण छूट गए।

§ **मुह पषारि मुडतरु भिजै। सीस सजल कर छुवाइ। मौर उचै घूटैनु नै। नारि सरोवर न्हाइ** [६६६]

विवादास्पद प्रसंग पर आएँ, इसके पूर्व देखना चाहिए कि प्राचीन टीकाकारों ने किस रुप में इस दोहे की व्याख्या की है।

> मुह धोयौ चिवुक फिरि पानी लगायौ माथे आले हाथ लगावै कुतलस मारै पीठ मोडि मोडि घुटैनु जितै जल मै श्री राधाजू सरोवर मे न्हाइ चले - चौ०।

[83] **हिं०** पृ० २८९३।

[84] **Steingass** p. 255.

मुंडतर सो केस पर्यंत मुहु भिजै फिरि पषारि धोई अरु सीस जो मस्तक सो सजल कर छ्वाइ स्पर्ष करि मोरि एडी ताते ऊचे घूटेन सों घूंटी परजंत जो सरोवर ताके विषै स्नान करति है, जाति वर्णन अलंकार। - अन०।

नर० : सषी को प्रत्युत्तर नाइक सो, हो कान्ह पहिलै तो मुहु पषारिकै मुडतर भिजोयौ और कर सजल करिकै सीस कौ छ्वायौ, अरु अव नारि घूटैनु ऊंचे मोरिकै सरोवर में न्हाति है –

आप पषारि भली विधि आनन संग अनेक समान अली है। और षर्‌यो मुहुवार भर्‌यो पुनि सुंदर श्रीवृषभानलली है। सीस सवै कर छ्वाइ भिजै इत मोर उचै हियरान ढली है। घूटन नै अंजली भरि देहन नारि सरोवर न्हाइ चली है [नर० ६६६]

वैठिकै तीर पषारिकै आननु हाथ भिजै जल केसनि छैकै। कृष्न कहै कर सो उसराइ कंधा धर्‌यो सीस को चीरु भिजैकै। दोऊ कर पंकज दोऊ षए धरि मौर उचै कटि षीन लचैकै। यौ व्रजवाल सरोवर न्हाति महा छवि सौ घटुवानि तै नैकै [नी० ६६६]

हरि० : सषी सो सषी, मुह धोयकै मुडहर, पूरव में मथर कहत हैं, ताहि भिजाइकै सीस को सजल जो है हाथ ताको छुवायकै मोरि ग्रीवा के पीछे ताकौ उचौ करिकै घुटना, पूरव में वेहुन कहत हैं, तासों नै करि नीची होयकरि नारि सरोवर में नहाति है, स्वभावोक्ति अलंकार।

सरोवर में स्त्री की स्नान विधि का वर्णन है। पहले तो वह कुल्ला कर मुँह साफ़ करती है, फिर चेहरा धोती है। अनंतर गीली हथेली सिर पर फेरकर जल में प्रवेश करने को तैयार होती है। अब वह घुटने टिकाकर या कि घुटनों और पंजों के बल अधबैठी होकर स्नान कर रही है।

'रत्नाकर' जी ने 'मुडहरु' पाठ ग्रहण करते हुए इसका अर्थ किया है, 'साड़ी या ओढ़नी का वह भाग जो सिर पर रहता है'। ऊपर उद्धृत व्याख्याओं में यह भाव कृष्ण कवि का है। स्नान करने के पूर्व जहाँ अन्य क्रियाएँ उस युवती की दैहिक हैं, उनके बीच साड़ी के पल्ले को भिगोना स्पष्टतः असंगत है। यों भी 'हर' प्रत्यय, आच्छादन के अर्थ में, अटपटा है। पाठांतर देखें तो 'हर्' बाद वाली पोथियों का पाठ है, 'तर्' प्राचीनतर का। अर्थ की दृष्टि से भी नीचे या 'केस पर्यंत मुहु' अर्थात् चेहरा प्रसंग संगत लगता है। ज़ा० प्रति में भी यहीं भिन्न पाठ है, موندہی – मात्र रे और छोटी ये का अंतर। यों भी त्रुटि के मूल में फ़ारसी वर्तनी ही है। موندتر तथा موندہر में दृष्टिभ्रम सहज संभव है।

एक और विवेच्य स्थल है, 'घूटैनु नै' – बाद की प्रतियों में 'नै' के स्थान पर भिन्न वाचन है, तैं - वा०स०नी०; चै - पा०भा०; सों - मो०; तै - न०वे०गा०; सौं - मु०। भाव एक ही है पर 'झुकने' के अर्थ में 'नै' अधिक स्वच्छ अर्थ देता है।

§ [६५९] कालिदास की दृष्टि में यही दृश्य इस भव्य विराट् रूप में प्रगट हुआ है –

स्थिताः क्षणं पक्ष्मसु तडिताधराः पयोधरोत्सेधनिपातचूर्णिताः।
वलीषु तस्याः स्खलिताः प्रपेदिरे चिरेण नाभिं प्रथमोदविन्दवः॥
– **कुमारसम्भवम्** ५-२४।

वर्षा जल पार्वती के मस्तक से बहकर उनकी पलकों में उलझ रहता, फिर वहाँ से उनके होष्ठ पर गिर, वही विंदु उनके कठोर उरोजों पर गिरकर छितरा जाता; पुनः वह जल एकत्रित हो उनके उदर की सिकुड़नों पर से स्खलित होता हुआ बड़ी देर में वर्षा का प्रथम विंदु उनके नाभि कूप में गिरता है!

§ [६६८] चोल रंग के विषय में 'रत्नाकर' जी ने बड़ी उपयोगी टिप्पणी की है –

> चोल एक प्रकार की लकड़ी होती है, जिसे औंटाकर लाल रंग निकाला जाता है। इस रंग में लाख का रस तथा तेल इत्यादि मिलाकर पक्का रंग बनाया जाता है, जिसको चोल का रंग कहते हैं। इसी रंग से खारुआ इत्यादि रँगे जाते हैं। इस रंग में तेल का भी मेल होता है, इस लिए कवि ने प्रेम, अनुराग इत्यादि न कह 'नेह' (१ अनुराग। २ तेल) शब्द रखा है।[85]

§ **अव तजि नांउ उपाव कौ। आयो पावस मास। षेल न रहिवो षेम सौ। कैम कुसुम की वास** [६७२]

'रत्नाकर' जी ने 'आयो' के स्थान पर केवल सिं० प्रति के 'आए' को ग्रहण कर, तथा अन्य चार पोथियों के 'आयो' को खारिज करने का कारण बताते हुए 'पावस मास' की भी बड़े विस्तार से व्याख्या की है –

> हमारी तीन प्राचीन पुस्तकों में 'आयौ पावस मास' पाठ है, और बि० पुस्तक में 'आयौ सावन मास' है। पर आयौ क्रिया एकवचन है, और 'पावस मास' बहुवचन वाची। 'पावस' एक ऋतु का नाम है, जिसमें दो महीने, अर्थात् सावन और भादों होते हैं, अतः पावस मास को बहुवचन ही मानना समीचीन है। प्रतीत होता है कि इसी विचार से बि० पुस्तक में 'पावस' के स्थान पर 'सावन' पाठ कर दिया गया है। इसके अतिरिक्त बिहारी ने जिस परिपाटी का निर्वाह सतसैया भर में किया है, उसके अनुसार पावस मास पद उकारांत हो नहीं सकता, क्योंकि इसका तुकांत 'बास' आया है, जो स्त्रीलिंगवत् प्रयुक्त हुआ है, तथा करणकारक रूप में आया है, अतः उकारांत नहीं है। बिहारी ने अकारांत एकवचन शब्द के कर्ता तथा कर्म कारकों के रूपों के उकारांत लिखने की परिपाटी अपनी सतसैया भर में निबाही है अतः इस दोहे में उसका भंग होना केवल लेखक का प्रमाद मात्र मानना समुचित है। इसी विचार से इस संस्करण में 'आयौ' के स्थान पर 'आए' पाठ रखा गया है और और प्राचीन ग्रंथों के पाद टिप्पणी के द्वारा प्रकाशित कर दिए गए हैं।[86]

रेशमी तागे के समान बारीक इस व्याख्या में निज द्वारा पूर्व निर्धारित व्याकरणिक सिद्धांत की कसौटी पर संपादक ने पाठ चुना है, इस पर भला क्या कहा जा सकता है! एक तो 'रत्नाकर' जी ने 'पावस'

85 **बिर०** पृ० २७४।
86 **बि०र०** पृ० २७६।

[सं० प्रावृष्] का बड़ा ही संकुचित अर्थ, (सावन और भादों माह) ग्रहण कर उसे व्याकरण का जामा पहनाया है। भाषा में 'पावस' अधिकांशतः वर्षा, जलवृष्टि अथवा वर्षा ऋतु के लिए प्रयुक्त होता है।[87]

संस्कृत तथा पालि में इसके शब्दार्थ में सावन-भादों भले ही हों, व्यवहार में यहाँ भी 'प्रावृष्' वर्षा के व्यापक अर्थ में लिया गया है -

> **अध्यास्य चाम्भः पृषतोक्षितानि शैलेयगन्धीनि शिलातलानि। कलापिनां प्रवृषि पश्य नृत्यं कान्तासु गोवर्धन कन्दरासु॥** [88]

§ [६७३] मुरासा :

مرصع *murasaa'* Covered with gold, set with jewels; *[shamseri murassaa'* A scimetar studded with gems;) – *murassi'* One who sets (a crown &c.) with gold and precious stones; a composer, arranger. [89]

'रत्नाकर' जी की टिप्पणी, सूचनार्थ –

> मुरासा - जड़ाऊ कर्ण भूषण विशेष। यह शब्द किसी प्रकार 'मुद्रा' शब्द से बना प्रतीत होता है। इसी प्रकार के छोटे कर्ण भूषण को 'मुरकी' कहते हैं। हरिचरणदास ने 'मुरासा' शब्द को कदाचित् अरबी शब्द 'मुरस्सा' का विकृत रूप मानकर उसका अर्थ जड़ाऊ किया है और इस दोहे में न्यूनपद दूषण बताया है। पर यह उनका भ्रम मात्र है, क्योंकि यदि यह शब्द मुरस्सा शब्द का रूपांतर हो तो भी उसके प्रयोग में न्यूनपद दोष नहीं कहा जा सकता, क्योंकि लक्षणा शक्ति से यह एक कर्ण भूषण विशेष का नाम पड़ गया है। उन्होंने यह भी लिखा है कि यह दोहा बिहारी का नहीं है, पर इस कथन का कोई प्रमाण नहीं बताया है। यह दोहा हमारी चार प्राचीन पुस्तकों में विद्यमान है, जिनमें एक सन् १७७२ की लिखी हुई है, अतः हमारी समझ में यह दोहा मिलाया हुआ नहीं प्रतीत होता है। अनवरचंद्रिका में 'मुरासा' के स्थान पर पाठ ही 'मुरस्सा' पाया जाता है और प्रभुदयालु पाँडेजी ने भी 'मुरासा' का अर्थ 'मुरस्सा' ही माना है। [90]

§ **पूछै क्यौं रूषी परति। सगिवगि गई सनेह। मनमोहन छवि परकटी। कहै कत्यानी देह** [६८१]

'सनेह कत्यानी देह कहै, मनमोहन छवि परकटी; पूछै सगिवगि गई, क्यौं रूषी परति' – सामान्य सा दोहा, सीधी सरल अभिव्यक्ति, मगर दो पदों के अस्पष्ट पाठ में उलझकर पुराने टीकाकारों ने

---

[87] **पावस प्रथम पिय ऐवे की अवधि सो जौ आवतही आवै तौ वुलाऊ अति आदरनि** [सुष० १४९]
पावस सदेह नील अंवर गगन मेह आई नव नेह मेह घटा मै घुमंडिकै [प्रेत० १-३२]

[88] वर्षा काल में गोवर्धन पर्वत की सुहावनी फुहारों से भीगी हुई शिलाजीत की गंध से युक्त पत्थर की पाटियों पर बैटकर मोरों का नृत्य देखना। **रघुवंशम्** ६-५२।

[89] **Steingass** p. 1215

[90] **बि०र०** पृ० २७६-७७।

तो कम, 'रत्नाकर' जी ने ऐसा अर्थ का अनर्थ किया है कि कुछ कहते नहीं बनता! पाठ उनका है, 'मनमोहन-छवि पर कटी'! इसकी व्याख्या उन्होंने की है,

> **कटी** – कटना बोलचाल में अत्यंत आसक्त होने के अर्थ में प्रयुक्त होता है, 'जैसे अमुक व्यक्ति को देखकर हम तो कट गए' अर्थात् अत्यंत आसक्त हो गए।[91]

यह तो हरिचरणदास की टीका का एक अंश है! 'मनमोहन की छवि पर तू कटी, टूक टूक होय रही है, अति आसक्त होय रही है, ऐसी वोलनि प्रेम में है, आपु टूक टूक भई गागरि छूटि कहै'! हरि० टीका देखें तो पता चलेगा कि हरि० स्वयं भ्रमित होकर 'कटी' के एक से अधिक अर्थों की अटकल लगा रहे हैं, 'किंवा मोहन की छवि तेरे मन में परकटी है, प्रगट भई है'!

हमारी मुख्य प्रतियों में वर्तानी भेद 'क' और 'ग' का है, 'परकटी' या 'परगटी'; अन्य सहायक प्रतियों में परकटी - आ०पो०; परिकटी - ष०; परगटी - रा०; پرکہتے - ظا० ।

'कटी' का अर्थ आसक्त होना व्यवहार में कहीं देखने में नहीं आता। मुहावरा 'कटना' नहीं 'कट मरना' या 'कट जाना' है, अर्थ दोनों का एक ही है, अपनी जान दे देना।[92]

अभिव्यक्ति के केंद्र में है, 'कहै ??? देह'। बीच का शब्द क्रिया पद है या कि विशेषण। हमारी प्रतियों के पाठ हैं, 'कत्यानी, मूल के 'ट्' पर 'ह्', ऊपर रिक्त स्थान में 'हा' - उ०; कटीली - को०मो०; कहांनी - वा०; कपानी - चौ०गा०; कपांनी - न०वे०; कंपानी - स०; कटानी - भा०मि०नी०; कत्यानी - ह०; کتیانئے - ظا०। कपाँनी - आ०; कत्यानी - रा०; कघाँ?नी - पो०; कत्यान - ष०।

टीकाएँ देखें तो न० में 'रोमांच', नर० भी 'कंपानी देह'; कृष्ण० 'रोमांच – यह देह कत्यानी'। 'रत्नाकर' जी ने 'कँत्यानी' पाठ रखा है; 'कहानी' उनकी टी०कुं० पोथियों का पाठ है।

प्रतियों के पाठ पर ध्यान दें तो उ० प्रति पर की गई लीपापोती से प्रमाणित होता है कि मूल का पाठ था 'कत्यानी' – रोमांच से कंटकित देह। 'त्या' में 'हा' दृष्टि भ्रम भी हो सकता है, सचेष्ट संशोधन भी। नर० वर्ग की प्रतियों का 'कंपानी' मूल का सरलीकरण है।

'रत्नाकर' जी ने 'सगबग' का भी विचित्र अर्थ किया है! 'तू स्नेह (१ प्रेम २ तेल) में सगबग (लतपत) हो गई (अर्थात् उनके स्नेह के कारण पसीने से भीग गई है।' 'सगबग' तो सकपका जाने, लज्जित होने का अर्थ देता है! कविवर देव में इसका अति सुंदर प्रयोग मिलता है –

लंक लग वगरी कलंक लग वगरी सषीन संग वगरी सषीन सग वगरी [सुष० ६१८]

संपृक्त पद में 'सगवग री' हक्काबक्का के अर्थ में तथा विवृत रूप में 'सग वगरी'! 'बगर' में भरपूर श्लेष है। बगर = घर। सखियाँ (अपने) संग घर (लिवा गईं)। तथा, सं० पार्श्व, बगल। क्रि०

---

91 **बि०र०** पृ० २८४।

92 यह वही चित्तौर है जिसके लिए हज़ारों राजपूत कट गए परंतु स्वाधीनता कभी न छोड़ी (राधा० ग्रंथा० - राधा० दास, ५९५) **मुहावरे०** पृ० ९३।

बगरना में भी अनेक अर्थ श्लिष्ट हैं, यथा फैलना, छितराना, भ्रमण करना, आदि।[93]

'सगबगाना' प्रायः समानार्थी है 'सकपकाना' या 'सटपटाना' का – अकस्मात् आ घेरने वाली लज्जा या संभ्रम की अवस्था![94]

§ **रुक्यौ सांकरै कुंज मग। करतु झांझि झकरातु। मंद मंद मारुत तुरग। षूंदनु आवतु जातु** [६८४]

'रत्नाकर' जी के मन में इस दोहे का चित्रण एकदम भिन्न रूप में हुआ है! सर्व प्रथम तो उन्होंने इसे सर्वांग में 'मारुत-तुरंगु' का रूपक माना, फलतः उन्हें हर शब्द की 'मारुत' के पक्ष में, फिर उसी पद की 'तुरंग' के पक्ष में व्याख्या देनी पड़ी। मुझे तो इस दोहे में केवल मारुत का चित्रण दिखलाई देता है, मात्र अंतिम यति में मारुत को तुरंग के समान, वह भी केवल 'षूंदन' क्रिया के संदर्भ में, दिखलाया गया है, अर्थात् 'खूँदने के लिए आगे बढ़ रहे तुरंग का आतंक।'

मैं इस दोहे का अन्वय इस रूप में करता हूँ, 'मारुत कुंज मग सांकरै रुक्यौ, झकरातु झांझि करतु। (पुनि) मंद मंद तुरग (सम) षूंदनु आवतु जातु (है)'

अब आएँ पाठ पर। अर्थ पर बाद में विचार करें, पाठ को लें तो विचारणीय हैं केवल दो शब्द – या ढाई! पहले इस आधे ही को लें। 'षूंदनु - उ०; षुंदन - को०; षूंदन - चौ०; षौंदत - वा०; षूदत - पा०; षुंदत - मो०; षूदतु - न०भा०; षूदन - वे०स०; षूंदतु - गा०; छूंदितु - मु०; षुंदनि - नी०; षूंदनि - ह०। کہوندن - ظا۰ षूंदनु - आ०पो०; षूंदत - रा०; षूंदतु - ष०।' 'रत्नाकर' जी की बि० प्रति में 'षूंदनि'।

सारी प्राचीनतर प्रतियाँ 'षूदन्' के पक्ष में जाती हैं। अगली क्रिया पर ध्यान दें, 'षूदन् आवत् (है)' – 'जातु' भरती का है, अर्थ की दृष्टि से भी अनुपयुक्त, 'आ रहा है' में 'आता जाता', 'आवा गमन' का भ्रम उत्पन्न करता! कौन? 'तुरंग (सम) मारुत' – यह 'षूंदन आवत' का प्रयोजन प्रगट करता है, साथ ही थोड़ा भय भी।

अन्य विचारणीय पद हैं, 'झांझि झकरातु'। 'रत्नाकर' जी को 'झांझि' की व्याख्या करने में, मेरे विचार से, कष्ट कल्पना का सहारा अधिक लेना पड़ा, वह भी दो पक्षों में संगति बैठाने के कारण –

> **झांझि** – झाँझ, झेंझ, झंझट, अड़ियलपन। यदि सामान्यतः दौड़ता हुआ घोड़ा किसी को रौंदता हुआ निकल जाए, तो उसके ऊपर दो ही एक टाप पड़ने की संभावना होती है। पर यदि वह घोड़ा झेंझ और खूँद करता हुआ जाए तो उस पर टापों का प्रहार बहुत तथा बड़ा प्रबल होगा। पवन रूपी घोड़े का झाँझ करते हुए आना जाना कहकर नायिका उसके द्वारा अपना भली भाँति विदलित होना व्यंजित करती है।[95]

93 **दे०सं०ग्र०** पृ० १-८१।

94 1, To be taken abcak, confounded, etc. हाकिम के आते ही सब सटपटा गए **Fallon** p. 751. ست پٹا جانا ، ست پٹانا : - حیران ہونا، بوکھلانا، چھکّے چھوٹنا، - مہزّبللغات ۱۶۲-۶۰ (केवल सूचना मात्र के लिए, उर्दू के पुराने शाइरों द्वारा प्रयुक्त यह शब्द अब पाकिस्तान में 'ग़ैरसहीह' या अशुद्ध समझा जाता है, अतः वहाँ से प्रकाशित उर्दू कोशों में नहीं मिलता!)

95 **बि०र०** पृ० २८२।

'रत्नाकर' जी ने 'झांझ' की यह अनोखी व्युत्पत्ति किस राह से निकाली, अनुमान भी नहीं किया जाता! वस्तुतः तो 'झ्' मूल धातु के प्रकाश और ध्वनि बोधक दो भिन्न शब्द बनते हैं, यथा, झला, झिञ्झी, झिरिका, झिल्लिका, झिल्ली, झिङ्गिनी।[96] वही हम 'झंझ' से 'झंझा' तक में पाते हैं। सर्वत्र ध्वनि करने के द्योतक पद।[97] यहाँ थोड़ा रुककर 'झंझा' तथा 'झाँझ' शबदों पर विचार करना चाहिए।

jhan T 'tinkle' 5330 **jhanajhanayate** 'jingles' [JHAN] jingle, clank'; 'with a clang'; 'rattling'.[98]

अतः यहाँ 'झांझ्' ध्वन्यात्मक अर्थ देगा, 'पवन झांझि (कै) झकरातु' है।

पवन तुरंग कैसा घोर रव करता है, सुने कविवर देवदत्त से –

> **दौर्यो दल साजि रतिराज महाराज जानि नीजन मवास मानिनीजन गरीव से। पवन तुरंगम मतंग महा मेहनि पै चढे तम तरुन छपद छवि छीव से। दादुर दमामे झाझि झिल्ली गरजनि धौसा दामिनी मसालै देषि दुरे जग जीव से। छैल छल छोभक छपाचर चुरैल आगे पीछे गैल गैल ऐल पारत नकीव से [सुष० १६१]**

अब आएँ 'झकरात' पर। 'रत्नाकर' जी ने यहाँ भी घोड़े के पक्ष में इसका अर्थ बैठाया है –

> यह क्रिया झकोर शब्द से बनी है। इसका अर्थ झकझोर लेना, झूमना इत्यादि है। यहाँ घोड़े के पक्ष में इसका अर्थ आगे के दोनों पावों को उठाता और पटकता समझना चाहिए।[99]

5316 ***jhakka- 1** 'sudden movement or blast.' 1. S. *jhaka* f. 'storm of wind'; H. *jhakka.* 2. S. *jhakora* f. 'downpour of rain'; H. *jhakolana, jhakorana* G. *jhakol* 'rainstorm'.[100]

कहना न होगा, कवि का अभीष्ट कथन मात्र पवन के झोंके लेने से पूरा हो जाता है। दोहे का अन्वय एक बार पुनः देख लें, 'मारुत कुंज मग सांकरै रुक्यौ, झकरातु झांझि करतु। (पुनि) मंद मंद तुरग (सम) षूंदनु आवतु जातु (है)।'

§ **सघन कुंज छायौ सुषद** [६८८]

'छायौ' के स्थान पर अनेक पाठभेद हैं, 'छाये - को०नी०; छायें - चौ०; छाया - वा०पा०मो०; छायो - वे०गा०; छाए - मि०।' अन्य सहायक पोथियों में, छाए - रा०; छायै - पो०ष०। 'छायौ' 'छाया' में कोई भारी अंतर नहीं है, और फ़ारसी में ज़ा० प्रति का संकेत न मिला होता तो मैं 'छाया' पाठ ले लेता, यद्यपि यह बहुत पुष्ट नहीं। ज़ा० में यह यति इस रूप में मिलती है,

96 दे० **श्रीपति०** पृ० ८६-८७।
97 **पाइअ०** पृ० ३६५।
98 **Turner** p. 294.
99 **बि०र०** पृ० २८२।
100 **Turner** p. 293.

سکھي کُنج چھایا سکھد अर्थात् سکھن (सघन) के स्थान पर سکھي (सघै)! नून के स्थान पर ये! यही ي (ये) 'छाये', 'छायें', 'छाए', 'छायै' विकृतियों में आ बैठा है! मगर यह संशोधन इस दोहे के निमित्त है ही नहीं, संशोधन तो و (वाव) है, چھایا के आगे लगाने को! अब शुद्ध पाठ यह है, چھایاو (छायौ)। भी के अर्थ में आया है 'यौ', हरि० के शब्दों में 'ताकी छाया भी सुषद है'।

§ [६८९] दोहे से तुलनीय :

अस्तमस्तकपर्यस्तसमस्तार्कांशुसंस्तरा।

पीनस्तनस्थिताताम्रकम्रवस्त्रेव वारुणी॥ दण्डी **काव्यादर्शः**।१-८२।

(सूर्य रश्मियों का झीना आवरण पर्वत शिखरों पर, मानों प्रतीची दिक्सुंदरी ने उस स्वर्णिम वस्त्र से अपने पीन पयोधरों को आवृत कर रखा है।)

तथा श्रीपति मिश्र –

कीधौ स्यामघन पर दामिनी दिषाई देति दीपति दुरी सुमति मोह कविजन की। कीधौ रसपाल हाट पर छविजालजुत सोहत है लाल माल जौहरी जुवन की। कीधौ मनमथ पाटी ऊपर गुलाव साटी परम सुषारी प्यारी शीपति के मन की। मैन मदमाती की छपति तिय छाती मानौ नीलमनिपाटी पर लीक सुवरन की [स० ७-८]

मैन मदमाती पिय हिय सों लगत मानौ मरकतपाटी पर छवि लल हार की [स० ७-२०]

§ [६९०]

'रत्नाकर' जी ने अपनी टीका में ज्योतिष संबंधी बड़ी ही महत्वपूर्ण सूचना दी है –

कुज अर्थात् मंगल ग्रह, जिसका रंग लाल है। यह पृथ्वी से इतनी दूर है कि यदि उसके पास चंद्रमा चला जाय, तो पृथ्वी की छाया उस पर नहीं पड़ सकती, क्योंकि सूर्यबिंब पृथ्वी से बहुत बड़ा है, अतः पृथ्वी की छाया सूर्य के विरुद्ध दिशा में सूचिकाकार पड़ती है, और सूर्य तथा पृथ्वी की बड़ाई छुटाई तथा दूरी के अनुसार एक परिमित दूरी से अधिक दूरस्थ पदार्थों पर वह छाया नहीं पड़ती। इसके अतिरिक्त मंगल क्रूर ग्रह है, अतः यह भी कहना संगत है कि राहु उसके समीप जाते डरता है। देवकीनंदन की टीका में यह लिखा भी है कि 'जोतिष मत मै कह्यो है, मंगल को राहु डरात है।'

इस उत्प्रेक्षा से सखी नायक का ध्यान मंगल ग्रह में चंद्र की अंतर्दशा पर दिलाती है, जिसके केंद्रस्थ अर्थात् प्रथम, चतुर्थ, सप्तम तथा दशम स्थानों पर होने से दार पुत्रादि सौख्य की प्राप्ति होती है।[101]

101 **बि०र०** पृ० २८५।

आश्चर्य है 'रत्नाकर' जी ने 'राहु भय' पाठ स्वीकार किया है। उनके द्वारा प्रयुक्त प्रतियों में अन्य वाचन भी नहीं! हमारी पोथियों में, एक नी० को छोड़ अन्य सब में पाठ 'राह' मिलता है – ज़ा० में भी راه है, راهو नहीं। संभव है, उन्होंने उकार प्रमाद से छूटा हुआ समझकर 'राहु' वर्तनी दी हो। राहु के अर्थ में 'राह' अनेक अन्य कवियों द्वारा भी प्रयुक्त हुआ है, देखें –

केशव :

कज्जल मनिरस छीर छवि रदन राह को आनु। क०प्रि० १५-३५।

राह कैसो रदनु रह्यो है चुभि चंद माझ तमी कौ सहागु किधौ डारौ तिनु तोरि तोरि। क०प्रि० १५-३६।

देवदत्त :

राह के आनन ते निकसी विकसी मनो देव ससी की उज्यारी [सुमिल० ४-३२]

§ **पषुरी लगी गुलाव की। गात न जानी जाइ** [६९४]

गात - को०वा०पा०मो०भा०मि०मु०नी०; गाल - उ०चौ०न०वे०गा०ह०।

'गात' के स्थान पर 'गाल' फ़ारसी लिपि भ्रम का परिणाम नहीं – گات से گال कैसे हो सकता है! यह प्रथम नागरी लिप्यंतरण की भी त्रुटि नहीं है क्योंकि देखें, टीकाकार की टिप्पणी तथा वहीं छंदोबद्ध उदाहरण में असमानता है। नर० में, 'राधिका के *गाल* के गुलाव की पांषरी लागी' और 'पांषुरी लागि रही है गुलाव की *गात* लषै तऊ जानी नही है'! 'कौनहू भांति सौ जानि परी न गुलाव की पांषुरी गात सौ लागी' - कृष्ण०। हाँ, प्रथम नागरी प्रति पर टीपा गया 'ल' का 'त' संशोधन प्रक्षिप्त होकर नर० वर्ग के दोहा पाठ तथा हरि० में प्रगट हो रहा है।

§ **दृग थिरकौहै अधषुले। देह थकौहै ढार। सुरत सुषित सी देषियति। दुषित गरभ के भार** [६९२]

> **थिरकौहें** (स्थिरकोन्मुख) = स्थिर हुए से। यहां 'थिरकौहें' शब्द थिरकने से बना हुआ नहीं है, प्रत्युत स्थिर शब्द में 'क' प्रत्यय होकर बना है।[102]

'-औहै' प्रत्यय का क्या अर्थ होगा? निम्नलिखित देव प्रयोगों में देखें –

लालचु लाल चितौत लग्यो ललचावत लोचन लाज लगौहै [सुष० १०१]

सौहै चितौति हसौहै हितौति सषी कहि सौति सौ सौति हिलाई [सुष० ८३६]

अंगनि एठ चवै रसु ऊष ज्यो त्यो सुररूष ज्यो रंग रुठौहै [सूर्यो० ४-९]

भौहै अलसौहै पल सौहै पगे पीक रंग जगमगे नैन रैनि जगे लगे लाग के [सुजान० ४-२५]

सोहै सरसोहै अरसोहैउ हसौहै हरि प्रीतम सौ देव प्रेम पूरन पुरै लयो [सुजान० ४-४८]

102 **बि०र०** पृ० २८६।

सर्वत्र 'हुए' या कि 'हुए से'! स्वयं 'रत्नाकर' जी के शब्दों में 'स्थिर हुए से'।

§ **वढत निकसि कुचकोर रुचि। कढत गौर भुजमूल। मनु लुटिगौ लोटनु चढत। चूंटत ऊंचे फूल** [६९८]

चूंटत तु० चुंट सक [चुं] फूल वगैरह को तोड़ कर इकट्ठा करना। वकृ चुंटंत (सुपा ३३२)। चुंटिर वि [दे] चुननेवाला (दे ६, ११६ टी)।[103]

'भुजमूल' इस दोहे में आया है, अगले [६९९] दोहे में भी दोनों हाथों से दही की हाँड़ी उठाकर छींके पर रखती हुई युवती को उसी मुद्रा में स्थिर रहने का आग्रह उसका कौन अंग विशेष देखने के आकर्षण से किया जा रहा है? वास्तव में क्या अर्थ है, 'भुजमूल' का? **आप्टे०** में इसका अर्थ कंधा है। 'कच्छ' कांख, कखरी – **पाइअ०** पृ० २१४। अँग्रेज़ कोशकारों ने 'भुजमूल' का अर्थ इस प्रकार बताया है –

'arm-root,' the shoulder. MMW. p. 759. The upper part of the arm near the shoulder. Platts. p. 183. कक्ष armpit (as the most concealed part of the human body) MMW. p. 241.

आइए, भाषा काव्य में देखें :

वीनति फिरति फूल दार्‌यौ से लसै दुकूल षुले भुजमूल छूटी लटै ज्यो अलिनिया [सुष० २९६]

लटकि लटकि छी करति तिरछी करति षुले भुजमूल झुकि फूल से झरति है [सुष० २९७]

ऐठति सी भुजमूल उठाये अगूठनि चालि चवाइ सो वोलै [सुष० ३१६]

उघारि भुजमूलनि अकेली ह्वै नवेली वाल केली मै हसति है [सुष० ३८६]

मेटत सताप भुजमूलनि समेटि भुज भेटत उठाइ धरे भोग वसुधाही के [सुष० ४४६]

फूलनि की सेज पै दुकूलनि सम्हारति न षुले भुजमूल सु लता से लहराइयत [सुष० ५१९]

फूल की सी माल वाल सिथिल दुकूल भुजमूलनि विथोरे व्रजवीथी विथुरी परै [सुष० ६०९]

षुले भुजमूलनि पै फैलि रही फूलमाल गाढे भुज अंगदनि फूदै फहराती है [सुष० ७४१]

भीजे दुकूल पटे लपटे भुजमूल सु चंपक चारु दली सी [सुष० ८७६]

भूषननि भूलि पैन्हे उलटे दुकूल देव षुले भुजमूल प्रतिकूल विधि वंक मै [सुष० ८८३]

सारे उदाहरणों में कुक्षि या काँख कहीं है ही नहीं! शालभंजिका के अंकन में भी विवृत कंधे तथा उभरे हुए कुच ही प्रधान आकर्षण हैं, न कि काँख। armpit या काँख अथवा काँख के बाल, यह तो

[103] **पाइअ०** पृ० ३२८।

पश्चिम के पुरुषों के लिए ही कामवर्धक हो सकते होंगे! गुह्य अंगों के रोमों का चित्रण, मेरी जानकारी में, काव्य तो दूर, कामशास्त्रीय ग्रंथों में भी न मिलेगा। बलिभद्र के **नषसिष** में मदन सदन के चित्रण में 'तोय को तरोटा' योनि ही का चित्रण है।

§ **न्हाइ पहरि पटु डटि कियो। वेंदी मिस परनाम। दृग चलाय घर कौं चलत। विदा किये घनस्याम** [७००]

यहाँ मूल प्रति पर संशोधन किया गया है 'चलत' के पाठभेद ये हैं, चली - मो०न०वे०गा०मु०ह० چلي । चले - आ०। 'रत्नाकर' जी के हस्तलेखों में चलत - टी०कुं०; चलति - गि०। 'चली' बाद का संशोधन है, मूल पाठ पर, तभी यह नर० वर्ग की प्रतियों में आया है। टीकाएँ देखें तो 'चलत' की पुष्टि होती है, 'आपने नैन चलाइ भले घर को चलतै छिन छांह लिये है' नर०; 'घर कौ चलत चारु लोचन चलाचलकै चातुरी सो चाहि विदा कीनो दधिदानी है' - कृष्ण०। अर्थ के विचार से देखें तो 'चली' केवल नायिका पर चरितार्थ होता है, 'चलत' व्यापकतर उभय पक्ष पर।

§ **तिय मुष लषि हीरा जरी। वेंदी वढै विनोद। सुत सनेह मानौ लियौ। विधु पूरन वुध गोद** [७०७]

विधु – वुधु - उ०; वंधु - चौ०; वुध - गा०नी०; विधि - मि०। पूरन – पूरण - चौ०। वुध – विधु - उ०न०नी०; वधु - चौ०; विधि - गा०; सुत - मि०।

'विधु' 'वुध' के सारे पाठभेद फ़ारसी लिपि जन्य हैं। بده پورن بده کود दोनों एकदम समान होने से।

अर्थ की दृष्टि से 'विधु पूरन वुध' हो चाहे 'वुध पूरन विधु' दोनों एक ही हैं, इस कौतुक की सृष्टि के लिए यह नहीं, अपितु फ़ा० लिपि की अस्पष्टता का प्रमाण है। بده پورن بده (बध पूरन बध!)

> **बुध** एक ग्रह विशेष, जो कि चंद्रमा का पुत्र माना जाता है। इस ग्रह का रंग सामान्यतः हरित कहा गया है। परंतु मत्स्यपुराण में जन्म से समय इसका 'चन्द्र सन्निभ' होना लिखा है। यथा –
>
> तारोदराद्विनिष्कान्तः कुमारश्चन्द्रसन्निभिः। सर्वार्थशास्त्रविद्धीमान् हस्तिशास्त्र प्रवर्तकः॥ (मत्स्यपुराण २४वाँ अध्याय)
>
> कदाचित् यही देखकर केशवदासजी ने भी नाक के मोती की उपमा चंद्रसुत अर्थात् बुध से दी है। यथा –
>
> किधौ गोद चंदजू कै खेले सुत चंद कौ। (कविप्रिया प्रभाव १५, छंद ५५) [104]

§ ७०८ 'सुनकिरवा की आड' –

104 **बि०र०** पृ० २९१।

सुनकिरवा (स्वर्णकीटक) यह एक प्रकार का सुनहरा परदार कीड़ा होता है। इसके पर पाँखी के परों के आकार के तथा बड़े चमकीले, हरे रंग के होते हैं, जिनको काट काटकर स्त्रियाँ गोल अथवा लंबी बेंदियाँ बना लेती हैं। इसको लोग कारचोब के काम में भी सिलवाते हैं। [105]

सोनकिरवा [हि० सोना + किरवा (= कीड़ा)] १ एक प्रकार का कीड़ा, जिसके पर पन्ने के रंग के चमकीले होते हैं। २ खद्योत। जुगनू। [106]

संस्कृत पालि में 'स्वर्णकीटक' या इससे मिलता हुआ कोई शब्द नहीं है। यह साधारण जन द्वारा गढ़ा हुआ शब्द लगता है, सोनपरी के समान। ठीक इसी प्रकार जापान में 'सोनकिरवा' या गोबरैला जैसा कीड़ा होता है और उसका भी, समान अर्थ को व्यक्त करता हुआ नाम है, 'गिन्‌बाए' 銀蠅 मगर कोशों में यह शब्द नहीं पाया जाता!

§ **पतिनु राषि चादर चुरी** [७१२]

पतिनु – पतिन - को०चौ०भा०मि०; पति - शि०; पतिहि - मो०।

मूल पाठ में 'पति-' के आगे पाठ अस्पष्ट रहा होगा, इससे ऊपर के पाठभेद उत्पन्न हुए हैं। देखें, ज़ा० प्रति में भी त्रुटि मार्जन का प्रयास हुआ है, ہیں راکہی چادر چورین (हैं राषि चादर चुरी।)

105 **बि०र०** पृ० २९३।
106 **हिं०** पृ० ७०९६।

छंद प्रतीक
अलंकार लक्षण

छंद प्रतीक

सूछिमु मोल षरौ लघु मान [कृष्ण० २३७]
सूर उदितहूं मुदित मन मुष [२५८]
सूर उदै ते भयो मन [नर० २५८]
सूर लों युद्ध में जाय [नर० १७८]
सूरज तेज प्रताप भली विधि [नर० ३४२]
सेन मे संग रमी रसरंग [कृष्ण० २९८]
सेवक को संकट निवारिवे कौ [कृष्ण० ०१०]
सै फल होइगो औरई जानि [नर० ०१९]
सैन सुष पागी अनुरागी हरि [कृष्ण० ६३०]
सोंहू सी लीनी है आन [नर० २४९]
सोइ रह्यो मिसही करि पीतम [नर० ६४२]
सोई तरै चित कीजै महाप्रभु [नर० २१७]
सोच सकोच न आवति है [नर० ४११]
सोति के पाइ सुरंग महावर [नर० २८७]
सोतिन टोल मै वा टुनिहाई [नर० ३४८]
सोनजुही सम होइ रही झलकै [नर० १९०]
सोनजुही सी जगमगति अंग अंग [१९०]
सोने सो गात सुहाई सी [कृष्ण० ६१२]
सोभा के भरत भरी रूप [कृष्ण० ०१३]
सोभा मनमोहिनी की परम रसाल [कृष्ण० ५२५]
सोवत जागत सुपन वस रस [२२७]
सोवत गें अरु जागत में [नर० २२७]
सोवत लषि मन मानु धरि [२३३]
सोवत सपनै स्याम घन हिलिमिलि [११६]
सोवतही सुपनै मिलि स्याम कौ [नर० ११६]
सोवति ही मन मै धरि [नर० २३३]
सोहत अंगुठा पाइ कै अनवट [२०९]
सोहत अरुन सरसीरुह चरन कर [कृष्ण० ४८६]
सोहत ओढे पीतपटु स्याम सलौने [६८९]
सोहत धोती सेत मै कनक [४७९]
सोहत पाय को आछो अगूठा [नर० २०९]
सोहत मंगलविंदु सुरंग कहै सव [नर० ०४१]
सोहत संग समान कहै सव [नर० २६७]
सोहत संग समान सो यहै [२६७]
सोहत सिथल गात या रस [कृष्ण० ४१८]
सोहत है नषरेष नई यह [नर० २४१]
सोहत है पहुला कौ हियै [नर० २४८]
सोहत है सुकुमार महा उपमा [कृष्ण० ५७३]
सोहति सरूप सनी वैठी ही [कृष्ण० ६१८]
सोहतु समान समौ यह तौ [कृष्ण० ५७४]
सोहतु सिगार वहु भातिन जराऊ [कृष्ण० ६८४]
सोहनी लीला लसै अति स्याम [नर० २७०]
सोहैहूं चाह्यौ न तैं सजनी [नर० ५०९]
सोहैहू हेर्‌यौ न तै केती [५०९]
सौंहे किए ढरकौहे से नैन [भा० ६२४]
सौंहै सषीनु समाज मै सुंदरि [कृष्ण० १३४]
सौ करि आषि उनीदी करी [कृष्ण० ६६२]
सौ विजुरी मन मेह आनि [४४५]
सौति के धाम विराम कै [कृष्ण० ४४६]
सौति के लषत मनभावन मया [नर० १२२]
सौतिनु हुलसि गुनगौरि को परवु [कृष्ण० ३१५]
सौरभ सहित चुनि चुनिकै कुसुम [कृष्ण० ५१३]
स्यांम सुरति करि राधिका तकति [२९२]
स्याम की मोहनी मूरति है [नर० १६१]
स्याम निसा लषि तैसोई साजु [कृष्ण० ४५९]
स्याम मिले उहि ठौर अचानक [नर० १९६]
स्याम संभार कै राधिका कामिनी [नर० २९२]
स्वारथ एक सरै नहिं रंचक [नर० ३०२]
स्वारथ सुकृत न श्रम वृथा [३०२]
स्वेद श्रवै मकरंदन के कन [नर० ३९२]

अलंकार लक्षण

अन० तथा हरि० टीकाओं में दिए हुए अलंकार लक्षण नीचे दिए जा रहे हैं। एक ही अलंकार के यदि एकाधिक लक्षण संकलित हुए हैं तो दूसरावाला, प्रायः ह० टीका का है।

* अतिरेक : जानि परे उपमान ते जहां अधिक उपमेय। तहं भाषत अतिरेक है कवि पंडित आधेय॥

* अत्युक्ति : अलंकार अत्युक्ति यह वरनन अतिसय रूप।

* अत्युक्ति : अत्युक्ति जु अद्भुत झूठ कै वरनै तहि पहिचानि।

* अनुगुन : निज गुन ज्यौं परसंग ते वढै सु अनुगुन जान।

* अनुमान : हेतु पाइ अनुमान ते समुझि लीजियत वात। अलंकार अनुमान सो भाषत कवि अवदात॥

* अनुमान : जहं अदृष्ट को हेतु सो जानि लेत अनुमान।

* अन्योक्ति : कहत जहां कछु और को होत और उपदेस। तहां अन्योक्ति कहत हैं पंडित सुकवि सुदेस॥

* अपन्हुति : गोपन कीजै धरम को तहां अपन्हुति जानि।

* अर्थविरोधाभास : भासै अर्थ विरोध जह शव्द माझ न विरोध। अर्थ विरोधाभास तह वरनत है वुधि वोध॥

* अर्थांतरन्यास : जहं सामान्य विशेष को होत परस्पर हेतु। तहं अर्थांतरन्यास है भाषत सव कवि चेतु॥

* अर्थांतरन्यास : कह्यो अर्थ जहं पोषिए और अर्थ सों मीत। सो अर्थांतरन्यास है वुधजन करत प्रतीत॥

* अवज्ञा अलंकार : यही अवज्ञा और के लषै गुन न दोष।

* अश्लील : लाज जु गुप्ता असुभ जहं प्रगट शव्द ते होइ। सव्दश्लील सु जानिए तीन भांति कवि लोइ॥

* असंगति : ठौर औरही कीजिए और ठौर को काम। तीन असंगति के कहत भेद सुकवि मतिधाम॥

* असंगति (द्वितीय) : ओर ठोरहीं कीजिए ओर ठोर को काम। कहत असंगति दूसरो कवि पंडित मतिधाम॥

* असंगति (तृतीय) : और काज आरोपियै औरै करिये दौर। कहत असंगति तीसरो याको कवि सिरमौर॥

* आच्छेपालंकार : दुरै निषेध जु विधि वचन लच्छन तीजौ लेषि।

* आश्रय : द्वै पर्याय अनेक को क्रम ते आश्रय एक। फिरि क्रम ते जह एक को आश्रय होय अनेक॥

* उत्प्रेक्षा : जहां कीजत संभावना वस्तु हेतु फल मध्य। तीन भांति उत्प्रेछा कठिन वरनत सुमति प्रसिद्ध॥

* उत्प्रेक्षा : कारन औरे ठौर है कारज औरै ठौर। और काज आरंभिए औरै कीजै दौर॥

* उत्प्रेक्षा (द्वितीय) : और ठौरही कीजिये और ठौर के काम।

* उन्मीलित : उन्मीलित सो जानिए जहां सदृष वस्तु मिलि जाइ। पै काहू के भाव सों भासें भेद वनाइ॥

* उल्लेष : एक वस्तु जहं लेषियै वहुत धर्म सों नित्त। तहं उल्लेष वषानहीं कविजन जानी चित्त॥

* उल्लेष : जहं दोय मै कीजिए गुन कल्पित

सुविशेष। कै गुन मै ठहराइए दोष सु ना उल्लेष॥

* काव्यलिंग : अर्थ समर्थन कीजिए जहां जुक्ति सों मित्र। काव्यलिंग भूषन तहां भाषत वुद्धि विचित्र॥

* काव्यलिंग : काव्यलिंग जहं जुक्ति सों अर्थ समर्थन होय।

* काव्यलिंग द्वितीय : काव्यलिंग सामर्थ्यता जहां ईठ कीजें मित्र। क्यों जीतिहै सु विरह तम चंदमुषी को चित्र॥

* कोमलावृत्ति : जहं वृत्यानुप्रास में गुन माधुर्य प्रकास। तहां कोमला वृत्ति है वरनत वुद्धि विलास॥

* गम्योत्प्रेक्षा : नहिं वाचक मानो किधौ संभावन सु लषाय। गम्योत्प्रेक्षा कहत तहं जे पंडित कविराय॥

* गूढोक्ति : गूढोकति मिस और के कीजै परउपदेस।

* चित्रालंकार : चित्र प्रस्तुत उत्तर दुहूं एक वचन में होय।

* छेकानुप्रास : जहां वीच पद दै परै अच्छर समता आय। तहं छेकानुप्रास है कहत सुकवि समुदाय॥

* तद्‌गुण : निज गुन को तजि वस्तु जहं संगी को गुन लेय। अलंकार तद्‌गुण तहां निरषत कवि कहि देय॥

* तुल्योगिता : वर्ण्य तथा अवर्ण्य को धर्म एक ठहराइ। तहां कहै तुल्योगिता सकल सुकवि समुदाइ॥

* तुल्योगिता : की उपमा उपमेय कै है अनेक इक भाइ। तुल्योगिता को तहां दूजो भेद गिनाइ॥

* तुल्योगिता : वरनि तथारु अवर्नि को तुल्यजोग जिहि ठौर। तहां तुल्यजोगिता कहत हैं जे पंडित सिरमौर॥

* दीपक : उपमान वस्तु उपमेय सो इकु पद लागे जाइ। तासों दीपक कहत हैं सुकवि सकल समुदाइ॥

* दृष्टांत : जहां दुहुनि के धरम को होय विंव प्रतिविंव।

* दृष्टांत : जहां विंव प्रतिविंव करि वरनत अर्थ विसेष। तहि दृष्टांत अलंकार को भाषत सुकवि विसेष॥

* दृष्टांत : उपमानरु उपमेय गुन वाचक धर्म सुजान। चेदविंव प्रतिविंव करि दृष्टांत सु परिमान॥

* निदर्शना : सदृश वस्तु आरोप जहं तहां निदर्शन होइ।

* निषेधाभास : दुरें निषेध जो विधि वचन और निषेधाभास। पहिले कहिए आप कछु वहुरि फेरिए तास॥

* परिकर : अलंकार परिकर तहां पद जहं अर्थ समेत।

* परिकर : परिकर आसै है लिए जहां विसेषन होय।

* परिकरांकुर : साभिप्राय विसेष्य जहं परिकर अंकुर सोइ।

* परिसंष्या : अर्थ निषेध एक थल दूजे थल ठहराइ। परिसंष्या तासों कहत सकल सुकवि समुदाइ॥

* पर्याय : द्वै पर्याय अनेक को क्रम से आश्रय एक।

* पर्यायोक्ति : पर्यायोक्ति प्रकार द्वै कछु रचना सो वात। मिस करि कारज कीजिए जैसे चितहि सुहात॥

* पिहितालंकार : पिहित छिपी पर वात को जानि दिषावै भाइ। प्रातहि आए सेज पिय सषि दावति तिय पाइ॥

* पुनरुक्तवदाभास : भास जहां पुनरुक्त सो पै

पुनरुक्त न होय। पुनरुक्तवदाभास कह कवित रीति अवलोय॥

* पूर्णोपमा : उपमा अरु उपमेय मे साधारन वाचक होय। ए चारो पैए जहां पूरन उपमा सोय॥

* प्रतीप : अनआदर उपमेय तें जो पावे उपमान। तीजो भेद प्रतीप को वरनत सुकवि सुजान॥

* प्रतीप : उपमा और उपमेय की समता लायक नांहि। चोथो भेद प्रतीप को सुन्यो सु पूर्वनि पांहि॥

* प्रश्नोत्तर : उत्तर देवे को जहां प्रश्नो परत लषाइ। प्रश्नोत्तर को प्रथम यह भेद कहत कविराइ॥

* प्रश्नोत्तर : उत्तर जो प्रतिउत्तर होय। प्रश्नोत्तर दूजो प्रति सोय॥

* प्रश्नोत्तर : गुणश्लेष करि शब्द में उत्तर प्रश्न होइ जिहि ठोर। कै उत्तर में प्रश्न व्यंगि करि व्यंजित होई सु कवि सिरमोर। कै उत्तर अरु प्रश्न परस्पर प्रगट होय लषि तीनो ठोर। अलंकारकर्ता ग्रंथनि में प्रश्नोत्तर कहि गए करि गोर॥

* प्रहर्षन : वीर हास्य भय तीनि रस होतु एक थल आइ। तहां भारती वृत्ति वर भाषत कविसमुदाइ। विना जतन वांछित फल होइ। पहिलो भेद कहत कवि सोइ। ईछितहू ते अति फल लहै। दूजो भेद सुमति यह कहै। जाको जतन ढूंढियत होय। वस्तु हाथ आवै पुनि सोय। त्रिविधि प्रहर्षन जानौ मित्र। लच्छन लच्छ अवधारो चित्त॥

* भ्रम : भ्रम चित्त होत आइ। भूषन सुभ्रांत गाइ॥

* भ्रांतापन्हुति : जहां वचन ते और के भ्रम न रहे जिय माह। इहे अपन्हुति भ्रांता वरनत है कविनाह॥

* भ्रांति : भ्रम चित होत आइ। भूषन सो भ्रांति गाइ॥

* भाविक : जहां भयो भावी अरथ वरनत है प्रत्यच्छ। भाविक ते सव कहत हैं जिनकी मति अति स्वच्छ॥

* भाविक : वीती होनी वात जह कहत होत सी होइ। तासो भाविक कहत है सवै सयाने लोइ॥

* भेदकातिशयोक्ति : ओरें जहं पद दीजिए अधिकाई के हेत। अतिसयोक्ति भेदक यहै कहत सुकवि सिरनेत॥

* मालादीपक : अगिले अगिले जो जहां प्रथम अधिक गुन होइ। तह मालादीपक कहै जे पंडित कवि लोइ॥

* मीलित : मीलित सो सादृस्य ते भेद जवै न लषाय।

* मीलित : सदृष वस्तु में भेद न लहै। तिहि थल कविजन मीलित कहै॥

* यमक : जहां वही पद पुनि परै अर्थ औरही होइ। सो जमकालंकार है भाषत पंडित लोइ॥

* रूपक : पूर्व रूप लै संग गुण तजि अपनो फिरि लेत। दूजो गुण जव ना मिटै किए मिटन के हेत॥

* रूपक : उपमेयहि उपमान तें जान लेत जिहि ठोर। अतिसयोक्ति रूपक वहै भाषत कवि सिरमोर॥

* रूपकातिसयोक्ति : उपमानक उपमेय ते उपमानक उपमेय। ग्रहन करत है ते तहां रूपकातिसयोक्ति लषि लेय॥

* लाटानुप्रास : अछरा इकु फिरि फिरि परें भिन्न भाव सव होय। सो लाटानुप्रास है कहत सयाने लोय॥

* लुप्तोत्प्रेक्षा : लुप्तोत्प्रेक्षा सोय। वाचक विनां जु होय॥

* लुप्तोत्प्रेक्षा : उत्प्रेक्षा विधि है सकल वाचक विना जु होय। उपमा व्यंग प्रकास जहं लुप्तोत्प्रेक्षा

सोय॥

* लुप्तोपमा : उपमेयरु उपमान जहं वाचक धर्म सु चारि। पूरन उपमा हीन जहं लुप्तोपमा विचारि॥

* लेषालंकार : गुन में दोष अरु दोष मैं गुन कल्पना सु लेष।

* लोकोक्ति : कहनावति है लोक की लोकोकतिहि वषानि।

* लोकोक्ति : प्रापति जहां विरुद्ध की निज इच्छित ते होइ। ताहि विषादन कहत है लोकोकति है सोइ॥

* वस्तूत्प्रेक्षा : औरि वस्तु करि वस्तु को संभावन जहं होय। उक्तानुक्तास्पद तहां वस्तूत्प्रेक्षा जोय॥

* विचित्रालंकार : उलटे फल की चाह सों कीजै जतन विचित्र।

* विनिमय : जव दैकै कछु लीजिये। तहां विनिमय चित कीजिए॥

* विभावना : कारन नाहिं कै कारज होयकै कारज कारन को उपजावै। कारज होय अकारन ते कै अपूरन कारन काज वनावै। कै प्रतिवाधक होतहू कारज होत यहौ रस सोत वढावै। हेतु ते काज विरुद्ध विलोकि वुधे सव भांति विभावन गावै॥

* विभावना : होत छ भांति विभावना कारन विनही काज।

* विभावना : कारन विनुही काज को उदो होय जिहि ठोर। पहिलो भेद विभावना को कहि कवि सिरमोर॥

* विभावना : काहू कारन तें जहां कारज परगट होय। छठो भेद विभावना को भाषत कवि लोय॥

* विभावना : प्रतिवाधक के होत ही कारज पूरन होय। तीजो भेद विभावना को जानत सव कोय॥

* विभावना : सुमति अकारन ते जहां कारज परगट होय। चौथो भेद विभावना यह जानत सव कोय॥

* विभावना : काहू कारन तें जहां कारज होय विरुद्ध। पंचम भेद विभावना को भाषत मति सुद्ध॥

* विशेष : विन अधार होइ आधेय। लघु आरंभ सिद्धि अति देय॥ एक वस्तु वर्णे वहु ठौर। त्रिविधि विसेष जानि सिरमौर॥

* विशेषोक्ति : सब कारन काज न सरै। उक्ति विसेष सु हिय मे धरे॥

* विशेषोक्ति : विशेषोक्ति जहां हेतु सों कारन उपजत नांहि।

* विषम : आन रंग के करन जह आन रंग ह्वै जाइ। उद्यम कीजै जानि भल होइ तुरो फल आइ॥ उद्यम कीजै भलेन को होय वुरो फल आय। भेद तीसरो विषम को भाषत कवि समुदाय॥ अनमिलते को संग होइ तह जानि लीजियो चित्त चलाइ। अलंकार यह विषम सो तीन भाति दीन्हो समुझाइ॥

* विषम : उद्यम कीजे भलेंन को होत वुरो फलु आय। भेद दूसरो विषम को भाषत कवि समुदाय॥

* विषम : असदृश को जो जे जहां महाविरोध जनाइ। अलंकार यह विषम को कहै त्रिविध समुझाइ॥

* विषम : असदृष को जहं तरनिए एक ठोर जहं लाइ। अलंकार यह विषम जु त्रिविधि दियो दिषाइ॥

* विषम : कारन को रंग औरही कारज औरै रंग। यह विषमालंकार को वियो भेद छवि संग॥

* विसेष : है विसेष विसेष पुनि फुरै जु समता मांहि।

* वीप्सा : एक सव्द वहु वार जहं अति आदर ते होय। ग्रंथन को मत देषि तहं कहत वीप्सा सोय॥

* वृत्यानुप्रास : जहां वही पद पुनि परै अर्थ एकही होइ। तहं वृत्यानुप्रास है कहत सयाने लोइ॥

* वृत्यानुप्रास : वीच न पैयै पद जहां अच्छर समता होय। सो वृत्यानुप्रास है कहत सयाने लोय॥

* व्यतिरेक : जानि परे उपमान तें जहां अधिक उपमेय। तहं भाषत व्यतिरेक हैं कवि पंडित आधेय॥

* व्याघात : व्याघात जु कछु और तें कीजै कारज और। विद्रुरि विरोधी तें जवै काज ल्याइए ठौर॥

* व्याजस्तुति : स्तुति मिस निंदा होय कै निंदा मिस स्तुति होय। व्याजस्तुति तहं जानियै सवै सयाने लोय॥

* व्याजोक्ति : निंदा स्तुति सों होत जहं स्तुति निंदा को ज्ञान।

* व्याजोक्ति : व्याजोकति कछु और विधि कहै दुरै आकार।

* शब्दश्लेष : एक शब्द के अर्थ जहं भासत आय अनेक। शब्दश्लेष सो कहत है जिनकै हिएं विवेक॥

* शव्दविरोधाभास : जिहि थल शव्द विरोध है अर्थ मांझि न विरोध। शव्दविरोधाभास है जो है हिएं प्रवोध॥

* शुद्ध वक्रोक्ति : और वात में औरही अर्थ करै जहं जानि। श्लेष शुद्ध द्वै भांति को वक्रोकति उर आनि॥

* श्लेष : एक शव्द के अर्थ जहं भासत और अनेक। श्लेष सुद्ध तासों कहैं कवि पंडित सु विवेक॥

* श्लेष : जहां दोष मैं कीजिए गुन कल्पित सुविसेष। कै गुन मै ठहराइयै दोष सु जानो लेष॥

* संदेह : होत जहां संदेह सो तहां संदेह वषानि।

* संभावना : ज्यौ ज्यौं त्यौं त्यौं कहत है यह कहनावति आइ। तहां कहत संभावना कवि पंडित समुदाइ॥

* संवंधातिशयोक्ति : संवंधातिशयोक्ति जह देत अजोगहि जोग। ग्रंथन को मत देषिकै भाषत कविजन लोग॥

* सम : कारन अंग काज मै चहै। श्रम विनु कारज सिद्ध कव है। यथाजोग को लषिए संग। त्रिविधि समालंकार अभंग॥

* सम : अलंकार सम तीनि विधि जथा जोग को संग।

* समस्तरूपक : अंगु मुष्य रूपक जहां लष्यो कवित के मांहि। सो समस्तरूपक कहत सुन्यो सु पूर्वनि पांहि॥

* समासोक्ति : जहां अप्रस्तुत फुरत है प्रस्तुत वर्णन मांहि। समासोक्ति तासों कहत सुन्यो जु पूर्वनि पाहि॥

* समासोक्ति : वर्नन प्रस्तुत को करत अप्रस्तुत लै ठहराइ। समासोक्ति तासों कहत सकल सुकवि समुदाइ॥

* समुच्चय : सोय समुच्चय भाव वहु कहूक उपजत संग। एक काज चाहे कह्यौ द्वै अनेकु इक संग॥

* सहोक्ति : कहत जहां इक वेरही कारन काज प्रकास। तहां सहोक्ति अलंकार है वरनत सुमति तलास॥

* सूक्ष्मालंकार : सूछम पर आयस लषैं सैननि में कछु भाइ।

* स्मृति : जहां सुधि कीजे मित्त। स्मरन जानि तहां चित्त॥

* स्मृति : सुमिरि वचन संदेह ए लछन नाम प्रकार।

* स्वभावोक्ति : जाको जैसो रूप गुन ताको वरनत वाही रीति। तासों जाति सुभाव कवि भाषत हैं करि

प्रीति ॥

* हेतु : कारन कारज एक करि वरनै है द्वै अंग।

⋆

⋆ ⋆ ⋆

⋆ ⋆ {0} ⋆ ⋆

⋆ ⋆ ⋆

⋆

फ़ारसी (उर्दू) वर्णमाला

(फ़ा० की वर्णमाला मोटे अक्षरों में है;
कोष्ठकों में उर्दू के संयुक्ताक्षर में आदि मध्य तथा अंत्य में वही वर्ण
उलटे क्रम से छोटे टाइप में। [केवल अरबी-फ़ारसी में प्रयुक्त वर्ण।])

ا

अलिफ़ (अ)

ب بـ ـبـ ـب

बे (ब्)

پ پـ ـپـ ـپ

पे (प्)

ت تـ ـتـ ـت

ते (त्)

(ٹ) (ٹـ ـٹـ ـٹ)

टे (ट्)

[ث] [ثـ ـثـ ـث]

से (स्)

ج جـ ـجـ ـج

जीम (ज्)

چ چـ ـچـ ـچ

चे (च्)

[ح] [حـ ـحـ ـح]

हे (ह्)

[خ] [خـ ـخـ ـخ]

ख़े (ख़्)

د

दाल (द्)

(ڈ)

डाल (ड्)

[ذ]

ज़ाल (ज़्)

ر

रे (र्)

[ڑ]

ड़े (ड़्)

(ز)

ज़े (ज़्)

(ژ)

ज़्हे (ज़्ह्)

س سـ ـسـ ـس

सीन (स्)

ش شـ ـشـ ـش

शीन (श्)

[ص] [صـ ـصـ ـص]

सुआद (स्)

[ض] [ضـ ـضـ ـض]

ज़ुआद (ज़्)

[ط]

तोय (त्)

[ظ]

ज़ोय (ज़्)